Kirche im SPIEGEL – Spiegel der Kirche?

D1868505

Uwe Beck

Kirche im *SPIEGEL* – Spiegel der Kirche?

Ein leidenschaftliches Verhältnis

Schwabenverlag

Alle Rechte vorbehalten
© 1994 Schwabenverlag AG, Ostfildern

Wir danken dem SPIEGEL-Verlag für die freundliche Genehmigung der Wiedergabe der SPIEGEL-Titelseiten im Innenteil des Werkes.

Umschlaggestaltung: Ronald Parusel, Mössingen
Umschlagbild: „Der Besuch", Aquarellzeichnung von Michael Mathias Prechtl, 1980, © Michael Mathias Prechtl
Satz: Schwabenverlag AG, Ostfildern
Herstellung: Bercker Graphischer Betrieb GmbH, Kevelaer
Printed in Germany

ISBN 3-7966-0749-7

INHALTSVERZEICHNIS

KAPITEL II: DAS NACHRICHTENMAGAZIN ‚DER SPIEGEL'

KAPITEL III: THEOLOGIE UND KIRCHE IM ‚SPIEGEL'

VORWORT

Das vorliegende Buch wurde im Sommersemester 1991 von der Katholisch-Theologischen Fakultät der Universität Tübingen als Dissertation angenommen.

Den größten Dank für das Zustandekommen diseses Werkes gebührt meinem Doktorvater, Herrn Professor Dr. G. W. Hunold. Er hat diese Arbeit angeregt, immer wieder inspiriert und über das normale Maß hinaus begleitet. Herrn Professor Dr. D. Mieth danke ich für das Zweit-Gutachten.

S. Prandl und A. Fritz haben das Kunststück fertiggebracht, mir die Angst vor Computern zu nehmen. Der Diözese Rottenburg-Stuttgart - meinem Heimatbistum- danke ich für den Zuschuß bei der Drucklegung, dem Land Baden-Württemberg für das Stipendium. Der SPIEGEL-Verlag hat einige unveröffentlichte Manuskripte zur Verfügung gestellt; dafür herzlichen Dank.

Ich widme dieses Buch allen Frauen und Männern, die an der Kirche leiden, ob ihres großen Mutes.

Tübingen/Illerkirchberg (Ulm),
am Fest des heiligen Philipp Neri 1994 — Uwe Beck

EINLEITUNG

‚Theologie' und ‚Kirche' in der Öffentlichkeit – das Thema einer medienethischen Untersuchung hätte nur schwer umfassender formuliert werden können. Selbst die Beschränkung auf das Nachrichtenmagazin DER SPIEGEL ändert an diesem Befund nur wenig.

Daß die Kirchen in der Bundesrepublik im Raum der Öffentlichkeit präsent sind, kann nur noch konstatiert werden. Sie tun dies mit einer Selbstverständlichkeit, die bei einigen Teilen der Gesellschaft Anstoß erregt hat und erregt. So stellt eine Konstante dieser Arbeit die Frage nach den Bedingungen der Möglichkeit einer Beteiligung der Kirchen am massenkommunikativen Prozeß dar. In der Rezeption von kirchlichen und theologischen Fragestellungen in den Massenmedien spiegelt sich nur selten das von den Kirchen selbst erwünschte ‚Wesen' wider. In Auswahl, Darstellung und Kommentierung kommen dort Akzentuierungen zum Ausdruck, die eigene Positionen und Charakterisierungen offenbaren. Der SPIEGEL hat in 45 Jahren ‚Kirche' und ‚Theologie' begleitet. Im Wandel seiner Berichterstattung kommt, gleich eines Seismographen, ein Wandel in der Stellung der Kirchen in der Gesellschaft zum Ausdruck. Das relativiert die mögliche Kritik an der Berichterstattung dieses Magazins, entschuldigt freilich nicht massive Entgleisungen.

In KAPITEL I wird das schwierige Feld einer Kirche im Raum der Öffentlichkeit thematisiert. Dieses Verhältnis ist noch immer unbewältigt. Institutionell (‚öffentlich-rechtlich') ist die Position der Kirchen ausgezeichnet abgesichert. Im Gegensatz dazu scheinen die Kirchen gesamt-gesellschaftlich auf dem Rückzug zu sein, zumindest ist ein Funktionswandel angezeigt. Dieser Wandel hat auch Konsequenzen für das Agieren der Kirchen im Raum der Öffentlichkeit.

In KAPITEL II kommen demgegenüber die Eigenart und Spezifika des Nachrichtenmagazins DER SPIEGEL in das Blickfeld.

Selbstverständnis und Sprache sollen helfen, Auswahl und Schwerpunkte der Kirchen-Berichterstattung einzuordnen.

‚Kirche' und ‚Theologie' im SPIEGEL werden dann in KAPITEL III thematisiert. In den 45 Jahren seines Bestehens hat sich das Nachrichtenmagazin ungewöhnlich häufig zu diesen Themen-Bereichen geäußert. Mittels einer quantitativen Inhaltsanalyse der Titel-Geschichten und einer qualitativen Inhaltsanalyse der Titel-Geschichten sowie der sonstigen SPIEGEL-Artikel sollen Schwerpunkte und charakteristische Veränderungen in der Berichterstattung aufgezeigt werden.

KAPITEL IV will nicht nur die gewonnenen Ergebnisse systematisch gewichten. Zum schwierigen Verhältnis von ‚Kirche' im Raum der Öffentlichkeit sollen über das bisher Gesagte hinaus grundsätzliche Anmerkungen gemacht werden.

Zwei Exkurse dieser Arbeit zur ‚Kölner Erklärung' und zur ‚Instruktion über die kirchliche Berufung des Theologen' stellen nach den theoretischen Anmerkungen eine Art ‚Probe aufs Exempel' dar. Zusammen mit dem immensen Material, das in Kapitel III bearbeitet und gewertet wird, besitzen die kirchlichen Reaktionen auch dokumentarisch-dokumentierenden Charakter.

Die Literatur zu den diskutierten Problemen ‚Öffentlichkeit', ‚Kirche in der Öffentlichkeit' und ‚Religionssoziologie' hat ein nur noch schwer zu überblickendes Ausmaß angenommen. Um die Arbeit nicht mit Literatur-Angaben zu überfrachten, mußte daher gezielt auf die behandelte Thematik hin ausgewählt werden.

In den Massenmedien werden konfessionelle Unterschiede oft nicht beachtet oder – mangels Kompetenz der Redakteure – nicht begriffen. So sehr die öffentlichkeits-theoretischen Anmerkungen dieser Arbeit die christlichen Kirchen beleuchten, so sehr wird die eigene, die Katholische Kirche, bei dieser Analyse nicht aus dem Blick verloren. Ihr Verständnis und ihr faktisches Verhalten werden mit der ‚Grammatik der Öffentlichkeit' konfrontiert. Es zeigt sich, wie folgenreich die Beteiligung am massenkommunikativen Prozeß gerade für die Katholische Kirche sich darstellt.

Vielleicht ist eine Arbeit, die sich mit der kirchlichen und theologischen Berichterstattung im Nachrichtenmagazin DER SPIEGEL und überhaupt im Bereich der ‚Öffentlichkeit' auseinandersetzt, ohne ein gewisses Maß an kritischem Hinterfragen und Kritik nicht mehr zu schreiben. Kritik steht freilich in der Katholischen Kirche in keinem guten Ruf und sieht sich schnell dem Vorwurf ausgesetzt, lieblos zu sein und zur ‚Verwirrung der Gläubigen' beizutragen.

Diese Arbeit bündelt kritische Anfragen an die Katholische Kirche von außen und von innen. Die Kritik von aussen durch ein Nachrichtenmagazin und aus dem Binnenraum der Kirche durch einen Theologen sollen der Kirche helfen, eigene Defizite im Raum der Öffentlichkeit zu sehen und die Verantwortlichkeit im Umgang mit Massenmedien neu zu überdenken, vielleicht sogar in einen Lernprozeß einzutreten. Der Anerkennung von Kritik an der Kirche von außen als sachgerechter Dienst, der Anerkennung von Kritik an der Kirche von innen als einer legitimen Variante der Loyalität stände dann nichts mehr im Wege.

Der Formulierung einer *Theologie als Kritik* sieht sich daher diese Arbeit als ganze verpflichtet, insofern sie das Tragfähige und Verantwortliche einer Kirche im Raum der Öffentlichkeit medienethisch zu gewichten sucht.

KAPITEL I

ÖFFENTLICHKEIT UND KIRCHE

I. Öffentlichkeit – Begriff und Geschichte

Öffentlichkeit wird in den modernen Gesellschaften grundlegend bestimmt durch die Medien der Massenkommunikation.[1] Öffentlichkeit und Publizität sind dabei aufeinander bezogen, freilich nicht identisch. Publizität ist „das Medium der Öffentlichkeit, das Medium nämlich, in dem sich öffentliche Interessen artikulieren und in dem die Tragfähigkeit handlungsorientierter Maßstäbe und Normen geprüft wird“[2]. Die Forderung nach Öffentlichkeit – wo und in welcher Form auch immer aufgestellt – ist nicht verständlich ohne Kenntnis des neuzeitlichen Aufklärungsprozesses. Seine Geschichte hat J. Habermas geschrieben.[3]

1. Der Begriff von Öffentlichkeit

„‚Öffentlich‘ nennen wir Veranstaltungen, wenn sie, im Gegensatz zu geschlossenen Gesellschaften, allen zugänglich sind – so wie wir von öffentlichen Plätzen sprechen oder von öffentlichen Häusern.“[4] Das deutsche Adjektiv ‚öffentlich‘ besitzt dabei drei zu unterscheidende Bedeutungsvarianten:

- was jeder sehen oder hören kann;
- was nicht für einzelne, sondern für viele oder für das ganze Publikum bestimmt ist;
- was den Staat angeht.[5]

Das Substantiv ‚Öffentlichkeit‘ freilich tritt erst im 18. Jahrhundert als Pendant des französischen Begriffes ‚publicité‘ auf und stand mit diesem seit der Französischen Revolution im Wettstreit um Anerkennung.[6] Zunächst – vor allem bei I. Kant – hält sich das Wort ‚Publizität‘. Er entwickelt im Rahmen seiner Rechtsphilosophie das transzendentale Prinzip des öffentlichen Rechts. Dieses Prinzip der Publizität ist begründet im „allgemeinen Zweck des Publikums“, wird zur Kontrollinstanz der allgemeinen Wohlfahrt. W. Huber formuliert: „Hinter Kants transzendentalem Prinzip steht die Überzeugung, dem öffentlichen Konsensus des räsonierenden Publikums komme die Funktion einer pragmatischen

Wahrheitskontrolle zu; denn es ist zu vermuten, daß der Konsensus der einzelnen in der Übereinstimmung ihres Urteils mit dem Objekt begründet ist."[7]
I. Kants berühmte Antwort auf die Frage, was denn Aufklärung sei, zeigt diesen Zusammenhang deutlich: „Es ist also für jeden einzelnen Menschen schwer, sich aus der ihm beinahe zur Natur gewordenen Unmündigkeit herauszuarbeiten. ... Daß aber ein Publikum sich selbst aufkläre, ist eher möglich; ja es ist, wenn man ihm nur Freiheit läßt, beinahe unausbleiblich." Diese Aufklärung freilich bedarf der Freiheit, nämlich der, „von seiner Vernunft in allen Stücken öffentlichen Gebrauch zu machen"[8].
Ein solches Publikum konnte zum Träger einer öffentlichen Meinung werden, d.h. einer „zwischen Gesellschaft und Staat vermittelnden Sphäre"[9]. Waren die Mitglieder dieses räsonierenden Publikums bei I. Kant noch auf die Besitzer von Privateigentum beschränkt, zielt das ‚Prinzip Publizität' seiner Idee nach grundsätzlich auf alle Bürger. Öffentlichkeit wird so zum Bereich des geschäftlichen Lebens, „in dem sich so etwas wie öffentliche Meinung bilden kann. Der Zutritt steht grundsätzlich allen Bürgern offen."[10] Zum Publikum werden diese Bürger, wenn sie sich frei und ungezwungen versammeln und äußern können. In kleinen Gruppen ist dies ohne ‚mediale Vermittlung' möglich; für ein großes Publikum geschieht dies mittels Zeitungen und Zeitschriften, die über die aktuale Versammlung hinaus ‚öffent-liche Meinung' zu statuieren im Stande sind.
Von der literarischen Öffentlichkeit ist die politische zu scheiden. Von letzterer ist die Rede, „wenn sich die öffentlichen Diskussionen auf Gegenstände beziehen, die mit der Praxis des Staates zusammenhängen. Die Staatsgewalt ist gleichsam der Kontrahent der politischen Öffentlichkeit, aber nicht deren Teil."[11] In den westlichen Demokratien ist diese ‚politische Öffentlichkeit' als Kontrollorgan der politischen Herrschaft entgegengestellt und in den gesetzgebenden Körperschaften institutionalisiert. ‚Öffentliche Meinung' hat nun Kontrolle und Kritik gegenüber der staatlich organisierten Herrschaft zur Aufgabe, die meist informell, bei Wahlen aber auch formell ausgeübt werden.
Die Medien der Massenkommunikation stellen dabei das wichtigste Mittel zur Bildung von ‚öffentlicher Meinung' dar. Sowohl

die Herrschaften (Regierung) als auch der einzelne sind gezwungen, sie zu respektieren; im Falle der Nicht-Respektierung drohen Machtentzug oder Isolation. „Das Ergebnis im Respektieren der öffentlichen Meinung ist hier wie da Integration, Stärkung des Zusammenhalts und damit Handlungs- und Entscheidungsfähigkeit.“[12]

Die Potenz der ‚öffentlichen Meinung‘ hinsichtlich ihrer Isolationsandrohung stellt deren irrationalen, wertbezogenen Anteil dar. „Wer anders denkt, ist nicht dumm, sondern schlecht. Aus diesem moralischen Element zieht die öffentliche Meinung ihre Kraft.“[13] ‚Öffentliche Meinung‘ ist dabei kein statisches Phänomen, sondern ein „permanent zu führende(r) Prozeß öffentlicher Meinungsbildung“[14]. In modernen Gesellschaften wird dieser Prozeß in den Medien der Massenkommunikation geführt. „Erst Medien machen öffentlich.“[15]

‚Öffentlich‘ steht im Gegensatz zu ‚privat‘. Die Unterscheidung beider in gegengesetzte Sphären ist politisch problematisierbar seit der Trennung von Staat und Gesellschaft.[16] Die Grenze zwischen beiden ist fließend; es ist müßig, zu entscheiden, ob heute eher vor der ‚Tyrannei der Intimität‘[17] oder vor einer ‚Tyrannei der Öffentlichkeit‘[18] zu warnen ist. Die Forderung nach einer Totalisierung beider, von ‚öffentlich‘ und ‚privat‘, trägt immer ideologische Züge. Gefordert ist also weder eine Privatheit als Selbstzweck (der politisch die Geheimhaltung als politischer Allzuständigkeit korrespondiert) noch die totale Öffentlichkeit, die die berechtigte Sphäre des Privaten, des Unveröffentlichten, mißachtet. Im Zeitalter der Massenkommunikation ist die Gefahr der totalen Öffentlichkeit die größere, denn „Öffentlichkeit besitzt ... unverkennbar einen expansiven Antrieb. Sie hat sich auf immer mehr Bereiche und Dinge der Wirklichkeit ausgedehnt, d.h. es hat sich eine Tendenz herausgebildet, immer mehr (auch private) Sachverhalte in die Öffentlichkeit zu ziehen und zu behaupten, daran bestehe ein öffentliches Interesse.“[19]

So sehr öffentliche Kommunikation einen Integrationsprozeß darstellt, so wenig darf sie dabei auf *totale* Integration abzielen.[20] „Vielmehr ist die Distanz der Individuen vom Bereich des Öffentlichen, ihre Privatheit, eine unerläßliche Vorausetzung dafür, daß öffentliche Kommunikation möglich ist.“[21] Privates und Privatsphäre haben eine – auch ideologie-resistente – Berechtigung, zumal heute „in der demokratischen Gesellschaft mit ihren technischen Kommunikationsmedien die öffentliche Meinung einen schlechthin beherrschenden Charakter im gesellschaftlichen Dasein erlangt hat“[22].

2. Zur Geschichte des Begriffes ‚Öffentlichkeit'[23]

J. Habermas hat beschrieben, wie im 18. Jahrhundert sich die grundlegenden Strukturen einer bürgerlichen Öffentlichkeit herausbilden konnten. Als ein eigener, von der privaten Sphäre geschiedener Bereich war Öffentlichkeit im mittelalterlichen Europa nicht gegeben. Diese bürgerliche Öffentlichkeit beansprucht dabei die bislang obrigkeitlich reglementierte Öffentlichkeit als eine öffentliche Gewalt selbst. Die Entwicklung des kapitalistischen Wirtschaftssystems machte eine Auseinandersetzung „über die allgemeinen Regeln des Verkehrs in der grundsätzlich privatisierten, aber öffentlich relevanten Sphäre des Warenverkehrs und der gesellschaftlichen Arbeit (erforderlich)“[24]. Das Medium dieser politischen Auseinandersetzung ist das „öffentliche Räsonnement“[25], die „öffentliche Diskussion“[26]. Das Selbstverständnis dieser öffentlichen Diskussion ist von privaten Erfahrungen geleitet, die aus der publikumsbezogenen Subjektivität der familiären Intimsphäre stammen. Die Trennung in einen Privatbereich und eine Sphäre der Öffentlichkeit, der öffentlichen Gewalt, hat hier ihren geschichtlich greifbaren Ursprung. Ihr korrespondiert die Trennung von Staat und Gesellschaft.
Diese bürgerliche Öffentlichkeit bleibt freilich zunächst ohne politische Relevanz. „Noch bevor die Öffentlichkeit der öffentlichen Gewalt durch das politische Räsonnement der Privatleute streitig gemacht und am Ende ganz entzogen wird, formiert sich unter ihrer Decke eine Öffentlichkeit in unpolitischer Gestalt – die literarische Vorform der politisch fungierenden Öffentlichkeit. Sie ist das Übungsfeld eines öffentlichen Räsonnements, das noch in sich selbst kreist – ein Prozeß der Selbstaufklärung der Privatleute über die genuinen Erfahrungen ihrer neuen Privatheit.“[27] Macht und Ansehen des einzelnen sowie dessen wirtschaftliche Potenz

werden – zumindest idealtypisch – irrelevant. Was zählt, ist das ‚bloß Menschliche'. Es gilt, sich von autoritär Vorgegebenem zu befreien, um es durch ‚Räsonnement' der Vernunft zu unterwerfen.

Die Entwicklung einer politischen Öffentlichkeit vollzieht sich als Umfunktionierung der mit Publikum und Diskussionsforen ausgestatteten literarischen Öffentlichkeit.[28] Die bürgerliche Öffentlichkeit erlangt damit eine politische Dimension bzw. Funktion, „indem sich das kritische Räsonnement des Publikums der Privatleute der Regelung der Sphäre des Warenverkehrs und der gesellschaftlichen Arbeit zuwendet und diesen Bereich zu einer Sphäre der Kritik an der öffentlichen Gewalt macht"[29].

Medium (und zwar das vorzüglichste) dieser Kritik ist die Presse. Durch die Veröffentlichung der Parlamentsverhandlungen konnte sich öffentliche Meinung als kritische Instanz zur Krone und auch zum Parlament selbst entwickeln.[30] Der Leser sollte in den Stand versetzt werden, sich eine eigene Meinung zu bilden. Argument und Gegenargument, politische Richtungen jeder Provenienz sollten ihr Forum haben. „Man könnte sagen: Erst die Mitveröffentlichung des Gegenteils konstituiert die Sphäre demokratischer Öffentlichkeit."[31]

Doch beide, Publikum und Presse, unterliegen einem strukturellen Wandel. Die bürgerliche Öffentlichkeit muß eine Wandlung vollziehen, wenn zusätzliche Bevölkerungschichten, die nicht über Privatbesitz verfügen, Anteil an der Regelung öffentlicher Angelegenheiten erwerben. Die Gleichsetzung von Publikum und Eigentum-Besitzer ist nicht mehr haltbar. Diese Öffentlichkeit ist nicht mehr nur interessiert; sie vertritt auch Interessen. Die Gesellschaft selbst wird tendenziell pluralistisch; sie kann mit den Begriffen ‚öffentlich' und ‚Konsensus' umschrieben werden. Konsensus als öffentlicher Interessenausgleich und ‚Wahrheit' sind freilich nicht identisch. Und doch gilt W. Hubers Resümee: „Die Forderung nach Publizität und öffentlicher Kommunikation ist unlösbar mit der aufklärerischen Utopie verbunden, daß durch öffentliche Diskussion die Wahrheit am ehesten vermittelt werde und daß das am ehesten dem ‚allgemeinen Zweck des Publikums' diene, was auf Publizität angewiesen sei und diese nicht zu scheuen brauche."[32]

Auch an der ‚vorzüglichsten Institution' (J. Habermas) der Öffentlichkeit, der Presse, ist ein Wandel dingfest zu machen.[33] Als eine Funktion des räsonierenden Publikums blieb die Presse durchaus Institution dieses Publikums und insofern ‚Gesinnungspresse'. Mit der Etablierung des bürgerlichen Rechtsstaates wird diese ‚Gesinnungspresse' von ihrem polemischen Richtungsdruck befreit. Die Zeitung wird zum kommerziellen Betrieb, d.h. die „Gesinnungspresse (wird) zur Geschäftspresse“[34]. Im Maße der kapitalistischen Kommerzialisierung wird die Zeitung – abhängig von Anzeigenkunden (Annoncengeschäft) und Verkauf (Abonnentengeschäft) – selbst manipulierbar. J. Habermas faßt diesen Wandel so zusammen: „Seitdem der Absatz des redaktionellen Teiles mit dem Absatz des Annoncenteils in Wechselwirkung steht, wird die Presse, bis dahin Institution der Privatleute als Publikum, zur Institution bestimmter Publikumsteilnehmer als Privatleuten – nämlich zum Einfallstor privilegierter Privatinteressen in der Öffentlichkeit.“[35]
Diese ‚privilegierte Öffentlichkeit' hat freilich nichts mehr mit dem ursprünglichen Anspruch zu tun, potenziell alle zu beteiligen. Sie stellt – historisch betrachtet – eine Regression zur Arkan-Öffentlichkeit der Monarchie dar. Dieser Strukturwandel der Öffentlichkeit verfestigt sich eigentümlich in Verbänden und Parteien, die Ende des 19. Jahrunderts zunehmend an Bedeutung gewinnen.[36] Gesellschaftliche Gruppen übernehmen politische Funktionen. J. Habermas spricht von einer „Refeudalisierung der Öffentlichkeit“, die von einer „eigentümlichen Entkräftigung ihrer kritischen Funktion geprägt (ist)“[37]. Öffentlichkeit ist nicht mehr das Ergebnis einer gesellschaftlichen Struktur und eines öffentlichen Prozesses, sondern muß ‚erarbeitet' werden. ‚Öffentlichkeitsarbeit' wird erforderlich, und auch der Ausdruck ‚Public Relations' zeigt, wie groß der Abstand zum Begriff ‚Öffentlichkeit' (als gesellschaftlicher Prozeß) geworden ist.
Um wieder zu Organen und Foren öffentlicher Kritik zu werden, fordert J. Habermas von allen Verbänden, Gruppen und Organisationen, sich selbst den „*Bedingungen der Publizität rücksichtslos* (zu unterwerfen)“[38]. Das heißt konkret: Innerhalb dieser Organisationen selbst muß das Prinzip der Öffentlichkeit gegeben sein, und zwar institutionell abgesichert. Staatliche Demokratie

und Publizität korrespondieren mit gesellschaftlicher (verbandsinterner) Demokratie und Öffentlichkeit. Dies ist deshalb notwendig, „weil der Prozeß der Transformation gesellschaftlicher Macht in politische ebenso der Kritik und Kontrolle bedarf, wie die legitime Ausübung der politischen Gewalt über die Gesellschaft“[39].

Gelingt dieser Prozeß der ‚verbandsinternen Demokratisierung‘ nicht oder wird dieser gar unterbunden, dann degeneriert der Prozeß der Öffentlichkeit zur bloßen institutionellen Selbstrepräsentation.

Im Zeitalter der Massenmedien und Massenkommunikation wird dabei der einzelne zum bloßen Konsumenten entwürdigt und somit (erneut) entmündigt.

II. Der öffentliche Meinungsbildungsprozeß im Zeitalter massenmedialer Kommunikation

1. Kommunikation und Massenkommunikation

Mit ‚Kommunikation‘ wird gemeinhin das komplexe Beziehungssystem bezeichnet, das Menschen miteinander verbindet. Man kann sich „verständigen, Vorgänge und Zustände einander mitteilen, zu bestimmten Verhaltensweisen auffordern, und man kann sich mit den Mitteilungen und Aufforderungen auseinandersetzen und dabei Rückwirkungen innerhalb des Beziehungssystems auslösen“[40].

Kommunikation stellt somit ein Grundelement jedes sozialen Gebildes dar; ihr Grundmuster ist durch die ‚face-to-face-relation‘ geprägt, bleibt darauf freilich nicht begrenzt.

Kommunikation kann sowohl einseitig als auch gegenseitig, sowohl direkt als auch indirekt, sowohl öffentlich als auch privat sein.[41] Kommunikation ist ein dynamischer Vorgang, ein Prozeß, der sich in grober Vereinfachung folgendermaßen darstellt: Ein Kommunikator (K) übermittelt eine Nachricht (N) an einen Rezipienten (R), der diese sich aneignet und sich mit ihr auseinan-

dersetzt. Voraussetzung dafür ist ein Minimum an Gemeinsamkeit im Aussagemittel. Rückfragen auf beiden Seiten (‚Rückkoppelung', ‚Feed-back') signalisieren ein Verhältnis wechselseitiger Abhängigkeit von K und R. „Ein Überprüfungseffekt des erzielten Ergebnisses ist die Folge. Dieser beeinflußt durch den konstatierten Erfolg oder Mißerfolg den weiteren Fortgang des Prozesses, so daß sich ein kreisförmiger Phasenablauf (‚Regelkreis') ergibt."[42] Spannungen und Konflikte sind diesem Regelkreis immanent, können aber selbst wiederum ‚kommunikativ' ausgetragen und aufgelöst werden.
Der *Prozeß der Massenkommunikation* ist einerseits dieser ‚Grundkommunikation' nachgebildet, wird aber andererseits durch charakteristische Merkmale von diesem geschieden.
Massenkommunikation wird – nach der klassischen Definition von G. Maletzke – bestimmt als „jene Form von Kommunikation, bei der Aussagen öffentlich durch technische Verbreitungsmittel indirekt und einseitig an ein disperses Publikum ... vermittelt werden"[43].

Massenkommunikation ist folglich

- stets öffentlich; der Zugang zu ihren Aussagen ist beliebig.
- stets indirekt; die Vermittlung der Aussagen bedarf also der Hilfe von Medien.
- stets einseitig; es besteht keine direkte gegenseitige Einflußmöglichkeit im massenkommunikativem Prozeß zwischen Kommunikator und Rezipient.[44]

Die Bedeutung der Massenmedien kann in modernen Gesellschaften, die geprägt sind von Unübersichtlichkeit und Komplexität, schlechterdings nicht überschätzt werden, und dies sowohl aus der Sicht des (individuellen) Rezipienten als auch hinsichtlich der gesellschaftlichen Bedeutung des Prozesses der öffentlichen Meinungsbildung.
Der Anspruch des Menschen, alles über die Tatsachen, die ihm als einzelnem und als Glied der Gesellschaft zukommen, auch wissen zu wollen, liegt in dessen anthropologischer Situiertheit begründet. Sein Interesse ist auf die unmittelbaren Gegenstände und Bereiche (Familie, Dorf, Arbeitsplatz) nicht (mehr) beschränkt. „Die eng umgrenzte Welt des Menschen ist auf die universale

Weltgesellschaft hin geöffnet worden. Die Fülle der Ereignisse, die sich allüberall ständig begeben, erwecken unser Interesse und bestimmen unsere Entscheidungen mit."[45] Je ‚entfernter', d.h. je unüberschaubarer diese Ereignisse und die Nachrichten darüber sich gestalten, desto eindringlicher wird auch das Postulat nach Verständigungshilfen. Des weiteren überfordert die Fülle der Informationen den einzelnen[46], ein Umstand, dem sich sowohl der Rezipient als auch der Kommunikator ausgesetzt weiß. Die Tatsache der ‚informationellen Unzulänglichkeit des Menschen' (G.W. Hunold) wird so zum Ansatzpunkt einer ethischen Betrachtung der Medien und ihrer Integrationsfunktionen.[47]

In modernen Gesellschaften findet der permanent zu führende Prozeß der öffentlichen Meinungsbildung in den Massenmedien statt. In diesem führt die „Menschengesellschaft" ein „fortwährendes Gespräch", und zwar ein Gespräch, in dem sich die jeweilige Gesellschaft „ständig neu als eine menschliche erweist, bestätigt und entfaltet"[48].

Nur das, was in den Massenmedien erscheint und diskutiert wird, kann auch einwirken auf den Prozeß der öffentlichen Meinungsbildung. D. Rothensee formuliert programmatisch: „Erst Medien machen öffentlich"[49], machen im Grunde ‚wirklich' und ‚real'. Die modernen Gesellschaften definieren sich über ihre (idealtypisch) zu realisierende Öffentlichkeit, so daß ‚Öffentlichkeit' und ‚Gesellschaft' zu austauschbaren Begriffen werden. Diesem öffentlichen gesellschaftlichen Prozeß liegt die bereits genannte Utopie zugrunde, durch öffentliche, d.h. frei zugängliche (und nur durch Rollen-Definitionen zu unterscheidende) Kommunikation der vielleicht nur postulierbaren ‚Wahrheit' nahe zu kommen. Die Partizipienten dieses Prozesses wissen, daß sie noch nicht im Besitz dieser Wahrheit sind.

Dieser ‚öffentlichen Gesellschaft' korreliert die ‚pluralistische Gesellschaft'. Pluralismus ist dabei nicht in seiner (möglichen) negativen Dimension, d. h. als Unversöhnlichkeit, Indifferentismus oder Wertezerstörung zu begreifen, sondern als „Ausdruck der nie voll zu erfassenden Wahrheit und ihres Reichtums"[50]. Dem gesellschaftlichen Pluralismus ist Dogmatismus fremd und permanente Dynamik immanent. „Gesellschaftlich manifestiert sich dieser Pluralismus als ein System des Selbstvollzugs und der

Selbstverwirklichung möglichst vieler in der Spannung von Individualität, Gesellschaft und den in ihr geltenden Werten."[51] Die Wahrheit wird von allen gesucht, denn „im Kommunikationsgefüge einer demokratisch-pluralistischen Gesellschaft kann keine Instanz angegeben werden, die zur Entscheidung dessen befugt und befähigt wäre, was Wahrheit ist und wie sie zu finden ist"[52]. Auf dem Weg zu dieser angestrebten Wahrheit liegen gesellschaftliche ‚Teilwahrheiten', die als jeweiliger, augenblicklicher gesellschaftlicher Konsens definiert werden können. Diese ‚gesellschaftlichen Teilwahrheiten' sind geprägt von Vorläufigkeit, Toleranz, Offenheit und Öffentlichkeit. Indem der Prozeß der Massenkommunikation diese Wahrheiten *für heute* definiert, wirkt er – im oben beschriebenen Sinne – integrierend und identitätsbildend.[53]

2. Wirkungen massenmedialer Kommunikation

Das Verständnis von Wirklichkeit ist für den modernen Menschen zu einem großen Teil medienvermittelt. Er sieht sich zunehmend einer Überfülle von Informationen ohnmächtig ausgesetzt, die ihn abzustumpfen und zu verwirren scheinen, d.h. das Ziel einer jeden Kommunikation, zu informieren, Verstehenshilfen zu geben und die universale Solidarität aller Menschen zu ermöglichen, wird verfehlt.

Schon früh hat die Publizistikwissenschaft die Wirkung massenmedialer Kommunikation in ihren Blick genommen. Vor allem die Public-Relation-Abteilungen sowie die Werbestrategen der Konsumgüter-Industrie waren an einer wissenschaftlichen Erforschung und Begleitung ihrer Werbefeldzüge interessiert. Es galt als gesichert, daß es einem cleveren Journalisten und Publizisten möglich sei, in den Massenmedien eine ungeheure Wirkung zu erzielen, und dies vor allem auf breite Schichten. Für diesen Ansatz steht u.a. E. Dovifats ‚Gesinnungspublizistik'.[54] Charakteristisch für dieses Modell war nicht nur die einseitige Ausrichtung des massenmedialen Prozesses auf seine Wirkung hin (im sogenannten ‚Reiz-Reaktions-Schema'), sondern auch die künstliche Isolierung des Rezipienten.[55] Diese Theorie von der ‚Einbahn-

straßenkommunikation' sowie die These vom ‚beziehungslosen Einzelnen' machten es möglich, von ungeheuren Wirkungsmöglichkeiten des jeweiligen Kommunikators zu sprechen und gegebenenfalls vor ihnen zu warnen.
Dieser ‚Mythos von der Allmacht der Medien' (G. Deussen) wurde zerstört. Eine direkte, unmittelbare Wirkung von Massenmedien zu behaupten, stellte eine „übermäßig starke Vereinfachung (dar). So paradox es klingen mag, je näher man die Wirkweisen der Massenmedien betrachtet, umso mehr stellt sich heraus, daß ihre Wirkungen von sehr komplexen personalen und sozialen Bindungen und Beziehungen abhängen."[56] Auch die Hypothese des ‚two-step-flow' der Massenkommunikation hat die Unmittelbarkeit medialer Einflußnahme – bei aller Kritik an dieser Theorie[57] – zumindest relativiert. Auch ist eine – nicht nur ideologisch begründete – Medienverweigerung des einzelnen aufgrund der Unüberschaubarkeit und ‚Massenhaftigkeit' von Informationen nicht wegzudiskutieren. Dieser anthropologische Abwehrmechanismus, beim einzelnen als „Ausblendeffekt"[58], korreliert mit einem informationellen Auswahl-Effekt, der direkte Einflußnahme des Kommunikators (Publizist, Werbe-Stratege) keineswegs garantiert.
Völlig wirkungslos sind mediale Einflußmaßnahmen freilich nicht.

1. Massenmedien begünstigen die „Attitude des Informationsverzehrers. Das Neue ist das Moderne."[59]
2. Daraus folgt das „künstlich dynamisierte Bild", „das Bild einer Welt, die sich, wie es scheint, rastlos verändert, in der es stets auf Veränderung ankommt"[60]. „Das Bleibende wird zugunsten des sich Verändernden drastisch benachteiligt. Dadurch verzerrt sich das Bild der Wirklichkeit. ... Dieser Wandel und die von ihm ausgehende Unruhe gewinnen eine illegitime Prävalenz vor der ‚wohltuenden Selbstverständlichkeit' (A. Gehlen) des Lebens."[61]
3. In den Medien wird das Norm-Abweichende begünstigt. Der einzelne gerät in eine Krise des Wertbewußtseins.[62]
4. Massenmedien bestätigen vorhandene Neigungen, Verhaltensweisen und (politische) Präferenzen. Nur bei *vorheriger* Bereitschaft zum Wechsel von ‚attitudes' (in Zeiten persön-

licher und gesellschaftlicher Umbruchsituationen) können massenkommunikative Eindrücke Einstellungen verändern. Ohne Prädisponierung kein Wandel. Ist ein Wandel angezeigt, dann haben die Massenmedien nur die Mittel für diesen Wandel bereitgestellt.[63]

Der Rezipient ist dem Einfluß des massenkommunikativen Prozesses somit nicht hilflos ausgeliefert. Er kann auswählen, ignorieren, sich dem journalistischen Angebot verweigern „und dadurch gar nicht erst zum Publikum ... werden“[64]. Die Forderung nach Kommunikatoren, die sich nicht als ‚Herren über die Instrumente des gesellschaftlichen Selbstgesprächs‘ verstehen, sondern als ‚ehrliche Makler‘ das Gespräch am runden Tisch der Meinungsfindung in Gang halten, ist damit nicht obsolet.[65] Chemisch reine Information gibt es nicht; sie wird sowohl vom Informationsgeber als auch vom Rezipienten ‚verändert‘.

Manipulation ist das nicht in jedem Fall. H.M. Enzensberger irrt, wenn er meint: „Jeder Gebrauch der Medien setzt Manipulation voraus. ... Ein unmanipuliertes Schreiben und Senden gibt es nicht. Die Frage ist daher nicht, ob die Medien manipuliert werden oder nicht, sondern wer sie manipuliert. Ein revolutionärer Entwurf muß nicht die Manipulateure zum Verschwinden bringen; er hat im Gegenteil einen jeden zum Manipulateur zu machen.“[66]

Die Unterscheidung von ‚manipulieren‘ als einem sachgerechtem Eingriff in ein gegebenes Informationsmaterial (umformulieren, cutten, mediale Aufbereitung, kürzen) einerseits und ‚manipulieren‘ als ein sachwidriges Eingreifen (Nachrichten-Unterdrükkung, Propaganda, Lüge, etc.) andererseits ist unaufgebbar. Nur in letzterer Hinsicht hat auch der polemisch-aggressive Begriff von der ‚Bewußtseins-Industrie‘ seine Berechtigung und behält dieser auch seinen analytischen Wert.[67]

III. Öffentlichkeit und Kirche

1. Theologie und Kirche unter den Bedingungen medialer Öffentlichkeit

Massenmedien sind – wie gezeigt – integraler Bestandteil moderner Gesellschaften und als solche nicht wegzudenken. Durch sie artikuliert sich die Gesellschaft öffentlich und bringt in Darlegung und Diskussion alles zur Geltung, was sie selbst bestimmt und prägt.

In einer solchen Kommunikationsgesellschaft, die tendenziell universale Züge trägt, verlieren zum einen die internen Kommunikationskanäle in den gesellschaftlichen Gruppen (Verbände, Wissenschaft, Institutionen) zunehmend an Bedeutung. Zum anderen unterliegen nicht nur die (Außen-) Forderungen und Anliegen dieser Gruppen dem massenmedialen Prozeß (der im Idealfall zum gesellschaftlichen Konsensus führt); auch die Binnen-Kommunikations-Strukturen selbst werden zum Gegenstand einer zumeist kritisch gestimmten medialen Öffentlichkeit. Daraus ergeben sich zwei Konsequenzen:[68]

- Wer als Gruppe (z.B. als Kirche) in dieser Öffentlichkeit argumentieren will, muß es nach deren sachimmanenten Kriterien tun.[69]
- Die Binnenstrukturen selbst müssen öffentlich überprüfbar sein, d.h. Entscheidungen und Beschlüsse bedürfen ihrerseits der Möglichkeit der öffentlichen Überprüfung hinsichtlich der Art und Weise, wie sie zustande gekommen sind, und dies nicht nur gelegentlich (d.h. auf ‚Druck' hin), sondern strukturell.

Theologie und Kirche unterliegen damit Bedingungen, die für ihr Selbstverständnis weitreichend sind.

1.1 Kirche im Raum der massenmedialen Öffentlichkeit[70]

Der Raum der massenmedialen Öffentlichkeit ist charakterisiert durch seine strukturelle Offenheit. Gesellschaftliche Probleme werden darin öffentlich durch die unterschiedlichen Forderungen, sie zu lösen. Der Konsensus als Ergebnis der Suche nach Problemlösungen steht idealtypisch am Horizont. Das gesellschaftliche Klima ist geprägt von der Forderung nach Wahrheitssuche und der Hoffnung, diese durch die Beteiligung aller relevanten Gruppen auch zu finden. Autoritär vorgegebener Anspruch einzelner Gruppen, diese Wahrheit bereits zu besitzen, ist diesem Prozeß fremd. Sozialgruppen agieren „mit dem Gestus des Anbieters, nicht dem des Anweisers“[71]. Das Neue genießt Priorität vor dem Alten und Vergangenen, die Information vor der Redundanz.[72]

Die Katholische Kirche in Deutschland hat als ‚gesellschaftlich relevante Gruppe‘ ein Interesse daran, am massenmedialen Prozeß beteiligt zu werden und zu sein. In Zeitungen und Zeitschriften, die privatrechtlich organisiert und somit interessegesteuert sind, war und ist diese Beteiligung problemlos gesichert.

Mit dem Aufbau des öffentlich-rechtlichen Rundfunksystems in der Bundesrepublik Deutschland[73] änderte sich diese Situation. In Rundfunkräten sitzen die Vertreter der Kirchen, im Programm des Fernsehens und des Hörfunks besitzen sie ein verbrieftes Recht auf die Gestaltung eigener Beiträge. Gottesdienste werden in regelmäßigen Abständen übertragen. E.M. Lorey folgert: „Wird dieser Anspruch von der Gesellschaft oder von ihren Gremien bestätigt, weil er berechtigt ist, weil es sich bei der Kirche ja wirklich um eine bedeutsame Größe handelt, dann kann diese Gruppe gar einen besonderen öffentlichen Status erlangen, zum Beispiel den der ‚öffentlich-rechtlichen Körperschaft‘ mit allen daraus erwachsenden Privilegien und Rollen. Diese Öffentlichkeit ist dann aus der Öffentlichkeit der Gesellschaft abgeleitet.“[74]

Dieser gesellschaftlich abgeleiteten, d.h. pluralen Öffentlichkeit der Kirche steht eine theologisch-ekklesiologisch abgeleitete gegenüber; der Anspruch der Kirche auf Beteiligung am öffentlichen Meinungsbildungsprozeß bleibt auf den ersteren nicht beschränkt.[75] Ihr Selbst-Verständnis, nicht nur eine soziologische Gruppe unter vielen anderen zu sein, sondern wesentlich übernatürlich zu sein – Geheimnischarakter zu besitzen –, schlägt sich unmittelbar auf das Öffentlichkeits- und Publizitätsverständnis nieder.[76] Papst Paul VI., der sich bislang am intensivsten mit Fragen der Publizität der Kirche, mit Fragen nach einer Ethik des Journalismus etc. auseinandergesetzt hat, bringt dies am Beispiel des ‚Heiligen Stuhles' mit aller wünschenswerten Klarheit folgendermaßen zum Ausdruck:

„Es ist nicht nötig, ausgerechnet Ihnen [als katholischen Publizisten] zu erklären, daß der Heilige Stuhl nach seiner Natur und seiner Bestimmung eine Institution besonderer Art ist. Diese besonders geartete Welt hat natürlich auch ihre entsprechenden besonderen Methoden und das besonders auf dem Gebiet der Informationsgebung."[77]

Diese ‚besonderen Methoden' führen innerkirchlich zu einer streng vertikalen, von oben nach unten verlaufenden Informationsstruktur. Diese werden freilich auf den Bereich der (außer-) kirchlichen und der profanen Publizisten übertragen und mit der Forderung nach ‚Sonderbehandlung' verknüpft. Eine profane und kritische Beschreibung kirchlicher Vorgänge ist folglich nicht erwünscht. „Der Papst scheint es nicht einmal erlauben zu wollen, die Kirche in ihrer soziologischen Erscheinung in solch einem pluralen Kommunikationsfeld, wie es das öffentliche Gespräch der Gesellschaft darstellt, von ‚außen' kritisch zu betrachten. In sakraler Attitude, die im innerkirchlichen Bereich noch verständlich sein mag, verlangt er auch von Berichterstattern der sogenannten ‚neutralen Presse' eine entsprechende Rücksichtnahme."[78]

Eine kirchlich geforderte „Sphäre des ‚Geltens an sich'"[79] führt aber zwangsläufig zu Kommunikationsproblemen zwischen Kirche und Gesellschaft, die in der dargelegten Dichotomie zwischen Kirche als gesellschaftlichem Verband und Kirche als ‚Mysterium', als einer Heilsanstalt grundgelegt sind. „Als erstere verlangt sie Gleichbehandlung, als letztere Sonderbehandlung, für die die allgemeinen ‚Konzepte und Denkkategorien der zivilen Gesellschaft' nicht mehr ausreichen."[80]

Diese ‚Spaltung' schlägt sich nieder in Äußerungen, die Papst Paul VI. direkt an weltliche Journalisten richtet. Diese Bemerkungen schwanken zwischen der Bereitschaft zum Angebot eines freien Austausches und kaum verhüllten Drohungen:

„Wir sind Unsererseits bestrebt, Ihnen zu helfen, wenn es sich um den Dienst an der Wahrheit handelt, aber nur ausschließlich in diesem Sinne, nicht aber in irgendeinem anderen Interesse, das der Wahrheit fernsteht. Je aufrichtiger und erfahrener die Journalisten sind, desto mehr werden die zuständigen Organe des Vatikan bereit sein, ihren legitimen Anspruch auf objektive Information zu erfüllen. Es ist der brüderliche, vorsichtige und ehrliche Austausch, der sich immer stärker entwickeln muß, eine gegenseitige Hilfe, die sich immer mehr verbessern soll. Auf diese Weise wird sicherlich jeder von dieser Zusammenarbeit profitieren; beide Seiten werden zufrieden sein; der Wahrheit wird dadurch der beste Dienst erwiesen. Die Menschen werden die Wahrheit immer besser erkennen, jene Wahrheit, die für die Christen den Namen der Liebe und das Antlitz des Erlösers Christus trägt, dessen demütiger Stellvertreter Wir sind."[81]

Ein solches Zitat ist bezeichnend, weil es mit aller Klarheit die Gründe für die noch immer ,unbewältigte Öffentlichkeit der Kirche' (H.J. Schultz) offenbart. Die Wahrheit ist vorgegeben, und zwar als Wahrheit einer Institution, „die sich in einem demokratisch-funktional verstandenen Kommunikationsprozeß auf Wahrheit hin kritisch befragen lassen müßte"[82].

Ein legitimer Öffentlichkeits*wille* und Öffentlichkeits*auftrag* verkommt so zu einem einseitigen Öffentlichkeits*anspruch*, der deutlich ideologische Züge trägt. Öffentlichkeit wird zum Instrument der kritiklosen Selbstdarstellung, zum Herrschaftsinstrument und zur Möglichkeit, eine eventuell gegebene Beunruhigung und ,Verwirrung der Gläubigen' zu verhindern oder – weil zudem falsch verstanden – zu beseitigen.[83] H.J. Schultz folgert konsequent: „Wer von der Öffentlichkeit Besitz ergreifen will, wird von der Öffentlichkeit, sofern sie funktioniert, eingeholt, bloßgestellt und entmachtet."[84]

Die Beteiligung der Kirche am öffentlichen Meinungsbildungsprozeß steckt somit voller ekklesiologischer Klippen. Im Medium der pluralistischen Öffentlichkeit muß die Attitüde der Wahrheitsbehauptung aufgegeben werden. „An die Stelle des Anspruchs hat das Angebot zu treten, an die des Diktats der Dialog, an die der Belehrung die Begegnung."[85] Der Aufbau einer ,Sphäre des Geltens an sich' ist diesem Prozeß fremd. „Das schließt keineswegs aus, daß in der pluralen Gesellschaft bestimmte Gruppen wie etwa die Kirchen einen unbedingten Anspruch vertreten.

Aber im Konzert der offenen Kommunikation kann er nur als Angebot und Orientierungshilfe zum Tragen kommen."[86] Ein unernstes ‚Mitspielen', ein einseitiges Inanspruchnehmen der Möglichkeiten des massenmedialen Prozesses als ‚willkommener Verkündigungsverstärker' (U. Saxer) ist unstatthaft. Öffentlichkeit steckt „voller Köder, voller Verlockungen für die Kirche, zu werden, wie sie gemeint ist: lieber offen als geschlossen, lieber wahrhaft als wehrhaft, lieber ohnmächtig als machtvoll, lieber konfliktbereit als konsensbeflissen"[87].

Die Frage zu stellen, ob denn ein Redakteur (etwa ein Beauftragter der Kirche im Hörfunk und Fernsehen) ‚andere', d.h. kirchenkritische oder lehrabweichende Äußerungen zulassen dürfe, ist deshalb schon vom Ansatz her problematisch. „Der Redakteur ‚duldet' solche andersdenkenden Mitarbeiter nicht nur, er engagiert sie geradezu, er will und muß wollen, daß sie zu Wort kommen. ... Der Redakteur des Rundfunks würde dieses Instrument mißbrauchen, wenn er es einseitig in den Dienst seiner eigenen Überzeugung oder von Gruppen-Überzeugungen stellen wollte."[88]

Die Beteiligung der Kirche am massenmedialen Prozeß birgt somit Chancen und Gefahren. Sie muß aushalten, daß in dieser Interaktion die Akzente bezüglich ihres eigenen Selbstverständnisses anders gesetzt werden. Die Gesetze der Tagesaktualität, die permanente (Ver-) Personalisierung von Sachproblemen, die unterhaltende Darbietung von Nachrichten, auch eine gewisse Trivialisierung – dies alles ist nicht nur ‚in Kauf zu nehmen', sondern als Sachgesetze medialer Vermittlung zu akzeptieren. Kritisches Hinterfragen schließt das keineswegs aus.

Die Haltung der kirchlichen Hierarchie zu dieser ganz anderen Akzentuierung ihres Verständnisses in den Medien bleibt freilich ambivalent. Die stundenlange Live-Übertragung von Papstbesuchen und Gottesdiensten sowie die Ausstrahlung von Sondersendungen wird einerseits freudig begrüßt, andererseits wieder die „systemimmanenten Hemmnisse" der Medien kritisiert, die die christliche Botschaft „einschränkungslos und ohne jede Nachsicht als Unterhaltung"[89] präsentieren. Die Frage, „inwieweit dieses Medium [Fernsehen] für die direkte Tradition wahrer Religion überhaupt in Frage kommen" könne, taucht nur dann auf, wenn

„zwei oder drei [Theologie-Professoren], die nun wirklich total entgleist“[90] seien, zu Wort kommen, nicht aber bei der ungestörten Übertragung eines katholischen Weihnachtsgottesdienstes zur besten Fernsehzeit. Wer diese sachgegebene Ambivalenz (Anspruch und Kritik) nicht zur Kenntnis nehmen will, überfordert schon das Medium selbst, und zwar auf unsinnige Art und Weise: „Aus der Mattscheibe wird sich nie eine segnende Hand auf unser Haupt legen, wird uns kein Kelch und keine Hostie gereicht.“[91]
Um einer ‚Instrumentalisierung der Massenmedien‘ zu widerstehen, hat neuerdings P. Düsterfeld das Modell einer ‚Kommunikativen Diakonie‘ entworfen.[92] Er hebt dieses Modell von drei typischen kirchlichen Einstellungen gegenüber Massenmedien ab, die das „Wesen der Massenkommunikation ungenügend reflektieren“[93].

1. *Kompensationstyp*
Mit Hilfe der Massenmedien soll verlorengegangenes kirchliches Terrain zurückgewonnen werden. Die Massenmedien werden zur ‚Kanzel der Verkündigung‘.

2. *Machttyp*
Die Massenmedien werden benutzt, um gegen Laszivität, Permissivität und mangelndes Wertebewußtsein zu kämpfen.

3. *Komplementärtyp*
Die Massenmedien als indirekte Kommunikation ergänzen die wichtigere, d.h. primäre direkte Kommunikation der Ortsgemeinde.

Das Modell der ‚Kommunikativen Diakonie‘ versucht dagegen, den Massenmedien „einen kommunikativen Eigenwert zuzuerkennen“[94], d.h. in ihnen „auch die zeitgemäßen Ausdrucksmittel einer öffentlichen, kommunikativen Kultur zu sehen“[95]. Und zentral: „Das Verhältnis der Kirche zu den Massenmedien basiert auf der Sorge um das rechte Funktionieren der Massenkommunikation, als Freihalten öffentlicher Kommunikationsräume.“[96]
‚Kommunikative Diakonie‘ versucht also ein Programm zu umschreiben, das einerseits „die Botschaft Jesu direkt in das öffentliche Gespräch“ einbringt, andererseits der Gefahr widersteht, „als reine PR-Arbeit mißverstanden zu werden“[97]. Als Aufgaben für die Kirche vor dem Hintergrund einer solchen ‚Kommunikativen Diakonie‘ nennt P. Düsterfeld:

1. Aufbau einer Kommunikationsordnung, die Meinungsmonopole ausschließt; Anwaltschaft einer Meinungsfreiheit auch dann zu sein, wenn die Befürchtung besteht, daß Meinungen sich einmal gegen die Kirche selbst richten können.
2. Publizistischer Kampf gegen Tatsachenverzerrung und Diffamierung; Entwicklung einer Medienethik.
3. Anwaltschaft der ‚Massen' in einer Massenkommunikation; Sprachrohr zu sein der vielen, die sprachlos sind.

Dieses Reden der Kirche innerhalb der Massenmedien wird ein weltliches Reden sein müssen, ein ‚weltliches Reden von Gott'[98] unter Verzicht auf Modejargon, Betroffenheits-Gerede und sakraler Binnensprache. ‚Kommunikative Diakonie' fängt bereits bei der Art und Weise kirchlichen Redens in der Öffentlichkeit an.[99] Ihr wichtigstes Kriterium ist Redlichkeit und Wahrhaftigkeit.[100]

1.2 Die Binnenstrukturen innerkirchlicher Kommunikation

Als weitere konstitutive Bedingung der Teilnahme am massenmedialen Kommunikationsprozeß gilt die grundsätzliche, innerverbandliche (in unserem Falle: innerkirchliche) garantierte Öffentlichkeit. Entscheidungen und Postulate von Gruppen, die im Raum der Öffentlichkeit vertreten sein wollen, bedürfen auch intern, d.h. für die Art und Weise ihres Zustandekommens, gewisser Standards. Diese sind durch ‚Meinungsfreiheit', ‚demokratische Entscheidungsstrukturen' und ‚Öffentlichkeit' (auch im Sinne von ‚Veröffentlichung') charakterisierbar.

1.2.1 Monologische Kommunikationsstrukturen in der Kirche

Die internen Kommunikationsstrukturen innerhalb der Katholischen Kirche sind nur von der theologischen Konzeption des kirchlichen Amtes her verständlich, die „unmittelbar auf die innerkirchliche Kommunikationsstruktur im Informations- und Meinungsbildungsprozeß übertragen wird"[101]. Diese Strukturen kumulieren im jurisdiktionellen Primat sowie im unfehlbaren Lehramt des Papstes. Außer den legitimen Nachfolgern der Apostel, dem römischen Bischof für die ganze Kirche und den Bischöfen für ihre Sprengel, gibt es keine ‚magistri' in der Kirche. Allein

das kirchliche Lehramt (soli Ecclesiae Magisterio) wacht und erklärt, begutachtet und verurteilt.[102]
Unter kommunikations-theoretischen Gesichtspunkten ist die Unfehlbarkeitsdefinition von besonderer Wichtigkeit:
„Wenn der römische Bischof in höchster Lehrgewalt (ex cathedra) spricht, das heißt, wenn er seines Amtes als Hirt und Lehrer aller Christen waltend in höchster, apostolischer Amtsgewalt endgültig entscheidet, eine Lehre über Glauben oder Sitten sei von der ganzen Kirche festzuhalten, so besitzt er aufgrund des göttlichen Beistandes, der ihm im heiligen Petrus verheissen ist, jene Unfehlbarkeit, mit der der göttliche Erlöser seine Kirche bei endgültigen Entscheidungen in Glaubens- und Sittenlehren ausgerüstet haben wollte. Diese endgültigen Entscheidungen des römischen Bischofs sind daher aus sich und nicht aufgrund der Zustimmung der Kirche unabänderlich."[103]
Den verstärkenden Schlußsatz hat – trotz Betonung der bischöflichen Kollegialität und der ‚Betonung' der Kirche als ‚Volk Gottes' – das II. Vatikanische Konzil übernommen und zusätzlich ausgeführt: „Sie [die päpstlichen Definitionen] bedürfen daher keiner Bestätigung durch andere und dulden keine Berufung an ein anderes Urteil."[104]
Der Kommunikationsfluß ist eindeutig; ihm korrespondieren alle monologischen Strukturen innerhalb der Kirche (Gottesdienst, Sakramentenspendung, Predigt, Klerus-Ausbildung, Bischofsernennungen, Hirten-Briefe, etc.). E. Öffner faßt zusammen: „Das Verhältnis zwischen der Kirche und ihren Mitgliedern ist insgesamt ‚asymetrisch', d.h. Kompetenz und Kommunikation (Information!) laufen durchweg von ‚oben' nach ‚unten', von ‚innen' nach ‚außen'."[105]

1.2.2 ‚Öffentliche Meinung' in der Kirche

Es ist erstaunlich, wie trotz der eindeutigen Kommunikationsstrukturen innerhalb der Kirche sich so etwas wie ‚öffentliche Meinung' begrifflich hat niederschlagen können. Der Ausdruck hat sogar lehramtliche Beachtung und Bestätigung gefunden in der klassischen Aussage von Papst Pius XII.:
„Zum Schluß wollen Wir noch ein Wort über die öffentliche Meinung im Schoße der Kirche (natürlich in den Dingen, die der

freien Diskussion überlassen sind) hinzufügen. Das braucht die nicht zu verwundern, die die katholische Kirche nicht oder nur schlecht kennen. Denn schließlich ist auch sie eine lebendige Körperschaft, und es würde etwas in ihrem Leben fehlen, wenn in ihr die öffentliche Meinung fehlte – ein Fehlen, für das die Schuld auf die Hirten sowohl wie die Gläubigen zurückfiele."[106]

Theologisch niedergeschlagen hat sich dies in der Aussage vom ‚sensus fidei' (Glaubenssinn) des Volkes Gottes[107] sowie in der Lehre von der ‚Hierarchie der Wahrheiten'.[108] Diese Lehre von der ‚Hierarchie der Wahrheiten' besagt ausdrücklich: „So wird der Weg bereitet werden, auf dem alle in diesem brüderlichen Wettbewerb zur tieferen Erkenntnis und deutlicheren Darstellung der unerforschlichen Reichtümer Christi angeregt werden."[109]

‚Öffentliche Meinung' bildet sich stets von unten, und so findet der Gedanke einer kirchlichen Meinungsbildung von unten, also einer demokratischen Kommunikationsstruktur, im dargestellten monologischen Modell ‚ihr Ende'. Folgerichtig blieb eine formaljuridische Festlegung einer ‚öffentlichen Meinung' in der Kirche auf dem Konzil auch aus[110], und auch die Neuformulierung des CIC aus dem Jahre 1983 beseitigt dieses Dilemma nicht.[111]

Die Frage nach der Redlichkeit des Redens von der ‚öffentlichen Meinung' in der Kirche ist folgerichtig gestellt. K. Rahner sieht die Berechtigung der ‚öffentlichen Meinung' im Bereich des „irdischen Lebens der Kirche gegeben", in dem – auch nach Abzug der göttlichen Strukturierung der Kirche – „noch Raum genug für soetwas wie öffentliche Meinung in der Kirche (bleibt)"[112]. Für diesen Bereich fordert er das ‚freie Wort in der Kirche'.

Zusammenfassung

1. ‚Öffentliche Meinung' als Ausdruck einer Gemeinschaft oder Gesellschaft duldet weder eine Kommunikationsstruktur ‚von oben' noch eine inhaltliche Reservierung bestimmter Spezialthemen für die Amtsträger. Es bleibt somit fraglich, ob von einer ‚öffentlichen Meinung' in der Kirche berechtigt zu sprechen die Möglichkeit besteht.

2. Die ‚öffentliche Meinung' in der Kirche als „freie Betätigung des Glaubens im Volke Gottes"[113] bedarf einer formaljuridischen Festlegung, um nicht zum folgenlosen Palaver zu werden.

3. Die vorhandenen Strukturen einer ‚öffentlichen Meinung' in der Kirche (Presse, Akademien, Pfarrgemeinderat, synodale Strukturen, etc.) sind folglich auszubauen und zu stärken.
4. Auch ohne rechtlich einklagbare Festlegung[114] darf das kirchliche (Lehr-) Amt die ‚öffentliche Meinung' nicht überhören. „Sie ist ... nichts anderes als die Kundmachung der ‚Situation', die die amtliche Leitung der Kirche kennen und berücksichtigen muß, und zwar durch jene selbst, die in dieser Situation existieren, die in ihr kirchliches Leben leben und ihr Heil wirken müssen."[115]
5. Die ‚öffentliche Meinung' in der Kirche kann und soll zu ihrer Kundgabe auch publizistische, massenmediale Wege gehen. Sie wird dadurch nicht zur „demokratischen Propaganda"[116].
6. „Die öffentliche Meinung ist die Mitgift jeder normalen Gesellschaft. ... Dort, wo überhaupt keine Äußerung der öffentlichen Meinung erscheint, vor allen Dingen dort, wo man feststellen muß, daß sie überhaupt nicht existiert, wie immer ihr Schweigen oder ihr Fehlen sich erklärt, muß man darin einen Fehler, eine Schwäche, eine Krankheit des gesellschaftlichen Lebens sehen."[117](Pius XII.)
7. Die Kirche ist „Sakrament der Einheit"[118]; „Sakrament der herrschaftsfreien Kommunikation"[119] ist sie (noch) nicht.

2. Theologie und innerkirchliche Öffentlichkeit

2.1 Freiheit der Theologie

Mit der Frage nach der Theologie und ihrer Aufgabe bei der Herstellung einer innerkirchlichen Öffentlichkeit steht eines der bedeutendsten Probleme sowohl wissenschafts-theoretischer als auch theologisch-struktureller Natur zur Diskussion. Wie frei ist die Theologie – und zwar als wissenschaftliche Theologie? In welchem Abhängigkeitsverhältnis zur Kirche und zum kirchlichen Lehramt steht sie?
Wie selten zuvor wurde von Papst Johannes Paul II. die Freiheit der Theologie lehramtlich postuliert und bestätigt. Bei seiner Ansprache vor Theologieprofessoren in Altötting 1980 führte er aus: „Die Theologie ist eine Wissenschaft mit allen Möglichkeiten

menschlicher Erkenntnis. Sie ist in der Anwendung ihrer Methoden und Analysen frei."[120]

Diese Aussage hat Eindruck gemacht.[121] Neben dieser ‚Freiheit der Theologie' würdigte der Papst an anderer Stelle die Selbständigkeit der Theologie und ihre vom Lehramt unterschiedene Funktion im Dienst an der Glaubenswahrheit und am Volk Gottes.[122]

Im Modell einer Theologie als ‚Glaubenswissenschaft' hat die Theologie selbst sich ihren Ort und ihr Selbstverständnis erarbeitet.[123] In den Unterschieden, vor allem aber in ihrer wissenschafts-theoretischen Verwandtschaft zu anderen Disziplinen werden hier die Wissenschaftlichkeit der Theologie, ihre Kirchlichkeit und ihre Freiheit systematisch bedacht. Die Voraussetzungen der sie tragenden Kirche „haben für sie weder den Charakter tabuisierender Vorbehalte noch den einer dezisionistischen Positionalität. Sie kennt und nennt ihre Voraussetzungen und spielt damit jedenfalls wissenschaftstheoretisch mit offenen Karten."[124] Der Theologie sind nur insofern Grenzen gesetzt, als sie mit der Bestreitung ihrer Grundlagen sich selbst auflösen würde. Ihre Freiheit ist somit ‚qualifizierte Freiheit' im Rahmen einer Glaubensgemeinschaft, die als solche und Ganze im ‚Wort Gottes' ihr Kriterium findet. Beliebige Wahlfreiheit des Theologen besteht somit nicht, sondern nur eine Freiheit „zur wissenschaftsgemäßen autonomen Selbstentfaltung auf der Basis der wissenschaftstheoretischen Geschäftsgrundlage der Theologie"[125].

Es liegt auf der Hand, daß sich erst im Konfliktfall, d.h. bei einem Eingriff des Lehramtes, zeigen kann, wieviel eine solche Systematik auch für den Lehralltag der Theologie taugt.[126]

Mit dem Wandel im Freiheitsverständnis geht auch eine Änderung der Aufgaben der Theologie einher. Papst Pius XII. konnte noch 1950 als ihre „vornehmste Aufgabe" ausführen:

„Es ist doch ihre Aufgabe zu zeigen, inwieweit das, was das lebendige Lehramt verkündet, in der Hl. Schrift und in der göttlichen Überlieferung, sei es ausdrücklich, sei es einschließlich, enthalten ist."[127]

Papst Johannes Paul II. spricht dagegen von einer „Kooperation von Theologie und Lehramt", und dies als einem „selbstlosen Dienst an der Gemeinschaft der Gläubigen"[128].

2.2 Theologie als innerkirchliche Kritik

Dem Wissenschaftscharakter der Theologie ist ein kritisches Moment immanent. Interne Meinungsunterschiede und fachliche Kritik werden auf dem üblichen Weg in Periodica und Fachbüchern mitgeteilt und ausgetragen.
Diese kritische (und freie) Auseinandersetzung lebt von dem Gedanken, daß – analog dem oben dargestellten Öffentlichkeits-Modell – auch im Bereich der Theologie ‚die Wahrheit' durch offene und öffentliche Diskussion ermittelt werden soll und kann.
Kritik in der Kirche an der Kirche kann auf eine solche Selbstverständlichkeit nicht bauen. Nach der Kritik an der Kirche *von außen* (Religionskritik der Aufklärung) bildet die Kritik an der Kirche *von innen* eine neue, gänzlich anders strukturierte Erfahrung für die Kirche und ihre amtlichen Vertreter. Das von H.J. Schultz 1958 herausgegebene Buch ‚Kritik an der Kirche'[129] stellt – sowohl hinsichtlich der geäußerten Kritik als auch der Reaktionen kirchlicherseits darauf – einen Markstein dar. Die völlig überzogene ‚Gegen-Kritik' läßt sich dabei nur mit dem völligen Mangel an Einübung in Kirchenkritik erklären.
Die Theologie selbst entwickelte in ihren einzelnen Disziplinen eine kritische Methode – vor allem in der historisch-kritischen – und erkannte die kritische Dimension ihrer Arbeit als „Wesensbestimmung des christlichen Glaubens"[130]; sie wird eine „legitime Aufgabe der Theologie und ebenso eine unentbehrliche Voraussetzung innerkirchlicher Lebensentfaltung"[131]. Manch einer stellte gar nach dem II. Vatikanischen Konzil eine Zeit der „Hochblüte innerkirchlicher Kirchenkritik"[132] fest.
Trotz dieser faktisch gegebenen Kritik in der Kirche stellt M. Seckler ein „auffallendes Defizit", nämlich den „Mangel an theoretischer Klärung der Aufgaben und Funktionen der Kritik in Theologie und Kirche", fest und meint: „Der faktischen kritischen Arbeit in den theologischen Disziplinen steht ein Defizit an theoretischer Klärung und auch an grundsätzlicher Bejahung der kritischen Gesamtfunktion der Theologie für Glaube und Kirche gegenüber."[133] Die Theologie übernimmt dabei keineswegs die Rolle des partiellen Kritikers, sondern sie ist *insgesamt* als kritische Theologie zu konzipieren, die normative Aufgaben übernimmt.[134]

Ihre Funktionen liegen sowohl im Verhältnis nach außen (weltkritisch) als auch im Innenbereich (selbstkritisch); hier sind letztere von besonderem Interesse.[135]

- *Negative Kritik:*
Aufdecken, Aufzeigen und Anprangern von Fehlern und Mißständen in der Handlungpraxis der Religion und die Auseinandersetzung der theologischen Vernunft mit den Unstimmigkeiten des kirchlichen Lebens.

- *Positive, kreative, konstruktive Kritik:*
Ausarbeitung der Erkenntnis- und Handlungszusammenhänge, die für das Christentum und die Kirche wichtig sind.

- *Selbstkritische Kritik:*
Ausbildung kritischer Methoden als angemessene Arbeitsinstrumente der Glaubenswissenschaft sowie die ständige Bereitschaft zur Revision eigener Standpunkte und Ergebnisse. Kritische Theologie ist ‚theologia semper reformanda'.

Mit dem Wahrnehmen ihrer Funktionen nimmt die Theologie als kritische, normative Wissenschaft wichtige Aufgaben innerkirchlicher Kritik wahr. Sie wird dadurch nicht zum Nestbeschmutzer oder zum Ignoranten ihres übernatürlichen Charakters, sondern zum Propheten, bereit zum kritischen Dienst mit allen Risiken dieses Tuns zu jeder Zeit.
Innerkirchliche Kritik *grundsätzlich* als Unkirchlichkeit oder ‚antiinstitutionelle Haltung' abzutun[136], ist zwar noch immer eine beliebte Variante, mit Kritikern ‚fertig zu werden' – dies ist aber, im aufgezeigten Sinne, nicht sachgerecht. Kirchenkritik als „Zeugnis christlicher Hoffnung"[137], als Aufruf zur Umkehr aus Treue und Loyalität zur Kirche hätte Besseres verdient als Verteuflung und institutionell organisierte Verunglimpfung. Soll das Programm von der ‚ekklesia semper reformanda' nicht zum leeren Gerede werden, dann muß – deutlicher als bislang – der Dienst-Charakter einer Kritik an der Kirche Anerkennung finden[138], wenn möglich, noch zu Lebzeiten der Kritiker selbst.
Es hat freilich den Anschein, als ob – entgegen den klaren Intentionen der Väter des II. Vatikanischen Konzils – durch eine Überbetonung (!) der Kirche als ‚Mysterium' nicht nur die ‚Volk-

Gottes-Theologie‘ relativiert werden soll, sondern eine Immunisierungs-Strategie verfolgt wird als dem theoretischen ‚Unterbau‘ gegen unliebsame Kritik in der Kirche an der Kirche.[139]

3. Typen theologisch-kirchlicher Reaktion auf ‚Öffentlichkeit‘ und öffentliche Kritik

3.1 Neue Gehässigkeit gegen die Kirche?

Eine sich in und durch Öffentlichkeit konstituierende Gesellschaft ist nicht nur – wie gezeigt – durch Pluralismus und Kontrolle geprägt, sondern durch Rede und Gegen-Rede, durch ‚öffentliches Räsonnement‘. Kritik stellt dabei das (!) Instrument dar, den gesellschaftlichen Konsensus zu erzielen und ihn durch das ‚Zeitgespräch‘ massenmedial je und je neu zu definieren.[140]
Wer am Prozeß der massenmedialen Kommunikation beteiligt ist, wird – über kurz oder lang – selbst zum Objekt der Kritik. Es gehört, wie D. Seeber bemerkt, „zu demokratisch verfaßten Gesellschaften, daß mit allem, was sich zur Kritik anbietet, nicht pingelig umgegangen wird“[141].
Im Zuge des Aufkommens interner Kritik hat sich – so schien es zumindest – das Verhältnis Kirche zur säkularen Publizistik und der in ihr geäußerten Kritik gewandelt und entspannt.[142] Wenn eine solche ‚Gelassenheit‘ denn je gegeben war: Die Warner vor einer neuen Verhöhnung und Verunglimpfung der Kirche melden sich derzeit verstärkt zu Wort.
E. Läufer warnt vor einer „neuen Gehässigkeit“, und L. Groppe spricht kurz und bündig von einem „Medienkampf gegen die Kirchen“[143]. Beide fühlen sich in der Art und Weise, wie die Kirchen derzeit in den Massenmedien angegriffen werden, unisono an die „Sudelblätter des Dritten Reiches“ (L. Groppe)[144] erinnert und warnen vor einer ‚publizistischen Verhetzung‘ der Öffentlichkeit gegen die Kirchen: „Das erschreckend niedere Niveau erinnert an die schlimmste Zeit der Nazis.“(E. Läufer)[145]
Auch einige deutsche Bischöfe sehen die Kirche neuerdings starker Kritik ausgesetzt. Kardinal J. Meisner beklagt einen „massiven Haß an der Kirche“[146], und Erzbischof J. Dyba stellt fest:

„Man kann Fische madig machen – man kann auch die Kirche madig machen. Letztere scheint eine Spezialität des Hessischen Rundfunks zu sein und wird allmählich unerträglich. Als Bischof hört man natürlich öfter Sendungen, die die Kirche betreffen. Ich kann wohl sagen, daß ich in den vier Jahren, seit ich in Fulda bin, in den vom Hessischen Rundfunk redigierten Sendungen zu kirchlichen Themen noch nicht einen positiven oder anerkennenden Satz über die Kirche gehört habe. Das pendelt zwischen Kirchenkritik und *Kirchenbeschimpfung*."[147]

Kirchenhaß und öffentlichen Pöbeleien sollen mitnichten das Wort geredet werden – aber: Die Unfähigkeit zu einem angemessenen Umgang mit den Massenmedien, die noch immer ‚unbewältigte Öffentlichkeit der Kirche' erschwert nicht nur den glaubhaften Zugang der Kirche zu den Massenmedien[148]; er erlaubt auch keinen adäquaten Umgang mit Kritik. Man darf im Gegenteil die Behauptung wagen: Die (Über-) Betonung des besonderen Status' der Kirche, ihr Abheben auf eine ‚Sphäre des Geltens an sich' macht sie im massenmedialen Prozeß zu einem Angriffsziel par excellence. Gelassenheit und Redlichkeit (ohne Pauschalierungen) sind wohl die geeigneten Reaktionsweisen, und bischöflicherseits wird dies auch so gesehen.[149] Was G.W. Hunold zu beherzigen vorschlägt, gilt freilich nicht nur, aber auch für die Kirche:

„Eine richtig verstandene Sachlichkeit lebt von der Anstrengung, nicht nur die Wahrheit über sich selbst, sondern auch die der anderen zu erkennen und weiterzugeben. Ein der Sachlichkeit der Information verpflichtetes Medienverhalten hätte somit auch dem Gesetz der Empathie (Einfühlungsvermögen) zu gehorchen, dem Hineindenken in den anderen und dem Verstehen der eigenen Wahrheit."[150]

3.2 Typen kirchlicher Reaktion auf ‚Öffentlichkeit' und öffentliche Kritik

H.J. Dörger hat 1971 eine kleine Typologie kirchlicher Reaktionsweisen auf öffentliche Kritik in säkularen Medien erarbeitet und mit reichlich Material gefüllt.[151]

Die Kirchen fühlen sich verfolgt, mißverstanden, kompetenter, gefordert und dankbar.

1. Die Kirchen fühlen sich *verfolgt*:
Die Kirche fühlt sich in ihrer Struktur verfolgt, was sich in der Art der Reaktionen auf die ihr vorgeworfene Sektenmentalität zeigt: „Sie reagiert wie Konvertikel in feindlicher, ja andersgläubiger Umwelt.“[152]

2. Die Kirchen fühlen sich *mißverstanden*:
Die Reaktionen auf Kritik belegen, daß den Kirchen eher an einem Einklang mit ihrer Lehre, mit ihrem Selbstverständnis gelegen ist denn an Sachkompetenz. Man kritisiert folglich die „fehlenden atmosphärischen Voraussetzungen eines ‚säkularen‘ Journalisten.“[153]

3. Die Kirchen fühlen sich *kompetenter*:
Gegen das Ausufern einer – zumal kritischen – und öffentlichen Diskussion versucht die Kirche, wieder die Kontrolle über solche Debatten zu erlangen. Um dieses Ziel zu erreichen, gelten als probate Mittel die Bestreitung der Qualifikation und der Kompetenz des Schreibers und des Autors (nach außen: fehlende Ausbildung (Diplom); nach innen: fehlender Stallgeruch im Sinne eines ‚sentire cum ecclesia‘) noch immer. Offenbar wird aber etwas ganz anderes: „Bei genauerem Zusehen zeigt sich jedoch, daß sich hinter der vielfach geäußerten Leistungskritik eher Richtungsstreit oder Medienkritik verbirgt sowie ein tiefes Unbehagen gegenüber der Öffentlichkeit solcher Vorgänge, auf die man wegen ihrer Novität noch nicht sicher zu reagieren gelernt hat.“[154]

4. Die Kirchen fühlen sich *gefordert*:
Die Kirche sieht sich durch populäre und populär-wissenschaftliche ‚Stories‘ über kirchliche und theologische Themen herausgefordert – vor allem hinsichtlich einer besseren theologischen Unterrichtung ihrer Gemeindemitglieder. Diese Art der Aufklärung bleibt freilich ambivalent, dient sie doch vor allem einer Immunisierung der Gläubigen hinsichtlich der Konfrontierung mit neuen, angeblich progressiven und theologisch umstrittenen (abweichenden, unkatholischen, häretischen) Standpunkten in der säkularen Publizistik.

5. Die Kirchen zeigen sich *dankbar*:
Anstöße und Anfragen ‚von außen‘ werden von der Kirche dank-

bar aufgegriffen und als sachgerechte ,Verstehenshilfe' betrachtet. Auch hier zeigt sich freilich ein taktisches Moment. Die hohe Publizität und die starke Popularität (thematisch und personell) zwingt die Kirche, zumindest die Frage positiv zu würdigen – auch wenn die Antworten des Kritikers natürlich abzulehnen sind.

Es bleibt trotz gelegentlicher Dankesäußerungen an die säkulare Presse folgende Feststellung berechtigt: Die Kirche sieht in den Medien nicht einen Partner, der durch Herstellung einer Öffentlichkeit Sachthemen zu einer Publizität verhilft, an der auch die Kirche selbst ein Interesse haben müßte. Die Furcht vor der ,zweiten Kanzel Presse' beherrscht noch immer die Szene, verbunden mit einem unerklärlichen Mißtrauen vor der ,vierten Gewalt', den Medien.[155] Dasjenige Interesse (ja wohl auch das religiöse und kirchliche !), das durch kirchliche Reportagen sowohl beim Journalisten als auch beim Rezipienten zutage tritt, wird somit verkannt und liegt ungewürdigt brach. Der Anteil von Loyalität, der einer medial geäußerten Kritik sehr wohl innewohnen kann, wird nicht einmal im Ansatz gesehen. Als öffentlichkeitstauglich scheint nur das eigene Licht und das Dunkle des anderen zu sein. „Eine Veröffentlichung von Mißständen und Unmenschlichkeiten oder von inhaltlichen Differenzen in der Kirche hat es nach innen wie nach außen schwer, weil kaum eine andere Institution die (nicht domestizierte) Öffentlichkeit (insbesondere der Presse) so sehr fürchtet wie die Exponenten des Kirchenregimentes."[156]

Ein ehrlicher Umgang mit Kritik ,draußen' ist nicht möglich ohne *vorherigen* ehrlichen Umgang mit Kritik (und Kritikern) ,drinnen'. Die oft hämische und barsche Kritik säkularer Medien an kirchlichen Mißständen ist nicht erklärbar ohne die Kenntnis dieser nicht eingelösten Forderung.

3.3 Die ,Verwirrung der Gläubigen'

Die Abwehrmechanismen der Kirchen gegen öffentliche Kritik lassen sich unter dem Ausdruck der Sorge um die ,Verwirrung der Gläubigen' subsumieren. Dieser Begriff scheint nicht nur ein probates Mittel im Abwehrkampf gegen mißliebige Kritik (oder eine angeblich unvollständige Theologie) zu sein; seine inhaltliche Leere läßt ihn auch zum dankbar aufgegriffenen Topos werden, wenn es gilt, Themen und Äußerungen schon *im Vorfeld* zu ‚bekämpfen'.

In zahlreichen kirchlichen Dokumenten wird vor der ‚Verwirrung der Gläubigen' gewarnt beziehungsweise diese als gegeben festgestellt.[157] Papst Paul VI. fragt ganz offen:

> „Heißt es, der Kirche dienen, wenn man sich mit Beharrlichkeit zum willfährigen Echo der Zweifel und Anfechtungen macht und es damit wagt, die unermeßliche Zahl der guten Gläubigen zu verwirren und vom rechten Wege abzubringen?"[158]

Die Berechtigung zu einer korrekten und wahrheitsgemäßen Berichterstattung über kirchliche Entwicklungen und theologische ‚Neuerungen' wird man nicht in Abrede stellen können. Fatal ist jedoch der Gesamt-Duktus einer Sichtweise, die ‚Zweifel' und ‚Anfechtung', die Berichte über kirchliche Skandale und innertheologischen Dissens (der sicher in seiner journalistischen Darstellung auf ein bestimmtes Publikum adaptiert werden muß) von vornherein und grundsätzlich mit dem Stigma der ‚Verwirrung' belegt.

Warum ist ‚Verwirrung der Gläubigen' eigentlich möglich? G. Deussen fragt zu Recht: „Sollte man nicht die besonderen Anfälligkeiten für Verwirrung gerade der ‚guten Gläubigen' in vielen Fällen in ihrem ‚Informationsdefizit' sehen dürfen, das Folge einer allzu ängstlichen Informationsfilterung durch Funktionäre der formalen Kommunikationsorganisation ist?"[159] Trägt nicht – so wird man weiter fragen dürfen – auch eine Hierarchie zur ‚Verwirrung der Gläubigen' bei, wenn, beispielsweise, nach der jahrhundertelangen Bestreitung des Rechts auf Religionsfreiheit, Gewissensfreiheit, etc. die Gläubigen mit der Deklaration des genauen Gegenteils (Vat. II !) konfrontiert werden, verbunden mit der kühnen Behauptung, die Lehre der Kirche sei – wie immer – kontinuierlich? Liegt ein entscheidender Grund der ‚Verwirrung' nicht darin, „daß man kirchlicherseits die Gläubigen lieblos einem Wandel aussetzte, ohne ihnen ein kritisches Verständnis für die Reformabilität der Kirche selbst eröffnet zu haben"[160]? Gibt es nicht auch eine „fruchtbare Verwirrung"[161], die als eine Form der gesunden, legitimen und sachgerechten Beunruhigung die wirkliche Reform und Erneuerung erst ermöglicht? Wird mit der Sorge um die angebliche ‚Verwirrung der Gläubigen' nicht doch jede Form legitimer Pluralität in der Kirche verhindert?[162] Geht es nicht doch um die Verhinderung redlicher Aufklärung der Gläubigen, um eine Immunisierung gegen Kritik? „Wer deshalb auf die Ausbildung kritischer Freiheit in der Kirche insistiert und die Veröffentlichung dieser Freiheit im kirchlichen Bewußtsein verfolgt, wer die rein autoritäre Erkenntniserwartung der Gläubigen gegenüber der Institution Kirche korrigiert, arbeitet nicht an der Destruktion der Kirche; er handelt auch keineswegs lieblos gegenüber dem einfachen Kirchenvolk, sondern er ringt um die Chance einer dezidierten Kirchlichkeit von morgen."[163] Verwirrt in Wahrheit nicht der, der Informationen vorenthält oder ihre Veröffentlichung als ‚Abfall vom Glauben' denunziert? Welches Verständnis von Autorität und der Ausübung von Macht in der Kirche (als einem Dienstamt !) liegt denn vor, wenn Kritik immer als ‚Lieblosigkeit', als mangelnder Glaube, als Verdunklung der Wahrheit bezeichnet werden muß?[164]

Anfragen wie diese stellen nicht nur das Kommunikationsverständnis des kirchlichen Lehramtes in Frage (zumal in einer auf Transparenz und Öffentlichkeit hin angelegten Gesellschaft); sie sind auch Ausdruck der Forderung nach Redlichkeit im Umgang mit Informationen (Herrschaftswissen), die W. Dirks einmal so formuliert hat:

> „Hört auf, von der Verwirrung der Gläubigen zu reden: Klärt sie auf!"[165]

Ein aufgeklärtes, informiertes (‚gläubiges' und ‚ungläubiges') Publikum ist dann auch in den Stand versetzt, Kritik einzuordnen, neue Entwicklungen zu erkennen und zu begründen, Wesentliches vom Unwesentlichen und Unwandelbares von Wandelbarem zu unterscheiden. Diese Form der ‚Mündigkeit' (D. Bonhoeffer) wäre dann in jedem Fall ohne Angst auszuhalten.[166]

Exkurs

Die ‚Kölner Erklärung' – „Wider die Entmündigung – für eine offene Katholizität" vom Januar 1989[167]

Im Januar 1989 wurde in verschiedenen Zeitschriften und Zeitungen der Bundesrepublik die sogenannte „Kölner Erklärung katholischer Theologieprofessorinnen und Theologieprofessoren vom Dreikönigsfest: Wider die Entmündigung – für eine offene Katholizität“ veröffentlicht. Bis zum Erscheinungstag hatten 163 deutschsprachige Theologinnen und Theologen die Erklärung unterschrieben.[168]

Im Rahmen dieses Exkurses soll primär nicht die Berechtigung der inhaltlichen Aussagen (dogmatischer, pastoraltheologischer und kirchenrechtlicher Natur) der ‚Kölner Erklärung‘ diskutiert werden. Das Hauptaugenmerk liegt auf der Untersuchung von Reaktionsweisen und Reaktionstypen kirchlicher Amtsträger (Dienste und Funktionen) auf die *Veröffentlichung* einer *internen* Problematik in *profanen* Medien durch Theologinnen und Theologen und dem Versuch, zu erklären, warum so (und eben nicht anders) reagiert wurde.[169]

1. Der Anlaß der Erklärung

Im ‚Vorwort‘ der Erklärung nennen die Unterzeichner drei Problemfelder, die sie aktiviert hatten.

a) Bischofssitze auf der ganzen Welt werden unter Mißachtung der Vorschläge der Ortskirchen besetzt.
b) Auf der ganzen Welt wird in vielen Fällen qualifizierten Theologinnen und Theologen – als Instrument der Disziplinierung – die kirchliche Lehrerlaubnis verweigert.
c) Neben der jurisdiktionellen wird die lehramtliche Kompetenz des Papstes in unzulässiger Weise geltend zu machen versucht.

Als *aktuellen* Anlaß für die Erarbeitung und Veröffentlichung dieses Textes nennt F. Böckle die Ansprache des Papstes in Rom vor dem Moraltheologen-Kongreß, der am 12. November 1988 vom römischen akademischen Zentrum Santa Croce und vom Institut für Ehe- und Familienforschung an der Lateranuniversität einberufen worden war.[170] Aus Anlaß des 20. Jahrestages der Veröffentlichung der Enzyklika ‚Humanae Vitae‘ bestätigte Papst Johannes Paul II. die von Papst Paul VI. vorgelegte Lehre und erläuterte dabei vor allem seine Sicht einer legitimen Gewissensentscheidung:

„Da das Lehramt der Kirche von Christus dem Herrn eingesetzt worden ist, um das Gewissen zu erleuchten, bedeutet die Berufung auf dieses Gewissen, gerade um die vom Lehramt verkündete Lehre zu bestreiten, eine Ablehnung der katholischen Auffassung sowohl vom Lehramt als auch vom sittlichen Gewissen."[171] Desweiteren wird gefordert, daß die „Lehre der Moraltheologie in den Seminarien und Ausbildungsinstituten den Weisungen des Lehramtes entsprechen, so daß aus ihnen Diener Gottes hervorgehen, die ‚die gleiche Sprache sprechen' (Hum.Vit., 28) und ‚die heilsame Lehre Christi in keiner Weise verkürzen' (ebd., 29)."[172] Vielfach wurde und wird befürchtet, daß die Lehre der Enzyklika ‚Humanae Vitae' dogmatisiert werden soll.[173] Zusammen mit den umstrittenen Bischofsernennungen der letzten Jahre[174] wurde die Entwicklung der vergangenen Jahre in der Kirche als ‚bedrohlich' empfunden. „Die Kirche des Konzils wird heute abgeschlagen wie ein Zirkuszelt vor Wintereinbruch."[175] Deshalb der „Eindruck eines Aufschreis"[176] bei einem Journalisten, deshalb der Entschluß zur Unterschrift unter die ‚Kölner Erklärung' bei einem Theologen, „weil mir das ganze Unternehmen als eine anders nicht mehr zu erreichende ‚Notbremsung' erschien"[177].

2. Reaktion des kirchlichen Lehramtes

Schon vor der Veröffentlichung der ‚Kölner Erklärung' „hatten – bis in die letzten Stunden – offizielle Kirchenkreise ein Erscheinen zu verhindern versucht"[178]. Der ‚Pressedienst der Deutschen Bischofskonferenz' reagierte schon am 26. Januar – also einen Tag nach der Erstveröffentlichung in der ‚Frankfurter Allgemeine Zeitung' – mit einer Erklärung des Vorsitzenden der Deutschen Bischofskonferenz, Bischof K. Lehmann.[179] Bischof K. Lehmann gesteht den Unterzeichnenden zu, „viele schwierige Themen" aufzugreifen, die Erklärung insgesamt aber „wird ... der Sachlage durch die pauschale Darstellung nicht gerecht". Die deutschen Bischöfe „weisen die zahlreichen Unterstellungen gegen Papst Johannes Paul II. entschieden zurück". Insgesamt betont Bischof K. Lehmann, daß es legitim sei, „auch in der Kirche schwierige und strittige Fragen offen anzusprechen". Kritik an der Kirche habe es immer gegeben, es sei jedoch nicht hilfreich, „wenn dies in einseitig anklagender, Schuld zuweisender, Sachfragen verkürzender und plakativer Art einer *öffentlichen* ‚Erklärung' geschieht". Die Erklärung des Bischofs endet mit der Bitte an alle Lehrer der Theologie, „die eingetretenen Beunruhigungen und alle Streitfragen in einem sorgfältigen, nach allen Seiten fairen und differenzierten Dialog klären zu helfen"[180].

Trotz der klaren Zurückweisung bestimmter Anklagen – vor allem der Angriffe auf den Papst – fällt der darlegende, zum Dialog auffordernde Gesamt-Duktus der Erklärung des Vorsitzenden der Deutschen Bischofskonferenz auf.

Das sollte sich ändern. Für den Vatikan handelte es sich um einen „Fall von lokaler Bedeutung"[181], und der Kurienkardinal S. Baggio bemerkte kurz und knapp: „Häretiker hat es immer gegeben, und offenbar gibt es sie heute noch."[182] Kardinal J. Ratzinger erkannte in der ‚Kölner Erklärung' einen „Widerstand gegen die katholische Morallehre" und sprach von „einer Art Rebellion"[183]. Die deutschen beziehungsweise deutsch-sprachigen Bischöfe äußerten sich meist in ihren Bistums-Zeitungen zur ‚Kölner Erklärung'. Erzbischof J. Meisner sprach vor Teilnehmern einer Marien-Wallfahrt von den Unterzeichnern als „Christen", die „vor lauter Hybris" jedes Maß verloren hätten und „die sich Theologieprofessoren nennen". Er verwies die Theologinnen und Theologen auf die Gottesmutter Maria und deren „skandalfesten Glauben"[184]. Auf einer Pressekonferenz sprach Bischof J. Meisner von einer „Professorenschelte", von der er den Eindruck bekommen habe, sie geschehe von „außerhalb der Kirche"[185]. Kardinal F. Hengsbach bedauerte, daß „Lehrer der Theologie klagend und anklagend über den Papst herfielen"[186]. In einem Brief an die Unterzeichner der Erklärung in seiner Diözese (Paderborn) stellte Bischof J.J. Degenhardt fest: „Wer öffentlich als Professor der Theologie Lehren verkündet, die mit lehramtlichen Äußerungen unvereinbar sind, stellt sich außerhalb des Auftrags, der ihm vom Bischof erteilt ist." Zu der von den Professorinnen und Professoren behaupteten Pflicht, auch öffentlich Kritik zu üben, wenn das kirchliche Amt seine Macht falsch gebrauche, meinte er:

„Abgesehen von der Denkweise, die aus dieser Äußerung spricht – die ich nicht für richtig ansehe –, halte ich auch Ihre behauptete Pflicht zur öffentlichen Kritik an Lehraussagen des Papstes und des bischöflichen Lehramtes für falsch. Eine öffentliche Erklärung und die Einschaltung der Medien gegen den Papst und Bischöfe läßt sich sicherlich nicht mit Aussagen und Geist des Zweiten Vatikanischen Konzils vereinbaren. Vom Konzil wird das Recht und gegebenenfalls die Pflicht, Bedenken und Kritik dem Papst und dem Bischof zu sagen und zu schreiben genannt. Eine öffentliche Kritik, wie Sie sie gewählt haben, fördert angesichts der bekannten Einstellungen der Medien heute die Einheit und das Leben der Kirche nicht."[187]

Bischof J. Stimpfle von Augsburg sprach in einem ‚Wort des Bischofs' von den Unterzeichnern als „falschen Propheten" und zog einen bemerkenswerten historischen Vergleich:

> „Der Aufruhr, den eine Anzahl von Professoren der Theologie im Kirchenvolk und in der Gesellschaft gegen Papst Johannes Paul II. angezettelt haben, ist bereits mehr als 700 Jahre vor dem Kommen Jesu Christi durch den Propheten Micha zurückgewiesen worden."[188]

Eine Woche später stellte er sich schützend vor den Papst:

> „Wenn Papst Johannes Paul II. in Ausübung des authentischen Lehramtes oder in der Ernennung von Bischöfen auf Widerstand stößt, so ist er niemand anderem als seinem Herrn Verantwortung schuldig, weshalb er auch keiner Verteidigung bedarf."[189]

In der ‚Wiener Kirchenzeitung' schrieb Weihbischof K. Krenn an die Verfasser und Unterzeichner der ‚Kölner Erklärung' einen offenen Brief. Er stellte klar:

> „Wenn die ‚Kölner Erklärung' davon spricht, daß der Papst versuche, seine lehramtliche Kompetenz in ‚unzulässiger Weise' geltend zu machen, so ist diese Äußerung ein Eingriff in das Lehramt des Papstes, für den keine Kompetenz der Theologieprofessoren besteht."

Und weiter schrieb der Weihbischof:

> „Es ist heute das große Problem der Theologie, daß sie sich oft von anderem als der Wahrheit abhängig gemacht hat. Mit vielen Kollegen weise ich Ihre Feststellung zurück, daß der Papst tut, was nicht seines Amtes ist. Für eine solche Aussage haben Sie keine Ursache und keine theologische oder kirchliche Legitimation."[190]

Eine Woche später erkannte Weihbischof K. Krenn in der Erklärung gar eine „gewisse schismatische Tendenz“[191].
In einer Art ‚Sprachregelung‘ versäumten es die deutschen Bischöfe nicht, sich grundsätzlich ‚dankbar‘ für ein ‚offenes Wort‘ zu zeigen.
Bischof J. Stimpfle betonte die „Notwendigkeit der freien Rede“[192] innerhalb der Kirche und meinte: „Zweifellos könne über alle in der Erklärung aufgeworfenen Fragen gesprochen werden.“[193] Es sei legitim, in der Kirche strittige Fragen offen anzusprechen, die Kritik erfolge allerdings „häufig zu pauschal“[194]. So äußerten sich – bis in die Begrifflichkeit hinein identisch – auch Bischof K. Lehmann in seiner Eigenschaft als Vorsitzender der Deutschen Bischofskonferenz sowie Erzbischof J.J. Degenhardt.[195]

3. Die Reaktionen ‚kritischer‘ Kollegen

Es kann an dieser Stelle nicht einmal ansatzweise der Versuch unternommen werden, die kritischen Reaktionen auf die ‚Kölner Erklärung‘ aus dem Professoren-Kreis aufzuzeigen und aufzuarbeiten. Nur wenige Beispiele sind auszuführen.
A. Rauscher wandte sich in einer Analyse der Hintergründe der Erklärung „gegen eine Herrschaft der Professoren“[196]. Er versucht, die Quantität der 163 Erstunterzeichner zu relativieren und nimmt sich die Freiheit, die 45 niederländischen, österreichischen und schweizerischen Professoren, dazuhin die neun Professoren, „die einst Priester waren“, desweiteren die emeritierten Kollegen und diejenigen Professoren, die an Gesamthochschulen, theologischen Einrichtungen und Fachhochschulen unterrichten, von der Gesamtsumme abzuziehen. Er kommt so auf weniger als 60 Unterzeichnerinnen und Unterzeichner, die relevant sind. Da es freilich über 400 Professoren an theologischen Fakultäten in der Bundesrepublik gebe – „dann werden die Relationen deutlich“[197]. Sein Rat an bestimmte Kollegen lautet demnach: „Wenn etwa ein Theologie-Professor bei einer Demonstration im Revoluzzer-Look mitwirkt, dann hätte er sich vorher überlegen sollen, ob er nicht besser bei einer politischen oder sonstigen Bewegung eingestiegen wäre.“[198]
L. Scheffczyk und A. Ziegenaus weisen in ihrer gemeinsamen Arbeit ebenfalls auf die Tatsache hin, daß einige der Unterzeichner

der ‚Kölner Erklärung' die ‚missio canonica' nicht mehr besäßen.[199] Sie werfen den Unterzeichnern vor, ein falsches Verständnis vom „einzigartigen Wissenschafts-Charakter der Theologie" zu besitzen und wehren sich gegen den Eindruck, Theologie sei eine rein rationale Wissenschaft – so das ihrer Meinung nach derzeit geltende Verständnis der heutigen Ethik und ihrer „moraltheologischen Wortführer"[200]. In vielen Sachfragen (‚Humanae Vitae', Zulassung wiederverheirateter Geschiedener zu den Sakramenten, Frauenpriestertum, Laienpredigt) „entsteht oft der Eindruck, daß es da einen offiziellen Standpunkt gäbe, den Rom vertrete, mit dem aber die Ortskirchen nichts anfangen könnten und den sie nur widerwillig akzeptierten. Der normale Kirchenbesucher wird aus einer so halbherzigen Verteidigung des kirchlichen Standpunktes den Schluß ziehen, daß er sich mit ihm nicht identifizieren müsse. So entsteht eine geistige Kluft und eine Katholizität des ‚Als ob'."[201]

4. Versuch einer Wertung

Ziel dieses Exkurses soll es sein, die Reaktionen auf die (kritische) Veröffentlichung von Binnenproblemen der Kirche zu sichten und zu werten.

1. Die Besonderheit der ‚Kölner Erklärung' liegt nicht in der großen Anzahl der unterzeichnenden Professorinnen und Professoren begründet; auch gab es solche öffentlichen Explikationen immer wieder.[202] Gänzlich neu hingegen ist die *klare, direkte, öffentliche* und auch *polemische* Klageführung gegen eine konkrete Person in der Kirche, nämlich gegen Papst Johannes Paul II. Die massiven und auch polemischen Ausführungen der ‚Kölner Erklärung' gegen die Amtsführung des Papstes stellen in der Tat eine neue Qualität in der öffentlichen Auseinandersetzung zwischen Theologen und Lehramt dar.

2. Die Reaktionen eines Teils der deutschen Bischöfe (vgl. Punkt 2 dieses Exkurses) erschrecken in ihrer Polemik und in ihrer Ausgrenzungssprache. D. Mieth faßt zu Recht zusammen: „Diejenigen, die die Kölner Erklärung auf Polemik herabzustutzen versuchten, benutzten einen Stil in der Gegenpolemik, der eher entlarvend und beschämend war."[203].

3. Die von H.J. Dörger erarbeitete Typologie der kirchlichen Reaktionsweisen auf öffentliche Kritik (in unserem Fall: aus dem Raum der Kirche selbst) findet sich in den Reaktionen auf die ‚Kölner Erklärung' strukturell bestätigt. Die Kirche, beziehungsweise der Papst und die Bischöfe fühlen sich *verfolgt* (F. Hengsbach, J. Meisner, J.J. Degenhardt), *mißverstanden* (K. Lehmann), *kompetenter* (J.J. Degenhardt, K. Krenn), *gefordert* (K. Lehmann) und *dankbar* (alle).

4. Eine öffentliche Widerlegung der Aussagen der ‚Kölner Erklärung' durch die Bischöfe hat bislang nicht stattgefunden. Daß die Unterzeichner der Erklärung (im Gegenteil !) sie, die Bischöfe und die Ortskirchen, stärken und in ihrer theologischen Bedeutung aufgewertet wissen wollen, wurde von den Bischöfen – bislang jedenfalls – öffentlich nicht zur Kenntnis genommen.

5. Es wird teilweise der Versuch unternommen, auszugrenzen und zu ‚exkommunizieren'. P. Matusseks Darlegungen zur Struktur einer ideologischen Persönlichkeit als ‚Unbelehrbarkeit durch die Realität' greifen hier ansatzweise: „Ideologische Persönlichkeiten werden immer existieren, weil es immer Menschen geben wird, die eine bestimmte Ideologie zur Erhaltung ihres inneren Gleichgewichts brauchen."[204]. Die ideologische Persönlichkeit neigt zum „aggressiven Verurteilen"[205], denn man „braucht Feinde, man braucht Leute, die nicht zur eigenen Gruppe gehören. Man braucht Exkommunikation, weil man noch nicht fähig ist zur Kommunikation."[206] Die mangelnde Fähigkeit, Kritik auszuhalten und angemessen auf sie zu reagieren, zeigt sich in der „Unfähigkleit zur Synthese"[207], d.h. als Ermangelung von „Pluralitätstoleranz", als Unfähigkeit, „die Vielfalt der Kirche nicht nur relativ angstfrei zu ertragen, sondern in ihr auch das Wirken des Geistes wahrnehmen zu können"[208]. Pluralität wird immer als bedrohlich empfunden. Es ist zu bedauern, daß einige Bischöfe sich in ihren (öffentlichen !) Reaktionen auf die ‚Kölner Erklärung' teilweise auf das Niveau der Leserbriefspalten der einschlägigen Bistums-Presse begeben haben. Die Frage nach ihrer ‚Öffentlichkeits-Tauglichkeit' wird bereits gestellt.[209]

6. Angemessener Umgang mit Kritik und Pluralität ist eine Frage der *Identität*, d.h. der Fähigkeit, die „aktuelle Situation unter

Berücksichtigung des Erwartungshorizontes seiner Partner"[210] zu interpretieren. Diese Fähigkeit nennt L. Krappmann „balancierende Identität"[211]. Sie fehlt in „repressiven gesellschaftlichen Verhältnissen", die derart strukturiert sind, daß die ihnen unterworfenen Individuen sich ausschließlich an einer einzigen für relevant erklärten Rolle orientieren"[212]. Die Rollendistanz fehlt folglich[213], und das bekommen Kritiker zu spüren. „Man schaut nicht auf die in der Kritik anvisierten eigenen Fehler, sondern auf das Fehlerhafte am Kritiker. Hiergegen wird alle mögliche Abwehr mobilisiert. In der Kirche scheut man sich nicht, diese Abwehr mit Hilfe des Fußvolkes, des Staates oder auch mit unangreifbaren theologischen Argumenten zu mobilisieren."[214]

7. Eine Kommunikation, die diesen Begriff verdient, ist nicht möglich. Dialogunfähigkeit ist die Folge.

8. Zum Tragen kommt eine Argumentationsweise in der Öffentlichkeit in Form von *„Killerphrasen"*[215]. Eine solche ‚Killerphrase' wird nicht geäußert, „um der Wahrheit näher zu kommen, sondern um das Argument des anderen abzuwürgen. Sie zeichnet sich dadurch aus, daß sie eine Wahrheit vertritt, die an sich richtig ist, unanfechtbar und unangreifbar, aber nicht das konkrete Problem, um das diskutiert wird, trifft"[216].

9. Die Reaktionen auf die ‚Kölner Erklärung' sind Auswuchs der innerkirchlich monologisch strukturierten Kommunikation (als Identitätsproblem) und der noch immer ‚unbewältigten Öffentlichkeit' im Innern der Kirche und nach draußen.[217] P. Düsterfelds Modell einer ‚kommunikativen Diakonie' bleibt weiter (nur) ein Postulat, mehr nicht.

10. Über sachlich durchaus berechtigte Anliegen finden zwischen den Unterzeichnern der ‚Kölner Erklärung' und den Bischöfen intern (!) bereits Gespräche statt. Auch da wäre „Offenheit schon viel"[218]. Am 30. April/1. Mai 1989 haben 70 Professorinnen und Professoren der Theologie die Initiative zur Gründung einer Europäischen Gesellschaft für Katholische Theologie' gestartet. In ihr soll der „Raum für das freie Wort und für aufbauende Kritik aus theologischem Sachverstand" gewahrt beziehungsweise

geschaffen werden. Dieser theologischen Gesellschaft „sind freiheitlicher Dialog, wissenschaftlicher Anspruch und Dienst an der ganzen Kirche selbstverständlich“[219].

5. Zusammenfassung

1. Öffentlichkeit und Kirche – noch immer scheint das Verhältnis und ihre Beziehung ‚unbewältigt‘. Der wesensnotwendige Verzicht der Kirche auf den Gestus der (alleinigen) Wahrheits-Besitzerin, der Verzicht auf die Forderung nach Sonderbehandlung (Mysterium !) *im Raum der Öffentlichkeit* hat Folgen auch für ihr ekklesiologisches Selbstverständnis. Diese werden bislang nicht genügend gesehen und aufgearbeitet.

2. Verbandsinterne, innerkirchliche Kontrolle erstreckt sich in der Katholischen Kirche strukturell nur auf Beratungsgremien (synodal und stellvertretend). Da ihnen Grundstandards ‚demokratischer‘ Rechte fehlen (Wahl, Kontrolle, Zusammensetzung, Beschlußfassung, Abwahl, Rechenschaft), ist mit ihrer Existenz die innerverbandlich geforderte Kontrolle – im gezeigten Sinne – nicht erfüllt. Die Frage nach der Berechtigung der kirchlichen Beteiligung am massenkommunikativen Prozeß einer pluralen Öffentlichkeit steht somit (weiter) auf der Tagesordnung.

3. Das Verhältnis der Kirche zu (auch massenmedial geäußerter) Kritik muß von Grund auf neu bedacht werden. Eine Konzeption der *Theologie als kritische Theologie* ist – stärker als bislang – zu erarbeiten, zu praktizieren und zu würdigen.[220]

4. Innerkirchliche (d.h. neben den ‚klassischen‘ Orten auch in kirchlichen Gemeinden) und außerkirchliche Öffentlichkeit müssen in den Stand versetzt werden, Kritik in und an der Kirche einordnen und ihren Dienst-Charakter erkennen zu können. Ohne schonungslos redliche Aufklärung (Mündigkeit) wird das nicht gehen.

IV. Säkularisierung von Gesellschaft, Person und Religion

Eine (mögliche) Konsequenz der kritischen Aufnahme der ‚Öffentlichkeit' zeigt sich in der Frage nach den Bedingungen der Möglichkeit von Religion, Religiosität und Kirchlichkeit in der modernen Gesellschaft. Dieses religionssoziologische Problem, das gemeinhin unter dem Schlagwort ‚Säkularisierung' firmiert, ist umfassend und umstritten zugleich. Erst in den letzten beiden Jahrzehnten hat die Religionssoziologie selbst die Fragen hinsichtlich begrifflicher Vielfalt (bzw. begrifflicher Verwirrung) und wissenschafts-theoretischer Verengungen (v.a. hinsichtlich einer Religionssoziologie als Kirchensoziologie) einer Antwort zugeführt.

Vor allem Kirchenvertreter sind heutzutage schnell zur Stelle, wenn es gilt, die heutige Gesellschaft als säkularisiert zu bezeichnen. Auf den ersten Blick scheinen empirische Forschungsarbeiten einer solchen Einschätzung Recht zu geben. Die Umfrageergebnisse hinsichtlich des Kirchenbesuchs und der Identifikation mit kirchlichen Aussagen – die im großen und ganzen bei irrelevanten Unterschieden die gleiche Tendenz aufweisen – kontrastieren freilich mit dem bemerkenswerten Befund, daß trotz allem noch weit über 80 % in der (alten) Bundesrepublik den beiden großen christlichen Konfessionen angehören.[221]

Als religionssoziologisches Theoriegebäude wird in der vorliegenden Arbeit vor allem auf Veröffentlichungen von Th. Luckmann und P.L. Berger Bezug genommen, weil diese Ansätze – so scheint es zumindest – am besten mit diesen so widersprüchlichen empirischen Befunden zurecht kommen. P.M. Zulehner hat diese religionssoziologischen Studien durch die Entwicklung des Konstruktes ‚Religion nach Wahl' auch für die Pastoral-Theologie fruchtbar gemacht. Es soll an dieser Stelle gezeigt werden, daß die Rede vom ‚Jahrhundert ohne Gott' (A. Müller-Armack) zumindest verfrüht angehoben wurde.[222] Nicht Funktions*verlust*, sondern Funktions*wandel* der Religion in der modernen Gesellschaft ist – empirisch betrachtet – angezeigt.

1. ‚Säkularisierung' – Ende oder Ergebnis des Christentums?

Es war H. Lübbe, der Mitte der 60er Jahre auf den ideenpolitischen, d.h. interessegebundenen Anteil des Begriffes der ‚Säkularisierung' hingewiesen hat.[223] Er untersuchte die „wechselnden Funktionen, welche die ‚Säkularisierung' als Programm und Parole, als deskriptive Kategorie sozialer Prozesse oder als zivilisationskritisches Deutungsschema der neuzeitlichen Geschichte Europas bis heute erfüllt hat"[224]. Zwischen den beiden Weltkriegen machte sich zunächst eine pessimistische Deutung der säkularen Gesellschaft breit. Nach dem II. Weltkrieg diente das ‚Säkularisierungs-Theorem' als Erklärungsmuster für den Zusammenbruch.[225]

Eine positivere theologische Deutung des Phänomens einer Säkularisierung fand sich erstmals auf evangelischer Seite bei F. Gogarten.[226] Man versteht ‚Säkularisierung' nur dann richtig, wenn man christlichen Glauben und Säkularisierung zusammendenkt, daß sie (die Säkularisierung) „zu seinem [des christlichen Glaubens] Wesen gehört und man dieses nur dann richtig erfaßt, wenn man die Säkularisierung als zu ihm gehörig erkennt"[227]. ‚Säkularisierung' hat ihre Ursache im christlichen Glauben selbst und ist dessen Folge; sie kann also nicht „seine Verweltlichung bedeuten, sondern ... sie bedeutet ... Verweltlichung der Welt"[228]. Die Aufgabe des Glaubens besteht darin, daß die Welt Welt bleibt und der Glaube selbst auch Glaube.

Die ‚Säkularisierung' darf vom Glauben nicht beschränkt oder aufgehalten werden. Sie haben beide ihr Eigenes.

„Meinte der Glaube, der Säkularisierung etwas von dem, was sie ergriffen hat, vorenthalten zu müssen, so hörte er damit auf, Glaube zu sein. Und umgekehrt: machte sich die Säkularisierung daran, das, was des Glaubens ist, für sich in Anspruch zu nehmen, so bliebe sie nicht in der Säkularität, sondern würde zum Säkularismus."[229]

Säkularismus, also falsch verstandene ‚Säkularisierung', nimmt zwei Gestalten an – je nach Stellung zum ‚Gedanken des Ganzen': Die Welt ist das Ganze – das führt zur Ideologie; die Welt ist sinnlos – das führt zum Nihilismus.[230]

Das Kriterium für seine Beurteilung der ‚Säkularisierung' entwickelt F. Gogarten aus dem Weltverständnis, wie es in der neutestamentlichen Eschatologie begründet ist, vor allem bei der paulinischen Heilslehre. In ihr tritt der Mensch in ein neues Verhältnis zur Welt.[231] In ein Sohn-Verhältnis zu Gott aufgenommen, erlangt der erlöste Mensch eine neue Souveränität gegenüber der Welt, ist emanzipiert von allen Formen welthafter Übermächtigkeit. Die ‚Vergeschichtlichung der menschlichen Existenz', das Denken vom Ende als Ziel, ist für F. Gogarten somit das wichtigste Ergebnis der ‚Säkularisierung'.[232]
Der Gedanke der Vergeschichtlichung der menschlichen Existenz durch den biblischen Glauben an die endzeitliche Erfüllung ist auch die zentrale These K. Löwiths bei der Untersuchung der Grundlegung der neuzeitlichen Geschichtsphilosophie.[233] Auch E. Bloch sieht im Christentum erstmals die Möglichkeit gegeben, das Ende der Geschichte qualifiziert, nämlich als ‚Reich', zu erkennen.[234]
Diese (und K. Löwiths) Position blieb nicht unbestritten; vor allem H. Blumenberg hat gegenüber dieser christlichen Vereinnahmung der Weltlichkeit der Welt auf der ‚Legitimität der Neuzeit' bestanden.[235]
„Die Weltlichkeit, auf diese Weise nicht nur zugelassen und geduldet, sondern systematisch selbst ‚vorgesehen', kann sich ihrer Einplanung in den Heilsplan ebensowenig widersetzen, wie sie etwas dazu zu tun braucht, um eine Rolle zu übernehmen, die selbst nicht zu verstehen eben die Pointe dieser Rolle ist."[236]
Trotz seiner politischen und historischen Belastung bleibt der Säkularisierungsbegriff ein adäquates Deutungsmodell des modernen Weltverhältnisses.[237]
M. Rubio definiert so:

- „Säkularisierung ist grundsätzlich der Selbstidentifikationsprozeß der Gesamtwirklichkeit."
- Als Prozeß weist sie auf das langwierige, vielseitige Selbstwerden der Wirklichkeit hin; es handelt sich um ein geschichtliches, kulturell-wissenschaftliches, sozio-politisches, religiöses und ethisches Selbstwerden, durch welches die Wirklichkeit zur Vollendung ihrer selbst zu gelangen sucht.

- Als Selbstidentifikation besagt sie das ‚Zu-sich-selbst-kommen' bzw. das ‚Zu-sich-selbst-kommen-lassen' von Mensch-Welt-Gott; es handelt sich um ein ‚Mündigwerden' der Wirklichkeit, das die Aufhebung und Befreiung von allerlei mythischer, religiöser, metaphysischer und irgendwelcher Bevormundung voraussetzt und sich im komplexen Geschehen mehrfacher Vorgänge vollzieht – wie etwa Entzauberung, Entmythologisierung, Entsakralisierung, Entideologisierung usw.
- Sie umfaßt die Gesamtwirklichkeit, und insofern bezeichnet sie den Daseinshorizont des Menschen zwischen Welt und Gott; es handelt sich um das Spannungsfeld zwischen diesen drei Epizentren, auf die sich das ganze Weltverhältnis konzentriert, und in denen sich die Wirklichkeitsdefinition in ihrer vollen Mannigfaltigkeit verwirklicht."[238]

Die „Irreversibilität der Säkularisierung"[239] ist nicht nur konstatierbar. Sie ist auch Plattform für eine Neu-Interpretation des christlichen Glaubens.
Die Katholische Kirche hat auf dem II. Vatikanischen Konzil ein „eindrucksvolles Zeugnis des säkularen Bewußtseins"[240] abgelegt: In dem Erkennen der ‚Zeichen der Zeit' als theologischen Topos; mit der Anerkennung der Welt in ihrer wesentlichen Weltlichkeit und Eigengesetzlichkeit; mit dem offenen Dialog mit der ‚Welt von heute'; mit der Anerkennung der Religionsfreiheit; usw.
Ein bloß taktisches Anpassen an die säkular gewordene Welt wäre jetzt nicht nur unangemessen und unehrlich; dies widerspräche auch der ‚inneren Dynamik' des Glaubens selbst im dargestellten Sinne.

2. Die Säkularisierung von Gesellschaft, Person und Religion

Das ‚Problem der Religion in der modernen Gesellschaft' besitzt unabhängig von der inhaltlichen Füllung des Säkularisierungs-Begriffes seine fraglose Evidenz. Bei allen unterschiedlichen Auffassungen versuchen die Definitionen, die neuzeitliche Gesellschaft im Vergleich mit geschichtlich vergangenen Gesellschaftsformen zu verstehen und zu deuten.

2.1 Gesellschaft und Religion

Der enge Zusammenhang zwischen Religion und Gesellschaft kommt am deutlichsten in der religionssoziologischen Konzeption von E. Durkheim zum Tragen.[241] Th. Luckmann ist dieser funktional-funktionalistisch orientierten Theorie weitgehend gefolgt.[242] Diese funktionale Bestimmung von Religion wird im Gegensatz zu einer substantivistischen oder gar historischen Religion entwickelt, wie dies z.B. R. Otto u.a. tun.[243]

E. Durkheims Analyse geht – ansetzend am Modellfall des australischen Totemismus – von einer grundlegenden Scheidung der Wirklichkeit in eine profane und eine sakrale Sphäre aus. Beiden Sphären der Wirklichkeit kommt der gleiche Wirklichkeits-*Charakter* zu.

E. Durkheim untersucht konsequent nicht abstrakt ‚Religion', sondern religiöse Sachverhalte, Phänomene also, „denn die Religion ist ein Ganzes religiöser Phänomene und das Ganze kann nur von seinen Teilen her definiert werden"[244]. So gängige Religions-Definitionen wie ‚Religion ist die Fähigkeit des Menschen, das Unendliche zu fassen' sind für E. Durkheim „in jeder Hinsicht falsch"[245]. Schon auf primitive Völker angewandt, ist die Aussage wie ‚Religion als der Gegenstand des Mysteriums, des Übernatürlichen' ziemlich fremd. Es gibt für sie keine Über-Natur, weil sie keine Natur kennen.

Über eine Hermeneutik von Rechtssätzen, die er von Glaubenssätzen unterscheidet, kommt E. Durkheim zur Definition religiöser Phänomene. Rechts- wie Glaubenssätze besitzen Verpflichtungscharakter; Rechtssätze zwingen zu einem bestimmten Verhalten; Glaubenssätze fordern eine bestimmte Geisteshaltung, die zu einer entsprechenden Handlungsweise verpflichtet. „Als religiöse Phänomene bezeichnet man obligatorische Glaubensformen sowie diejenigen Handlungen, welche sich auf Objekte beziehen, die in diesen Glaubensformen gegeben sind."[246]

Entscheidend ist freilich die Frage, *woher* die Glaubenssätze ihren obligatorischen Charakter nehmen. „All das, was verpflichtenden Charakter besitzt, ist sozialen Ursprungs", d.h. der Ursprung der Religion findet sich nicht in „individuellen Gefühlen, sondern in kollektiven Anschauungen. Wäre sie im Bewußtsein des einzelnen begründet, dann könnte sie niemals für das Individuum diesen Zwangscharakter besitzen."[247]

Die Religion als System von Glaubenswahrheiten spiegelt die Realität der menschlichen Gesellschaft selbst symbolisch wider. Ein Ende von Religion, von dem einzelne Säkularisierungs-Theoretiker ausgehen, ist für E. Durkheim somit strukturell unmöglich, denn dies wäre gleichbedeutend mit dem Ende der Gesellschaft.

Die Thesen von E. Durkheim haben verschiedentlich Kritik und Bestätigung gefunden. B. Malinowski[248] hebt auf die inividuellen Erfahrungen des Menschen ab, vor allem Liebe, Gefahr, Tod (in „Lebenskrisen"[249]) als Quelle religiöser Erfahrungen und religiöser Riten. Im Gegensatz zur Magie, deren Methoden sich in Beschwörung, Ritus und der Verfassung des Ausführenden erschöpft, besitzt die Religion mit ihren komplexen Aspekten keine einfache Methode. „Ihre Einheit kann weder in der Form ihrer Handlungen noch in der Gleichförmigkeit ihres Inhaltes gesehen werden, sondern eher in der Funktion, die sie erfüllt, und im Wert ihres Glaubens und ihres Rituals."[250] B. Malinowski kommt zu dem Ergebnis, „daß religiöser Glaube alle wertvollen geistigen Haltungen wie die Verehrung von Tradition, die Harmonie mit der Umgebung, Mut und Zuversicht für den Kampf mit Schwierigkeiten umd beim Anblick des Todes ermöglicht, fixiert und intensiviert. Dieser Glaube, der durch Kult und Ritual verkörpert und aufrechterhalten wird, hat einen großen biologischen Wert und enthüllt dem primitiven Menschen die Wahrheit im weiteren, pragmatischen Sinn des Wortes."[251]

P.M. Zulehner erfaßt die Bedeutung beider Soziologen in der Ausarbeitung der Erkenntnis, „daß Religion, wie immer sie inhaltlich auch begriffen wird, mit Lebensbewältigung der Menschen zu tun hat. ... Der funktionale Zusammenhang zwischen dem Religiösen und der jeweiligen Gesellschaft, den Durkheim exklusiv formuliert hat, ist modifiziert auch bei Malinowski vorhanden."[252]

In Fortführung des Durkheim'schen Ansatzes versteht Th. Luckmann ‚Religion als Sinntranszendenz'. „Die allgemeine gesellschaftliche Grundform der Religion ist ursprünglich nichts anderes als das Sinngefüge der Gesellschaftsordnung, nämlich die innere Form der Weltanschauung einer Gesellschaft."[253]

Über E. Durkheim hinausgehend, sieht er in der Gesellschaftsordnung (als gültige, den einzelnen übersteigende, geistige Ordnung) eine ,mehrfache Transzendenz': Individuell und kollektiv. Religion ist dem einzelnen „als soziale Wirklichkeit *über*geordnet und ist zugleich *in* ihm, insofern er Person ist, insofern er sich als Organismus transzendiert und als Mensch verwirklicht"[254].
Die anthropologische Voraussetzung für die bindende Funktion der Religion ist die Gesellschaftlichkeit des Menschen, seines Bewußtseins und seiner Individuation. Daher ist es für Th. Luckmann ausgeschlosssen, daß es Menschen ohne Religion geben kann. Ein solcher Mensch wäre dann eben keiner.[255]
Konsequent wird Th. Luckmann zum Kritiker gängiger Säkularisierungsdeutungen, denn diese beleuchten nichts anderes als den Geltungsverlust religiöser Institutionen, deren Gehalt und sozialer Wirklichkeit. Aber: „Institution ist nur eine unter den Sozialformen von Religion."[256] Er erkennt in solchen Säkularisierungs-Theoremen „Vergangenheitsprognosen" mit deutlich „mythologischer Funktion"[257].
Die Frage bleibt, ob es dennoch so etwas wie einen ,sinnvollen' Säkularisierungsbegriff gibt. Hier gilt P.M. Zulehners Diktum: „Definitionen sind nun als solche weder wahr noch falsch, sie sind mehr oder weniger brauchbar."[258] Es bleibt klar, daß der Begriff ,Säkularisierung' von der jeweiligen Definition von Religion abhängig ist. Für die ,Funktionalisten' kann es – wie gezeigt – ,Säkularisierung' als Niedergang von Religion nicht geben. Das ist die Position von Th. Luckmann.
P.L. Berger hingegen – bei aller Gemeinsamkeit mit Th. Luckmann – kann sich den völlig religionslosen Menschen vorstellen. Für ihn ist ,Säkularisierung' „gleichbedeutend mit dem Prozeß der Entsakralisierung – nicht nur objektiv in den Strukturen der modernen Gesellschaft, in einem Rückzug religiöser Institutionen und sozial objektivierter religiöser Symbole, sondern auch im subjektiven Korrelat dieses Rückzugs, nämlich in einem Wirklichkeits- und Plausibilitätsverlust religiöser Sinngebungen menschlicher Erfahrungen im Bewußtsein moderner Menschen"[259]. Dieser Prozeß ist für ihn unumkehrbar, auch wenn P.L. Berger an anderer Stelle das Ende der Religion durch Säkularisierung nicht mehr als ganz so akut betrachtet beziehungsweise nicht mehr so pessimistisch beurteilt.[260]

Der Unterschied zwischen P.L. Berger und Th. Luckmann läßt sich folglich so umschreiben[261]: Während es für P. L. Berger eine Säkularisierung von Gesellschaft und der Person gibt, kann sich Th. Luckmann nur eine Säkularisierung der Gesellschaft, nicht aber der Person vorstellen. Dieser Mensch lebte dann sozusagen ‚sinnlos'. Gemeinsam ist beiden, daß die Religion in der Form des Christentums einen Bedeutungsverlust sowohl in gesellschaftlicher als auch persönlicher Hinsicht ‚erleidet'.

2.2 Religionssoziologie als Kirchensoziologie

Die Periode der klassischen Religionssoziologie, die hier exemplarisch an E. Durkheims Theorie durchbuchstabiert wurde und die auch von M. Webers Darlegungen beeinflußt ist, wurde am Anfang dieses Jahrhunderts, vor allem aber nach dem Zweiten Weltkrieg, von einer Periode der Konzentration auf die Untersuchung bestehender Formen kirchlichen Verhaltens und kirchlicher Organisation abgelöst.[262] Diese Einengung auf der Ebene der Theorie hatte aber nicht nur nachteilige Auswirkungen. Die Begrenzung auf explizite Kirchlichkeit führte zu klaren, operationalisierbaren Kriterien und somit zu einem Gewinn an Exaktheit und Überprüfbarkeit.[263]
Es war Th. Luckmann, der Anfang der 60-er Jahre auf die innere Axiomatik der Kirchensoziologie verwies und ihr eine „geradezu radikale Verengung des Ansatzes"[264] attestierte.
Als Typen dieser Kirchensoziologie konnten gelten
- volkskirchlich orientierte Historiographien
- Moralstatistiken
- theoretisch orientierte Analysen.[265].

Diese ‚Priester-Seelen-Statistiken' (Th. Luckmann) waren geprägt von der Gleichsetzung von Religiosität mit Kirchlichkeit beziehungsweise von Kirchlichkeit mit kirchlicher Praxis. Die Enge dieses Ansatzes zeigt sich auch darin, daß manifeste Kirchlichkeit konsequent nur als konfessionelle Kirchlichkeit bestimmbar und meßbar war. Die These einer zunehmenden Entkirchlichung ließ sich so empirisch problemlos verifizieren.

Das eigentliche Problem liegt aber darin, daß es der Kirchensoziologie nicht gelang, Kirchlichkeit als ein subjektiv sinnvolles Gesamtphänomen des Handelns und der Bewußtseinsstrukturen zu definieren. Es blieb meist bei Korrelationsversuchen von Variablen, beim Sammeln von Materialien.[266]
Die Hauptlinien der Forschungsergebnisse – und dies wird gemeinhin bis heute als unumstößliche Ansicht betrachtet – lauten in etwa so:[267]

- Kirchlichkeit ist in ländlichen Gebieten höher als in Städten
- Frauen sind kirchlicher als Männer; ledige Frauen sind kirchlicher als verheiratete Frauen
- Junge Berufstätige sind im großen und ganzen unkirchlich
- Beamte und Angestellte sind kirchlicher als Arbeiter.[268]

Diese Ergebnisse sind nicht unwichtig. Es bedarf aber einer Überwindung der theoretischen Verengung der Kirchensoziologie.
Die ersten Versuche unternahm T. Rendtorff.[269] Sein Vorschlag, Religionssoziologie als ‚Soziologie des Christentums' zu treiben, führte zur Neubestimmung des Theorems der Säkularisierung. Es ist „religionssoziologisch nicht mehr materialiter interessant, sondern als ein Moment in der Analyse der gegenwärtigen Selbstauslegung der Gesellschaft und in der Bestimmung der gesamtgesellschaftlichen Verflechtung der Religion"[270]. Die in der Säkularisierung angelegte prinzipielle Konfrontation von Religion und Gesellschaft ‚verwandelt' er zur Kategorie des gesellschaftlichen Pluralismus.
Dieser gesellschaftliche Pluralismus dispensiert von der Notwendigkeit allgemeinverbindlicher Orientierungen und Maximen der Lebensführung. Umgekehrt „entlastet er die Kirchen als Instanzen zur Wahrnehmung der Religion davon, ihr eigenes Selbstverständnis und ihre Handlungsvorstellungen an diesem Anspruch zu orientieren"[271].
T. Rendtorff und J. Matthes können so – trotz Problematisierung der Säkularisierungsthese – auf die konstitutive Bedeutung der Kirchensoziologie für eine allgemeine Religionssoziologie hinweisen, d.h. sie bestehen auch weiterhin darauf, daß allgemeine religiöse Phänomene nur an den in einer Gesellschaft vorhandenen religiösen Institutionen identifizierbar bleiben.[272]

3. Religion in der modernen Gesellschaft und ihre Privatisierung

Es konnte gezeigt werden, daß eine Definition von ‚Säkularisierung' nicht nur von der Stellung der Religion zur Gesellschaft abhängt, sondern von der Definition der Religion und ihrer Funktion.

Wenn – wie Th. Luckmann betont – Religion keine feste, inhaltliche Größe, sondern „Einübung in ein das Dasein transzendierendes Sinngefüge"[273] darstellt, d.h. die Menschwerdung des Menschen (durch Sozialisation) als religiöser Prozeß zu betrachten *und so* der Mensch als religiöser Mensch zu definieren ist, dann kann es keine Gesellschaft ohne Religion geben. Eine solche Sicht wird ermöglicht durch die ‚Entsubjektivierung' und ‚Entsakralisierung' des Begriffs der Transzendenz bei Th. Luckmann. Transzendenz heißen nun die „intersubjektiven bzw. gesellschaftlich mitgeformten Erfahrungen", d.h. alles, „was nicht unmittelbar Erfahrung ist"[274]. Religion wird so zu Wirklichkeitskonstruktionen, die „gesellschaftlich-geschichtlich mehr oder minder bindend vorgegeben und subjektiv mehr oder minder modifizierbar sind"[275]. Diese Wirklichkeitskonstruktionen wurden in der modernen Industriegesellschaft (in Absetzung von archaischen Kulturen und traditionellen Hochkulturen) von ‚institutionellen Spezialisten', den Kirchen, geleistet.[276] Deren Bedeutung hinsichtlich religiöser Sinngebungsmöglichkeit sieht Th. Luckmann schwinden. Sie erfüllen zwar noch zentrale religiöse Funktionen, sie verlieren aber „ihre Relevanz für den Alltag der Bevölkerung industrieller Gesellschaften; sie werden nicht nur aus der Sozialstruktur entfernt, sondern verlieren dementsprechend jeden unmittelbaren Einfluß auf die alltäglichen Verhaltensschemata der Person; sie werden subjektiviert und privatisiert"[277]. Religion in ihrer sozialen Relevanz wird sozusagen ‚biographiefern'.

Die Religion in der modernen Gesellschaft übernimmt folgende Rollen:

1. Die Bedeutung des traditionellen religiösen Kosmos wird in einer rhetorischen Bewußtseinsschicht eingeschachtelt, kann

aber in nicht-alltäglichen Krisen schlecht und recht reaktiviert werden.

2. Sie wird durch andere Deutungssysteme ersetzt, die als quasi-politische Ideologien mit religiösen Funktionen (transzendenzarme, subjektivistische Philosophien, Psychoanalyse, etc.) jedermann zur Verfügung stehen.
3. Position 1. und 2. verschmelzen zu einem Konglomerat bis zur Unkenntlichkeit des traditionellen religiösen Kosmos.

Die Sozialstruktur der modernen Gesellschaft als System hochspezialisierter und autonomer Bereiche verschiedener Institutionen bedeutet nicht das Ende von Religion. Sie schließt die traditionellen religiösen Institutionen ein. Diese werden entpersönlicht und strukturell verändert. „Sakrale Deutungen der Welt ... werden nicht als unlösbarer Bestandteil alltäglicher Verhaltensschemata vermittelt, sondern, wenn überhaupt, in der Form des spezialisierten Katechismus."[278] Sinngebend und sinnintegrierend können christliche und subjektivistische Themen nur noch im privaten Lebensbereich sein. Dort ist zwar Gemeinschaftsbildung möglich; diese sind aber außerordentlich labil und von geringer *Transzendenzspannweite*.[279]

Es bleibt als Ergebnis festzuhalten, daß in dieser Sicht der ‚Säkularisierung' Gesellschaft, Person und Religion gleichermaßen betroffen sind.[280]

Durch die *Säkularisierung der Gesellschaft* wandelt sich der gesellschaftliche Standort von Religion und Kirche. Die Folge ist der Verlust der Monopolstellung der Kirche.

Durch die *Säkularisierung der Person* erfolgt ein Wandel in der Sozialform von Religion. Die Wahlmöglichkeit hinsichtlich des kirchlichen Angebots entspringt dem Verlust des kirchlichen Weltanschauungsmonopols.

Die *Säkularisierung (in) der Kirche* zieht einen Wandel der Kirchen (hier: der Katholischen Kirche) selbst nach sich. Die Erkenntnis des außer- wie innerkirchlichen Pluralismus greift in die innerkirchliche Struktur ein und zwingt auch zu einem Neubedenken der pastoralen Praxis.

4. Religion nach Wahl

Am eindrücklichsten hat P.M. Zulehner die religionssoziologischen Darlegungen von Th. Luckmann rezipiert und versucht, diese durch empirische Untersuchungen zu verifizieren.[281] Die (Statistik-)Zahlen und die religiösen Begründungsstrukturen des einzelnen zeigen, daß Th. Luckmann eine brauchbare Theorie des Phänomens ‚Religion in der modernen Gesellschaft' entworfen hat.

4.1 Typologie religiös-kirchlichen Verhaltens

Entscheidend ist die Erarbeitung einer neuen Typologie religiös-kirchlichen Verhaltens heutiger Menschen: Nicht-Christen, Kirchen(Voll-)Christen und Auswahl-Christen.[282]

4.1.1 Nicht-Christen

Diesem Typus sind etwa 10-15 % der Bevölkerung zuzuordnen. Dieser Bevölkerungsteil ist entweder aus der Kirche ausgetreten oder war schon immer konfessionslos.

4.1.2 Kirchen-Christen

Diese Kirchen-Christen (unterschieden in Passiv-Christen und Aktiv-Christen) machen zusammen ca. 10–20 % der Christen aus.

4.1.3 Auswahl-Christen

Diese Gruppe ist sehr komplex. Es gibt Auswahl-Christen mit voller Praxis (Gottesdienst-Besuch), aber mit nur partieller Zustimmung zu kirchlichen Lehren, und es gibt Auswahl-Christen mit sowohl partieller Praxis als auch mit teilweiser Glaubenszustimmung. Ihnen ist in jedem Falle hinsichtlich ihrer Religiosität INDIVIDUALISIERUNG und PRIVATISIERUNG eigen. P. M. Zulehner schätzt diese Zahl auf ca. 70 % der Christen[283], d.h. es handelt sich bei dieser Gruppe um die Hauptgruppe religiöser Sozialformen.

INDIVIDUALISIERUNG

P.L. Berger hat darauf aufmerksam gemacht, daß für den modernen Menschen ein Zwang zum Auswählen, ein ‚Auswählen-Müssen' besteht.[284] Konnte der prae-moderne Mensch noch wählen, wird „für den modernen Menschen Häresie typischerweise zur Notwendigkeit. ... Modernität schafft eine neue Situation, in der Aussuchen und Auswählen zum Imperativ wird."[285]
Die Konsequenz ist der Übergang der Regie für das Leben auf das Subjekt. Religion und Kirche werden zum Markt der Möglichkeiten, bekommen Waren-Charakter. Der Auswahl-Christ befindet sich in einer weltanschaulichen Einkaufs-Situation, in der die Kirche nur noch insofern Autorität besitzt, als diese sich einer subjektiven Plausibilitäts-Prüfung unterzieht und ‚akzeptiert' wird (oder eben nicht). Glaubensfragen werden zur „Geschmacksfrage. Ich wähle den Cocktail von Plausibilitäten, der mir am besten schmeckt."[286] Dogmatische Topoi zu akzeptieren (‚zu glauben'), wird vom Auswahl-Christen „oft als direkte Zumutung an den gesunden Menschenverstand empfunden"[287]. Der Auswahl-Christ ist geprägt von „Dissonanzgefühlen"[288], die nur noch in einem ‚Kleinstunternehmen in privater Hand' (Th. Luckmann) gelöst werden können. Das Ergebnis ist eine bunte Mischung von Meinungen, von denen ein Teil durchaus den institutionellen Mustern entsprechen kann, daneben aber fragmentarisch diesseitsorientierte Weltanschauungen anzutreffen sind, die die entleerten kirchlichen Deutungsschemata auffüllen. „Der Maßstab für diese subjektive Wahl ist die Funktionalität, der subjektiv erfahrene und einsichtige Lebenswert kirchlicher Ansprüche."[289]

PRIVATISIERUNG

Mit Privatisierung der Religiosität ist die inhaltliche Umformung der subjektiv vorhandenen Religiosität aus dem umfassenden System der Lebenssinngebung in eine rein interpretative Erklärungshilfe individueller Lebensvorgänge angesprochen. Dies zeigt sich vor allem an der nach wie vor hohen Bedeutung der sogenannten ‚rites de passage', d.h. nach der (religiösen) Deutung der eigenen Biographie in den außeralltäglichen Phasen wie Geburt, Adoleszenz, Heirat und Tod, auch bei Ehekrisen und in Situationen der Verzweiflung und der Sinnlosigkeit.[290] Dort ist Beratung gefragt, nicht institutionelle Bevormundung, die zu einer Art „pastoralfaschistischem Umgang mit Menschen“[291] führen kann. Entscheidend ist, daß trotz dieses Wunsches nach ritueller Begleitung von (privaten) Lebenswenden das Recht der Kirche zur Mit-Gestaltung dieser Bereiche (v.a. von Sexualität und Ehe) kategorisch abgelehnt wird.

4.2 Religion nach Wahl im Spiegel der Statistik[292]

An dieser Stelle soll das Konstrukt einer ‚Religion nach Wahl' anhand einiger Zahlen empirisch abgesichert werden.

4.2.1 Gottesdienstbesuch

Die augenfälligste Auswahl zeigt sich am Besuch bzw. am Nicht-Besuch des sonntäglichen Gottesdienstes. R. Köcher referiert einen dramatischen Rückgang: Gingen 1952 noch 51 % der Katholiken regelmäßig zum Gottesdienst, waren dies 1982 nur noch 32%. Die ‚evangelischen' Zahlen beliefen sich im gleichen Zeitraum auf 13 bzw. auf 6 %.[293]
W. Harenberg kann aufgrund einer Erhebung unter 2100 Befragten auf einen Rückgang des Kirchenbesuches um 5 % binnen starker 10 Jahre verweisen: Gingen 1967 noch 25 % der Katholiken jeden oder fast jeden Sonntag zur Messe, so waren dies 1979 nur noch 20 %.[294] In einer Fortschreibung des amtlichen statistischen Jahrbuches der Katholischen Kirche in der Bundesrepublik sank die Zahl der Kirchenbesucher von 32,2 % (1976) auf 24,2 % (1986).[295] Die Zahlen liegen bei Jugendlichen unter 30 Jahren grundsätzlich niedriger.[296] Ein weiteres Absinken der Kirchenbesuchszahlen ist zu erwarten, denn „mit der Schwächung der kirchlichen Bindung im Elternhaus dürfte der Kirchenbesuch in der nächsten Generation weiter nachlassen“[297].

4.2.2 ‚Rites de passage'

Für die meisten Auswahl-Christen hat die Kirche für die Gestaltung des Alltags keine Relevanz. Erst an den Knotenpunkten des Lebens (Geburt, Ehe, Tod, Schuld und Verzweiflung) wird ‚nachgefragt'.

80 % derer, die sonntags nie zur Kirche gehen, fragen dennoch nach Passage-Riten; 95 % sind es, die dies wollen und nur ‚ab und zu' die Kirche aufsuchen. 97 % derjenigen, die sonntags immer zur Messe gehen, wollen Begleitung bei Geburt, Hochzeit und Tod.[298] Die fraglichen Zahlen für Österreich liegen ebenfalls bei fast 90 %.[299]

Kirche wird somit auf die Kontingenzbewältigungspraxis reduziert.[300] J.B. Metz hat nicht unrecht, wenn er von einer „Service-Kirche für die Sicherheitsbedürfnisse"[301] der Menschen spricht.

Diese Zahlen zu den Passage-Riten hat G. Schmidtchen in seiner Untersuchung ‚Was den Deutschen heilig ist' in die 4 Faktoren ‚Religiöse Rituale', ‚Freiheit', ‚Persönliche Bewegungsfreiheit' und ‚sozialer Kosmos' strukturiert, wobei die drei letzten Faktoren deutlich dominieren.[302] P.M. Zulehner nennt diese Faktoren ‚Lebensheiligtümer', die als Wunsch nach Beweglichkeit bzw. Freiheitlichkeit, Einmaligkeit und Beheimatung strukturiert werden können.[303] Die Reduktion des Kontaktes zur Kirche auf die Lebenswenden liegt darin begründet, daß die Religion „für die Leute die Bedeutung eines ‚heiligen Lebensschildes'"[304] hat, der ihren Wunsch nach Beheimatung befriedigen kann. Man kann deshalb zu Recht sagen: „... die Kirche verdankt ihre Stabilität ihrer stabilisierenden Funktion an den Schwachstellen des Lebens, auch wenn diese nur teil- und ansatzweise zur Erfüllung kommt, oft nur formal bleibt und in Ermangelung einer Alternative eher als Erwartung denn als Erfahrung an der Kirche haftet"[305]. Für Auswahl-Christen sind somit nicht religiös-formalisierte Themen bzw. Personen heilig, sondern die Familie, Erfolg und eine gelingende Partnerschaft.

4.2.3 Widerspruch zu zentralen kirchlichen Aussagen

Der Warenhaus-Charakter des Verhältnisses zwischen Auswahl-Christen (Katholiken) und Kirche tritt ebenfalls zutage, wenn nach kirchlichen (dogmatischen und lebenspraktischen) Aussagen gefragt wird.

‚Welche Bedeutung hat Jesus für Sie?' – diese zentrale Frage christlichen Glaubens findet nur wenig ‚orthodoxe' Antworten. W. Harenberg führte dazu 1967 und 1979 eine Befragung durch mit folgenden Antwortmöglichkeiten und Antworten:[306]

Schaubild 1: Umfrageergebnisse:
,Welche Bedeutung hat Jesus für Sie ?'

Befragte insgesamt: 1936 Angaben in Prozent	1979	1967
Jesus hat nie gelebt	7	3
Jesus hat vor fast 2000 Jahren gelebt; heute leben wir in einer ganz anderen Welt für mich hat Jesus heute keine Bedeutung	38	15
Jesus war nur ein Mensch, aber ein großer Mensch, der die Menschen zum Guten führen wollte; er kann mir deshalb noch heute einVorbild sein	21	39
Gott hat Jesus, seinen Sohn, zu den Menschen gesandt, um sie zu erlösen; Jesus wurde von den Toten auferweckt, und ich kann zu ihm beten	33	42
keine Angaben	1	1

28 % sind es bei den von G. Kehrer untersuchten Arbeitern[307], die an die Gottessohnschaft Jesu glauben; der Rest (die Mehrheit) bezweifelt die historische Existenz oder glaubt an einen guten bzw. ganz normalen Menschen Jesus.
Bei G. Schmidtchen glauben 48 % an Jesus Christus als den Sohn Gottes, 35 % sehen in ihm einen religiösen Lehrer, 11 % einen Religionsstifter.[308]
Die Frage nach Auferstehung und Weiterleben nach dem Tod zeigt bei G. Kehrer dieselbe Abstufung wie beim Problem ,Gottessohnschaft'. Es gilt dabei der Grundsatz, daß „je unwahrscheinlicher die Aussage, desto entschiedener die Ablehnung"[309] sich gestaltet.
Nach ihren Dissonanzgefühlen befragt, kommen bei G. Schmidtchen die Bereiche ,Empfängnisverhütung', ,Sexualität' und ,Unauflöslichkeit der Ehe' (61, 43 und 39 %) auf die ersten Plätze.[310]

Daß man Christ sein kann, ohne der Kirche anzugehören, hat sich von 69 auf 77 % erhöht, und erstaunlich ist, daß dieser Standpunkt auch von 53 % der evangelischen und 45 % der katholischen *allsonntäglichen* Kirchgängern vertreten wird.[311]
Dies führt zu dem interessanten Befund, daß offenkundig ein Teil der regelmäßigen Sonntags-Gottesdienstbesucher spezifische Inhalte des christlichen Glaubens ablehnt bzw. ignoriert. Die Dissonanz wird dabei von verschiedenen zusätzlichen Aspekten (Ritual, Gewohnheit, sozialer Gruppenaspekt) überlagert.[312]
Man gehört einer Konfession an, ohne eine zu haben.

4.2.4 Transzendenzverlust

Auch die von Th. Luckmann prognostizierte geringere Transzendenzspannweite einer Religion in der modernen Gesellschaft läßt sich anhand des empirischen Untersuchungsmaterials untermauern. Einen Ansatzpunkt dafür stellt der oben aufgezeigte, sich verstärkende Individualismus dar, der sich nicht nur in der Neigung ausdrückt, ‚für sich' und unabhängig zu leben, sondern auch im faktischen ‚Nicht-mehr-wählen-Können' trotz prinzipiellen ‚Wählen-müssens'.[313] Entsolidarisierung und Vereinsamung sind die Folge – und eine erneute Nachfrage nach einer ‚Religion nach Wahl'.
Dies soll freilich nicht heißen, daß die Menschen die Religion nicht mehr mit ‚Gott' in Verbindung brächten – entscheidend freilich sind in dieser ‚Religion der Leute' die Erfahrung (!) der bergenden Welt Gottes, der Beheimatung und der Verwurzelung. „Sie möchten all das mit ihr [der Erfahrung der bergenden Welt Gottes] in Verbindung bringen, woran ihr Herz hängt: ihr Kind, ihre Liebesgeschichte, einen lieben Toten, ihr ganzes Leben"[314]. Folgerichtig genügt für die meisten Menschen das Vorliegen eines solchen Wunsches als Grund dafür, sich selbst als religös zu bezeichnen.
Was bleibt, ist eine Religion, die das ‚biographische Chaos' verhindern soll. Aus der Verknüpfung von Religion und dem Wunsch nach Beheimatung wurde ein „religiöser Sicherungs-, ja Versicherungsvorgang"[315], der nicht nur deutliche ideologische Züge trägt, sondern auch mit der biblischen Botschaft von der Befreiung und

mit dem Auftrag, für Gerechtigkeit einzustehen, nicht vereinbar ist.[316] „Die kürzeste Definition von Religion: Unterbrechung"[317] – empirisch ist das genaue Gegenteil der Fall. Das ‚Offenhalten der Transzendenz' wird zur Hauptaufgabe der Kirche (!), nicht der Menschen selbst. 59 % der Österreicher glauben denn auch, ohne Kirche würde es ‚kein Nachdenken mehr über Gott geben'.[318]
G. Schmidtchen hat eine deutliche Diskrepanz zwischen religöser Orientierung und Alltagsethik festgestellt, d.h. der Begriff des Religiösen wird auf den Ritus beschränkt.[319] Diese Dissonanz macht deutlich, warum so viele Menschen der Meinung sind, die Kirche solle sich der Zeit anpassen. „Dies vermindert nämlich übergroße Spannungen in ihrem Leben und gestattet ihnen, ohne größere Konflikte zugleich Mitglied der Kirche und Bürger in der heutigen Zeit zu sein.«[320] Im Leben selbst den Sinn zu finden, selbstverantwortet zu reflektieren, hat für die Mehrheit der untersuchten Eltern in der Schweiz höchste Priorität.[321] Spezifisch christliche Glaubensinhalte sind von nachrangiger Bedeutung, fast irrelevant.

5. Abschließende Wertung

1. Eine ‚Religion nach Wahl' stellt das dominierende Sozialverhalten in der modernen Gesellschaft dar. Totale Ablehnung der Religion sowie totale Identifikation stellen abweichende Typen dar.

2. Die moderne Gesellschaft übt einen positiven Konformitätsdruck auf diese Religiosität aus, d.h. auswahlchristliche Religiosität besitzt eine Analogie zum herrschenden gesellschaftlichen Wertsystem (Sicherheit, Selbstverwirklichung).

3. Die Konsequenzen sind einerseits eine zunehmende Verdichtung der Kirchlichkeit der Kirchen-Christen (mit Tendenz zur Gettoisierung und Einmauerung), andererseits eine Verdunstung der Kirchlichkeit bei Auswahl-Christen.[322]

4. Die Kirche muß in zunehmendem Maße damit rechnen, auf eine ‚ekklesiologisch farbenblinde' Gesellschaft zu stoßen, in der ihre Aussagen als im hohen Maße dysfunktional empfunden werden.[323]

5. Die Ursachen dafür liegen nicht nur im Inhaltlichen. Entscheidend ist vielmehr das Zurückbleiben der Kirche hinter gesellschaftliche Standards vor allem in Sachen Kommunikation, Öffentlichkeit und interner Verbandsstrukturen. Im Binnenbereich der Theologie wird dies zunehmend diskutiert und moniert.[324]

Anmerkungen zu Kapitel I

[1] Zum Begriff und zur Geschichte der ‚Öffentlichkeit' vgl.: J. Habermas, Strukturwandel der Öffentlichkeit, Untersuchungen zu einer Kategorie der bürgerlichen Gesellschaft, Darmstadt und Neuwied 1987; H.-E. Bahr, Verkündigung als Information, Zur öffentlichen Kommunikation in der demokratischen Gesellschaft, Hamburg 1968; W. Huber, Kirche und Öffentlichkeit, Stuttgart 1973, 11-48.

[2] W. Huber, Kirche und Öffentlichkeit, 24. Vgl. auch: J. Habermas, Strukturwandel, 14.

[3] Wir berufen uns deshalb so massiv auf J. Habermas, weil dessen Grund-These von der ‚Demokratisierung der Verbände' am ehesten geeignet ist, die Defizite und Schwierigkeiten der (Katholischen) Kirche im Raum der massenmedialen Kommunikation zu erhellen und zu kritisieren. Der Ansatz von J. Habermas blieb nicht ohne kritische Repliken. Eine Zusammenfassung findet sich in: W. Jäger, Öffentlichkeit und Parlamentarismus, Eine Kritik an Jürgen Habermas, Stuttgart 1973.

[4] J. Habermas, Strukturwandel, 13. Vgl. W. Huber, Kirche und Öffentlichkeit, 11.

[5] So: J. und W. Grimm, ‚öffentlich' (Art.), Deutsches Wörterbuch (Bd. VII), Sp. 1180-1183.

[6] Vgl. dazu und zum folgenden: W. Huber, Kirche und Öffentlichkeit, 13 ff.

[7] W. Huber, Kirche und Öffentlichkeit, 13–14.

[8] I. Kant, Beantwortung der Frage: Was ist Aufklärung?, in: W. Weischedel (Hsg.), I. Kant, Werke in sechs Bänden (Bd. VI), Darmstadt 1964, 51-61, 54 u. 55.

[9] J. Habermas, ‚Öffentlichkeit' (Art.), in: Staat und Politik (Fischer-Lexikon), Frankfurt 1967, 220-226, 220. Vgl. E. Golomb, ‚Öffentliche Meinung' (Art.), in: Katholisches Soziallexikon, Innsbruck-Graz 1980, Sp. 1957-1960. Wenn die ‚öffentliche Meinung' derart definiert wird, wird die Unterscheidung von F. Toennies in eine ‚öffentliche Meinung' (deren einziges Kriterium ihre Publizität darstellt und die im Plural auftreten kann) und der einen ‚öffentlichen Meinung' als der „geltenden Meinung irgendeines Kreises", als „das geschlossene Urteil einer Gesamtheit" (130) (F. Toennies, Kritik der öffentlichen Meinung, Berlin 1922) interessant. Sie haben in der Begrifflichkeit von F. Toennies unterschiedliche Aggregatzustände. Nur letztere kann als vermittelnde Sphäre zwischen Staat und Gesellschaft virulent sein.

[10] J. Habermas, ‚Öffentlichkeit' (Art.), 220. Vgl. dort auch das folgende.

[11] Ebenda. Vgl. ders., Strukturwandel, 69-75.

[12] E. Noelle-Neumann, ‚Öffentliche Meinung' (Art.), in: Publizistik, Massenkommunikation (Fischer-Lexikon), Frankfurt 1989, 255-266, 257. Vgl. auch: S. v. Kortzfleisch, Verkündigung und ‚öffentliche Meinungsbildung', Ein Beitrag zur Grundlegung kirchlicher Öffentlichkeitsarbeit, Stuttgart 1960, 20 bis 91. E. Noelle-Neumann berichtet von über 50 verschiedenen Definitionen von ‚öffentlicher Meinung'; vgl. dazu: dies., Die Schweigespirale, Öffentliche Meinung – unsere soziale Haut, München 1980, 84-95. Zu beachten bleibt, daß die ‚öffentliche Meinung' sowohl die politische Herrschaft als auch den einzelnen integriert. „Öffentliche Meinung als Korrelat zur Herrschaft bewirkt, daß die Kluft zwischen Regierenden und Regierten nicht zu groß wird." (E. Noelle, Öffentliche Meinung und soziale Kontrolle, Tübingen 1966, 14).

[13] E. Noelle-Neumann, ‚Öffentliche Meinung' (Art.), 263.Auf dieser Einsicht basiert die Noelle-Neumann'sche Theorie von der Schweigespirale, d.h. von der Angst des einzelnen vor Isolierung durch Äußerung einer ‚Minderheiten-Meinung'. Vgl. dazu: dies., Die Schweigespirale. Vgl. dazu auch: H. Braun, Wandlungen des Begriffs ‚Öffentliche Meinung' in Deutschland, in: Publ. 1-2 (1956-1957), 3-9. B. bringt den Ausdruck ‚öffentliche Meinung' vor allem mit dem ‚Bewußtsein der Macht' in Zusammenhang, sieht diese Macht als Ausdruck eines „ideologischen Kerns" immer mehr im Schwinden begriffen. Freilich bleibt das Fazit: „Auch wenn nicht mehr an sie (im ursprünglichen Sinne) ‚geglaubt' wird, behält die Öffentliche Meinung doch große und gefährliche Machtmöglichkeiten. Ihrer sich zu bedienen unter dem Vorgeben, ihr zu dienen, bleibt die allen Organisationsformen der Öffentlichen Meinung innewohnenden Versuchung."(8).

[14] D. Rothensee, Massenkommunikation und Verkündigung, Bedingungen und Möglichkeiten für die Ausrichtung der christlichen Botschaft in den technischen Medien der gesellschaftlichen Kommunikation, Hamburg 1970, 8. Vgl. auch: E. Noelle-Neumann, Öffentliche Meinung und soziale Kontrolle, 27.

[15] D. Rothensee, ebenda. Dazu kritisch: H. Schelsky, Politik und Publizität, Stuttgart-Degerloch 1983 (v.a.: Der medienzerstückelte Mensch, 7-26) und: J. Wilke, Was heißt Öffentlichkeit und was kann man für den Umgang mit ihr lernen?, in: Zentralstelle Medien der Deutschen Bischofskonferenz (Hsg.), Kirche und Öffentlichkeit, Ein Tagungsbericht, Bonn 1988, 7-24.

[16] Vgl. J. Habermas, Strukturwandel; J. und W. Grimm, ‚öffentlich' (Art.), Sp. 1181.

[17] So der Untertitel eines Buches von R. Sennet, Verfall und Ende des öffentlichen Lebens, Die Tyrannei der Intimität, Frankfurt 1983.

[18] So etwa: J: Wilke, Was heißt Öffentlichkeit?, 12.

[19] Ebenda, 13.

[20] Vgl. W. Huber, Kirche und Öffentlichkeit, 27.

21 Ebenda.

22 H.-E. Bahr, Verkündigung als Information, 95.

23 Vgl. zum Ganzen: J. Habermas, Strukturwandel; ders.,'Öffentlichkeit' (Art.); H.E. Bahr, Verkündigung als Information; D. Rothensee, Massenkommunikation und Verkündigung, 4-10. Wir müssen uns hier auf einige grundsätzliche Hinweise beschränken.

24 J. Habermas, Strukturwandel, 42.

25 Ebenda.

26 J. Habermas, ‚Öffentlichkeit' (Art.), 223.

27 J. Habermas, Strukturwandel, 44.

28 Vgl. dazu: Ebenda, 69-75.

29 D. Rothensee, Massenkommunikation und Verkündigung, 5.

30 Vgl. dazu: H.E. Bahr, Verkündigung als Information, 66-81.

31 Ebenda, 68. Als Paradigma für diesen Prozeß steht die Entwicklung in England.

32 W. Huber, ebenda, 25.

33 Vgl. dazu: J. Habermas, Strukturwandel, 217-233.

34 Ebenda, 220.

35 Ebenda, 221-222.

36 Vgl. Th. Eschenburg, Das Jahrhundert der Verbände, Lust und Leid organisierter Interessen in der deutschen Politik, Berlin 1989.

37 J. Habermas, ‚Öffentlichkeit' (Art.), 225.

38 J. Habermas, Strukturwandel, 248.

39 Ebenda. Die Kirchen in Deutschland, die als ‚Körperschaften des öffentlichen Rechts' institutionell ungewöhnlich gut abgesichert sind, müssen sich als Interessenverbände (die sie ja nun auch sind!) dieser Forderung ebenfalls unterwerfen. Ob dies der Fall ist, darf bezweifelt werden und wird uns an späterer Stelle noch eingehend beschäftigen.

40 B. Klaus, Einführung in die theologische Theorie kirchlicher Kommunikation, in: ders. (Hsg.) – in Verbindung mit R. Lachmann, E. Öffner, W. Schricker, M. Seitz und J. Track, Kommunikation in der Kirche, Gütersloh 1979, 17-24, 17.

[41] Vgl. R. Zoll / E. Henning, Massenmedien und Meinungsbildung, Angebot, Reichweite, Nutzung und Inhalt der Medien in der BRD, München 1970, 11. Vgl. zum folgenden: B. Klaus, Einführung in die theologische Theorie, 17-18.

[42] B. Klaus, Einführung in die theologische Theorie, 17.

[43] G. Maletzke, Psychologie der Massenkommunikation, Theorie und Systematik, Hamburg 1963, 32.

[44] G. Deussen betont, daß sich die Einseitigkeit dieses Prozesses „nur auf den technischen Vorgang“ (291) (G. Deussen, Ethik der Massenkommunikation bei Papst Paul VI., München-Paderborn-Wien 1973) beziehen läßt. Vgl. dazu auch: A. Auer, Verantwortete Vermittlung, Bausteine einer medialen Ethik, in: H. Glässgen / H. Tompert (Hsg.), Zeitgespräch, Kirche und Medien, Freiburg 1988, 63-84, 70. O.B. Roegele überträgt darauf den Begriff der ‚Gegenwelten‘ (O. Groth). Wenn ein Redakteur für ‚sein‘ Publikum schreibt, das eventuell sogar durch Repräsentativ-Umfragen systematisch bzw. wissenschaftlich erforscht worden ist, dann ist die von G. Maletzke definierte Einseitigkeit des öffentlichen Kommunikationsprozesses obsolet. Öffentlichkeit im massenkommunikativen Prozess ist daher die „Summe [!!!] von Gegenwelten“ (215). (O.B. Roegele, Bemerkungen zu einem anthropologischen Begriff der Öffentlichkeit, in: H. Rombach (Hsg.), Die Frage nach dem Menschen, Aufriß einer philosophischen Anthropologie, Freiburg-München 1966, 212-221). Diesen Prozeß betont der funktionalistische Ansatz der Publizistikwissenschaft; vgl. F.W. Dröge, Regel und Regelung, Ansätze der Publizistikwissenschaft, in: Publ. 11 (1966), 145-152.

[45] A. Auer, Bausteine einer medialen Ethik, in: Zentralstelle Medien der Deutschen Bischofskonferenz und Katholische Akademie Stuttgart (Hsg.), Ethik und Kommunikation, Fernsehbild und Wirklichkeit, Stuttgart 1981, 87-103, 88. Vgl. dazu auch: H.M. Kepplinger / V. Martin, Die Funktion der Massenmedien in der Alltagskommunikation, in: Publ. 31 (1986), 118-128.

[46] Immer mehr Menschen verbringen immer mehr Zeit damit, Medienaussagen aufzunehmen. Vgl. dazu: G. Maletzke, Was bedeutet mehr Fernsehen?, in: Bürger im Staat 36 (1986), 190-195; N. Postman, Wir amüsieren uns zu Tode, Urteilsbildung im Zeitalter der Unterhaltungsindustrie, Frankfurt 1988 (TB) (1985). D. Riesman‘s Theorie vom ‚außengeleiteten Menschen‘ geht in eine ähnliche Richtung; vgl. D. Riesman, Die einsame Masse, Eine Untersuchung der Wandlungen des amerikanischen Charakters, Hamburg 1958.

[47] Vgl. G.W. Hunold, Gelenkte Kommunikation?, Die Integrationsfunktion der Medien als ethisches Problem, in: ders. / W. Korff (Hsg.), Die Welt für morgen, München 1986, 291-305. Instruktiv dazu auch: E. Kos, „Sehen und verstehen“, Eine Darstellung philosophischer und soziologischer Untersuchungen zur Lebenswelt im Hinblick auf die ethische Fragestellung nach den Medienwirkungen, Tübingen 1989 (Dipl. masch.), v.a. 89-109.

[48] O.B. Roegele, Bemerkungen zu einem anthropologischen Begriff der Öffentlichkeit, 213. Vgl. dazu die schönen, ganz ähnlichen Aussagen bei: Paul VI.,

Communio et progressio, Über die Instrumente der sozialen Kommunikation, Trier 1971, v.a. Nr. 72-74. Vgl. dazu kritisch: H. Schelsky, Gedanken zur Rolle der Publizistik in der modernen Gesellschaft, in: ders., Auf der Suche nach Wirklichkeit, Köln 1965 (1961), 310-327. „Die öffentliche Meinung ist eine Illusion", ist eine „Berufsideologie", ist „Selbstdeutung der Publizisten" (310).

[49] D. Rothensee, Massenkommunikation und Verkündigung, 8. Zur rechtlichen Problematik vgl.: M. Löffler, Der Verfassungsauftrag der Presse, Modellfall SPIEGEL, Karlsruhe 1963, v.a. 1-11.

[50] G. Deussen, Ethik der Massenkommunikation, 293.

[51] Ebenda. Hier, so scheint es, liegt ein entscheidendes Problem einer am öffentlichen Meinungsprozeß sich beteiligenden Kirche als ‚Hüterin der Wahrheit', in der ‚der Irrtum kein Recht auf Dasein' besitzt. Darauf wird noch einzugehen sein.

[52] Ebenda. Dort auch zum folgenden. Was diese Aussagen für die Moral-Theologie bedeuten, beschreibt eindringlich: J. Gründel, Wird die Moraltheologie bescheiden?, in: MThZ 40 (1989), 145-153.

[53] Vgl. dazu: G.W. Hunold, Gelenkte Kommunikation?, v.a. 301-305. U. Saxer formuliert: „Es bringt eben die demokratische Gesellschaft keine umfassend-verbindliche Ethik hervor, die ihren Pluralismus und ihre Dichotomien unter anspruchsvolleren Kulturnormen wieder vereinigte, sondern nur eine Öffentlichkeitstechnik, die von Fall zu Fall irgendein gesellschaftliches Funktionieren ermöglicht." (36) (U. Saxer, Publizistische Ethik und gesellschaftliche Realität, in: ComSoc 3 (1970), 24-39).

[54] Vgl. E. Dovifat, Handbuch der Publizistik (Bd. I), Berlin 1968.

[55] Vgl. dazu: G. Deussen, Ethik der Massenkommunikation, 269-276.

[56] P.F. Lazarsfeld / H. Menzel, Massenmedien und personaler Einfluß, in: W. Schramm (Hsg.), Grundlagen der Kommunikationsforschung, München 1970, 117-139, 118.Von der ‚enormen Macht der Massenmedien' und ihrer Wirkung geht neben Papst Paul VI. (Vgl. G. Deussen, Ethik der Massenkommunikation, 78-140) auch Papst Johannes Paul II. aus. Vgl. dazu: Johannes Paul II., Ansprache an die Künstler und Publizisten im Herkulessaal, in: Verlautbarungen des Apostolischen Stuhles 25 A, Bonn 1980, 186-193, 190. Vgl. auch: Ch. Meves, Verändert das Fernsehen die Moral?, in: Studienzentrum Weikersheim (Hsg.), Die Medien, das letzte Tabu der offenen Gesellschaft, Mainz 1986, 115-129.

[57] Vgl. zur Theorie und zur Kritik an dieser Theorie: K. Renckstorf, Zur Hypothese des ‚two-step-flow' der Massenkommunikation, in: D. Prokop (Hsg.), Medienforschung (Bd. 2), Frankfurt 1985, 29-52. P.F. Lazarsfeld / H. Menzel schlagen deshalb (anstatt von einem ‚two-step-flow' zu sprechen) die Theorie vom „Meinungsbildner" (119) (diess., Massenmedien und personaler Einfluß) vor. Vgl. auch: H.M. Kepplinger / V. Martin, Die Funktion der Massenmedien in der Alltagskommunikation.

58 G.W. Hunold, Gelenkte Kommunikation?, 293.

59 G. Schmidtchen, Die Funktion der Massenmedien in unserer Gesellschaft, in: Sekretariat der Deutschen Bischofskonferenz (Hsg.), Kirchliche Medienarbeit (Arbeitshilfen 20), Bonn 1980, 7-20, 16.

60 O.B. Roegele, Ergänzende Bemerkungen und Vorschläge zur kirchlichen Medienarbeit, in: Sekretariat der Deutschen Bischofskonferenz (Hsg.), Kirchliche Medienarbeit (Arbeitshilfen 20), Bonn 1980, 29-39, 34; vgl. ders., Die Angst und ihre Überwindung – Zur Rolle der Massenmedien und der Kirche, in: N. Lobkowicz (Hsg.), Irrwege der Angst, Chancen der Vernunft, Mut zur offenen Gesellschaft, Köln 1983, 47-64, 53.

61 A. Auer, Bausteine einer medialen Ethik, 90. Massenmedialer Konsum steht in direkter Korrelation zur Kritik, z.B. an der Kirche; vgl. dazu: G: Schmidtchen, Zwischen Kirche und Gesellschaft, Forschungsbericht über die Umfrage zur Gemeinsamen Synode der Bistümer in der Bundesrepublik Deutschland, Freiburg 1972, 19-23.

62 Vgl. O.B. Roegele, Ergänzende Bemerkungen und Vorschläge zur kirchlichen Medienarbeit, 35. Bischof J. Dyba (Fulda) spricht Klartext: „Denn der Marsch in das moralische Niemandsland, den unser Volk in den vergangenen 20 Jahren unter Führung seiner Medien und seiner Politiker angetreten hat, muß hier und jetzt angeklagt ... werden.“ (J. Dyba, (Predigt), in: PuFo 16 (1987), Nr. 24, 4).

63 Vgl. J.T. Klapper, Die gesellschaftlichen Auswirkungen der Massenkommunikation, in: W. Schramm (Hsg.), Grundlagen der Kommunikationsforschung, München 1970, 85-98. Instruktiv dazu am Beispiel des Fernsehens: G. Maletzke, Kulturverfall durch Fernsehen?, Berlin 1988.

64 A. Auer, Bausteine einer medialen Ethik, 92.

65 Die Metaphorik des ‚runden Tisches‘ findet sich schön in: Paul VI., Communio et progressio, Über die Instrumente der sozialen Kommunikation, Trier 1971, Nr. 73.

66 H.M. Enzensberger, Baukasten zu einer Theorie der Medien, in: Kursbuch 20 (1970), 159-186, 166.

67 Vgl. ders., Bewußtseins-Industrie, in: ders., Einzelheiten I, Bewußtseins-Industrie, Frankfurt 1967, 7-17.

68 Vgl. H.J. Dörger, Theologie und Kirche in „Spiegel“, „Zeit“ und „s t e r n“, Zur Darstellung und Beurteilung der Funktion von Theologie und Kirche in der Gesellschaft, Mainz 1971, 7.

69 Zu diesem Ansatz einer ‚Ethik unter dem Anspruch der Wirklichkeit‘ noch immer unübertroffen: A. Auer, Autonome Moral und christlicher Glaube, Düsseldorf 1984, v.a. 15-54.

[70] Eine Übersicht über die wirkungsvollsten Modelle strukturiert: H.J. Dörger, Kirche in der Öffentlichkeit, Programme und Probleme ihrer publizistischen Repräsentation, Stuttgart-Berlin-Köln-Mainz 1979.

[71] U. Saxer, Massenkommunikation als Mittel christlicher Verkündigung, in: ComSoc 2 (1969), 106-118, 115.

[72] Vgl. zu diesem Problem: W. Bartholomäus, Evangelium als Information, Elemente einer Theologischen Kommunikationstheorie am Beispiel der Osterbotschaft, Zürich-Einsiedeln-Köln 1972, 103-169. Eine Information ohne Redundanz (d.h. ohne die Möglichkeit, das Neue der Information durch bereits Gewußtes (‚Altes') auch einordnen und verstehen zu können), wäre sinnlos. „Jede Nachricht hat somit Information und Redundanz in einem guten Mischungsverhältnis zu verbinden." (ebenda, 122). Dies ist natürlich für eine Kirche, deren (biblische) Verkündigung zwangsläufig eine hohe Redundanz aufweist, problematisch. „Die fast unerfüllbare publizistische Aufgabe des kirchlichen Massenkommunikators ist die Daueraktualisierung ein und deselben Themas in der Abstraktion und im Aktualitätenmilieu der Massenkommunikation und bei unklarer Bedürfnislage des Publikums. Während jedes Massenmedium im Grunde auf Neues aus ist, dieses freilich unter gestrigen Kategorien beleuchtet, sieht die christliche Verkündigung, gerade umgekehrt, ein bestimmtes Stück Vergangenheit in immer wieder neuem Licht." (U. Saxer, Massenkommunikation als Mittel christlicher Verkündigung, 114). Als Versuche, dieses fundamentale Problem zu lösen, seien genannt: H.-D. Bastian, Theologie der Frage, Ideen zur Grundlegung einer theologischen Didaktik und zur Kommunikation der Kirche in der Gegenwart, München 1969; H.-E. Bahr, Verkündigung als Information.

[73] Vgl. H. Glässgen, Katholische Kirche und Rundfunk in der Bundesrepublik Deutschland 1945-1962, Berlin 1983; ders., Kirchliche Medienpräsenz, Eine kritische Bilanz, in: Bürger im Staat 36 (1986), 175-179.

[74] E.M. Lorey, Mechanismen religiöser Information, Kirche im Prozeß der Massenkommunikation, München-Mainz 1970, 46.

[75] Vgl. dazu: G. Deussen, Ethik der Massenkommunikation, 224-231. Die Diskussion der hier vorgelagerten Frage, ob nicht der Glaube selbst auf Offenheit und Öffentlichkeit hin angelegt ist, würde den Rahmen dieser Arbeit sprengen; sie wird stillschweigend bejaht.

[76] Auf die theologische Begründung dieses Ansatzes kann nicht eingegangen werden. Vgl. dazu: H.J. Pottmeyer, Der eine Geist als Prinzip der Einheit der Kirche in Vielfalt, Auswege aus einer christomonistischen Ekklesiologie, in: PthI 5 (1985), Nr. 2, 253-284.

[77] Papst Paul VI., Audienzansprache vor Konzilsberichterstattern im Konzilspresseamt, in: HerKorr 20 (1966), 53 (cit.: G. Deussen, Ethik der Massenkommunikation, 231).

[78] G. Deussen, Ethik der Massenkommunikation, 144.

[79] G. Bormann, Kommunikationsprobleme in der Kirche, in: J. Matthes, Kirche und Gesellschaft (Einführung in die Religionssoziologie II), Reinbek 1969, 169-206, 174.

[80] G. Deussen, Ethik der Massenkommunikation, 146.

[81] Paul VI., Ansprache vor Konzilsberichterstattern im Konzilspresseamt (cit. G. Deussen, Ethik der Massenkommunikation, 148-149).

[82] Ebenda, 149.

[83] Vgl. dazu den instruktiven Aufsatz von: E.G. Mahrenholz, Die Kirche im publizistischen Geschehen, in: EK 2 (1969), 387-390. Kritik ist nicht gefragt, schon gar nicht von denjenigen, die (finanziell !!) von der Kirche abhängig sind. Vgl. dazu publizistisch: M. Schmolke (Hsg.), Publik – Episode oder Lehrstück?, Auskünfte über eine katholische Wochenzeitung, Paderborn 1974.

[84] H.J. Schultz, Glühende Kohlen, Rundfunk, Öffentlichkeit und Kirche: Ein Verhältnis, in: epd, Kirche und Rundfunk Nr. 71 v. 7. September 1988, 46-51, 48. Eine Politik der ‚dosierten Information' ist noch immer gang und gäbe; vgl. dazu: G. Deussen, Ethik der Massenkommunikation, 249-254. Die „Instruktion über die kirchliche Berufung des Theologen" der Glaubenskongregation vom Mai 1990 macht auch Aussagen zum Öffentlichkeitsverständnis der Theologie und zum Verhalten des einzelnen Theologen im Fall eines ‚Dissenses', die mehr als problematisch sind. An dieser Stelle sei auf den Exkurs in KAPITEL IV dieser Arbeit verwiesen.

[85] H.J. Schultz, Mitarbeit am Heil, Die Rolle des Laien in der Kirche, in: ders., Jenseits des Weihrauchs, Versuche einer Theologie im Alltag, Olten 1966, 35-43, 40.

[86] A. Auer, Bausteine einer medialen Ethik, 94.

[87] H.J. Schultz, Glühende Kohlen, 48.

[88] W. Dirks, Geschäftsführer ohne Auftrag, Olten 1967, 113-114. Vgl. auch die instruktiven Ausführungen von: J. Zink, Wir sind frei – Das Netz ist zerrissen, Freie Publizistik in einer freien Kirche, in: PuFo 18 (1989), Nr. 3, 22-27. Dezidiert anderer Meinung sind: E. Biser, Radio-Theologie, in: medium 5 (1968), 101-122; H.-O. Wölber, Pluralismus und Gewißheit, Volkskirche im kulturellen Umfeld, in: EK 20 (1987), 448-449. Weihbischof K. Krenn (Wien) fordert denn auch für Journalisten eine Art ‚missio canonica', um über die Kirche berichten zu dürfen (vgl. KNA-ID 33 v. 17. August 1989, 7). Die Diskussion dieser Forderung dokumentiert: Communicatio Socialis (Dossier), Missio Canonica für Journalisten?, in: ComSoc 22 (1989), 98-102. Für P. Düsterfeld kommt darin und in ähnlichen Forderungen in der Vergangenheit der Typus einer „Immunisierungspublizistik" (5) (P. Düsterfeld, Einleitung, in: Zentralstelle Medien der Deutschen Bischofskonferenz (Hsg.), Kirche und Öffentlichkeit, Bonn 1988, 2-7) zum Ausdruck, und für G. Mack stellt die Be-

teiligung der Kirche am massenmedialen Gespräch schlicht die Quadratur des Kreises dar, vor allem hinsichtlich der Bistumspresse. „In Zuschußbetrieben gewinnt der Begriff ‚Abrechnung' einen eigenen Klang." (G. Mack, Hält die Fassade?, in: Journalist 7 (1987), 8-10, 9).

89 KNA-ID 48 v. 1. Dezember 1988, 3 (Aussage von Bischof J. Dyba). Das Gesamtproblem beleuchten: P.E. Dorsch-Jungsberger / O.B. Roegele / W. Stolte, Konfliktpotentiale im Nachrichtenproduktionsprozeß, in: Publ. 30 (1985), 280-289, und zwar anhand des Papstbesuches in Deutschland 1980; E. Bieger, Religion im Fernsehen, Zur religiösen Dimension des Mediums und zur Möglichkeit, religiöse Aussagen zu diesem Medium zu machen, in: LebZeug 45 (1990), 119-128.

90 KNA-ID (vgl. Anm. 89).

91 Ebenda. Dazu H.-D. Bastian: „Für mich sind die spezifisch kirchlichen Sendungen in den Massenmedien, einmal stark ausgedrückt, publizistische Körperverletzung. Und zwar deswegen, weil hier eine antiquierte Kulturwelt gegen die Grammatik des technischen Zeitalters eingesetzt wird." (H.-D. Bastian (antwortet U. Teiner), Hoffnungslos gestört?, Probleme religiöser Kommunikation, Düsseldorf 1971, 56).

92 Vgl. P. Düsterfeld, Soziale Kommunikation in einer pluralen Gesellschaft. Warum die Kirche kein „Anbieter" ist, in: Zentralstelle Medien der Deutschen Bischofskonferenz und Katholische Akademie Stuttgart (Hsg.), Telekommunikation in einer demokratischen Gesellschaft, Stuttgart 1984, 25-35; ders., Kommunikative Diakonie, Überlegungen zum Verhältnis der Kirche in den Massenmedien, in: Funk-Korrespondenz Nr. 13-14 v. 31. März 1988, 1-6. Neuerdings (kritisch) zu diesem Ansatz: O. Fuchs, Kirche, Kabel, Kapital, Münster 1989, v.a. 152-162. Ansätze zu den Formulierungen von D. finden sich schon bei: H.-E. Bahr, Verkündigung als Information, v.a. 104-136; U. Saxer, Die Rolle des Kommunikators, Ein Vergleich zwischen Medien- und Mund-Publizistik, in: verkündigen 3, Jahrbuch der Arbeitsgemeinschaft katholischer Homiletiker, Stuttgart 1972, 63-87. S. fordert von kirchlichen Medienpublizisten „Meta-Kritik statt Mission" (76) im Dienste einer fairen Publizistik.

93 P. Düsterfeld, Kommunikative Diakonie, 1. Dort auch zum folgenden.

94 Ebenda, 4; gegen: O. Fuchs, Kirche, Kabel, Kapital, 154. F. geht von dem empirischen und theologischen Prinzip aus, „daß auf jeder [!] Ebene sozialer Kommunikation beides Faktum und Potenz, Wirklichkeit und Möglichkeit ist: die Menschendienlichkeit und die Menschenverachtung" (154). – Einer ‚Hypostasierung eines guten Eigenwertes' sei daher zu widersprechen.

95 P. Düsterfeld, Kommunikative Diakonie, 5.

96 Ebenda. D.'s Modell wird hier zum Spiegelbild einer von J.B. Metz geforderten Kirche als der „Institution einer gesellschaftlichen Freiheit", deren wesentliche Bedingung der „Aufbau einer innerkirchlichen kritischen Öf-

fentlichkeit“ (J.B. Metz, Zur Theologie der Welt, Mainz 1985, 125-126) darstellt.

[97] P. Düsterfeld, ebenda. Dies sieht auf bischöflicher Seite ganz ähnlich: K. Lehmann, Die Kirche und die Journalisten, Mainz 1988, 11.

[98] 8. Vgl. H.J. Schultz, Weltlich reden von Gott, Das Wort der Kirche im Rundfunk, Stuttgart 1963. Zur theologischen Grundlegung des ‚weltlichen Redens von Gott‘ als ‚Reden von Gott her‘ vgl.: G. Ebeling, Weltliches Reden von Gott, in: Wort und Glaube (Bd. 1), Tübingen 1960, 372-380. „Denn daran, wie von Gott geredet wird, entscheidet sich, ob überhaupt wirklich von Gott die Rede ist.“ (374). Als gelungene – bischöfliche und päpstliche – Versuche seien genannt: F. Kamphaus, „Briefe an junge Menschen“, Limburg 1988; H. Tenhumberg, Miteinander unterwegs, Bischöfliches Wort an die Mitarbeiter in der Jugendpastoral, Münster 1979; Johannes Paul II., Apostolisches Schreiben an die Jugendlichen in der Welt zum Internationalen Jahr der Jugend, (Hsg. vom Sekretariat der Deutschen Bischofskonferenz), Bonn 1985. Die Bischöfe und der Papst verstehen es an dieser Stelle, mit den Jugendlichen, den jungen Menschen und den Mitarbeitern in der Jugendarbeit in einen wirklichen Dialog zu treten.

[99] Vgl. J. Burkhardt / H. Rittermann, Rotkäppchen und der Wolf, Kleine Phänomenologie der Sprache Kanaans, in: J. Burkhardt (Hsg.), Kirchensprache – Sprache der Kirche, Zürich 1964, 9-32; L. Schmidt, Kirchensprache der Gegenwart, Kritische Bemerkungen, in: ZThK 63 (1966), 200-233; U. Nabersberg / K.H. Schröter, Abschußbasen des Evangeliums, Kleine Phänomenologie der Sprache Neu-Kanaans, in: J. Burkhardt (Hsg.), Kirchensprache – Sprache der Kirche, Zürich 1964, 33-55. H. Schweizer, Un-selige Sprache, in: ThQ 169 (1989), 238-239; N. Stallkamp, Die Sprache der Katholischen Kirche in der Bundesrepublik, Frankfurt 1987; H.J. Schultz, Christentum inkognito?, in: ders. (Hsg.), Kritik an der Kirche, Stuttgart 1961, 151-158. „Versuche, lediglich die Redeweise zu modernisieren, führen nicht zu neuer Sprache, sondern zum Jargon – wie wir ihn von zahlreichen Jugend-, Männer-, Presse-, Arbeiter-, Militär- und anderen Pfarrern bis zum Rande des Erträglichen zu vernehmen verurteilt sind.“ (ebenda, 154).

[100] Dazu noch immer lesenswert: H. Küng, Wahrhaftigkeit, Zur Zukunft der Kirche, Freiburg 1968, v.a. 7-70.

[101] G. Deussen, Ethik der Massenkommunikation, 227. Deshalb stößt auch bei manchen ‚römischen Beobachtern‘ der Entwurf des ‚Frauenhirten-Briefes‘ der katholischen Bischofskonferenz in den USA nicht so sehr wegen seines Inhaltes auf Kritik, sondern wegen der -zigtausendfachen Beteiligung von betroffenen Frauen beim Zustandekommen dieses Textes. Vgl. dazu: Publik-Forum (Dokumentation), Zur Gleichheit berufen, Entwurf des ‚Frauen‘-Hirtenbriefes der katholischen Bischofskonferenz der USA, Oberursel 1988. Die von D. diagnostizierten Probleme sind auf Papst Paul VI. natürlich nicht beschränkbar; auch bei Papst Johannes Paul II. liegen vergleichbare Phänomene vor; vgl. dazu: A. Steuer, „Publizistisches Apostolat“, Das Bild des (katholischen) Journalisten bei Johannes Paul II., in: ComSoc 23 (1990), 261-

275. Vgl. dazu grundsätzlich: W. Bartholomäus, Kommunikation in der Kirche, Aspekte eines theologischen Themas, in: Conc (D) 14 (1978), 62-70.

[102] Vgl. dazu: M. Seckler, Theologie als kirchliche Wissenschaft – ein römisches Modell, in: ders., Im Spannungsfeld von Wissenschaft und Theologie, Freiburg 1980, 62-84. S. bezeichnet dort dieses ‚soli Ecclesiae Magisterio' als „genaue antithetische Entsprechung zum protestantischen ‚sola sriptura'" (66). Zur Frage des jurisdiktionellen Primates und des unfehlbaren Lehramtes des Papstes (im Zusammenhang des Öffentlichkeits-Verständnisses) vgl: G. Deussen, Ethik der Massenkommunikation, 227-231.

[103] J. Neuner / H. Roos, Der Glaube der Kirche in den Urkunden der Lehrverkündigung, Regensburg 1971, 454 (DS 3074).

[104] Lumen Gentium 25, in: K. Rahner / H. Vorgrimler, Kleines Konzilskompendium, Freiburg 1966.

[105] E. Öffner, Kirche als Vermittlungsinstanz, Intention – Funktion – Kommunikation, in: B. Klaus (Hsg.), Kommunikation in der Kirche, Gütersloh 1979, 25-53, 25. Vgl. auch: K.-W. Dahm, Religiöse Kommunikation und kirchliche Institution, in: ders. / N. Luhmann / D. Stoodt, Religion – System und Sozialisation, Darmstadt und Neuwied 1972, 133-188.

[106] Pius XII., Grundsätze für die Arbeit der katholischen Presse, in: HerKorr 4 (1949/1950), 313-316, 316. Vgl. auch: Paul VI., Communio et progressio, v.a. Nrn. 115-117.

[107] Vgl. Lumen Gentium, 12 (vgl. Anm. 104).

[108] Vgl. Unitatis Redintegratio, 11 (vgl. Anm. 104).

[109] Ebenda.

[110] Vgl. G. Deussen, Ethik der Massenkommunikation, 230.

[111] Vgl. H. Pree, Freie Meinungsäußerung – Recht und Pflicht des Christen, in: Anzeiger für die Seelsorge 98 (1989), 3-5 u. 35-36.

[112] K. Rahner, Das freie Wort in der Kirche, Einsiedeln 1953, 12.

[113] M.D. Chenu, „Vox populi, vox Dei", Die öffentliche Meinung in dem Volke Gottes, in: medium 4 (1967), 253-266, 259. Vgl. auch: D. Seeber, Katholischer Journalismus und Kirchliches Amt, in: Diakonia 20 (1989), 407-413, v.a. 411-412.

[114] Auch der neue CIC (1983) konnte sich nicht zu einer Art ‚innerkirchlicher Verwaltungsgerichtsbarkeit' durchringen. Dieses Manko wird in der Kirchenrechts-Literatur allseits beklagt. Vgl. dazu: R. A. Strigl, Verwaltungsbeschwerde und Verwaltungsgerichtsbarkeit, in: J. Listl/H. Müller/H. Schmitz (Hsg.), HkaK, Regensburg 1983, 1011-1018. Grundsätzlicher dazu: J. Neumann, Menschenrechte auch in der Kirche?, Zürich-Einsiedeln-Köln 1976.

[115] K. Rahner, Das freie Wort in der Kirche, 14. So auch: Paul VI., Communio et progressio, Nr. 120.

[116] K. Rahner, ebenda, 16. Dazu gehören sowohl die Bistumspresse und kirchliche Zeitungen als auch wissenschaftliche Zeitschriften und Bücher.

[117] Pius XII., Grundsätze für die Arbeit der katholischen Presse, 313-314.

[118] Sacrosanctum Concilium, Nr. 26 (vgl. Anm 104).

[119] W. Bartholomäus, Kommunikation in der Kirche, 63. „Der gegenwärtige Kommunikationskonflikt besteht nun darin, daß in der kirchlichen Institution erst noch Formen der Konsensbildung gefunden werden müssen, die dem demokratischen Öffentlichkeitstyp angemessen sind." (G. Deussen, Ethik der Massenkommunikation, 266). Vgl. auch: R. Zerfaß, Herrschaftsfreie Kommunikation – eine Forderung an die kirchliche Verkündigung?, in Diakonia 4 (1973), 339-350. Zugespitzt zeigt sich dieses Problem bis heute bei der nicht grundsätzlich (!) gewährleisteten Öffentlichkeit bei Lehrzuchtverfahren. Nur Öffentlichkeit aber kann hier Gerechtigkeit und Schutz vor Willkür für den ‚Angeklagten' garantieren.

[120] Johannes Paul II, Ansprache bei der Begegnung mit Theologieprofessoren in St. Konrad in Altötting, in: Verlautbarungen des Apostolischen Stuhles 25 A, Bonn 1980, 169-174, 172. Vgl. „Instruktion über die kirchliche Berufung des Theologen" (Verlautbarungen des Apostolischen Stuhles 98), Bonn 1990.

[121] Vgl. dazu z.B.: M. Seckler, Eine Wende im lehramtlichen Theologieverständnis?, in: ThQ 161 (1981), 131-133; (weniger euphorisch): P. Eicher, Herrschaftsfreie Kommunikation?, Kirchensprache und biblische Verkündigung bei Johannes Paul II., in: G. Stachel (Hsg.), Die Sprache des Papstes, Theologische und literarische Analysen, München 1981, 67-82.

[122] Vgl. Johannes Paul II., Ansprache an Wissenschaftler und Studenten im Kölner Dom, in: Verlautbarungen des Apostolischen Stuhles 25 A, Bonn 1980, 26-34, 33.

[123] Am systematischsten: M. Seckler, Theologie als Glaubenswissenschaft, in: HFTh Bd. 4, Freiburg 1988, 179-241; H. Fries, Fundamentaltheologie, Graz-Wien-Köln 1985, v.a. 105-150; Erklärung der Arbeitsgemeinschaft katholischer Dogmatiker und Fundamentaltheologen zum Verhältnis von kirchlichem Lehramt und Theologie, in: W. Kern (Hsg.), Die Theologie und das Lehramt (QD 91), Freiburg 1982, 234-237.

[124] M. Seckler, Theologie als Glaubenswissenschaft, 227.

[125] Ebenda.

[126] Nicht jeder Eingriff ist schon ein Übergriff! Vgl. ebenda.

[127] Pius XII., Rundschreiben ‚Humani Generis' (1950) (cit.: J. Neuner / H. Roos, Der Glaube der Kirche in den Urkunden der Lehrverkündigung, Re-

gensburg 1971, 461 (DS 3886)). So auch: G. May, Die Funktion der Theologie in Kirche und Gesellschaft, in: P. Neuenzeit (Hsg.), Die Funktion der Theologie in Kirche und Gesellschaft, München 1969, 291-309; und selbst neuerdings: ders., Zur Lage des Glaubens, in: Una Voce Korrespondenz 19 (1989), 187-195.

128 Johannes Paul II. (vgl. Anm. 120), 173. Ob dies auch für die Realität gilt, sei dahingestellt. Manchen Lehrschreiben sind beispielsweise die neueren exegetischen Forschungsergebnisse nicht bekannt – sie werden jedenfalls nicht rezipiert. Mitunter herrscht im Anmerkungsteil dieser Dokumente ein unerklärlicher ‚Biblizismus'.

129 Vgl. H.J. Schultz (Hsg.), Kritik an der Kirche, Stuttgart 1961. Der damalige Bischof von Freiburg, H. Schäufele, verlangte umgehend die Entlassung des Herausgebers dieses Sammelbandes (ursprünglich als Rundfunk-Beiträge gesendet) als Kirchen-Redakteur im Süddeutschen Rundfunk (vgl. ders., Glühende Kohlen, Rundfunk, Öffentlichkeit und Kirche: Ein Verhältnis, in: epd, Kirche und Rundfunk Nr. 71 v. 7. September 1988, 46-51, 46) – wie es überhaupt bezeichnend ist, daß das Massenmedium ‚Hörfunk' zum Träger dieser außergewöhnlichen Kritik an der Kirche wurde. Als Paradigma einer Kritik an der Kirche aus dem Raum der Kirche gilt noch heute: I.F. Görres, Brief über die Kirche, in: FH 1 (1946), 715-733.

130 M. Seckler, Theologie als Glaubenswissenschaft, 230. Vgl. ders., Kritik, Krise, Kritizismus – Besinnung auf die kritischen Aufgaben der Theologie, in: ThQ 162 (1982), 1-23. Den theoretischen Hintergrund dazu bildet die kritische Theorie der Frankfurter Schule; vgl. J.B. Metz, Zur Theologie der Welt; N. Greinacher, Praktische Theologie als kritische Theorie kirchlicher Praxis in der Gesellschaft, in: ThQ 168 (1988), 283-299; H. Küng, Wahrhaftigkeit. Zur geschichtlichen Aufarbeitung vgl: V. Conzemius, Die Kritik der Kirche, in: HFTh Bd. 3, Freiburg 1986, 30-48.

131 V. Conzemius, ebenda, 44-45. ‚Aufbauende Kirchenkritik' wünscht sich Kardinal F. Wetter; Kritik schade nicht nur der Kirche, sondern auch den Kritikern selbst (Vgl. KNA-ID 30 v. 27. Juli 1989, 9).

132 V. Conzemius, ebenda, 43.

133 M. Seckler, Kritik, Krise, Kritizismus, 2. Vgl. ders., Theologie als Glaubenswissenschaft, 230-240.

134 Gegen: Pius XII. (vgl. Anm. 126). Vgl. dazu die Ausführungen zu einer ‚Politischen Theologie' in: J.B. Metz, Zur Theologie der Welt; ders., Jenseits bürgerlicher Religion, Reden über die Zukunft des Christentums, München und Mainz 1980.

135 Wir folgen hier: M. Seckler, Theologie als Glaubenswissenschaft, 237-239.

136 Solches vermutet: E.M. Lorey: „Eine Kritik an der Kirche bleibt unter der Decke, weil sie als antiinstitutionelle Haltung immer in die Illegalität abgetrieben wird." (E.M. Lorey, Mechanismen religiöser Information, 102-103).

[137] H. Werners, Kirchenkritik – Zeugnis christlicher Hoffnung, Einige Erinnerungen an ‚Unsere Hoffnung' aus der Würzburger Synode, in: N. Klein / H.R. Schlette / K. Weber (Hsg.), Biotope der Hoffnung, Olten 1988, 142-151, 142.

[138] Schöne Aussagen dazu in: Unsere Hoffnung, 84-111. Der angeblich zu kritische Gesamt-Duktus des Synodentextes hätte beinahe seine Beschlußnahme verhindert; so: H. Werners, ebenda, 142. Vgl dazu: J.B. Metz, Reformation und Gegenreformation, Mainz 1969; M. fordert zu Recht die „Ausbildung einer kritischen Freiheit in der Kirche" als „Chance (zu) einer dezidierten Kirchlichkeit von morgen" (20).

[139] Vgl. J.B. Metz, Im Ringen um das Erbe des Zweiten Vatikanischen Konzils, in: N. Klein / H.R. Schlette / K. Weber (Hsg.), Biotope der Hoffnung, Olten 1988, 23-35; H.J. Pottmeyer, Der eine Geist als Prinzip der Einheit der Kirche. Solche Tendenzen werden deutlich in: Außerordentliche Bischofskonferenz (Schlußdokument und Botschaft an die Christen in der Welt), Hsg. v. Sekretariat der Deutschen Bischofskonferenz, Bonn 1985; dort wird unter den ‚besonderen Themen der Synode' „Das Geheimnis der Kirche" an erster Stelle genannt und breit entfaltet (7-10). In diesselbe Richtung weist mit seiner Analyse der Lage heute: M. Lang, „Volk Gottes" – Zum Selbstverständnis der nachkonziliaren Kirche, in: Una Voce Korrespondenz 20 (1990), 346 bis 356. „Die Gläubigen sind nur noch ein lockerer Verbund, nicht mehr festgefügte Kirche, sondern nur „Volk Gottes", nicht mehr angeführt von dem Priester, sondern vom „Theologen". Das vorkonziliare Gestaltungsprinzip „Kirche" wird abgelöst vom Gestaltungsprinzip „Volk Gottes"." (351). Auf derselben Linie liegen: Kardinal J. Ratzinger, Die Ekklesiologie des II. Vatikanischen Konzils, in: OR (D) 15 (1985), Nr. 46, 4-6; Kardinal J. Meisner, „Wir lassen die im Himmel verhungern" (Gespräch), in: Rheinischer Merkur/ Christ und Welt Nr. 15 (1989), 27-28. Nach dem Konzil gebe es, so M., gewisse Einseitigkeiten, „daß wir zum Beispiel unter den vielen Bildern des Neuen Testamentes über die Kirche etwa eines verabsolutiert haben, nämlich das Bild vom Volk Gottes." (28). H. Fries lehnt den Begriff ‚Kirche als Mysterium' nicht ab, betont aber: „Wenn die Bezeichnung Kirche als Mysterium also zur Fluchtburg würde, in die man sich angesichts der drängenden Sorgen, Probleme und Aufgaben zurückzieht und die man noch mit dem Flair des Unbegreiflichen und Geheimnisvollen umgibt, an dem alle Fragen abprallen, dann wäre das Wort von der Kirche als Mysterium nicht nur mißverständlich, sondern gefährlich und verhängnisvoll." (H. Fries, Leiden an der Kirche, Freiburg 1989, 61). Grundsätzlich beleuchten dieses Problem: M. Keller, ‚Volk Gottes' als Kirchenbegriff, Eine Untersuchung zum neuen Verständnis, Zürich-Einsiedeln-Köln 1970; W. Kasper, Der Geheimnischarakter hebt den Sozialcharakter nicht auf, Zur Geltung des Subsidiaritätsprinzips in der Kirche, in: HerKorr 41 (1987), 232-236; und neuerdings: P. Neuner, Die Kirche als Volk Gottes, in: R. Schermann (Hsg.), Wider den Fundamentalismus, Kein Zurück hinter das II. Vatikanische Konzil, Mattersburg-Bad Sauerbrunn 1990, 40-50.

[140] Vgl. P. Henrici, Kirche und Pluralismus, in: IKaZ 12 (1983), 97-100.

[141] D. Seeber, Falsche Fährte, Die öffentlichen Verunglimpfungen der Kirche und die Reaktionen darauf, in: HerKorr 42 (1988), 104-105, 105.

[142] Vgl. H.J. Dörger, Theologie und Kirche, 38.

[143] E. Läufer, Die neue Gehässigkeit, Über die öffentliche Verhöhnung des Christlichen, in: Kirchenzeitung für das Erzbistum Köln Nr. 4 v. 22. Januar 1988, 3; L. Groppe, Der Medienkampf gegen die Kirchen, in: Criticón 19 (1989), Nr. 112, 75-77. Vgl. auch: W. Hoeres, Katholizismus und Revolution, Anmerkungen zur ‚Kölner Erklärung', in: Criticón 19 (1989), Nr. 112, 67-69. Vgl. auch (kritisch zu den o.g.): D. Seeber, Falsche Fährte.

[144] L. Groppe, Der Medienkampf gegen die Kirchen, 75.

[145] E. Läufer, Die neue Gehässigkeit, 3.

[146] KNA v. 24. Januar 1988 (cit.: Imprimatur 21 (1988), Nr. 1, 22). Es gebe „wohl zur Zeit in der sogenannten öffentlichen Meinung Westeuropas kaum eine Institution, die mehr diffamiert und gehaßt wird" (ebenda), wie die Kirche.

[147] J. Dyba, in: Bonifatiusbote, Kirchenzeitung für das Bistum Fulda, Nr. 44 v. 1. Nov. 1987 (cit.: Imprimatur 21 (1988), Nr. 1, 17). Mit an erster Stelle steht bei allen angezeigten Medienprodukten das Nachrichtenmagazin DER SPIEGEL; vgl. dazu: P. Sackarndt, Der SPIEGEL – entzaubert, Analyse eines deutschen Nachrichtenmagazins, Essen 1961.

[148] Vgl. G. Mack, Hält die Fassade?,

[149] Vgl. K. Lehmann, Die Kirche und die Journalisten, 8.

[150] G.W. Hunold, Gelenkte Kommunikation?, 305.

[151] Vgl. H.J. Dörger, Theologie und Kirche, 38-63. Es werden hier nur die Ergebnisse referiert.

[152] Ebenda, 45.

[153] Ebenda, 47-48.

[154] Ebenda, 49.

[155] „Wäre es nicht an der Zeit, ihn [den Bürger] auch vor der Willkür der vierten Gewalt, der Medien, zu schützen?" (Vgl. Anm. 147). Der Zungenschlag und der Gesamtduktus dieses Bischofswortes (J. Dyba) zeigen, daß mit dieser Willkür nicht anderes als eine kirchenkritische Berichterstattung gemeint ist.

[156] O. Fuchs, Kirche, Kabel, Kapital, 140. Das hat mit aller nur wünschenswerten Klarheit K. Rahner einigen kirchlichen Amtsträgern aus gegebenem Anlaß (ob der ‚Umstände' der Nicht-Berufung seines Schülers J.B. Metz auf den Lehrstuhl nach München) ins Stammbuch geschrieben; vgl. K. Rahner,

Ich protestiere!, in: PuFo 8 (1979), Nr. 23, 15-19. „Ich bin ein alter Mann; ich habe als Dogmatiker immer als kirchliche Lehre vorgetragen, daß die Kirche eine sündige und in vielen Lehren und Entscheidungen irrende Kirche gestern, heute und morgen ist; aber als Mensch und Christ habe ich es erschreckend selten erlebt, daß in konkreten Fällen ein konkreter Amtsträger ehrlich und offen einen Fehlgriff zugibt." (19).

157 Einige Beispiele dafür sind: ‚Erklärung der Kardinalskommision über den neuen Katechismus', in: Glaubensverkündigung für Erwachsene, Deutsche Ausgabe des Holländischen Katechismus, Freiburg 1969, 5-94 (Ergänzungsabschnitt). Der Katechismus wird als ein Werk bezeichnet, das „durch seine neuen Lehrmeinungen von Anfang an nicht wenige Christgläubige verwirrte" (5); Die deutschen Bischöfe, Zum Entzug der kirchlichen Lehrbefugnis Prof. Dr. Hans Küngs, Gemeinsames Kanzelwort der deutschen Bischöfe, Bonn 1980: „Bei vielen Gläubigen haben von ihm vorgetragene Auffassungen aber auch Verwirrung gestiftet." (2); Die deutschen Bischöfe, Erklärung zu dem Buch ‚Christ sein' von Professor Dr. Hans Küng, Bonn 1977. H. Küng habe hier „bedrängende Verunsicherung im Glauben" (4) verursacht. Ein nicht namensgezeichneter Artikel im L'Osservatore Romano („Die moralische Norm von ‚Humanae Vitae') fährt schweres Geschütz auf: „Schwere Verwirrungen und Mißverständnisse werden unter den Gläubigen hervorgerufen, wenn man, auch von seiten einiger Theologen selbst, von den Aussagen des Lehramtes spricht und zugleich sein besonderes Wesen und seine ursprüngliche Funktion verschweigt und entstellt." (4) (cit.: (Rheinischer Merkur/ Christ und Welt) – Dokumentation: Was den Theologen nicht freisteht, Die moralische Norm von „Humanae vitae" und der pastorale Auftrag, in: Rheinischer Merkur / Christ und Welt Nr. 9 v. 3. März 1989, 20).

158 Paul VI., Ansprache an den Rat der Union Catholique Internationale de la presse, in: ComSoc 2 (1969), 158-161 (cit.: G. Deussen, Ethik der Massenkommunikation, 236). Als brutum factum wird man die ‚Verwirrung' nicht bestreiten können, wirft man einen Blick in die Leserbriefspalten der einschlägigen Bistumspresse.

159 G. Deussen, Ethik der Massenkommunikation, 237.

160 J.B. Metz, Jenseits bürgerlicher Religion, 131 (erstmals: ders., Reform und Gegenreformation, Mainz 1969, 20). Was im Grunde fehlt, ist eine Kriteriologie für die grundsätzlich gegebene Reformabilität der Kirche, um dann erkennen zu können, wieviel Treue im Wandel, wieviel Respekt vor dem Alten in der Veränderung liegen kann und liegt.

161 W. Dirks, Geschäftsführer ohne Auftrag, 126. Vgl. auch K. Wegenast, Volksglaube und theologische Forschung, in: W. Harenberg (Hsg.), Was glauben die Deutschen?, München-Mainz 1969, 218-233.

162 Vgl. P. M. Zulehner, (Wider) die Pluralismusangst in der Kirche, Plädoyer für Unipluralität, in: ders. (Hsg.), Pluralismus in Gesellschaft und Kirche, München-Zürich 1988, 86-105; ders., Wider die Resignation in der Kirche, Aufruf zur kritischen Loyalität, Wien 1989; H. Thielicke, Auf dem Weg zur

Kanzel, Sendschreiben an junge Theologen und ihre älteren Freunde, Stuttgart 1983, v.a. 75-89.

[163] J.B. Metz, Jenseits bürgerlicher Religion, 132. Daß diese Verhinderung der Verwirrung durch Aufklärung auch von säkularen Presseorganen übernommen wird, soll an späterer Stelle gezeigt werden.

[164] Vgl. G. Deussen, Ethik der Massenkommunikation, 238; W. Seibel, Selbstzerstörung der Autorität, in: StZ 114 (1989), 145-146; W. Beinert, Angst und Kirche, in: StZ 114 (1989), 219-235. H. Häring sieht richtig: „Die Angst, anzuecken, sitzt den meisten von uns in den Knochen; wir haben sie aber als Kirchlichkeit ideologisiert." (H. Häring, Eine katholische Theologie?, J. Ratzinger, das Trauma von Hans im Glück, in: N. Greinacher / H. Küng (Hsg.), Katholische Kirche - wohin?, München 1986, 241-285, 255).

[165] W. Dirks, Geschäftsführer ohne Auftrag, 130. Vgl. dazu: G. Heidtmann, Kirchliche Publizistik, Auftrag - Aufgaben - Aufbau, in: EK 2 (1969), 383-387, v.a. 385. Zur gerngemachten und oft gehörten ‚Ausrede', theologisch redliche Aufklärung sei der Gemeinde nicht zuzumuten, vgl.: H. Thielicke, Auf dem Weg zur Kanzel. Der Grund für die „Hemmung [Aufklärung zuzumuten] ist nicht die Unmündigkeit der Gemeinde, sondern in seiner [des Theologen] unbewältigten Theologie zu suchen" (80).

[166] Zu Recht macht J. Fuchs auf die Möglichkeit aufmerksam, daß einerseits das kirchliche Lehramt durch „mißbräuchlichen Gebrauch der Autorität aus Angst vor offenem Ernstnehmen der Gläubigen und ihrer Rechte in der Kirche, aus Angst vor voller Information" (457) die Gläubigen verunsichern kann, andererseits die Gläubigen ein Recht darauf haben, vom Lehramt „über ihre wahre Kirchenwirklichkeit entsprechend belehrt und demnach in ihrem zwar gelegentlich nichtkonformen, aber verantwortlichen und als gerechtfertigt erachteten Verhalten ‚verunsichert' zu werden" (456) (J. Fuchs, „Die Gläubigen nicht verunsichern", Kirche zwischen Angst und Zuversicht, in: StZ 115 (1990), 453-462). Es ist eben das Lehramt selbst, das mitunter durch ungenaue und unsaubere Begrifflichkeit und Argumentation die ‚Verwirrung' erst ermöglicht, die sie dann bekämpft bzw. zu bekämpfen vorgibt. Vgl. dazu die vorzügliche Belegführung (am Beispiel der Sexualmoral): H. Kramer, Binnenkonflikte im Lehramt, Kontroverses zu Liebe und Partnerschaft, in: StZ 116 (1991), 75-85. Vgl. auch: U. Ruh, Übernimmt sich das Lehramt?, in: HerKorr 42 (1988), 157-159; H. Bourgeois / H. Denis / M. Jourjon, Les évêques et l'Église: un problème, Paris 1989, v.a. 7-27; Ch.E. Gudorf, Das Lehramt und die Bibel, Erfahrungen in Nordamerika, in: Conc (D) 27 (1991), 57-64.

[167] Dieser Exkurs wird hier angeführt, um in den Reaktionen der kirchlichen Hierarchie auf die ‚Kölner Erklärung' einmal anhand der Praxis die bislang formulierte ‚unbewältigte Öffentlichkeit der Kirche' aufzeigen zu können.

[168] Der vollständige Text findet sich in: Frankfurter Allgemeine Zeitung v. 26. Januar 1989, 7; Süddeutsche Zeitung v. 27. Januar 1989, 10; Rheinischer Merkur / Christ und Welt v. 3. Februar 1989, 20; HerKorr 43 (1989), 127-129. Zahlreiche weitere Zeitungen und Zeitschriften veröffentlichten den Text

(wenigstens teilweise) und kommentierten das Ereignis. Ein Überblick findet sich in: Imprimatur 22 (1989), Nr.2, 75-81. Der Stand der Unterzeichner vom 24. April 1989: 199 Unterzeichner (ohne ,Mit'-Unterzeichner aus Spanien, Frankreich und anderen Ländern). „Irgendwann einmal hörte man auf zu zählen." (D. Mieth, Die Kölner Erklärung und ihre Rezeption, in: Diakonia 20 (1989), 416-419, 417). Von den zahlreichen Erklärungen, die sich der ,Kölner Erklärung' anschlossen, sei nur die sog. ,Washingtoner Erklärung – Löscht den Geist nicht aus' vom 13. 12. 1990 genannt, die 431 Theologinnen und Theologen Nordamerikas unterschrieben hatten (vgl. Catholic News Service, 13.12.90; cit.: K. Nientiedt, Nordamerika: Theologen melden sich zu Wort, in: HerKorr 45 (1991), 66-68).

[169] Vgl. dazu die von H.J. Dörger (vgl. Anm. 151) dargelegten Unterscheidungstypen.

[170] Vgl. kath.press Nr. 021 v. 31. Januar 1989, 3; vgl. auch: D. Mieth, Die Kölner Erklärung, 416. Der Text des Papstes vgl.: Johannes Paul II., Ansprache des Papstes an die Teilnehmer am internationalen Kongreß für Moraltheologie, in: OR (D) 18 (1988), Nr. 48, 8-9.

[171] Johannes Paul II, ebenda. 9. Die ,Königsteiner Erklärung' der deutschen Bischöfe hat dagegen die Möglichkeit und die Legitimität einer reflektierten und verantworteten Gewissensentscheidung (hier: der christlichen Eheleute) auch gegen eine (fehlbare) Aussage des Lehramtes betont (vgl. Die deutschen Bischöfe, Die Königsteiner Erklärung, in: HerKorr 22 (1968), 484-487).

[172] Ebenda, 9.

[173] So etwa: P. Hünermann, Droht eine dritte Modernismuskrise?, in: HerKorr 43 (1989), 130-135, 132.

[174] Mehrmals wurden Bischöfe gegen den erkennbaren Willen der Ortskirchen (Laien und Kleriker) ,durchgesetzt'. In Köln mußte 1989 gar die Wahlordnung des Domkapitels vom Papst außer Kraft gesetzt werden (wozu er grundsätzlich auch berechtigt ist), um einen bestimmten Kandidaten – erneut gegen den erkennbaren Willen des Domkapitels – durchzudrücken. Auf die juristisch vielleicht mögliche, theologisch und pastoral jedoch zumindest problematisch zu nennende päpstliche Vorgehensweise kann hier nicht weiter eingegangen werden. Einen guten Überblick über die (katastrophalen) Auswirkungen solcher Vorgehensweisen für die Kirche in seinem Land liefert: F. Csoklich, Was ist in Österreichs Kirche los?, Eine ,Machtergreifung' mit fatalen Folgen, in: HerKorr 43 (1989), 456-462.

[175] R. Zerfaß, Ist die Kirche des Konzils gefährdet?, in: Würzburger Katholisches Sonntagsblatt v. 18. Dezember 1988, 3. Die Metaphorik von einer ,winterlichen Kirche' geht zurück auf K. Rahner.

[176] H. Heigert, Der Protest gegen Rom, in: Süddeutsche Zeitung v. 28./29. Januar 1989, 4.

[177] P. Hünermann, Droht eine dritte Modernismuskrise?, 130.

[178] So: N. Göttler, Bischöfe reden von Hybris, Laien sehen Hoffnungszeichen, in: Süddeutsche Zeitung v. 1. März 1989, 12. Einen Beleg für dieses ‚Gerücht' kann der Journalist G. nicht anführen. Bezeichnend aber die Aussage des Sprechers des Vatikans, J. Navarro-Valls, einige Unterzeichner der ‚Kölner Erklärung' hätten schon einen Tag nach Erscheinen des Textes ihre Unterschrift zurückgezogen (vgl. KNA-Inlandsdienst Nr. 24 v. 28. Januar 1989, 2). Dafür gibt es einerseits keinen Beweis, dies ist andererseits auch nicht das Problem.

[179] Manuskript; vgl. auch KNA-ID Nr. 5 v. 2. Februar 1989, 7. Auf die Zitationshinweise zu dieser Erklärung wird im folgenden verzichtet.

[180] Dieser Dialog ist bereits im Gange; vgl. KNA Nr. 48 v. 15. März 1989; D. Mieth, Die Kölner Erklärung und ihre Rezeption, 418.

[181] KNA-ID Nr 5 v. 2. Februar 1989, 7.

[182] Ebenda.

[183] KNA-Ausland Nr. 64 v. 16. März 1989, 4. In einem Referat vor den Vorsitzenden der Glaubenskongregationen der Bischofskonferenzen in Europa sprach der Kardinal von einem „Kanon des Widerspruchs gegen die geltende Praxis der Kirche" (ders., Schwierigkeiten mit dem Glauben in Europa heute, in: OR (D) 19 (1989), Nr. 30/31, 6-7, 6). An anderer Stelle bezeichnete R. die ‚Kölner Erklärung' als ein Dokument, „über deren Inhalte und Absichten ... kein Wort verloren zu werden braucht" (Publik-Forum, Ist Verhütung Mord? (Zeitdokument), Briefwechsel zwischen 34 CSU-Landtagsabgeordneten im Bayerischen Landtag und Kurienkardinal Joseph Ratzinger, in: PuFo 18 (1989), Nr. 22, 15-18, 15).

[184] KNA-Inland Nr. 30 v. 4. Februar 1989, 2.

[185] KNA-ID Nr. 8 v. 23. Februar 1989, 8.

[186] KNA v. 12. Februar 1989, 3.

[187] In: Paderborner Bistumsblatt (cit.: KNA-Inland Nr. 73 v. 29. März 1989, 2).

[188] In: Kirchenzeitung für die Diözese Augsburg v. 5. Februar 1989, 3. Frage: Wie ist das möglich?

[189] In: Kirchenzeitung für die Diözese Augsburg v. 12.. Februar 1989, 3.

[190] In: Wiener Kirchenzeitung v. 5. Februar 1989, 12.

[191] KNA-Ausland v. 22. März 1989, 3.

[192] KNA-ID Nr. 6 v. 9. Februar 1989, 4.

[193] KNA-Inland Nr. 31 v. 6. Februar 1989, 3.

[194] KNA-ID (vgl. Anm. 192), 4.

[195] Vgl. Anm. 179 (K. Lehmann) und Anm. 187 (J.J. Degenhardt).

[196] A. Rauscher, Gegen eine Herrschaft der Professoren, in: Rheinischer Merkur / Christ und Welt Nr. 5 v. 3. Februar 1989, 21.

[197] Ebenda. Unterstellt wird unsinnigerweise, diese (!) Professorinnen und Professoren seien ‚weniger wert' oder ‚weniger wichtig'. Die Rechnung von R. leidet zudem unter dem logischen Schnellschuß dergestalt, daß insinuiert wird, diejenigen, die nicht unterschrieben hätten, seien auch mit dem Text nicht einverstanden gewesen. Dies gilt vor allem nicht für die Professorinnen und Professoren, die ‚aus Solidarität' mit dem Mehrheits-Beschluß ihrer jeweiligen Fakultät (Jesuiten !) nicht unterschrieben hatten.

[198] Ebenda.

[199] Vgl. L. Scheffczyk / A. Ziegenaus, Nach dem „Kölner Ereignis" 1989, in: FKaTh 5 (1989), 128-136, 132 u. 134.

[200] Ebenda, 134.

[201] Ebenda, 135-136.

[202] Vgl. z.B. die Erklärung von 33 Theologieprofessoren vom März 1971, auf die die ‚Kölner Erklärung' schon vom Titel her anspielt: „Wider die Resignation in der Kirche", in: HerKorr 26 (1972), 230-232; (größtenteils auch in: H. Küng, Christ sein, München 1975, 507-519). Die Kirche reagiert empfindlich auf konkrete, öffentliche Kritik; vgl. dazu: R. Egenter / P. Matussek, Ideologie, Glaube und Gewissen, Diskussion an der Grenze zwischen Moraltheologie und Psychotherapie, München-Zürich 1965, 206.

[203] D. Mieth, Die Kölner Erklärung und ihre Rezeption, 417.

[204] P. Matussek, Entideologisierung als Problem der Persönlichkeit, in: Gesellschaft und Ideologie (Dokumente der Paulus-Gesellschaft), München 1967, 195-204, 198. Instruktiv aus aktueller Sicht vgl.: P. Lippert, Zur gegenwärtigen Weise der ‚Konfliktbewältigung' in der Kirche, in: OK 31 (1990), 26-34.

[205] W. Huth, Die Bedeutung gläubiger und ideologischer Haltungen für die Wahl des Priesterberufes, in: ThdG 23 (1980), 66-72, 70. Vgl. dazu (!) auch: E. Drewermann, Kleriker, Psychogramm eines Ideals, Olten und Freiburg 1989, 95-169; D. spricht vom „Terror des Amtsdenkens" (163) der ideologischen Persönlichkeit.

[206] W. Zauner, Droht eine künstliche Hollandisierung? (Gespräch), in: HerKorr 43 (1989), 462-467, 463. So auch: E. Biser, Glaubenskonflikte, Strukturanalyse der Kirchenkrise, Freiburg-Basel-Wien 1989; B. erkennt in den Reaktionen auf die ‚Kölner Erklärung' eine „militante Intoleranz", die, „indem sie die Ausgrenzung der angeblichen „Gegner" betreibt, die eigene Position ins Abseits drängt" (ebenda, 122).

[207] W. Huth, Die Bedeutung gläubiger und ideologischer Haltungen für die Wahl des Priesterberufes, 70.

[208] H. Stenger, Pluralitätstoleranz – Ein psychologischer Aspekt pastoraler Kompetenz, in: PthI 5 (1985), Nr. 2, 294-303, 294. Vgl. auch: E. Biser, Glaubenskonflikte, 68-125. Die o.a. deutschen bzw. deutschsprachigen Bischöfe sollen mitnichten als ideologische Persönlichkeiten bezeichnet werden. Die hier gemachten Ausführungen beziehen sich nicht auf Personen, sondern auf Äußerungen.

[209] Vgl. dazu pointiert: H. Bokelmann, Kirche ohne Streitkultur?, Wider die selbsternannten Bevormunder, in: Orien. 53 (1989), Nr. 13/14, 151-154.

[210] L. Krappmann, Soziologische Dimensionen der Identität, Strukturelle Bedingungen für die Teilnahme an Interaktionsprozessen, Stuttgart 1975, 9. Vgl. auch – das Gesamtproblem grundsätzlich beleuchtend: H. Rössler, Das Fremde als Subjekt und Objekt, in: Hieroglyphe, Zeitschrift für Literatur als Medium und Objekt der Kritik 3 (1983), Nr. 10-11, 29-59.

[211] L. Krappmann, Soziologische Dimensionen, 70.

[212] Ebenda, 126.

[213] Vgl. dazu: E. Goffman, Interaktion: Spaß am Spiel / Rollendistanz, München 1973, v.a. 118-130.

[214] R. Egenter / P. Matussek, Ideologie, Glaube und Gewissen, 207 (Aussage v. M.).

[215] P. Matussek, Entideologisierung als Problem der Persönlichkeit, 200. Vgl. zu dieser Technik der Disputation: K.O. Erdmann, Die Kunst recht zu behalten, Methoden und Kunstgriffe des Streitens und andere Aufsätze, Leipzig 1924, 29-39; A. Schopenhauer, Eristische Dialektik oder Die Kunst, Recht zu behalten, Zürich 1989.

[216] P. Matussek, Entideologisierung als Problem der Persönlichkeit, 200. Vgl. auch: H. Steinkamp, Strukturelle Häresie?, Eine theologische Streit-Formel im Kampf um die vatikanische Personalpoltik, in: Imprimatur 22 (1989), Nr. 2, 58-61. Solche ‚Killerphrasen' lauten in den Reaktionen auf die ‚Kölner Erklärung' so: ‚Kritik an der Kirche hat es immer gegeben'; ‚Die Kirche ist immer auch eine Kirche der Fehler und Sünder'; ‚Auch in der Kirche darf offen gesprochen werden'; etc. Ein gutes Beispiel findet sich bei: W. Kasper, Die Tür kann nicht ins beliebig Offene führen, in: Frankfurter Allgemeine Zeitung v. 24. Februar 1989, 11, und zwar hinsichtlich der Frage einer menschenwürdigen Gestaltung der Sexualität. „Das Grundanliegen des Papstes ist hier ... die Wahrung der Würde der menschlichen Person. Sie sieht der Papst nur dann gewahrt, wenn die Sexualität eingebunden bleibt in auf Dauer angelegte personale Beziehungen, welche aus sich heraus eine wesenhafte Tendenz zur Fruchtbarkeit besitzen. Diese ganzheitliche Sicht soll verhindern, daß Sexualität zur Ware und zum Konsumartikel wird." Der letzte Satz nun ist zwei-

fellos richtig (wer (!) will das schon?), wird aber als ‚Killerphrase' gegen z.B. Befürworter von künstlichen Antikonzeptiva gerichtet. Strukturell vergleichbar ist gleichfalls: J. Meisner, „Wir lassen die im Himmel verhungern" (Gespräch). Auf die Frage, ob in der Kirche derzeit die Gefahr der ‚Sprache eines neuen katholischen Fundamentalismus' gegeben sei, antwortete der Kardinal: „Fundamentalismus ist kein biblischer Begriff." (28). Frage: Wer hat das behauptet?

[217] Vgl. W. Bartholomäus, Kommunikation in der Kirche, Aspekte eines theologischen Themas, in: Conc (D) 14 (1978), 62-70.

[218] D. Mieth, Die Kölner Erklärung und ihre Rezeption, 418. Dazu paßt freilich nicht die Tatsache, daß einem Professor das ‚nihil obstat' verweigert wird mit der alleinigen Begründung, der Theologe habe die ‚Kölner Erklärung' mitunterzeichnet (vgl. KNA-ID Nr. 26 v. 28. Juni 1990, 5). M. fragt sich daher an anderer Stelle, „ob dieses römische Vorgehen etwas mit dem reklamierten „vertrauensvollen Dialog" zu tun hat" (D. Mieth, Ein Dokument voller Widersprüche, in: Orien. 54 (1990), Nr. 13/14, 152-153, 152).

[219] (Unveröffentlichtes Manuskript); vgl. D. Mieth, Die Kölner Erklärung und ihre Rezeption, 418. Diese Initiative zeigt, daß den ‚Kölnern' primär nicht an einem schnellen publizistischen Strohfeuer gelegen, sondern ihr Engagement längerfristig angelegt war und einem konstruktiven (und deshalb auch kritischen) Interesse entsprang.

[220] Instruktive Anregungen vermittelt: H. Rolfes, Lehramt, Theologie und Öffentlichkeit, Überlegungen zum Öffentlichkeitsverständnis der „Instruktion über die kirchliche Berufung des Theologen", in: ComSoc 23 (1990), 207-216, v.a. 208-212.

[221] Vgl. E. Hübner / H.H. Rohlfs (Hsg.), Jahrbuch der Bundesrepublik Deutschland 1986/1987, München 1986, 12. Durch die ‚Wiedervereinigung' Ende 1990 hat sich die Situation stark verändert. Waren in der ‚alten' Bundesrepublik noch 84 % der Bürger Mitglieder der beiden großen Kirchen, so machen im vereinten Deutschland die Kirchenmitglieder nur noch 73 % der Gesamtbevölkerung aus; vgl. Klerusblatt (Dokumentation) 71 (1991), Nr. 1, 14. Grundsätzlich (!) wird sich an der hohen Stabilität der Kirchen auch in Zukunft nicht allzuviel ändern; vgl. dazu: G. Kehrer, Thesen zur Religionsgeschichte der Bundesrepublik, in: ders., Zur Religionsgeschichte der Bundesrepublik, München 1980, 192-196.

[222] H.v. Treitschke berichtet in seiner Deutschen Geschichte des 19. Jahrhunderts, daß am Tisch des preußischen Kulturministers bisweilen kühl die Frage erörtert wurde, ob das Christentum noch zwanzig oder 50 Jahre andauern würde (referiert nach: T. Rendtorff, Christentum außerhalb der Kirche, Konkretionen der Aufklärung, Hamburg 1969, 90).

[223] Vgl. H. Lübbe, Säkularisierung, Geschichte eines ideenpolitischen Begriffs, Freiburg-München 1965. Dort auch zum folgenden.

[224] Ebenda, 7.

[225] Vgl. beispielsweise: A. Müller-Armack, Das Jahrhundert ohne Gott, Zur Kultursoziologie unserer Zeit, Regensburg-Münster 1948.

[226] Vgl. F. Gogarten, Verhängnis und Hoffnung der Neuzeit, Die Säkularisierung als theologisches Problem, Stuttgart 1953. Dazu (kritisch): G.W. Hunold, Ethik im Bannkreis der Sozialontologie, Eine theologisch-moralanthropologische Kritik des Personalismus, Bern-Frankfurt 1974, v.a. 27-41; T. Rendtorff, Säkularisierung als theologisches Problem, in: NZSTh 4 (1962), 318-339.

[227] F. Gogarten, Verhängnis und Hoffnung der Neuzeit, 11.

[228] Ebenda, 12. Vgl. auch: Ebenda, 139-141. Vgl. katholischerseits v.a.: J.B. Metz, Zur Theologie der Welt.

[229] F. Gogarten, Verhängnis und Hoffnung der Neuzeit, 139.

[230] Vgl. ebenda, 138-139. G. glaubt, daß die Neuzeit sehr wohl dieser Versuchung erlegen sei; vgl. ebenda, 142.

[231] Vgl. ebenda, 170-171.

[232] Vgl. ebenda, 103. Zur ‚personalistischen Verengung' dieser Vergeschichtlichung bei F. Gogarten vgl.: G.W. Hunold u. T. Rendtorff (vgl. Anm. 227).

[233] Vgl. K. Löwith, Weltgeschichte und Heilsgeschehen (Sämtliche Schriften Bd. 2), Stuttgart 1983, v.a. 12 u. 205-218.

[234] Vgl. E. Bloch, Das Prinzip Hoffnung (Werkausgabe Bd. 5), Frankfurt 1959. Zur theologischen Relevanz vgl: M. Seckler, Reich Gottes als Thema des Denkens, in: H. Gauly (Hsg.), Im Gespräch: Der Mensch, Düsseldorf 1981, 53-62.

[235] Vgl. H. Blumenberg, Die Legitimität der Neuzeit, Frankfurt 1988, 9-134.

[236] Ebenda, 15.

[237] Vgl. M. Rubio, Der Mensch im Daseinshorizont der Säkularisierung, Voraussetzungen für eine säkular-christliche Anthropologie, Bad Honnef 1987 (Bd. 1), 66-71.

[238] M. Rubio, Der Mensch im Daseinshorizont der Säkularisierung, 71. Vgl. auch: J. Matthes, Religion und Gesellschaft (Religionssoziologie I), 74-88. Er betont zu Recht die ‚Plurifunktionalität' des Interpretaments ‚Säkularisierung' als Grund für seine ‚Plausibilität' (vgl. ebenda, 82).

[239] M. Rubio, ebenda, 593..

[240] M. Rubio, ebenda, 594. Vgl. dazu vor allem die Konzilsaussagen in ‚Gaudium et spes' und ‚Lumen Gentium'.

[241] Vgl. E. Durkheim, Zur Definition religiöser Phänomene, in: J. Matthes, Religion und Gesellschaft (Einführung in die Religionssoziologie I), Reinbek 1967, 120-141.

[242] Vgl. Th. Luckmann, Verfall, Fortbestand oder Verwandlung des Religiösen in der modernen Gesellschaft?, in: O. Schatz (Hsg.), Hat die Religion Zukunft?, Graz - Wien - Köln 1971, 69-82; ders., Das Problem der Religion in der modernen Gesellschaft, Institution, Person und Weltanschauung, Freiburg 1963.

[243] Vgl. z.B.: R. Otto, Das Heilige, Über die Irrationalität in der Idee des Göttlichen und sein Verhältnis zum Rationalen, München 1979. Zum funktionalen Verständnis vgl.: V. Drehsen, Kontinuität und Wandel der Religion, in: K.-F. Daiber / Th. Luckmann (Hsg.), Religion in den Gegenwartsströmungen der deutschen Soziologie, München 1983, 86-135. Zur Kritik an diesem Verständnis vgl.: R. Spaemann, Die Frage nach der Bedeutung des Wortes ‚Gott', in: ders., Einsprüche, Christliche Reden, Einsiedeln 1977, 13-53; ders., Die christliche Religion und das Ende des modernen Bewußtseins, Über einige Schwierigkeiten des Christentums mit dem sogenannten modernen Menschen, in: IKaZ 8 (1979), 251-270.

[244] E. Durkheim, Zur Definition religiöser Phänomene, 120.

[245] Ebenda, 123.

[246] Ebenda, 135.

[247] Ebenda, 137 u. 140.

[248] Vgl. B. Malinowski, Magie, Wissenschaft und Religion - und andere Schriften, Frankfurt 1973.

[249] Ebenda, 71.

[250] Ebenda, 72.

[251] Ebenda, 73.

[252] P.M. Zulehner, Säkularisierung von Gesellschaft, Person und Religion, Religion und Kirche in Österreich, Wien-Freiburg-Basel 1973, 28.

[253] Th. Luckmann, Das Problem der Religion in der modernen Gesellschaft, 36. Vgl. auch: ders., Verfall, Fortbestand oder Verwandlung des Religiösen in der modernen Gesellschaft?

[254] Th. Luckmann, Das Problem der Religion in der modernen Gesellschaft, 36.

[255] Vgl. Th. Luckmann, Religion in der modernen Gesellschaft; „...meine ich mit Religion das, was den Menschen zum Menschen werden läßt" (5). Das sei zudem die Hauptfunktion der Religion.

[256] Th. Luckmann, Das Problem der Religion in der modernen Gesellschaft, 43.

[257] Th. Luckmann, Verfall, Fortbestand oder Verwandlung des Religiösen in der modernen Gesellschaft, 73 Auf den ‚verwandelten Typus von Religion in der modernen Gesellschaft' wird noch einzugehen sein.

[258] P. M. Zulehner, Säkularisierung von Gesellschaft, Person und Religion, 55.

[259] P.L. Berger, Soziologische Betrachtungen über die Zukunft der Religion, Zum gegenwärtigen Stand der Säkularisierungsdebatte, in: O. Schatz (Hsg.), Hat die Religion Zukunft?, Graz-Wien-Köln 1971, 49-68, 52. Vgl. ders., Zur Dialektik von Religion und Gesellschaft, Elemente einer soziologischen Theorie, Frankfurt 1973, 120. A. Gehlen spricht zu Recht von einem „erhaltenen Glauben bei schwindender Gewißheit“ (A. Gehlen, Religion und Umweltstabilisierung, in: O. Schatz (Hsg.), Hat die Religion Zukunft?, Graz-Wien-Köln 1987, 83-97, 86) als moderne Säkularisierungs-Figur.

[260] Vgl. P.L. Berger, Auf den Spuren der Engel, Die moderne Gesellschaft und die Wiederentdeckung der Transzendenz, Frankfurt 1970.

[261] Vgl. P.M. Zulehner, Säkularisierung von Gesellschaft, Person und Religion, 58.

[262] Vgl. J. Matthes, Kirche und Gesellschaft (Einführung in die Religionssoziologie II), Reinbek 1969, 9-29 u. 243-246.

[263] Vgl. z.B.: O. Schreuder, Kirche im Vorort, Soziologische Erkundung einer Pfarrei, Freiburg 1962; O. Wölber, Religion ohne Entscheidung, Volkskirche am Beispiel der jungen Generation, Göttingen 1960. Konsequent werden hier die Zahlen als ‚distanzierte Kirchlichkeit‘ interpretiert. Auch Ch.Y. Glocks Studien über die Mehrdimensionalität der Religiosität bleiben – trotz gewisser Fortschritte – dem Theorem einer ‚manifestierten Kirchlichkeit‘ verhaftet; vgl. Ch.Y. Glock, Über die Dimensionen der Religiosität, in: J. Matthes, Kirche und Gesellschaft (Einführung in die Religionssoziologie II), Reinbek 1969, 150-168.

[264] Th. Luckmann, Neuere Schriften zur Religionssoziologie, in: Kölner Zeitschrift für Soziologie und Sozialpsychologie 12 (1960), 315-326, 315. Vgl. auch: T. Rendtorff, Zur Säkularisierungsproblematik, Über die Weiterentwicklung der Kirchensoziologie zur Religionssoziologie, in: J. Matthes, Religion und Gesellschaft (Einführung in die Religionssoziologie I), Reinbek 1967, 208-229.

[265] Vgl. J. Matthes, Kirche und Gesellschaft (Einführung in die Religionssoziologie II), 29-33.

[266] Vgl. Th. Luckmann, Neuere Schriften zur Religionssoziologie, 318.

[267] Vgl. ebenda. Ein Wandel freilich scheint sich anzubahnen.

[268] Das bestätigt für die Arbeiterschaft eindrucksvoll: G. Kehrer, Das religiöse Bewußtsein des Industriearbeiters, Eine empirische Studie, München 1967. Die Zahlen für die mangelnde Kirchlichkeit der Jugendlichen finden sich bei: R. Köcher, Abwendung von der Kirche, Eine demoskopische Untersuchung über Jugend und Religion, in: HerKorr 35 (1981), 443-446.

[269] Vgl. T. Rendtorff, Zur Säkularisierungsproblematik, 220. Vgl. auch: J. Matthes, Kirche und Gesellschaft (Einführung in die Religionssoziologie II), 9-33.

[270] T. Rendtorff, ebenda, 220. Vgl. auch: K. Gabriel, Religionssoziologie als ‚Soziologie des Christentums‘.

[271] T. Rendtorff, ebenda, 222.

[272] Vgl. J. Matthes, Kirche und Gesellschaft (Einführung in die Relgionssoziologie II), 243-246; Th. Luckmann, Religion in der modernen Gesellschaft, 13-14.

[273] Th. Luckmann, Religion in der modernen Gesellschaft, 5.

[274] Ebenda, 6.

[275] Ebenda, 7. Vgl. dazu auch: P.L. Berger / Th. Luckmann, Die gesellschaftliche Konstruktion der Wirklichkeit, Eine Theorie der Wissenssoziologie, Frankfurt 1987.

[276] Vgl. Th. Luckmann, Religion in der modernen Gesellschaft, 12; F.-X. Kaufmann, Kirche begreifen, Analysen und Thesen zur gesellschaftlichen Verfassung des Christentums, Freiburg 1979, v.a. 54-81.

[277] Th. Luckmann, ebenda, 11. Dort auch zum folgenden.

[278] Ebenda, 13.

[279] Vgl. ebenda, 14. Vgl. auch: A. Gehlen, Religion und Umweltstabilisierung.

[280] Vgl. P.M. Zulehner, Säkularisierung von Gesellschaft, Person und Religion, 221-228.

[281]. Vgl. v.a. ebenda; ders., Auswahlchristen, in: Volkskirche – Gemeindekirche – Parakirche, Zürich-Einsiedeln-Köln 1981, 109-137; ders., Kirchliche und außerkirchliche Religiosität, in: W. Strolz (Hsg.), Religiöse Bewußtseinsbildung, Freiburg 1980, 113-132; ders., Religion nach Wahl, Grundlegung einer Auswahlchristenpastoral, Wien 1974; ders., „Leutereligion“, Eine neue Gestalt des Christentums auf dem Weg durch die 80-er Jahre?, Wien 1982; ders., Kleine Lebenswelten, Zur Kultur der Beziehungen zwischen Mann und Frau, Paderborn 1989. Vgl. auch (v.a. das empirische Material dokumentierend): R. Köcher, Religiös in einer säkularisierten Gesellschaft, in: E. Noelle-Neumann / dies., Die verletzte Nation, Stuttgart 1987, 164-281; K. Schmidtchen, Was den Deutschen heilig ist, Religiöse und politische Strömungen in der Bundesrepublik Deutschland, München 1979; ders., Zwischen Kirche und Gesellschaft, Freiburg 1972; W. Harenberg (Hsg.), Was glauben die Deutschen?, München – Mainz 1969.

[282] Vgl. P.M. Zulehner, Religion nach Wahl, 16-25. Z. setzt sich somit von Definitionen wie ‚Kirchenfremden‘, ‚Dissidenten‘, ‚Randchristen‘, etc. ab. Wie wichtig schon solche begrifflichen Feinheiten sein können, zeigen die mitunter doch recht fragwürdigen Ausführungen von Kardinal J. Höffner; vgl. J. Höffner, Pastoral der Kirchenfremden, Bonn 1979.

[283] Vgl. P.M. Zulehner, Säkularisierung von Gesellschaft, Person und Religion, 174.

[284] Vgl. P.L. Berger, Der Zwang zur Häresie, Religion in der pluralistischen Gesellschaft, Frankfurt 1980. Für K. Rahner muß es auch in der Kirche Häresien geben, weil keiner allein sich in der Wahrheit vor Gott rühmen könne. Heute zeigt sich – und dies im Gegensatz zu früheren Zeiten – eine latente, ‚geheime' Häresie, die sozusagen spirituell, privat und lebenspraktisch wurde; vgl. K. Rahner, Ein Gestaltwandel der Häresie, in: ders., Gefahren im heutigen Katholizismus, Einsiedeln 1950, 63-80.

[285] P.L. Berger, ebenda, 41. Theologisch deutend vgl.: K. Rahner, Strukturwandel der Kirche als Aufgabe und Chance, Freiburg 1989 (Neuausgabe), v.a. 111-158.

[286] A. Görres, Glaubensgewißheit in einer pluralistischen Gesellschaft, in: IKaZ 12 (1983), 117-133, 119. Vgl. auch: G. Kehrer, Die Kirchen im Kontext der Säkularisierung, in: G. Baadtke / A. Rauscher (Hsg.), Neue Religiosität und säkulare Kultur, Graz-Wien-Köln 1988, 9-24.

[287] G. Kehrer, Das religiöse Bewußtsein des Industriearbeiters, 87.

[288] G. Schmidtchen, Zwischen Kirche und Gesellschaft, 12. Vgl. auch: G. Wegener, Alltägliche Distanz, Zum Verhältnis von Arbeitern und Kirche, Hannover 1988. Erste theologische Aufarbeitungsversuche unternehmen dazu: F. Haarsma, W. Kasper u. F.-X Kaufmann; vgl. diess., Kirchliche Lehre – Skepsis der Gläubigen, Freiburg 1970.

[289] P.M. Zulehner, Säkularisierung von Gesellschaft, Person und Religion, 175.

[290] Vgl. ebenda, 176-177. Dies ist natürlich pastoral von erheblicher Bedeutung; vgl. dazu: N. Mette, Kirchliches Handeln als ‚Kontingenzbewältigungspraxis'?, in: L. Bertsch / F. Schlösser (Hsg.), Kirchliche und nichtkirchliche Religiosität (QD 81), Freiburg-Basel-Wien 1978, 70-87.

[291] P.M. Zulehner, „Leutereligion", 19.

[292] Es ist an dieser Stelle völlig unmöglich, die Vielzahl religionssoziologischer und kirchenstatistischer Studien zu referieren und zu gewichten. Die Zahlen weisen im großen und ganzen auch einheitliche Linien auf.

[293] R. Köcher, Religös in einer säkularisierten Welt, 175. Die Bewertung von Umfrageergebnissen (pastoral, ekklesiologisch) ist immer problematisch. Ohne in concreto darauf eingehen zu können, sei auf die Einseitigkeit der Bewertungen von R. Köcher verwiesen. Vgl. zu den theologischen Bedenken: O. Fuchs, Individualisierung und Institution, Theologische Reflexionen zu Umfrageergebnissen in der Bundesrepublik, in: StZ 115 (1990), 545-555. K. bürstet die Zahlen mitunter gegen den Strich.

[294] W. Harenberg, Was glauben die Deutschen?, 58; ders., Was glauben die Deutschen? II (IFAK-Spektrum 3), Taunusstein 1980.

[295] (Manuskript), hsg. v. Sekretariat der Deutschen Bischofskonferenz, Referat Statistik, Bonn (o.J.).

[296] Vgl. R. Köcher, Religiös in einer säkularisierten Welt, 175. Für 1982: Katholiken insgesamt 32 %, Jugendliche 19 %. Vgl. auch: E. Kleindienst, Nähe und Distanz zur Kirche im Reflex der Statistik, in: FKaTh 4 (1988), 243-248.

[297] A. Dubach, Studie über die religiöse Lebenswelt junger Eltern, in: Schweizerisches Pastoralsoziolgisches Institut (Hsg.), Religiöse Lebenswelt junger Eltern, Zürich 1989, 9-230, 198. I. Peter-Habermann hat schon 1965 aufgezeigt, daß der Kirchgänger gegen einen negativen Stereotyp, nämlich als ein Versager zu gelten, der in der heutigen Gesellschaft nicht zurecht kommt, zu kämpfen hat. Vgl. I. Peter-Habermann, Die soziale Kontrolle des Kirchgangs durch das Image des Kirchgängers, Köln 1965.

[298] Vgl. A. Dubach, ebenda, 226.

[299] Vgl. P.M. Zulehner, Religion nach Wahl, 32.

[300] Vgl. N. Mette, Kirchliches Handeln als ‚Kontingenzbewältigungspraxis'?; H. Lübbe, Religion nach der Aufklärung, in: T. Rendtorff (Hsg.), Religion als Problem der Aufklärung, Göttingen 1980, 165-184.

[301] J.B. Metz, Jenseits bürgerlicher Religion, 14. Wesentlich positiver sieht diesen Tatbestand: P.M. Zulehner, Religion nach Wahl, 32-34.

[302] Vgl. G. Schmidtchen, Was den Deutschen heilig ist, 65.

[303] Vgl. P.M. Zulehner, „Leutereligion", 9-12; vgl. auch: ders., Kleine Lebenswelten.

[304] P.M. Zulehner, „Leutereligion", 54.

[305] R. Schloz, Erneuerung der alten Kirche – Reform oder Restauration?, in: J. Matthes (Hsg.), Erneuerung der Kirche – Stabilität als Chance?, Gelnhausen-Berlin 1975, 27-55, 37.

[306] W. Harenberg (Hsg.), Was glauben die Deutschen?, 58 (für 1967); ders., Was glauben die Deutschen? II (IFAK-Spektrum 3), 7 (für 1979).

[307] Vgl. G. Kehrer, Das religiöse Bewußtsein des Industriearbeiters, 84.

[308] Vgl. G. Schmidtchen, Was den Deutschen heilig ist, 73.

[309] G. Kehrer, Das religiöse Bewußtsein des Industriearbeiters, 90. Dies heißt auch: Je konkreter die Glaubensaussage, desto wahrscheinlicher die nicht-orthodoxe Antwort; vgl. ebenda, 76.

[310] G. Schmidtchen, Zwischen Kirche und Gesellschaft, 15.

[311] W. Harenberg, Was glauben die Deutschen? II (IFAK-Spektrum 3), 16.

[312] Vgl. A. Dubach, Studie über die religiöse Lebenswelt junger Eltern, 189-193. Diese Gruppe der ‚praktizierenden Katholiken'(!) hat sich nach dem Erscheinen der Enzyklika ‚Humanae Vitae' vergrößert; vgl. dazu: J. Hoffmann, Praktizie-

rende Katholiken zwischen Kirche und Gesellschaft, Ein Beitrag zu Problemen der Moralverkündigung, Düsseldorf 1983.

313 Vgl. P.M. Zulehner, „Leutereligion“, 39-45.

314 Ebenda, 56. Vgl. dazu die Antwort der Deutschen auf die Frage, was ihnen denn heilig sei: G. Schmidtchen, Was den Deutschen heilig ist.

315 P.M. Zulehner, „Leutereligion“, 59.

316 Vgl. J.B. Metz, Jenseits bürgerlicher Religion, 9-28.

317 J.B. Metz, Unterbrechungen, Theologisch-politische Perspektiven und Profile, Gütersloh 1981, 86.

318 Vgl. P.M. Zulehner, „Leutereligion“, 62.

319 Vgl. G. Schmidtchen, Was den Deutschen heilig ist, 60-64; F.-X. Kaufmann/ J.B. Metz, Zukunftsfähigkeit, Suchbewegungen im Christentum, Freiburg 1987, 9-90 (F.-X. Kaufmann).

320 P.M. Zulehner, „Leutereligion“, 80.

321 Vgl. A. Dubach, Studie über die religiöse Lebenswelt junger Eltern, 47-55.

322 Vgl. P.M. Zulehner, Religion nach Wahl, 44-52.

323 Vgl. dazu: N. Greinacher, Auf dem Wege zur Gemeindekirche, Die religiöse und gesellschaftliche Situation der deutschen Katholiken, in: ders. / H.Th. Risse (Hsg.), Bilanz des deutschen Katholizismus, Mainz 1966, 15-41; J. Gründel, Kirche und moderne Wertsysteme, in: K. Forster (Hsg.), Befragte Katholiken – Zur Zukunft von Glaube und Kirche, Freiburg 1973, 64-72.

324 Vgl. z.B.: O. Fuchs, Dableiben oder Weggehen?, Christen im Konflikt mit der Kirche, München 1989; W. Seibel, Selbstzerstörung der Autorität, in: StZ 114 (1989), 145-146; E. Biser, Überbrückt die Gräben!, Erwägungen zur religiösen Krisensituation, in: StZ 114 (1989), 363-370; B. Häring, Meine Erfahrung mit der Kirche, Freiburg 1989; P.M. Zulehner, Wider die Resignation in der Kirche, Aufruf zur kritischen Loyalität, Wien 1989; H. Fries, Leiden an der Kirche, Freiburg 1989; J. Wohlmuth, Die Kirche braucht ihre Dissidenten – Wann gehöre ich noch zur Kirche?, Köln 1989; J. Fuchs, „Die Gläubigen nicht verunsichern“, Kirche zwischen Angst und Zuversicht, in: StZ 115 (1990), 453-462. Evangelischerseits dazu: W. Huber, Prostestantismus und Protest, Zum Verhältnis von Ethik und Politik, Reinbek bei Hamburg 1987.

KAPITEL II

DAS NACHRICHTENMAGAZIN ‚DER SPIEGEL'

I. Zur Geschichte des SPIEGEL[1]

„Der SPIEGEL ist ein Besatzungskind“[2] – auf diese knappe Formel bringt R. Augstein, ‚Vater‘ und von Anfang an Chef-Redakteur bzw. Herausgeber des Magazins, die Antwort auf die Frage nach den Anfängen des SPIEGEL. 1947 kam die erste Nummer an die Kioske.

Der eigentliche Startpunkt liegt aber früher. In Hannover, die Stadt lag in der britischen Besatzungszone, machten sich der britische Stabsfeldwebel Harry Bohrer und der Major Chaloner schon im Frühjahr 1946 daran, ein neues, ein deutsches Nachrichtenmagazin zu erstellen. Vorbild sollte – und dies in fast jeder Hinsicht – das amerikanische Magazin ‚TIME‘ darstellen[3] – eine Zeitschrift also „mit viel Hintergrund“[4].

Nach einigen Probe-Nummern kam am 16. November 1946 das erste Exemplar auf den Markt. Sein Titel: DIESE WOCHE. Die Auflage betrug 15 000 Stück. Als Herausgeber übernahmen die britischen Besatzungsbehörden die presserechtliche Verantwortung. Das neue Magazin wurde zu einem publizistischen Erfolg. Ihrem großen Vorbild ‚TIME‘ entsprechend, ging das vierköpfige Redaktionsteam daran, Mißstände in den vier Besatzungszonen ohne Angst vor Konsequenzen aufzugreifen und an die Öffentlichkeit zu bringen. So groß der Anklang unter den deutschen Lesern auch war – im britischen Hauptquartier erregten die Ausgaben von ‚DIESE WOCHE‘ zunehmend Anstoß. Die Briten sahen sich nach der Weihnachts-Doppelnummer 5/6 (1946) vor die Frage gestellt, das Blatt zu verbieten oder die presserechtliche Verantwortung als Herausgeber aufzugeben. Der letztere Weg wurde beschritten. Aus ‚DIESE WOCHE‘ wurde ab dem 4. Januar 1947 ‚DER SPIEGEL‘.[5]

Als alleiniger Herausgeber erschien im Impressum der erst 23-jährige Abiturient und Journalist Rudolf Augstein. Auf Betreiben der bisherigen Herausgeber von ‚DIESE WOCHE‘ wurde er auch Lizenz-Nehmer. Die Möglichkeit einer (britischen) Zensur strich der neue Herausgeber der Zeitschrift eigenhändig aus dem Lizenz-Dokument.[6] Sitz des Verlages und der Redaktion war Hannover; die – aufgrund des akuten Papiermangels limitierte – Auf-

lage betrug offiziell 15 000 Stück.[7] Der Umzug nach Hamburg erfolgte 1955. Die Auflagensteigerung war stürmisch.[8]
Auch finanziell war der SPIEGEL eine Goldgrube. Betrug am Anfang der Anteil der Anzeigen rund 10 % des Umfanges (1950), so stieg dieser kontinuierlich auf ca. 50 %. 1987 machten die Anzeigenerlöse mit rund 210 Millionen DM etwa 63 % des Gesamtumsatzes des SPIEGEL aus.[9]
Der Umfang eines Heftes schnellte von anfänglich 24 Seiten auf – in Spitzenzeiten im Frühjahr und Herbst – bis zu 350 Seiten pro Ausgabe. M. Löffler meinte schon 1963, daß die (damaligen) 140 Seiten pro Ausgabe „eine obere Grenze des Volumens (darstellen), deren Überschreitung auf Kosten der Übersichtlichkeit und Lesbarkeit des Blattes ginge. Wer fände heute noch die Zeit, Woche für Woche einen so fülligen SPIEGEL zu konsumieren?“[10]
Jede SPIEGEL-Gesamtausgabe wird von 5,5 Millionen Menschen gelesen.[11] 60 % von ihnen sind Männer, 40 % sind Frauen. Ihr durchschnittliches Bildungs-Niveau ist hoch: 29 % nannten 1985 als Schul- und Bildungsabschluß die Grund- und Hauptschule, 35 % eine weiterführende Schule (ohne Abitur). 36 % besitzen Abitur, Hochschulreife und Hochschulabschluß. Sie verfügen über ein deutlich überdurchschnittliches monatliches Haushaltseinkommen. „Das klassische Publikum des ‚SPIEGEL‘ ist heute zwischen 30 und 49 Jahren alt. 38,8 Prozent der Leser gehören zu dieser konsumfreudigen Mittelklasse, während nur 31,7 Prozent der 30–49jährigen in der Gesamtbevölkerung vertreten sind.“[12]

II. Selbstverständnis und Verständnis des SPIEGEL

„Nie werden wir tun,
was wir nicht tun wollen“
(R.A.)[13]

Wie wohl keine andere Zeitschrift hat der SPIEGEL – und hier in erster Linie in der Person seines Herausgebers R. Augstein – seine Leserinnen und Leser am eigenen Verständnis seiner Berichterstattung und der Begründung seiner Motive teilnehmen lassen. Ohne ein gewisses Maß an Koketterie ging das freilich nicht.[14]
Von Anfang an galt für den SPIEGEL das Prinzip, für ein breites, allgemein gebildetes Publikum zu schreiben. „DER SPIEGEL wollte bringen, was interessierte Laien wissen müssen. Er wollte rücksichtslos, aber nicht ohne Respekt sein.“[15] Eine Überforderung des Lesers sollte vermieden werden. Es wurde zum Programm erhoben, Unverständliches verständlich zu machen. R. Augstein formulierte 1954 so: „Schwieriges sollte vereinfacht werden, Langweiliges amüsant aufgelockert werden. Die Redakteure machten das Blatt nicht für eine imaginäre Leserschaft, sondern für sich selbst. Sie selbst betrachten sich als die Durchschnittsleser, und sie drucken, was sie selbst in einem politischen Blatt ... hätten lesen wollen.“[16]
Erzeugt, gepflegt und propagiert wurde ein weiteres Image dieser Wochenzeitschrift: Alibi-, Zusatz- oder gar eigentliche Opposition in der Bundesrepublik zu sein. Der SPIEGEL sah und sieht bis heute seine Aufgabe darin, Kontrollorgan der Macht und der Mächtigen zu sein. Durch das Aufdecken zahlreicher Affairen und Skandale, durch die immer wiederkehrende Dokumentation von Geheimpapieren und Geheimschriften gelang es dem SPIEGEL, den Mythos vom ‚Sturmgeschütz der Demokratie‘ (R. Augstein) aufzubauen: „Der Leser gewöhnte sich, im SPIEGEL ein Wahrzeichen für die neugewonnene Rede- und Denkfreiheit zu sehen, einen Prüfstein der Demokratie.“[17]
Durch die bereits 1947 eingeführte (und von ‚TIME‘ übernommene) Kolumne ‚Lieber Spiegelleser‘, unterzeichnet jeweils mit

‚Herzlichst Ihr R. Augstein', wurde dieses Oppositions-Image den Lesern des SPIEGEL immer wieder nahegebracht und verstärkt. 1950 ließ R. Augstein die damals 86 000 Käufer wissen: „Je furchtloser wir einsteigen, um so inniger werden unsere Feinde uns hassen. Freunde wie Feinde aber mögen ... entnehmen, daß der SPIEGEL niemals seine Quellen verrät, und daß er unerschrocken durch dick und dünn geht für jeden, der ihm ein Beichtgeheimnis anvertraut hat."[18] Der von einem Kritiker vorgebrachte Vorwurf, „Bundesgiftspritze" zu sein, kam R. Augstein gerade recht: „... das möchten wir abonnieren"[19]. Denn: „Natürlich betrachten wir uns selbst als ein Stückchen Demokratie."[20]
Zum Aufbau eines solchen Mythos bedurfte es freilich auch eines nicht kleinen Pathos. „Solange wir da sind, werden wir der Bundesregierung ein lebendiges Alibi für die Pressefreiheit in Westdeutschland liefern, und sollten wir nicht mehr da sein, so werden Sie [die Spiegelleser] wissen, daß es mit der freien Meinung zu Ende ist."[21] Und 10 Jahre später: „Es geschieht also mit einiger Bitterkeit, wenn ich zu dem für uns alle wenig schmeichelhaften Ergebnis komme, daß es im Wahljahr 1961 kaum eine andere bundesrepublikanische Opposition gegeben hat als eben die des SPIEGEL."[22]
Es ist von Bedeutung, daß der SPIEGEL – obwohl der gegenteilige Eindruck vorherrscht – in erster Linie nicht Personen angreift, sondern Institutionen bekämpft und bekämpfte. 1951 analysiert R. Augstein folgendermaßen: „Der Staatsbürger hat heute das Gefühl, anonymen Apparaten ausgeliefert zu sein, die sich in die Hände spielen und ihn erdrücken. Da ist eine Zeitung not, die offen und unabhängig und die nur den Einschränkungen ihrer eigenen Irrtümer unterworfen ist."[23]
Der von einigen Kritikern des SPIEGEL oft formulierte Vorwurf, das Magazin habe einen antikirchlichen Komplex, hat hier eine berechtigte Grundlage.[24] Der exklusive Vorwurf greift aber zu kurz. Zu Recht meint M. Löffler: „In Wahrheit hat der SPIEGEL einen „Anti-Komplex" gegen alle Institutionen unseres kulturellen, wirtschaftlichen und politischen Lebens, soweit diese Institutionen, nach Meinung der Redaktion, Scheinwerte verfechten oder – nach Auffassung des SPIEGEL – ihre Macht mißbrauchen."[25]
Es gibt kaum eine Abhandlung über den SPIEGEL, die den ‚Verneinungs-Komplex' des Magazins nicht zur Sprache bringt und

kritisiert. Die gesellschaftlich / gesellschaftspolitische Stellung des SPIEGEL und seine Beziehung zur Gesellschaft werden hier thematisiert. Es ist in der Tat zu fragen, ob das Aufdecken von Skandalen und Affairen identisch ist mit der Aufklärung des Publikums über die wirklichen gesellschaftspolitischen Zusammenhänge.[26] Die Selbst-Reduktion des SPIEGEL auf diese gesellschaftliche Reinigungsarbeit hat ihn einerseits zu einem gefürchteten Mythos gemacht, der alles, ‚was ist', veröffentlicht. Andererseits wird er zu einem „Instrument gesellschaftlichen Mißtrauens"[27], geprägt von einer „rettungslose(n) Skepsis"[28].

Der SPIEGEL leugnet diese Einseitigkeit nicht. Bewußt versucht das Magazin, ein gesundes Gegengewicht zur Einseitigkeit der Mächtigen und der Institutionen darzustellen. R. Augstein 1958: „Freilich erlauben wir uns, weder die Sorge für Sauberkeit noch die – vornehmere – für Rechtsstaatlichkeit und demokratische Fairneß als Hauptaufgabe des Spiegel anzusehen. Wir sollen das Vorurteil bloßstellen und das Denken in Abziehbildern erschüttern. Ist es wahr, daß wir die Kehrseite der Medaille zu ausschließlich präsentieren? Es ist wahr. Was bleibt uns anderes übrig, da die Welt sich gewöhnt hat, einseitig zu münzen."[29] Das mag zutreffend sein. Es ist jedoch umgekehrt ziemlich unerheblich, welche Seite der Medaille für die ganze Medaille gehalten wird; die Kehrseite ist genauso defizient und einseitig wie die (geschönte) Vorderansicht.

Der Vorwurf der prinzipiellen Einseitigkeit steigert sich zum Monitum einer prinzipiellen Verneinung. E. Dovifat über den SPIEGEL: „Ein als Nachrichtenmagazin bezeichneter Zeitschriftentyp appelliert ... vielfach an die Elemente der Negation."[30] Der SPIEGEL betreibe „Pseudo-Kritik"[31].

Der publizistische Erfolg eines solchen ‚nihilistischen Produkts' wird nun – mit einiger Konsequenz – gegen die Publizistik an sich (!) und die (deutsche) gesellschaftliche Situation an sich (!) kritisch gewendet. Die Einseitigkeit des SPIEGEL holt dabei freilich manche seiner einseitigen Kritiker selbst ein. K. Ziesel etwa stellt fest: „Man wird die Lage der deutschen Publizistik nur begreifen, wenn man sie als einen Spiegel der allgemeinen seelischen und moralischen Erkrankung der Deutschen betrachtet. In dieser Hinsicht dürfte die Zeitschrift DER SPIEGEL nicht nur ein echtes

Symptom, sondern wirklich ein Spiegel dessen sein, was heute die Wert- und Lebensvorstellungen vieler Deutschen bestimmt."[32] Die Kritik der ,Neuen Zürcher Zeitung', geäußert auf dem Höhepunkt der SPIEGEL-Affaire 1963, leidet nicht nur an der völlig überzogenen Einschätzung der Wirkungsmöglichkeiten dieses Nachrichtenmagazins. „... So angeekelt von einer Welt, wo außer dem „Spiegel" selber nur Dilletanten und Korrumpierte am Werk sind, so leichtfertig nach links, rechts, oben, unten kickend, so „wertfrei" kann nur schreiben, wer sich am blanken Nichts orientiert oder nichts weiter als Abbruch im Sinne hat. ... Deutschlands Nachbarn und Partner können sich auf einiges gefaßt machen, wenn die Geisteshaltung des „Spiegels" zur Geisteshaltung einer deutschen Generation werden sollte."[33]
Eine solch verurteilende Kritik hat – das muß gesehen werden – in den letzten Jahren diese ,Höhen' nicht mehr erreicht. Die Wirkungsmöglichkeiten des SPIEGEL werden zwar weiter kritisch, nicht aber überhöht oder gar mythologisch überzogen eingeschätzt. Die Auseinandersetzung blieb selbst zum 40. Geburtstag des Magazins Anfang 1987 beschränkt auf wenige ,Nachrufe'. Ein Dossier der ,ZEIT' spricht ohne Kümmernis von einem Magazin, das funktioniere „wie eine gutgeölte Maschine, scheinbar reibungslos, in der Informations- und Meinungsproduktion auf höchste Effizienz bedacht"[34]. Das klingt nach Grab-Rede, und E. Kuby ließ denn auch schon 1967 die Totenglocken läuten. „Wir halten jenen SPIEGEL, der Rudolf Augstein seinen Rang verdankte ..., wenn nicht für tot, so doch für im Sterben begriffen. Wir schreiben in memoriam."[35]

III. Form und Sprache des SPIEGEL

1. Die Form des SPIEGEL

Im Jahre 1949 wurde im SPIEGEL redaktionsintern ein Arbeitsausschuß gebildet, um klare Kriterien über Form und Inhalt der neuen Publikation zu formulieren. Dabei entstand das sog. ,SPIE-

GEL'-Statut, dessen Grundaussage „bislang durch vier Jahrzehnte beibehalten worden ist und wohl auch künftig gelten (wird)“[36]. Formales Vorbild war bei der Ausformulierung dieses SPIEGEL-Grundgesetzes das amerikanische Magazin ‚TIME‘, das sich 1922 ebenfalls ein Statut, den sog. ‚Prospectus‘, gab.[37]

Im ‚SPIEGEL'-Statut heißt es programmatisch:

> „DER SPIEGEL ist ein Nachrichten-(Neuigkeiten-)Magazin. Darum muß der SPIEGEL
> 1. aktuell sein,
> 2. einen hohen Nachrichten-(Neuigkeiten-)Gehalt haben. Dabei muß er andere, d.h. persönlichere, intimere, hintergründigere Nachrichten (Neuigkeiten) mitteilen und verarbeiten, als sie die Tagespresse darbietet,
> 3. interessant sein. Das heißt
> a) er muß mit sicherem journalistischen Instinkt die aktuellen Vorgänge erkennen, von denen sofort angenommen werden kann, daß sie einen breiten Kreis normal interessierter Laien berühren, angehen, beschäftigen,
> b) er muß diese Vorgänge in einer Art servieren, auf die dieser normale Laienleser sofort anspringt, die ihn fesselt und die ihn mit Vergnügen und ohne Mühe das Ganze zu Ende lesen läßt. (Ein SPIEGEL-Bericht, den man zweimal lesen muß, um ihn zu verstehen, ist keine SPIEGEL-Geschichte.)“[38]

Die Form, in die diese Nachrichten gegossen werden, ist die Story. „Damit ist gemeint, daß der Bericht über ein aktuelles Geschehen in Aktion (Handlung) umgesetzt werden sollte. ... Nichts interessiert den Menschen so sehr wie der Mensch. Darum sollten alle SPIEGEL-Geschichten einen hohen menschlichen Bezug haben. Sie sollten von dem oder den Menschen handeln, die etwas bewirken. Der Idealfall: An einer Person wird eine ganze Zeitströmung (das ganze jeweilige Geschehnis, der ganze Vorgang, die aktuelle Begebenheit) in ihren Hintergründen, Ursachen, Anlässen, bewegenden Momenten und Auswirkungen aufgezeigt.“[39]
Schon im Statut selbst konstatiert der SPIEGEL, daß es Ausnahmen von diesem Story-Korsett geben kann, ja geben muß. In den Spalten des SPIEGEL (Panorama, Register, Szene, etc.) genügt

dann eine zusammenfassende Notiz. In anderen Fällen kann von der – auch von ‚TIME' übernommenen und dort strikt praktizierten – Anonymität des Story-Schreibers abgewichen werden (Brief des Herausgebers, Leitartikel, Serien fremder Autoren und von SPIEGEL-Mitarbeitern, Reportagen, Satiren, Psychogramme, etc.).[40]

Von einer direkten Schlußfolgerung inhaltlicher Art – etwa in Form eines Resümees – soll eine SPIEGEL-Story absehen. Es gilt aber: „Der SPIEGEL darf erkennen lassen, wo seiner Meinung nach das Schwergewicht der Argumente liegt."[41]

Dieser inneren Form der Story entspricht die äußere, d.h. die sprachliche Form. Die Story soll „mit der Tür ins Haus fallen, ... den Leser nach Möglichkeit verwundern, verblüffen und amüsieren, ... keine Wiederholungen enthalten, ... alle Gemeinplätze vermeiden. ... Jede Wortvergewaltigung ist strikt abzulehnen."[42]

Keine Story wird im Regelfall von *einem* Autor verfaßt. Nicht nur durch Korrespondenten oder durch Zuarbeit der Dokumentation[43], sondern auch durch Modifikation der Ressort-Leitung und der Chef-Redaktion wird jede Story zum Team-Work.[44]

D. Just systematisiert 4 Story-Typen, die sich „im Laufe der Jahre entwickelten"[45]:

1. die Nachrichten- oder Enthüllungsgeschichte;
2. die Supplement- oder Aspektgeschichte, die Bekanntem neue Bedeutung verleiht durch Neuinterpretation oder Zuordnung des Ereignisses in größere Zusammenhänge;
3. das Round-up, das kleinere Nachrichten eines längeren Zeitraumes zum gleichen Thema zusammenfaßt;
4. die Lesegeschichte als literarische Form der Story.

Diese und die übrigen formalen Typisierungen wurden vom SPIEGEL zu keiner Zeit puristisch eingehalten. Mit zunehmender Seitenzahl war der SPIEGEL zudem gezwungen, auf kleinere Einheiten – unterhaltend dargeboten und mitunter von geringem Informationsgehalt bzw. auf echten Klatsch – auszuweichen, um den Leser nicht schon von der Fülle und Dichte der Stories her zu überfordern. Mit kleinen Abweichungen (Anonymität, Wochennachrichten) gilt aber die klassische Definition eines Nachrichtenmagazins von U. Magnus auch für den deutschen SPIEGEL: „Das Nachrichtenmagazin trifft eine Auswahl aus den Nachrichten einer Woche, die, in festgelegten Spalten geordnet, anonym und uniform gestaltet, reichlich illustriert, durch einen eigenwilligen Stil erzählend dargeboten, im Zusammenhang und vor einem Hintergrund geschildert und mit besonderer Zuspitzung und Voranstellung ihres menschlichen, persönlichen Elements in meist kritischer Interpretation dargestellt werden. Eine Ergänzung können mit Namen gezeichnete Kommentare bilden. Es dient somit als Zeitschrift fortlaufend und in regelmäßiger Folge einer bestimmten Stoffdarbietung, die in ihrer Universalität eine sekundäre, begrenzte Aktualität und eine wöchentliche Erscheinungsweise bedingt. Sein Standort ist nur für die Verbreitung von Bedeutung."[46]

2. Die Sprache des SPIEGEL

Die Sprache des SPIEGEL war und ist ein häufig untersuchter Gegenstand. Wohl keine zweite Zeitschrift in der Bundesrepublik wurde so oft und derart intensiv analysiert und – kritisiert.[47]
Die formale Patenschaft des amerikanischen Nachrichtenmagazins ‚TIME' war auch für den SPIEGEL sprachbildend und sprachprägend. Der SPIEGEL sollte – so sein Statut – allgemein verständlich, amüsant und unterhaltend sowie in knappem, farbigem Deutsch geschrieben sein. Die Story, die Nachrichtengeschichte, ist das formale Prinzip. D. Just berichtet von fünf Phasen, die eine Story „in der Regel ... bei mehrmaligem Tempus-Wechsel"[48] umfaßt:
1. Lead (Gegenwart);
2. Hauptperson oder wichtigste Nachricht (Gegenwart);
3. Rückblende in die Vorgeschichte (oft mehrmaliger Zeit- und Ortswechsel);
4. jüngste Entwicklung (Gegenwart);
5. zusammenfassender oder pointierter Schluß (Gegenwart).
Der Leser bekommt (und soll bekommen) den Eindruck, als habe der Schreiber oder die Schreiberin souverän die Nachrichtenlage beherrscht und nichts wirklich Wichtiges unterschlagen, was den Käufer angeht oder interessiert. H.M. Enzensberger sieht hinter diesem Verfahren eine „atomistische Vorstellung von der Natur der Information, derzufolge sich jede Nachricht in eine homogene

Menge von Partikeln auflösen läßt"[49]. Sie, die Story, wird so zu einem „pseudo-ästhetischen Gebilde, dessen Struktur nicht mehr von der Sache, sondern von einem sachfremden Gesetz diktiert ist"[50].

Ob der Leser wirklich informiert wird, darf bezweifelt werden. Das Gefühl, es zu sein, ist wohl gegeben.

Der Konsument des SPIEGEL wird zum „Voyeur", bekommt die „Position am Schlüsselloch"[51] zugeteilt, wird zum „Informationssammler"[52], der irgendwie von allem ein bißchen Bescheid weiß und Weltpolitik, Parteienstreit und Kirchenklatsch als Konsumgut, als Amüsement zum Wochenanfang genießt. Es ist oft beobachtet worden, daß der SPIEGEL-Leser nach der Lektüre einer Story zwar zufrieden und erheitert, im Grunde aber desorientiert und verwirrt zurückgelassen wird. Das schlägt beim Leser oft derart durch, daß er – in Leserbriefen sich äußernd – sich ebenfalls auf SPIEGEL-Niveau begibt und argumentativ versucht, das Magazin an Witz und Ironie zu übertreffen, und dies ohne einen eigenen Standpunkt einzunehmen oder preiszugeben.[53]

Berechtigt ist auch der Vorwurf gegen den SPIEGEL, sein permanenter Rückgriff auf die Geschichte und die Vergangenheit von Personen und ‚Geschichten' entmündige den Leser. H.M. Enzensberger definiert diesen typischen SPIEGEL-Konsumenten so: „Dieser ideale Leser ist ein Wesen ohne Herkunft, ohne Geschichte und ohne Gedächtnis. Er ist ein eigentlich ahistorisches Wesen. ... Historizität und Gedächtnis ersetzt dem Leser, der hier gefordert wird, das Archiv des Magazins, ein ungeheurer Tatsachen-Silo."[54]

Wie mit einem Lasso soll der erste Satz einer SPIEGEL-Geschichte den Leser gefangen nehmen – so die Forderung des SPIEGEL-Statutes 1949. Ist das Teil einer ‚SPIEGEL-Sprache', eines ‚SPIEGEL-Stils', einer ‚SPIEGEL-Masche'? Gegen den Begriff ‚SPIEGEL-Stil' spricht die Anonymität der SPIEGEL-Schreiber. „Stil ist immer selektiv. Er ist nicht anwendbar auf beliebig Verschiedenes. Es ist an den gebunden, der ihn schreibt."[55] H. Lück bevorzugt den Ausdruck „SPIEGEL-Slang"[56]. B. Carstensen schlägt den Begriff „SPIEGEL-Masche"[57] als Sammelbegriff aller Besonderheiten der SPIEGEL-Sprache vor. E. Kuby spricht von einer „Fälscherwerkstatt", gar von einer „grandiosen Fälscherwerkstatt"[58], deren Gags und sprachliche Maschen im

Dienst einer „Leseraufmerksamkeitserhaltungsstrategie“[59] ständen. Für H. Arntzen ist der SPIEGEL ein „Ensemble der Phrasen“; in ihm werden die „facts bereits als Phrase konzipiert“[60].
Daß es SPIEGEL-Eigentümlichkeiten gibt, ist – bei aller Diskussion der Begrifflichkeit – unstrittig. Sie stehen dabei grundsätzlich – und dieser These von B. Carstensen stimmen wir zu – unter dem Zwang zur Humorigkeit, zum Witz, zum Kabarett. Diese ‚Bonmot-Reife‘ (J. Stave) hat B. Carstensen am genauesten und am umfassendsten erarbeitet.[61]
Im SPIEGEL finden sich in erster Linie folgende sprachlichen Eigentümlichkeiten:

1. *Thematisch angepaßte Wortwahl*
   „Auch im Lastwagengeschäft gab es Fehlzündungen“ (50)
2. *Stilistisch abweichende Wortwahl*
   „mampfen „ für „essen“; „rüffeln“ für „tadeln“; „barmen“ für „klagen“ (53-55)
3. *Archaismen und poetische Wörter zur Erzielung eines Verfremdungseffektes*
   „Barde“ für „Sänger“; „gülden“ für „goldhaltig“; „krud“ für „roh“ (55-56)
4. *Wörter aus fremden Sprachen*[62]
   „Way of life“, „Brothers“, „Evergreen“, „Killer“ (65)
5. *Wortspiele*
   a) Semantische Wortspiele (Lautung bleibt erhalten, Schreibung weicht ab) „Phalluzinationen“, „Phallodri“ (73)
   b) Phonologische Wortspiele
      Aus Papp-Kamerad wird „Pop-Kamerad Andy Warhol“ (75)
      Aus Kunstgewerblerin wird (sexuelle) „Gunstgewerblerin“ (77)
   c) Spiele mit der Schreibung
      Anspielend auf den Märchentitel ‚Siebenschön‘: „Auch sonst ist vieles 007-schön“ (80)
6. *Anspielungen*
   a) Literatur
      Aus Norman Mailers ‚Die Nackten und die Toten‘: „Die Nackten und die Roten“ (83)
   b) Zitate, Sprichwörter, Redewendungen „Connery will mit ‚Man lebt nur zweimal‘ ... den Bond fürs Leben schließen“ (87)

c) Werbesprache
Aus dem Bundesbahn-Slogan ‚Rosa Zeiten' wird als Überschrift einer Story über den Evangelischen Kirchentag 1969: „Lila Zeiten" (92)
d) SPIEGEL-Affaire
Anspielungen auf ‚bedingt abwehrbereit': „nur bedingt aussagebereit" (93) Anspielungen auf ‚etwas außerhalb der Legalität': „Offen aber bleibt, wer von beiden etwas außerhalb der Wahrheit weilte" (94)

7. *Wortmischungen*
a) Mit Sex und Exeget: „Wie wenig sich die Bibelautoren um das Privatleben ihrer Helden kümmerten, belegt der amerikanische Sexeget damit, daß zwar die Schwiegermutter des Petrus erwähnt wird ..." (96)
b) Mit Phallus „Phallodri", „Phalluzinationen" (97)[63]

8. *Prä- und Suffixe*
„Beinahe": „... eine Reihe sorgsam portraitierter Halbkünstler und Beinahe-Intellektueller" (99) „Ex": „Kirsten Strande Larsen, 22, Ex-Nackte der US-Zeitschrift ‚Playboy'" (103)

9. *Kompositionen*[64]
a) Substantiv-Komposita: „Partei-Pendler", „Einigungspalaver" (105)
b) Zusammengesetzte Adjektive: „Lübke-müde Republik", „City-ferne Schlafstadt" (108)

10. *Wechsel der Wortart*
a) Substantiv für Verb: „Der Regierungschef urlaubte"; „... abenteuerte nach Kambodscha"; „freizeitender Ernst Benda" (109)
b) Andere Wortartwechsel „... ein Autor künstlernamens Sava Bosulka" (111)

11. *Kürzung*[65]
„NDR-Vize"; „Polit-Student" (111) „JP2" (für Papst Johannes Paul II.)[66]

12. *Alliteration*
„Der müde Markt macht alle Makler munter"; „Widerworte wider Wehner-Worte walzte Wehner nieder"; „Papst Pauls Pillen-Bulle" (114)

13. *Genitiv*

„Kubas Castro"; „Chinas Mao" (117); „Roms Pillen-Paul" (118)

14. *Altersangaben bei Personen*

H. Lück stellt dazu fest: „... zweifellos geht es hier nicht um eine sachliche Mitteilung, denn das Alter der Personen ist im allgemeinen für die Geschichte nicht unbedingt wichtig, sondern um eine lapidar-ironische Kennzeichnung: es soll so aussehen, als gäbe es über die Person nicht mehr zu sagen, als daß sie soundso alt wäre."[67]

Grundsätzlich gilt, daß alle SPIEGEL-Besonderheiten, alle sprachlichen ‚Mätzchen' dazu dienen, Aggressivität und Zynismus, Abwertung und Häme, zumindest aber Lächerlichkeit und Unterhaltung auszudrücken und zu erzeugen. In seinem Rückblick auf das 1. Jahr des SPIEGEL resümiert R. Augstein: „Wir hatten kaum unsere neue Zeitschrift begonnen, da merkten wir zu unserem Leidwesen, daß wir zu satirisch wurden. ... Und wir beschlossen, den satirisch bittern Ton nach Kräften zu meiden, da er, wie wir aus Leserbriefen entnehmen konnten, die Mühlen der Uebelgesinnten in Betrieb setzte."[68] Daß die Satire auf Kosten der kritischen Funktion des Magazins erfolgte und zur „potentiellen Allgegenwart der Medisance"[69] werden konnte, muß auch den Herausgeber der 90er Jahre bedenklich stimmen. Eine Tendenz zur Vergrößerung und Verstärkung hämischer Berichterstattung im SPIEGEL ist unverkennbar, wenn auch am wenigsten deutlich im ‚Flaggschiff' der SPIEGEL-Berichte aus dem Deutschland-Ressort. In den Sparten ‚Kultur' und ‚Sport' sowie vor allem in der Kirchen- und Theologie-Berichterstattung ist dieser Kurs am klarsten eingehalten.[70] Häme und Ironie haben dabei nicht nur Unterhaltungsfunktion. Es stellt sich die Frage, „inwieweit z.B. Schnoddrigkeit und Zynismus im Ausdruck die fehlende inhaltliche Fundierung verdecken"[71]. Es ist bezeichnend, daß U. Förster in seinen Ausführungen zu den ‚Maskeraden im Gegenwartsdeutsch' seine Beispiele zum größten Teil dem SPIEGEL entnimmt. Die Kakalogismen des SPIEGEL sind – so U. Förster – nicht nur unseriös, dramatisierend, bloßstellend und tiefstaplerisch, sondern demagogisch.[72] Im SPIEGEL wird nicht nur „unter Niveau formuliert mit dem Ziel, jemanden oder etwas abzuwerten"; es wird auch verfälscht. „Demagogisch kann man nicht

formulieren, ohne zu verfälschen. Denn das Demagogische ist ja letztlich eine Verbreitungsdimension der Verfälschung. Demagogischer Sprachgebrauch realisiert sich in sprachlichen Lügen, die fürs breite Volk bestimmt sind."[73]
Die Angemessenheit einer Beurteilung zeigt sich in erster Linie in der Angemessenheit der Sprache selbst. Dies wird deutlich - in aller nur wünschenswerten Klarheit - in der Berichterstattung des Nachrichtenmagazins DER SPIEGEL über Kirche und Theologie und in ihrer bezeichnenden Veränderung.

Anmerkungen zu Kapitel II

[1] An dieser Stelle müssen wir uns auf einige Hauptlinien und Grunddaten beschränken. Die wichtigsten Publikationen dazu: L. Brawand, Die ‚Spiegel'-Story, Wie alles anfing, Düsseldorf-Wien-New York 1987; ders., „Wenn schon Pressefreiheit, dann aber gleich richtig", in: DER SPIEGEL 41 (1987), Nr. 1, 49-60; R. Augstein, Ein Bericht über den SPIEGEL, (unv. Manuskript), 1954; ders., „Nach Göttingen konnte ich noch immer", in: DER SPIEGEL 41 (1987), Nr. 1, 16-47; D. Just, DER SPIEGEL, Arbeitsweise - Inhalt - Wirkung, Hannover 1967, v.a. 11-24; ders., DER SPIEGEL, Untersuchungen zur redaktionellen Arbeitsweise, zum Inhalt und zur Wirkung eines deutschen Nachrichtenmagazins unter besonderer Berücksichtigung seiner Deutschland-Berichterstattung, Berlin 1966; E. Kuby, DER SPIEGEL im Spiegel, Das deutsche Nachrichtenmagazin - kritisch analysiert, München 1987; ders., Wie sich die Welt so spiegelt, in: FH 8 (1953), 519-528; H.-D. Jaene, DER SPIEGEL, Ein deutsches Nachrichtenmagazin, Frankfurt 1968, v.a. 23-40.

Zur Zitationsweise des SPIEGEL. Im folgenden werden im Anmerkungs-Teil dieser Arbeit die Heft-Nummer, der Jahrgang und die Seitenzahl bzw. -zahlen der jeweiligen SPIEGEL-Story angegeben.

[2] R. Augstein, Ein Bericht über den SPIEGEL, 1.

[3] Darauf muß an anderer Stelle noch genauer eingegangen werden.

[4] L. Brawand, „Wenn schon Pressefreiheit, dann aber gleich richtig", 52. B., Redakteur der ersten Stunde, gab diesem Rückblick auf 40 Jahre DER SPIEGEL als Überschrift ein Zitat von J. Chaloner, das vollständig so lautet: „Wenn wir den Deutschen schon die Pressefreiheit bringen, dann aber gleich richtig." (ebenda).

[5] Interessanterweise nutzte der ‚s t e r n' in späteren Jahren die Popularität dieses Namens und nannte sein Magazin bzw. seine Nachrichtensparte ‚Diese Woche', und er tut dies bis auf den heutigen Tag.

[6] So: L. Brawand, „Wenn schon Pressefreiheit, dann aber gleich richtig", 60. Einblick in das Wesen der Person von R. Augstein geben: E. Kuby, DER SPIEGEL im Spiegel, 134-155 u. 158-178; (kritisch) B. Zeuner, Veto gegen Augstein, Der Kampf in der „SPIEGEL"-Redaktion um Mitbestimmung, Hamburg 1972.

[7] Durch illegalen Papier-Aufkauf konnte die Auflage schon 1947 auf über 22000 Stück ansteigen; vgl. zu diesen Angaben: D. Just, Der SPIEGEL, Arbeitsweise - Inhalt - Wirkung, 28; E. Kuby, DER SPIEGEL im Spiegel, 136.

[8] Vgl. E. Kuby, ebenda; M. Radtke, Quantität plus Qualität, in: medien (Märkte & Mächte) 1 (1988), Nr. 2, 42–46, 42. Im Jahre 1989 betrug die verkaufte Auflage 1065893 (ohne DDR); so: 31/1990/3-Hausmitteilung.

[9] Alle Zahlen aus: M. Radtke, „Kampfblatt" oder Opas „SPIEGEL", in: medien (Märkte & Mächte) 1 (1988), Nr. 2, 14-31, 30. Das Verhältnis von re-

daktionellen Beiträgen zu den Anzeigen hat sich auf ca. 50:50 eingependelt. Mitunter müssen Anzeigen sogar abgelehnt werden, um bei diesem angestrebten Verhältnis den Anteil der Redaktion nicht ins Uferlose zu erhöhen (vgl. dazu: P. Sackarndt, Der SPIEGEL – entzaubert, Analyse eines deutschen Nachrichtenmagazins, Essen 1961, 30).

[10] M. Löffler, Der Verfassungsauftrag der Presse, Modellfall SPIEGEL, Karlsruhe 1963, 18. Im Jahre 1987 betrug die durchschnittliche Seitenzahl des SPIEGEL 226 Seiten (so: M. Radtke, Quantität plus Qualität, 42).

[11] So: 31/1990/3-Hausmitteilung. Eine genaue Analyse der Leser bei: E. Kuby, DER SPIEGEL im Spiegel, 83 (dort die folgenden Zahlen und Angaben), sowie: M. Radtke, Quantität plus Qualität, 42-46.

[12] M. Radtke, ebenda, 44.

[13] R. Augstein, „Nach Göttingen konnte ich noch immer", 47.

[14] Darauf wird noch einzugehen sein.

[15] R. Augstein, Ein Bericht über den SPIEGEL, 3. Vgl. auch: H.-D. Becker, Die Arbeitsweise des SPIEGEL (unv. Manuskript), 1960.

[16] R. Augstein, ebenda.

[17] Ebenda, 3-4. M. Löffler dokumentiert die wichtigsten Skandale, „in denen der SPIEGEL sein Wächteramt erfolgreich ausgeübt hat" (M. Löffler, Der Verfassungsauftrag der Presse, 43); vgl. ebenda, 44-48. Der wichtigste – vor allem, was das ‚Oppositions-Image' betrifft – ging als sog. ‚SPIEGEL-Affäire' in die politische und publizistische Geschichte der Bundesrepublik ein; vgl. dazu v.a.: J. Seifert (Hsg.), Die SPIEGEL-Affäire (Bd. 1 u.2), Olten 1966 – vor allem dokumentierend sowie juristisch und publizistisch problematisierend; sowie: J. Schöps, Die SPIEGEL-Affäire des Franz-Josef Strauß, Reinbek bei Hamburg 1983 – vor allem erzählend. Die Affäire ‚Uwe Barschel' Ende 1987 gilt „als der wohl größte Scoop in der publizistischen Geschichte des Magazins" (M. Radtke, „Kampfblatt" oder Opas „Spiegel"?, 25).

[18] R. Augstein, ‚Lieber Spiegelleser' (43/1950/12). „Manchmal arbeitete die Redaktion mit dem Spürsinn eines Morddezernats" (R. Augstein, Bericht über den SPIEGEL, 5).

[19] R. Augstein, ‚Lieber Spiegelleser' (2/1951/4).

[20] Ebenda. 1988 verstieg sich R. Augstein in einem Gespräch mit M. Radtke gar zu folgender Beurteilung: „... nach der „Spiegel"-Affaire hat sich doch beinahe über Nacht einiges geändert – die parlamentarische Demokratie begann." (R. Augstein (im Gespräch mit M. Radtke), Augstein – warum?, in: medien (Märkte & Mächte) 1 (1988), Nr. 2, 32-38, 36).

[21] R. Augstein, ‚Lieber Spiegelleser' (52/1951/4).

[22] R. Augstein, ‚Lieber Spiegelleser' (52/1961/18).

[23] R. Augstein, ‚Lieber Spiegelleser‘ (2/1951/4).

[24] So etwa: P. Sackarndt, Der SPIEGEL – entzaubert, 56. K. Ziesel, Der deutsche Selbstmord, Diktatur der Meinungsmacher, Kettwig – Velbert 1963, 23 u. 122- 128; R. Augstein (im Gespräch mit K. Harpprecht), in: D. Just, DER SPIEGEL, Arbeitsweise – Inhalt – Wirkung, Hannover 1967, 195-210, 203. Auf die Vorwürfe wird noch einzugehen sein.

[25] M. Löffler, Der Verfassungsauftrag der Presse, 19. Der Vorwurf an die Kirchen, ihre Macht zu mißbrauchen, wird denn auch der Hauptvorwurf des SPIEGEL.

[26] Vgl. dazu: R. Zoll / E. Henning, Massenmedien und Meinungsbildung, Angebot, Reichweite, Nutzung und Inhalt der Medien in der BRD, München 1970, v.a. 247-259; J. Stave, Zweierlei Garn, Über den SPIEGEL und seine Sprache, in: Muttersprache 7-8 (1960), 226-237; E. Kuby, Eine geschlossene Anstalt, in: ders. (Hsg.), Facsimile, Querschnitt durch den SPIEGEL, München – Bern – Wien 1967, 4-18.

[27] H.A. Walter, DER SPIEGEL oder: Politische Aufklärung im Massenzeitalter, in: FH 17 (1962), 797-805, 801.

[28] P. Sackarndt, Der SPIEGEL – entzaubert, 16. So auch: M. Löffler, Der Verfassungsauftrag der Presse, 21. Die Behauptung von K. Ziesel, der SPIEGEL habe „statt einer kritischen eine terroristische Aufgabe übernommen“ (K. Ziesel, Der deutsche Selbstmord, 28), entbehrt jeder Grundlage und muß zurückgewiesen werden.

[29] R. Augstein, ‚Lieber Spiegelleser‘ (43/1958/12).

[30] 51/1960/102-Rückspiegel.

[31] H.M. Enzensberger, Die Sprache des SPIEGEL, in: ders., Einzelheiten I, Bewußtseinsindustrie, Frankfurt 1967, 74-105, 91. Der SPIEGEL hat – das gehört gleichfalls zur ‚Masche‘ des Magazins – die Kritik (sie geht auf ein ‚Radio-Essay‘ zurück) bereitwillig abgedruckt; vgl. H.M. Enzensberger, Die Sprache des SPIEGEL, Moral und Masche eines Magazins – kritisch untersucht (10/1957/48-51).

[32] K. Ziesel, Der deutsche Selbstmord, 24.

[33] Neue Zürcher Zeitung v. 5. Januar 1963 (Fernausgabe), 1.

[34] ‚DIE ZEIT‘, Die Magazin-Maschine, „DER SPIEGEL“ von innen, Nr. 40 (1987), 13-16, 13.

[35] E. Kuby, Eine geschlossene Anstalt, 5. Mit ähnlich pessimistischem Unterton vgl.: C.v. Schrenck-Notzing, DER SPIEGEL, Sturmgeschütz der Demokratie?, in: Criticón 18 (1988), Nr. 107, 121-124.

[36] L. Brawand, Die ‚SPIEGEL‘-Story, 132. Das ‚SPIEGEL‘-Statut ist, u.E. erstmalig, abgedruckt in: Ebenda, 225-229.

[37] Vgl. U. Magnus, Time und Newsweek, Darstellung und Analyse, Hannover 1967, 12. Fast alle formalen Kriterien des ‚SPIEGEL'-Statuts und der formalen Praxis finden sich in ‚TIME'. Die beiden Hauptforderungen von ‚TIME' (Anonymität des Autors, Uniformität der Darstellung) hat der SPIEGEL allerdings schon frühzeitig aufgeweicht.

[38] L. Brawand, Die ‚SPIEGEL'-Story, 225.

[39] Ebenda, 226. Vgl. zur Gesamtproblematik: F.-H. Robling, Personendarstellung im ‚Spiegel', erläutert an Titel-Stories aus der Zeit der Großen Koalition, Tübingen 1983, v.a. 3-57.

[40] D. Just, der für seine Dissertation (DER SPIEGEL, Untersuchungen zur redaktionellen Arbeitsweise, Berlin 1966) in Verlag und Redaktion des SPIEGEL umfangreiche Recherchen anstellen konnte, spricht schon 1967 von einem „Rückzug der Story" (ders., DER SPIEGEL, Arbeitsweise – Inhalt – Wirkung, 71) und belegt, daß der Anteil der Story im redaktionellen Gesamtanteil von 87 % (1947) auf 52 % (1965) geschrumpft ist (vgl. ebenda). Neben der Ausweitung der klassischen Formen (Kommentare, Leserbriefe, Serien, vor allem aber der sog. ‚Meldungs-Sparten' Panorama, Personalien, Hohlspiegel, Rückspiegel, Register) kam 1957 mit der Einführung der SPIEGEL-Gespräche ein völlig neues journalistisches Sujet ins Blatt, das für Auflockerung sorgte. Waren es anfänglich ca. 25 Gespräche pro Jahr, so findet man heutzutage mitunter bis zu drei Gespräche pro Ausgabe im SPIEGEL.

[41] L. Brawand, Die ‚SPIEGEL'-Story, 227.

[42] Ebenda, 228-229.

[43] Vgl. zur berühmt-berüchtigten Dokumentations-Abteilung des SPIEGEL: N. Grunenberg, Einer lernt jetzt Papiamento: Dokumentation beim „Spiegel", in: dies., Die Journalisten, Bilder aus der deutschen Presse, Hamburg 1967, 102-109.

[44] So: M. Löffler, Der Verfassungsauftrag der Presse, 29; H.-D. Becker, Die Arbeitsweise des SPIEGEL, 2.

[45] D. Just, DER SPIEGEL, Arbeitsweise – Inhalt – Wirkung, 57. Dort auch die folgenden 4 Typen.

[46] U. Magnus, Time und Newsweek, 36. Im Gegensatz zu ‚TIME' geht der SPIEGEL grundsätzlich davon aus, daß seine Leser neben dem Nachrichtenmagazin auch eine Tageszeitung halten. Daher war es dem SPIEGEL von Anfang nicht möglich, sich auf die Informationen von Nachrichten-Agenturen zu beschränken, sondern er mußte ein umfangreiches und kostspieliges Korrespondenten-Netz aufbauen.

[47] Die wichtigsten Untersuchungen: H.M. Enzensberger, Die Sprache des SPIEGEL; J. Stave, Zweierlei Garn; H. Lück, Zeitungsdeutsch und Umgangssprache, Untersuchungen zur Sprache des SPIEGELS, in: Muttersprache 73 (1963), 327-337; B. Carstensen, Englische Einflüsse auf die deutsche

Sprache nach 1945, Heidelberg 1965; ders., SPIEGEL-Wörter, SPIEGEL-Worte, Zur Sprache eines deutschen Nachrichtenmagazins, München 1971; H.-A. Walter, DER SPIEGEL oder: Politische Aufklärung im Massenzeitalter; H. Arntzen / W. Nolting (Hsg.), „Der SPIEGEL" 28 (1972), Analyse, Interpretation, Kritik, München 1977, 51-56; U. Förster, Maskeraden im Gegenwartsdeutsch, in: Muttersprache 92 (1982), 316-336; D. Brumm, Sturmgeschütz der Demokratie? – „DER SPIEGEL", in: M.W. Thomas (Hsg.), Portraits der deutschen Presse, Berlin 1980, 183-200.

48 D. Just, DER SPIEGEL, Arbeitsweise – Inhalt – Wirkung, 124. Dort auch die 5 Phasen. Die Einheitlichkeit im Aufbau einer Story läßt bei vielen Lesern den Eindruck aufkommen, als sei diese von einem einzigen Autor verfaßt worden; vgl. dazu: B. Carstensen, SPIEGEL-Wörter, SPIEGEL-Worte, 34-39 (Beispiele!). Unsinnig ist die Behauptung, SPIEGEL-Geschichten hätten „weder Anfang noch Schluß, weder Aufbau noch Spannung" (J. Stave, Zweierlei Garn, 236). Das genaue Gegenteil ist der Fall.

49 H.M. Enzensberger, Die Sprache des SPIEGEL, 85.

50 Ebenda. Deshalb gilt: „Story und Nachricht schließen einander aus." (ebenda).

51 Ebenda, 93.

52 D. Riesman, Die einsame Masse, 175.

53 Vgl. H.M. Enzensberger, Die Sprache des SPIEGEL, 82. So auch: H. Eilert, Monatlich zwei- bis dreitausend, Redaktioneller Umgang mit Leserbriefen, in: medium 19 (1989), 73-75.

54 H.M. Enzensberger, Die Sprache des SPIEGEL, 92-93.

55 Ebenda, 80.

56 H. Lück, Zeitungsdeutsch und Umgangssprache, 336.

57 B. Carstensen, SPIEGEL-Wörter, SPIEGEL-Worte, 28.

58 E. Kuby, DER SPIEGEL im Spiegel, 77 u. 92.

59 Ebenda, 40.

60 H. Arntzen, Karl Kraus und die Presse, München 1975, 54 u. 47.

61 Vgl. B. Carstensen, SPIEGEL-Wörter, SPIEGEL-Worte, v.a. 50-125. Die folgende (gekürzte !) Systematik und die meisten Beispiele finden sich dort. Vgl. dazu auch: H. Lück, Zeitungsdeutsch und Umgangssprache. K. Ziesel rügt den grundsätzlich im SPIEGEL vorliegenden „Tonfallschwindel" (K. Ziesel, Der deutsche Selbstmord, 27), und H.-A. Walter mokiert die permanente „Perfidie des Tons" (H.-A. Walter, DER SPIEGEL oder: Politische Aufklärung im

Massenzeitalter, 799). Vgl. auch C.v. Schrenk-Notzing, DER SPIEGEL, Sturmgeschütz der Demokratie?, 121-124. Das Besondere dieses SPIEGEL-Kabaretts liegt nicht in der Begrifflichkeit an sich (die kommt in anderen Presse-Organen auch vor), sondern in der Massivität ihrers Erscheinens im Magazin.Die Sprache des SPIEGEL wird an dieser Stelle deshalb so umfassend dargelegt, weil – wie noch zu zeigen sein wird – im Rahmen der Kirchen-Berichterstattung des Magazins das Moment der Sprache immer bedeutender wurde.

62 Vgl. B. Carstensen, Englische Einflüsse auf die deutsche Sprache nach 1945. Daß der SPIEGEL als Haupttransporteur für diese Amerikanismen nach Deutschland gilt, liegt nicht nur, aber hauptsächlich in seiner engen Verwandschaft zu ‚TIME' begründet.

63 Die Anhänger des italienischen Tenors L. Pavarotti sind natürlich ‚Vocaloholics' (32/1990/154).

64 „Eines der auffälligsten Merkmale der SPIEGEL-Sprache ist der häufige Gebrauch zusammengesetzter Wörter. Dabei handelt es sich teilweise um gebräuchliche, zum größten Teil jedoch um neue, meist vom SPIEGEL ... geprägte Zusammensetzungen. ... Der durchschnittliche Anteil von Neologismen liegt ... bei knapp 70 %" (H. Lück, Zeitungsdeutsch und Umgangssprache, 229).

65 „Als Mittel zur Verfremdung und Karikierung ebenso geeignet wie die Zusammensetzung ist die Wortverkürzung ..." (H. Lück, ebenda, 330). So auch: D. Just, DER SPIEGEL, Untersuchungen zur redaktionellen Arbeitsweise, 138.

66 U. Förster kritisiert zu Recht dieses Kürzel zur Anrede für das „Oberhaupt von 700 Millionen Katholiken" als ein „kumpelhaftes Kürzel" (U. Förster, Maskeraden im Gegenwartsdeutsch, 333) mit „verächtliche(r) stilistische(r) Einfärbung" (ebenda, 332). Wir werden auf die zunehmende hämische und ironisierende Berichterstattung des SPIEGEL über die Kirche und kirchliche Personen noch zu sprechen kommen.

67 H. Lück, Zeitungsdeutsch und Umgangssprache, 334.

68 R. Augstein, ‚Lieber Spiegelleser' (51-52/1947/5). Dieser Versuch ist gründlich gescheitert.

69 H. Arntzen, „Spiegel"-Medisance, in: ders. / W. Nolting (Hsg.), „DER SPIEGEL" 28 (1972), Analyse, Interpretation, Kritik, München 1977, 51-56, 56. Vgl. auch: M. Schneider / E. Siepmann, DER SPIEGEL oder die Nachricht als Ware, Kassel 1968, v.a. 5-18.

70 Für die Theologie- und Kirchen-Berichterstattung wird dies noch zu zeigen sein.

71 R. Zoll / E. Henning, Massenmedien und Meinungsbildung, 258-259.

72 Vgl. U. Förster, Maskeraden im Gegenwartsdeutsch, 329-335.

73 Beide Zitate: Ebenda, 333-334.

KAPITEL III

THEOLOGIE UND KIRCHE IM ‚SPIEGEL'

„Für reife Menschen tragbar:
DER SPIEGEL“[1]

I. Vorbemerkung

Die Berichterstattung des Nachrichtenmagazins ‚DER SPIEGEL‘ in Sachen Theologie und Kirche stand und steht in keinem guten Ruf. Bis auf wenige Ausnahmen ist das Urteil von Theologen und Kirchenvertretern negativ, mitunter vernichtend. Es hat den Anschein, als würde keine Kritik am SPIEGEL so deutlich, so aggressiv und überzogen geäußert wie hinsichtlich seiner Kirchen-Berichterstattung.

In diesem Kapitel soll zum einen diese Kritik dokumentiert werden; zum anderen wird ihre Berechtigung kritisch hinterfragt, und positive Ansätze und Urteile werden aufgezeigt.

Der Versuch, die Theologie- und Kirchen-Berichterstattung eines Nachrichtenmagazins zu untersuchen, sieht sich von Anfang an nicht kleinen methodischen Problemen ausgesetzt. Eine quantitative Inhaltsanalyse der gesamten 48jährigen Berichterstattung wäre zwar wünschenswert, stellte aber – zumal für einen einzelnen – eine kaum zu leistende und zu lösende Aufgabe dar. In einem vertretbaren Maße kann dies hier für die Untersuchung der ‚theologischen‘ und ‚kirchlichen‘ Titel-Geschichten des SPIEGEL erfolgen – mit überraschenden Ergebnissen.

Das übrige ‚Material‘ wird nichtstatistisch, „impressionistisch“[2], qualitativ erfaßt. Die Inhalte und Tendenzen der Berichterstattung können so auf ihren Schwerpunkt hin analysiert werden. Rückschlüsse auf die Motive und die beabsichtigten Wirkungen sollen dann gezogen werden. Trotz des – mehr oder weniger streng geltenden – Anonymitätsprinzips im SPIEGEL können einzelne Redakteure und Autoren sowie die Tendenzen ihrer Berichterstattung ausfindig gemacht werden. Auf sie wird im einzelnen einzugehen sein.

Auf bestimmte Sparten des SPIEGEL (etwa: ‚Kirche‘, ‚Theologie‘, ‚Forschung‘) konnte zwar zurückgegriffen werden, nicht jedoch exklusiv. Theologie- und Kirchen-Berichterstattung findet sich im

Magazin nicht weniger auch in den Rubriken ‚Deutschland', ‚Ausland', ‚Kultur', ‚Fernsehen', ‚Hausmitteilung' oder in Kommentaren, v.a. von R. Augstein. So mußten grundsätzlich alle Sparten einer SPIEGEL-Ausgabe durchgesehen werden.[3]
Der Anspruch auf Vollständigkeit der Material-Erfassung kann nicht erhoben werden; subjektive Akzentuierungen des Verfassers einer solchen Arbeit müssen als gegeben in Kauf genommen werden. Das schließt konkrete, gesicherte Ergebnisse nicht aus.

II. Der SPIEGEL – Hetzblatt gegen die Kirchen?

Wer dem SPIEGEL bzw. seinen Redakteurinnen und Redakteuren vorwirft, einen aggressiven Kampf gegen alle Institutionen und Wertgemeinschaften, in Sonderheit der christlichen Kirchen, zu führen, darf gemeinhin mit Zustimmung rechnen. Die meisten Arbeiten, die sich systematisch mit diesem Thema beschäftigt haben, zeichnet dieser Duktus aus.
Den – so scheint es – ersten Angriff auf den SPIEGEL startete P. Sackarndt 1961.[4] Er fragt ganz unbefangen: „... in wessen Auftrag bekämpft, wie es den Anschein hat, der SPIEGEL auf seine rationalistische Weise u.a. den Christenglauben?"[5] Die „antichristliche Haltung schlechthin und (die) erklärte Gegnerschaft zum Katholizismus" stellen für ihn ein „trübes Kapitel"[6] dar. „Des SPIEGEL Christenhetze", dessen „überaus hämische, sarkastisch achselzuckende Behandlung katholischer Ereignisse"[7] zeige, daß „für den größten Teil der Redaktion ... die katholische Kirche einfach unter die etablierten Mächte und Kräfte, ihre Monopolstellung, ihre der Öffentlichkeit entzogenen Machtbereiche (falle)"[8]. P. Sackarndt wendet sich dann direkt an die SPIEGEL-Redakteure:

> „Halten Sie sich bitte, und zwar grundsätzlich, mindestens in Glaubensdingen zurück. Das ist keineswegs unmöglich. Sie geben zu, daß Sie sich da in einer Ihnen innerlich unzugänglichen Welt bewegen, doch Sie ziehen nicht den simplen Schluß, dann auch aus dieser Welt herauszubleiben. ... Es ging Ihnen hierbei [bei einem SPIEGEL-Artikel über den

Eucharistischen Weltkongreß in München 1960] doch nicht um sogenannte Chronistenpflicht, sondern um ein gefundenes Fressen, und es wäre kein Fressen gewesen, wenn dabei keine Möglichkeit bestanden hätte, unsere Glaubenssache zu verhunzen. An dem Punkt wendet man sich angewidert ab. ... Könnten Sie sich nicht entschließen, die Hände davon zu lassen?"[9]

Ein mangelndes Einfühlungsvermögen, ein fehlendes ‚sentire cum ecclesia', stellt auch R. Ege[10] in seiner Arbeit fest. Da der SPIEGEL „keine Antenne für das Religiöse"[11] habe, macht er abschließend einen programmatisch sich gebenden Vorschlag: „Einen Theologen in die Redaktion!"[12]

Es ist oft beobachtet worden, daß im SPIEGEL die Katholische Kirche häufiger und härter angegriffen wird als die Evangelischen Kirchen. Als Grund wird unisono das stärkere hierarchische Moment, der größere Institutionen-Charakter der Katholischen Kirche angeführt.[13] Das geschieht mit kräftigen Federstrichen.

> „Eines der Hauptanliegen des SPIEGEL ist die Verhöhnung der katholischen Kirche, ihrer Priester und Bräuche. ... In seinem blinden Haß gegen eine der letzten Institutionen der Welt, die noch auf Werten, Vorstellungen und Gesetzen ruht, die dem Nihilismus und der Selbstauflösung der westlichen Welt und der Zerstörung des Menschen im totalitären Osten entgegenwirken, verliert der SPIEGEL jedes Maß."[14]

Ein Generalvikar aus Berlin sieht die Kirchen-Berichterstattung des SPIEGEL in bedenklicher historischer Konsequenz:

> „In den Zwanziger Jahren und Anfang der Dreißiger Jahre führten die Freidenker aller Schattierungen einen hemmungslosen Kampf gegen alles Christliche und Katholische. Darauf folgte die breit angelegte publizistische Offensive in der Periode des Nationalsozialismus. Nach dem Zweiten Weltkrieg trat zunächst eine Pause ein. Danach setzte wieder eine massive Agitation gegen die Kirchen, besonders die katholische, ein. Dabei liegt mit an der Spitze das Nachrichtenmagazin „Der Spiegel". Es läßt kaum ein Ereignis, und sei es noch so kleinkariert, unbeachtet liegen, wenn es glaubt, es für seine fortwährende antikirchliche Aggressivität benutzen zu können. Daher erscheint es verwunderlich, um es gelinde aus-

zudrücken, wenn sich katholische Priester [als Gesprächspartner oder in Interviews] dazu hergeben, als Handlanger für die antikatholische Arbeit des „Spiegel" mitzuwirken."[15]

Umgekehrt wird als Grund für die Schonung der Evangelischen Kirchen durch den SPIEGEL deren (angeblich) mangelndes Profil angeführt.

> „Der Protestantismus ist die im heutigen Deutschland am wenigsten angegriffene Institution; selbst der SPIEGEL verschont ihn mit dem Essig seiner Satire. Doch warum? Weil er so vorsichtig, nach allen Seiten wohlwollend, aber darum auch so „langweilig" geworden ist, daß er niemandem mehr weh tut. Es ist ein Protestantismus ohne „Protest"."[16]

R. Ege vermutet als Grund für diese weniger harte Kritik an den Evangelischen Kirchen, daß in ihnen „an Stelle der Hierarchie ... das demokratische Prinzip stärker ausgeprägt" sei und der SPIEGEL „die freie Gewissensentscheidung ... in der evangelischen Kirche (als) besser gewährleistet"[17] erachtet.
Ob der SPIEGEL tatsächlich einen ‚antikatholischen Komplex' hat, wird sich an anderer Stelle zeigen. Das Image des Kirchengegners, des Kirchenhassers wird vom Magazin aber stark gepflegt und durch den fast schon dokumentarisch zu nennenden Abdruck kritischer Reaktionen auf Kirchen- und Theologie-Berichte zusätzlich protegiert. Es hat den Anschein, als solle als Nebeneffekt dem Leser suggeriert werden, der SPIEGEL habe tatsächlich den Nerv der Kirchen getroffen, wenn dadurch derart maßlose Reaktionen der kirchlichen Amtsträger ausgelöst werden.
Das Trierer Bistumsblatt ‚Paulinus' schreibt nach einem Bericht des SPIEGEL über die Ausstellung des ‚Heiligen Rocks' in Trier:

> „Wer jetzt noch einen Schimmer katholischen Ehrgefühls, katholischen Stolzes und echter, klarer, nüchterner Glaubensüberzeugung hat, dem wird diese Selbstdemaskierung, diese ekelerregende Selbstentblößung dieses Magazins für alle Zeiten reichen."[18]

Zum gleichen Thema äußert sich die katholische ‚Neue Bildpost':

> „Der Spiegel hat sich ein weiteres Mal als der Urtyp nihilisti-

> schen Literatentums niederster Stufe charakterisiert. Was sind das nur für Menschen? Wie kommen sie mit sich selbst, mit ihrer Umwelt, mit ihrem Gewissen zurecht? ... Ihr Gewissen? „Was ist das?“ wird wohl der SPIEGEL-Rechercheur in der Wildlederjacke, der ungekämmte, hochbezahlte „unbedarfte“ Schreiber in Hamburger SPIEGEL-Mißdiensten nur fragen. „Neue Bildpost“ aber fragt: Reicht auch dieser Schimpf, der den Millionen von deutschen Katholiken im noch freien Westen Deutschlands angetan worden ist, nicht aus, um endlich dem SPIEGEL den giftigen Mund zu stopfen, kraft Gesetzes! Kraft Anstandes! Kraft der Scham, die uns packt. ... Hier soll und muß der Richter sprechen.“[19]

Das evangelische Sonntagsblatt ‚Der Weg‘ ruft ebenfalls nach einem Richter:

> „Wenn Gott in seiner Herrlichkeit sich uns zeigen wird, haben alle SPIEGEL ihre Aufgabe erfüllt und sind überflüssig geworden. Gott allein ist dann der Richter und zugleich der Retter. So ist der SPIEGEL jetzt in unserer irdischen Pilgerschaft zu unserem Erkenntnissymbol und Existenzsymptom geworden.“[20]

Der ‚St. Williamsbote‘ (Kirchenblatt der Diözese Eichstätt) sieht den SPIEGEL ebenfalls als Kämpfer in einem gnadenlosen Krieg gegen die Kirchen.

> „Die verfolgte Kirche der Gegenwart ist reich an Beispielen, und zwar diesseits und jenseits der Eisernen Vorhänge. Jenseits sind sie blutiger, diesseits unverschämter. Jenseits sind sie behördlich gesteuert, diesseits „SPIEGEL-gesteuert“...“[21].

Nach einem harten, polemischen Kommentar von R. Augstein[22] („Die Kirche hat selbst in einer Weise gemordet und morden lassen, die den Verbrechen des 20. Jahrhunderts immerhin nahe kommt.“) sieht sich Prälat W. Schätzler von der Deutschen Bischofskonferenz an alte Zeiten erinnert und ruft ebenfalls nach dem Richter:

> „Man könnte zur Tagesordnung übergehen, wenn nicht das warnende Beispiel der Nazi-Zeitschrift „Der Stürmer“ zeigen würde, wohin publizistische Verhetzung und Haß gegen Ju-

den und Kirche geführt haben. ... Auch hier muß man fragen, warum sich ein Staatsanwalt nicht um ein Blatt kümmert, das Haß- und Hetztiraden veröffentlicht, wie es im „Spiegel" steht."[23]

Und E. Stoiber sieht in den Äußerungen R. Augsteins eine „abgrundtiefe Diffamierung" und „Verunglimpfung der Kirchen", „... die ich nur noch als Exzesse bezeichnen kann"[24].

Bei fast allen Reaktionen auf SPIEGEL-Veröffentlichungen zeigt sich der Versuch, die SPIEGEL-Berichte in einen gigantischen Kampf gegen alle Werte, gegen das Gute, ja gegen Gott selber ‚aufzuwerten', zumindest aber kommunistische Drahtzieher zu vermuten. Vornehmlich in Kirchenzeitschriften katholischer Bistümer wird der Leserschaft ein Bild vom Nachrichtenmagazin „DER SPIEGEL" vorgeführt, auf dem dieses mit kräftigen Farbstrichen zum Prototypen eines teuflischen Gegners der Kirchen wird, und dies Woche für Woche.

Das Bild von der blindwütigen, um sich schlagenden Kirche wird vom SPIEGEL in den 60er Jahren abgerundet durch die Veröffentlichung von Namen von Redakteuren (und der jeweiligen Anlässe), gegen die die Katholische Kirche strafrechtlich vorgehen will und vorgeht. 1959 waren das immerhin fünf SPIEGEL-Redakteure in acht Verfahren.[25] Und daß sich einige katholische Pfarrer nicht zu schade dafür sind, SPIEGEL-Verkauf und SPIEGEL-Auslage durch Druck auf und Drohung gegen einzelne Kiosk-Besitzer zu verhindern[26], soll ebenfalls weniger die Pfarrer bloßstellen als den eigenen ‚Erfolg' dokumentieren. Es gehört eben, so wird zwischen den Zeilen transportiert, mitunter in katholischen Regionen Mut und eine Portion Oppositionsgeist dazu, als Katholik den SPIEGEL zu verkaufen, zu kaufen oder zu zitieren. Ob dies in den 80er und 90er Jahren auch der Fall war, sei dahingestellt.

Diesem deutlich negativen Befund kontrastiert ein deutlich positives Paket von Reaktionen auf die Kirchen- und Theologie-Berichterstattung im SPIEGEL. Ganz offenkundig hatte der SPIEGEL es zeitweise fertiggebracht, theologische Fragestellungen und theologischen Dissens in und zwischen den Kirchen publizistisch aufzubereiten, mitunter sogar umgekehrt die Diskussionen in den Kirchen aufgrund eigener, aufklärender Berichterstattung anzuregen.[27] Wenn der Begriff einer *,SPIEGEL-Theologie'* je seine Berechtigung hatte, dann hier und zu dieser Zeit.

Eine Titel-Geschichte über die Leben-Jesu-Forschung 1958[28] – eine Weihnachts-Nummer des Magazins – stellt den wohl markantesten Anfangspunkt dieser ,SPIEGEL-Theologie' dar. Bedeutsam war nicht so sehr die journalistische Sammel- und Fabulier-Kunst, sondern der zutagetretende große Graben zwischen Theologie und Pastoral, zwischen Kirche und Öffentlichkeit. R. Augstein meinte 1967 zu seinen damaligen Motiven: „Denn wir wußten nicht, daß sich zwischen der theologischen Wissenschaft und dem Predigerstuhl schon eine solche Kluft aufgetan hatte. Wir wußten nicht, wieweit die Theologen dem, was sie predigten, schon voraus waren, und das hat uns alles sehr beschäftigt."[29]

Der Aufschrei in den Gemeinden, die Feststellung einer ,Verwirrung', einer Verunsicherung der Gläubigen, wird vom SPIEGEL zum einen genüßlich dokumentiert. Zum anderen zeigen die Reaktionen, daß Pfarrer und Theologen durchaus bereit sind, kritische Anfragen, eine schonungslose Darstellung innerkirchlicher Konflikte, des theologischen Dissenses und einer Meinungs-Konfusion nicht als einen Angriff auf die Kirchen mißzuverstehen, sondern als berechtigte Anfragen an ihr Tun und an ihre Theologie zu betrachten.

H. Eising sieht richtig, daß man „beunruhigt sein muß, daß es Menschen gibt, die sich dadurch [durch den Weihnachts-Titel des SPIEGEL 1958] imponieren und beunruhigen lassen."[30] Die unaufgeklärten Kirchenmitglieder, die in Glaubensfragen überraschend unkundigen, unsicheren (gegen Kritik !) ,Gläubigen' stellten auch für den SPIEGEL selbst überraschende Phänomene dar. Die in den 60er Jahren massiv folgenden Theologie-Titel-Geschichten des Magazins[31] haben hier ihren grundsätzlichen, über aktuelle Vorgaben hinausgehenden Auslöser.

Eine Volkshochschule nimmt den SPIEGEL-Weihnachtstitel 1958 zum Anlaß, „auf Fragen, die jener anonyme und ganz oberflächliche SPIEGEL-Artikel aufwirft, eine Antwort zu geben nach dem modernsten Stand der neutestamentlichen Exegese."[32] Andere Theologen sehen ebenfalls in der mangelnden Immunisierung der Gläubigen gegen (zum Teil fehlerhafte) journalistische Sensations-Artikel durch *vorherige Information der Gläubigen* den Grund für die Aufregung:

> „Andererseits war kaum zu übersehen, daß der Magazin-Schreiber ja kaum eigene Gedanken entwickelt, sondern lediglich Zitate evangelischer Theologen aneinandergereiht hat. Sicher tat er das mit tendenziösen Absichten. Aber das Erschrecken der Gemeinde hätte kaum so groß sein können, wenn sie besser darüber unterrichtet gewesen wäre, wo die evangelische Theologie heute steht; kaum so groß, wenn sie diesem Zeitungsmann nicht als Neuigkeit hätte abnehmen müssen und gewußt hätte, daß die Theologie zwar dies, aber nun noch erheblich mehr zu sagen hat.“[33]

Das Hamburger ‚Sonntagsblatt‘ bemerkt bündig:

> „Der SPIEGEL kann sich nur darum als Aufklärer hinstellen, weil so viele Christen unaufgeklärt leben bezüglich dessen, was doch der Inhalt ihres Glaubens ist.“[34]

Es gab Zeiten, da haben Pfarrer und Theologen in großer Zahl dem SPIEGEL in Leserbriefen ihren Dank für die Berichterstattung des Magazins ausgedrückt.[35] R. Augsteins Argumente seien „Verbündete der Theologie im Kampf gegen die supranaturalistischen Darstellungen der Offenbarung“[36]. Ein Studentenpfarrer bedankt sich beim SPIEGEL „für diese Schützenhilfe“[37]. Ein evangelischer Pfarrer faßt so zusammen: „Denn gerade in der Hartnäckigkeit, mit der Sie [der SPIEGEL] aller unreflektierten frommen Rhetorik, allem klerikalem Sprachqualm gegenüber den Standpunkt des Nichtverstehens einnehmen, erfüllen Sie eine theologische Funktion.“[38] Mancher ging bei seinem Lob freilich zu weit: „Finden Sie nicht, daß man beides lesen sollte: SPIEGEL und Bibel?“ – Oder: „Ein Christenmensch kann neben der Heiligen Schrift nur noch den SPIEGEL lesen.“[39]
Unstrittig aber bleibt, daß die Pfarrer und Theologen den SPIEGEL als Partner und als Medium in Sachen ‚Theologie‘ akzeptiert hatten – bei aller Kritik im Einzelfall. Zu beachten bleibt jedoch, daß dieser Zustand sich auf die Zeit der 60er Jahre beschränkt.[40]
Überraschend hingegen ist die Feststellung, der SPIEGEL sei in

seiner Berichterstattung konservativ und kirchentreu.[41] Th. Sartory spricht von einer „seltsamen Allianz" des SPIEGEL mit Thesen „aus den Hochburgen des kirchlichen Konservativismus"[42]. Wann immer der SPIEGEL über die modernen theologischen Entwicklungen und deren Vertreter berichte, dann lasse er den Eindruck aufkommen, „die sogenannten modernen Theologen (seien) für Spaltung und Aufsplitterung in der Kirche verantwortlich"[43]. In der Tat warnt SPIEGEL-Redakteur W. Harenberg vor einer „Auflösung des Glaubensbekenntnisses"[44] durch R. Bultmanns ‚Entmythologisierung', und R. Augstein wirft den Kirchenreformern der Katholischen Kirche vor, sie wollten eine andere Kirche, die dann aber keine mehr sei:

> „Ist wahr, was die aktivsten Neuerer behaupten, so werden die christlichen Kirchen nicht nur liquidiert im Sinne von „verflüssigt" (Friedrich Heer), sondern überflüssig. ... Wohin zielt ihr mit euren Bestrebungen, wem wollt ihr nützen und mit welchen Mitteln? Wenn ihr nicht glaubt, was ihr nach den Konstitutionen eurer Kirchen für wahr halten (und schlimmer, für wahr erklären) müßt: Wäre es nicht ehrlicher, den Kirchen Lebewohl zu sagen, ehrlicher und wirksamer, politisch und sozial zu arbeiten, evolutionär oder revolutionär?[45].

Wäre die Quelle nicht klar, man glaubte tatsächlich Papst Paul VI. sprechen zu hören. Es war dem SPIEGEL im Umgang mit Kirchenreformern[46] nicht möglich, die Veränderung der Kirchen, v.a. der Katholischen Kirche, als eine gesellschaftlich notwendige und theologisch legitime zu begreifen.

W. Adolph attestiert dem SPIEGEL in der Beurteilung eines Gesprächs des Magazins mit Kirchenreformern „genau (zu) wissen, was man als wahrhaft katholisch bezeichnen kann oder ansehen muß, während sich die befragten katholischen Priester in ihren Antworten, auch wenn es sich um wesentliche Artikel des katholischen Glaubensbekenntnisses handelt, ins Nebelhafte oder in willkürlich gewählte Unterscheidungen flüchteten"[47]. Aber: Wenn der SPIEGEL sich kritisch, mitunter sogar polemisch, mit K. Rahner, mit N. Greinacher, mit J.B. Metz und mit H. Küng befaßt, dann ist das natürlich keine ‚Hetzkampagne gegen die Katholische Kirche', zumindest wird dazu seitens der Hierarchie geschwiegen.

Es bleibt somit einerseits die Frage, ob ein falsches Kirchenverständnis (Kirche als ein vor allem religiöses Institut) den SPIEGEL zu einem Verbündeten mit Vertretern eines statischen, konservativen Kirchenbildes macht; nicht ohne Berechtigung spricht Th. Sartory hier von einer Allianz „von reaktionär-konservativem Kirchenchristentum mit einem sich aufgeklärt gebendem Journalismus“[48].
Zum anderen stellt sich die Frage, ob manchem in der Katholischen Kirche eine solche Sicht der Kirche und ein solch harter Umgang des SPIEGEL mit Kirchenreformern nicht doch ganz recht ist. Unterbliebene Reaktionen lassen diesen Schluß zu.

III. Quantitative Inhaltsanalyse der SPIEGEL-Titel-Geschichten zu Theologie und Kirche

1. Methodische Vorbemerkung

In eine breite Diskussion darüber, welche Methoden bei Inhaltsanalysen von Publikumszeitschriften und anderen Medien angewandt werden sollten, kann im Rahmen dieser Arbeit nicht eingetreten werden. Grundsätzliches ist anzuführen und anzusprechen.[49]
Der Methodenstreit – personifiziert vor allem durch S. Kracauer und B. Berelson[50] – widmete sich hauptsächlich der Frage, wie objektiv, mit welchem Grad an Genauigkeit (Reliabilität) das Material untersucht wird und ob auch das gemessen wird, was zu messen vorgegeben wird.[51]
Die Thesen quantitativer Analyse gehen dabei von zwei Grundannahmen aus. Sie sei zum einen die „einzig denkbare objektive, systematische und verläßliche Inhaltsanalyse“; zum anderen „beschränkt (sie) die sinnvolle Anwendung quantitativer Techniken auf Kommunikation, deren manifester Inhalt jegliche Offenheit verbietet“[52]. S. Kracauer zeigt, daß nicht nur die qualitative Inhaltsanalyse, die auf die Untersuchung der *Richtung einer Kom-*

munikation hin angelegt ist, eine subjektive, impressionistische Dimension besitzt, sondern auch die quantitative. Da jedoch die „Atomisierung einer Kommunikation [durch die quantitative Inhaltsanalyse] und die Richtungsbestimmung der einzelnen Elemente nicht deckungsgleich sein kann mit der Richtung der Kommunikation“[53], wird die quantitative Inhaltsanalyse bei der Beantwortung der Frage, *welche* manifesten Inhalte sich einer Analyse entziehen, selbst zu einem Instrumentarium, das ohne subjektive, ‚nicht-statistische‘ Dimensionen nicht anwendbar ist. Schon die Kategorienbildung, also die Formulierung der Antwort auf die Frage, *welcher* Gegenstand und *welche* Kommunikationsformen denn untersucht werden sollen, ist deutlich subjektiv.
S. Kracauer sieht denn auch die quantitative Analyse als „“impressionistischer“ als ihre Verfechter geneigt sind zuzugeben[54]. Daß beide, d.h. qualitative und quantitative Inhaltsanalyse, sich nicht gegenseitig methodisch ausschließen (müssen), stellt keinen faulen Kompromiß dar:

> „Quantitative Analyse umfaßt qualitative Aspekte, denn beider Ursprung und Ziel liegt in qualitativen Überlegungen. Andererseits erfordert die eigentliche qualitative Analyse, im Interesse erschöpfender Behandlung, oft Quantifizierungen. Die beiden Ansätze, die kaum klar geschiedene Alternativen sind, überschneiden sich eigentlich und haben in einigen Untersuchungen sich wechselseitig ergänzt und durchdrungen.“[55]

Die einseitige Behauptung, nur durch quantitative Erhebungen könne man zu gesicherten Ergebnissen gelangen, kann also nicht aufrecht erhalten werden. Die quantitative Methode ist nicht so objektiv wie vorgegeben, und die qualitative ist nicht so subjektiv wie vorgegeben.
Der qualitativen Erhebung ist freilich nun nicht der Weg willkürlicher Subjektivität oder gar willkürlicher Spekulation eröffnet. Die gern genutzte Behauptung, der Charakter eines Textes fordere eine besondere Zugehensweise, kann – so berechtigt sie im Einzelfall auch sein mag – die Forderung nach einer *„disziplinierten Subjektivität“*[56] des qualitativen Inhaltsanalytikers nicht aufheben.
In diesem Unterpunkt sollen die SPIEGEL-Titel zu Theologie und Kirche einer quantitativen Analyse unterzogen werden. Es wird

der enorme publizistische Relevanzverlust der Kirchen in der Öffentlichkeit offenbar.
Die Beschränkung auf die SPIEGEL-Titel (im Rahmen der quantitativen (!) Analyse) hat nicht nur praktische, d.h. arbeitsmindernde Gründe. Für den SPIEGEL stellt die Titel-Story die „repräsentativste Darstellungsform" zur Bearbeitung „vor allem zeittypischer Phänomene"[57] dar. F.-H. Robling spricht hier zu Recht von der „Inkarnation des „Spiegel"-Journalismus"[58].
In das zu wertende Material wurden alle Titel-Stories der Jahre 1950 bis 1989 aufgenommen.[59] Die jeweiligen Fortsetzungen einer Titel-Serie wurden als ein weiterer Titel gewertet.
Differenziert wurde außerdem zwischen einer Berichterstattung, in der die Probleme kirchlichen Lebens von bzw. zwischen Personen im Mittelpunkt stehen – im Sinne von ‚human-interest'[60] also (*Kirche*) – und solchen Berichten, die der Aufarbeitung theologischer, ‚wissenschaftlicher' Probleme dienen sollen (*Theologie*). Titel-Geschichten mit starker personenzentrierter Darstellungsform wurden grundsätzlich der Sparte ‚Kirche' zugeordnet.[61] Einige zweifelhafte Titel mußten ausgesondert werden.[62] Die Unterteilung der Titelhäufigkeit in die jeweiligen Jahrzehnte sowie die besondere Ausweisung von Titeln als ‚Weihnachts-Titel' rundet die Strukturierung ab.

2. Quantitative Analyse der SPIEGEL-Titel-Geschichten zu Theologie und Kirche

Eine erste quantitative Untersuchung der Theologie- und Kirchen-Berichterstattung im SPIEGEL findet sich bei D. Just. Im Rahmen der Deutschland-Berichterstattung – jeweils bezogen auf die Jahre 1949, 1956, 1962 und 1965/1966 – blieb der prozentuale Anteil relativ konstant.

Schaubild 2: Der prozentuale Anteil der Kirchen-Berichterstattung innerhalb der Sparte ‚Deutschland'[63]

1949	3 %
1956	3 %
1962	2 %
1965/1966	3 %

Eine quantitative Untersuchung neueren Datums für die Kirchen- und Theologie-Berichterstattung im SPIEGEL liegt m.E. nicht vor.
In den Jahren 1950 bis 1989 gab es im SPIEGEL insgesamt 79 Kirchen- bzw. Theologie-Titel.
Sie verteilen sich wie folgt:

Schaubild 3: SPIEGEL-Titel-Stories zu Kirche und Theologie

	Insgesamt	Kirche	Theologie	(Weihnachten)
1950-1959	16	14	2	4
1960-1969	39	27	12	5
1970-1979	14	14	0	0
1980-1989	10	7	3	2

Die Zahlen zeigen deutlich: Die Anzahl der SPIEGEL-Titel stieg in den 60er Jahren – sicher bedingt durch aktuelle Vorgaben (Konzil, Entmythologierungs-Debatte) – nach anfänglich 16 Titeln im Jahrzehnt zuvor sprunghaft an auf 39; 1970 bis 1979 gab es nur noch 14 Titel-Geschichten, und in den 80er Jahren erreichte die Zahl der Titel-Stories im SPIEGEL mit zehn ihren (vorläufigen) Tiefpunkt.

Ein enormer publizistischer Bedeutungsverlust der Kirchen im SPIEGEL hinsichtlich der Berücksichtigung als Titel (‚Inkarnation des SPIEGEL-Journalismus'; F.-H. Robling) ist demnach zu konstatieren.

Ebenfalls signifikant ist die Verlagerung der Berichterstattung weg von der Theologie / Wissenschaft hin zu kirchen-/ personen-zentrierten Berichten. Betrug das Verhältnis in den 50er Jahren noch 14:2 zugunsten der ‚Kirche', so holte in den 60er Jahren die Theologie-Berichterstattung stark auf. Die Kirchen-Berichte konnten sich nur verdoppeln, während die Theologie-Berichterstattung sich versechsfachte. Umgekehrt war dann der Trend in den 70er Jahren: 14 Kirchen-Titel, kein Theologie-Titel. Im Folge-Jahrzehnt verdeutlichen die Zahlen einen weiteren Rückgang der Kirchen-Titel, während die Theologie-Titel mit insgesamt drei leicht zunehmen konnten.

Es zeigt sich folglich eine deutliche Verlagerung der Themen-Sorten; Theologie und wissenschafts-journalistische Berichte verlieren im SPIEGEL an Bedeutung.[64]

Nicht so signifikant ist die Entwicklung bei den sog. Weihnachts-Titeln, d.h. bei den Titeln, die in der Woche vor Weihnachten das Titel-Blatt schmücken. Ein Weihnachts-Titel soll – so der SPIEGEL selbst – „wenigstens im weiteren Sinne aktuell sein, soll der Vorstellung quantitativ und qualitativ veränderter („weihnachtlicher") Lesebereitschaft Rechnung tragen, soll Geistig-Ästhetisches ausdrücken, aber nicht so direkt an Weihnachtsglocken rühren wie ein Kardinals-Purpur"[65].

Die Veröffentlichung eines Kirchen- bzw. Theologie-Titels zur Weihnachtszeit zeigt demnach die Bereitschaft des SPIEGEL, jenseits der aktuellen Themenlage eine ernste, redliche und tiefergehende Kirchen-Berichterstattung vorzunehmen. Titel sind ja mitunter „in Materialsammlung und Disposition wochenlang vorbereitet"[66].

Doch auch diese Weihnachts-Titel haben – zumindest zeitweise – an Bedeutung verloren. Von vier (1950 bis 1959) auf fünf

(1960–1969) steigend, fallen sie auf ‚Null' im Folge-Jahrzehnt. 1980 bis 1989 zieren wieder zwei Kirchen-Titel die Weihnachtsnummer und feiern somit gewissermaßen eine ‚Auferstehung'.

3. Zusammenfassung

1. Der Umfang der Kirchen- und Theologie-Berichterstattung des SPIEGEL im Rahmen seiner Titel-Stories hat seit den 60er Jahren kontinuierlich abgenommen.
2. Die Theologie-Berichterstattung verliert an Bedeutung zugunsten einer (personalisierten) Kirchen-Berichterstattung.

IV. Qualitative Inhaltsanalyse der Theologie- und Kirchen-Berichterstattung im SPIEGEL

1. Methodische Vorbemerkung

Eine quantitative Inhaltsanalyse der *gesamten* Theologie- und Kirchen-Berichterstattung im SPIEGEL ist – für einen einzelnen zumal – weder möglich noch nötig.[67] Es erscheint als wesentlich sinnvoller, die Inhalte und die thematischen Schwerpunkte der Kirchen-Berichterstattung zu erfassen und dann Rückschlüsse auf Motive und Wirkabsichten der Zeitschrift zu ziehen.
Die Eingrenzung der untersuchten Einheiten auf jeweils ein Jahrzehnt (1950 bis 1959, etc.)[68] soll dem Material eine Grobstruktur geben. So können in der Gesamtheit von über vier Jahrzehnten kirchlicher und theologischer Berichterstattung im SPIEGEL einerseits Tendenzen und Brüche deutlich aufgezeigt, andererseits die trotz wechselnder Aktualität bestehenden Vorlieben des SPIEGEL in diesem Bereich dokumentiert werden.
Auf inhaltliche Vollständigkeit in der Darlegung des Materials wurde verzichtet. Die Dominanz, die charakteristische Themenwahl und Themenbearbeitung stand im Mittelpunkt des heuristischen Interesses.
Das zu untersuchende Material wurde grundsätzlich allen Sparten und Rubriken des SPIEGEL entnommen, die sich auf Kirche und Theologie bezogen und / oder eine Beurteilung von Vorgängen in Kirche und Theologie durch den SPIEGEL anzeigten. Wann immer nötig, wird auf die Sprache der Artikel und Kommentare genauer einzugehen sein.
Nach einer grundlegenden Durchsicht der über vier Jahrzehnte SPIEGEL-Berichterstattung sollen durch die Untersuchung spezieller Schwerpunkte (thematisch und / oder personengebunden) die Linien und vor allem die Veränderungen der Berichterstattung aufgezeigt werden, verbunden mit dem Versuch, Gründe und Begründungen für diese anzudeuten. Die Linien zu den öffentlichkeits-theoretischen und religionssoziologischen Anmerkungen in KAPITEL I dieser Arbeit werden dann deutlich.[69]

2. Die Themenschwerpunkte in vier Jahrzehnten Theologie- und Kirchen-Berichterstattung im SPIEGEL

2.1 Themen in den Jahren 1950 bis 1959

Uneinheitlich zeigt sich die Themenlage im SPIEGEL der unmittelbaren Nachkriegsjahre. Geprägt von einer politischen Aufarbeitung der Vergangenheit, werden Versuche der Kirchen, daran mitzuwirken, vom Magazin äußerst positiv vermerkt. Vor allem die neugegründeten kirchlichen – zunächst evangelischen – Akademien beteiligten sich an der Neuformulierung der Position einer ‚Kirche in der Welt'.

- „Heilung der Heillosigkeit, Tage des Gesprächs in Hermannsburg" (20/1947/10-11); „In den Ohren der Christenheit, Radikaler Niemöller" (38/1947/17); „Nichts zu verkaufen, Auch eine Art Geschäftsmann" (39/1947/16); „Gefahrlose Leidenschaften, Appell an die Mächtigen" (41/1948/25).

Die offene Auseinandersetzung der Kirche mit der Welt („... die Hermannsburger Akademie, dieses Beispiel des Gesprächs zwischen Kirche und Laien"; „Gefahrlose Leidenschaften", 41/1948/25) wird vom SPIEGEL – natürlich nicht ohne ironischen Unterton – ausdrücklich gelobt.

> „Eine eigene Atmosphäre herrscht in den Gesprächen. Aus einer Welt voller Gegensätze hat man sich in das kleine Bad Boll zurückgezogen und ist bereit, auf den anderen zu hören, die Kirche auf die Welt, die Welt auf die Kirche. Man versucht zusammenzufinden, mit Freimut und ohne Empfindlichkeit." („In den Ohren der Christenheit", 38/1947/17).

R. Augstein, der zu Beginn des SPIEGEL ein Drittel aller Artikel selbst schreiben mußte[70], meinte noch in den 80-er Jahren, als Tagungsberichte der kirchlichen Akademien im SPIEGEL längst nicht mehr gewürdigt wurden: „Die Akademien sind das Beste, was die Kirchen nach 1945 gemacht haben."[71]

Auch in der Fragestellung der Wiederbewaffnung und der Frage nach der Einheit der beiden Kirchen-Verbände (Ost und West) standen die Evangelischen Kirchen im Mittelpunkt der SPIEGEL-Berichterstattung. Beide Probleme überlagerten sich.

„Militärseelsorge, Gebet unterm Atompilz“ (12/1958/26-27); „Gesamtdeutsche Synode, Das unselige Streben“ (16/1958/24); „Atom-Streit, Billigt Gott A-Bomben?“ (23/1958/24-26).
Mit großen Titel-Stories hat der SPIEGEL versucht, die vielen ‚Geschichten‘ zu diesem Themenkomplex einmal grundsätzlich – meist an einer Person festgemacht – auszuleuchten.

- „Bist du ein Pope?, Rebellion der Laien: Reinhold von Thadden-Trieglaff“ (33/1950/22-27); „Ein Christ ist niemals außer Dienst, Moskau-Reisender Bischof Dibelius“ (46/1952/8-14); „Ist Pankow von Gott gewollt?, Evangelischer Bevollmächtigter bei der DDR: Probst Grüber“ (26/1956/18-25); „Untertan im Widerstreit, Berliner Bischof Dibelius“ (46/1959/20-32).

Bischof O. Dibelius, gleich zweimal ‚Held‘ einer Titel-Story, brachte die grundsätzliche Frage, ob und inwieweit ‚Röm 13‘ auch für die DDR und ihr diktatorisches Regime gelte, mit seiner Schrift ‚Obrigkeit‘ in eine breite Öffentlichkeit und erntete Kritik. Der SPIEGEL sieht darin – obwohl publizistisch nach außen so dargestellt – nicht in erster Linie ein Personenproblem, sondern eine echte, ernstzunehmende theologische Frage.

- „Obrigkeit, Salzkraft verloren“ (39/1959/22-24); „Ist Ulbricht von Gottes Gnaden?“ (45/1959/47).

Gelten die Bestimmungen der Straßenverkehrsordnung in der DDR auch für einen Christen? – Bischof O. Dibelius jedenfalls gelang es mit der Verneinung dieser Frage, plakativ das Problem der ‚Obrigkeit von Gott‘ auf den Punkt zu bringen. In der Praxis der Jugendweihe wird dies besonders virulent.
Jens Daniel (alias R. Augstein) nimmt diesen Streit in den Evangelischen Kirchen zum Anlaß, persönlich einzugreifen. Die Argumente von Bischof O. Dibelius überzeugen ihn nicht.

> „Hier haben wir ein Beispiel, wie heillos theologische Argumentation abirren kann, wenn sie politischen Konstellationen entspringt. Paulus konnte sich naturgemäß keinen totalitären Staat von heute vorstellen (sowenig wie das totalitäre Unrecht der Inquisition von gestern). Paulus hat uns keine Anweisung hinterlassen, wie man mit der SED umzugehen hat. Er hat auch die allgemeine Wehrpflicht und den Atomkrieg nicht gerechtfertigt, er wußte nichts davon. Die Schrift

sagt lediglich, daß man Gott mehr gehorchen muß als den Menschen; den einzelnen in dieser Gewissensentscheidung zu beraten, sollte den Kirchen Verantwortung genug sein." („Jens Daniel: Römer 13", 46/1959/25).

Ein vor allem die 60-er Jahre bestimmendes Thema klingt im SPIEGEL des ersten Jahrzehntes nur durch zwei aktuell vorgegebene Sachfragen an. Anläßlich einer Klage der Bundesregierung auf Fortbestand des Reichskonkordates von 1933 wird die gesamte (Entstehungs-)Geschichte dieses Vertrages vom SPIEGEL enzyklopädisch aufgerollt („Reichskonkordat, Geheime Freuden", 24/1956/16-22). Der Tod von Papst Pius XII. erlaubt zwei Jahre später eine Auffrischung dieses Themas im Rahmen einer Titel-Story („Pius XII.", 24/1958/44-57). Erst die Buch-Veröffentlichungen von R. Morsey und E.-W. Böckenförde sowie das Theater-Stück ‚Der Stellvertreter' von R. Hochhuth in den 60-er Jahren ermunterten den SPIEGEL zu einer ausgedehnten Diskussion dieser Frage, und zwar in Interviews, Gesprächen, Titeln (Serien !) und zahllosen kleineren Stories.

In keine einheitliche Rubrik einordnen lassen sich einige Titel-Geschichten, die, durch nachfolgende kleinere Stories komplettiert, Theologen und populäre Prediger beleuchten. In weit größerem Maße als bei anderen Titeln wird hier die Sprache ironischer, spöttischer, insgesamt satirischer.

- „Seelsorge vorm Fabriktor, Religion nach Feierabend: Arbeiter-Pater Leppich" (3/1954/26-31); „Religion für den Massenkonsum, Gottes Werbefachmann Billy Graham" (26/1954/21-26); „Glaubensburgen an der Zonengrenze, Vorstoß für die Diaspora: Pater Werrenfried von Straaten" (32/1954/23-27); „Scheidungen sind schlimmer als mau-mau, Dr. Geoffrey Fisher, Erzbischof von Canterbury", 47/1955/34-42); „Wohin mit dem Evangelium?, Prediger vor vollem Haus: Helmut Thielicke" (52/1955/34-39); „Kardinal Biondi" (37/1958/40-48).

Vom SPIEGEL einmal aufgegriffen, wird man in der Folgezeit genauestens beobachtet, so z.B. Pater Leppich.

- „Leppich, Das Weib muß weg" (40/1957/22-23); 39/1959/78-Personalien.

Zwischenkonfessionelle Probleme werden vom Magazin nicht als theologisch relevant, sondern als Ausdruck von Klerikalismus oder als Machtmißbrauch der Kirchen, v.a. der Katholischen Kirche, dargestellt.

- „Konfessionsfrieden, Stellungskrieg am Sterbebett“ (7/1957/22-25); „Begräbnis, Die Liebe höret nimmer auf“ (45/1957/32-34); „Ehen, Braut oder Konkubine“ (47/1957/42); „Konkordat, Wer traut?“ (16/1958/42-43).

Auch im politischen Bereich versucht der SPIEGEL, die Macht der Katholischen Kirche anzuprangern und den Vorwurf des Machtmißbrauches zu untermauern.

- „Sonntagsarbeit, Ist Gott dagegen?“ (9/1957/18-19); „Wahlkampf, Nicht an der Kirchentür“ (14/1957/12); „Jens Daniel, Und meinen Kattun“ (24/1957/10); „Wahlkampf, Vor und nach dem Segen“ (28/1957/34-35); „Lourdes, Nachhilfe aus Rom“ (8/1958/52); „Jens Daniel, Kanzelmißbrauch“ (28/1958/10); „Finanzpolitik, Der Großaktionär“ (33/1958/32-33); „Kirchensteuer, Das Mindestmodell“ (39/1959/24).

Vor allem die finanzielle Macht der Kirchen, festgemacht am bundesrepublikanischen Kirchen-Steuer-System, wird den SPIEGEL zukünftig intensiv beschäftigen.

Mit der Titel-Geschichte „Jesus von Nazareth“ (51/1958/42-55) zeigt sich erstmals im SPIEGEL die Tendenz, grundsätzlich und theologisch untermauert ein Kirchen-Thema anzupacken. Schon ein Jahr zuvor („Rollenfunde, Die Entlassung“, 29/1957/46-48) wurde anhand der Rollenfunde in Qumran der breitangelegte Versuch gestartet, die ‚Originalität‘ der Person Jesu zu bezweifeln und exegetisch, historisch und theologiegeschichtlich anzugreifen. Der Glaube an die Historizität der Person Jesu und seiner Auferstehung sollten als Mythos entlarvt werden.

Eine Intensivierung zeigt sich schon ein Jahr später mit der Aufarbeitung der Entmythologisierungs-Debatte im Rahmen eines Titels über K. Barth („Gottes fröhlicher Partisan, Dialektischer Theologe Karl Barth“, 52/1959/69-81).

Der SPIEGEL, der sich bei seinem ‚Jesus-Titel‘ vor allem auf die einschlägige theologische Fachliteratur beruft und als Zeugen für die Fragwürdigkeit der Bibel und ihrer Aussagen namhafte Theologen anführt, erkannte hier ein starkes öffentliches Be-

dürfnis nach theologischer Aufklärung. Das zeigt die enorme Leserbrief-Reaktion (1/1959/3-4; 2/1959/5-9; 3/1959/5-10), vom SPIEGEL selbst als „eine kaum je übertroffene Publikumsreaktion“ (52/1963/3-Hausmitteilung) bezeichnet. Die in den Kirchen durch den Artikel angefachte Diskussion wird vom Magazin natürlich dokumentiert („Viel Sand ist abgefallen, Weihnachtsartikel des SPIEGEL auf der Anklagebank“, 10/1959/16).
Von der innerkirchlichen Reaktion ist der SPIEGEL überrascht worden[72], und Herausgeber R. Augstein rechtfertigt in einem ‚Lieber Spiegelleser‘-Brief die Veröffentlichung und den Zeitpunkt (3/1959/14). R. Augstein zeigt, daß dieser Artikel sich vor allem gegen „priesterliche Willkür“, gegen die Gleichsetzung der Kirchen mit Jesus Christus richtet: „Der SPIEGEL-Titel über die Leben-Jesu-Forschung hat vermutlich nicht einen gläubigen Christen in seiner Überzeugung beirrt. Viele Leser hingegen, Christen, Nichtchristen und Schein-Christen, hat er angeregt, ihre Betrachtungsweisen zu vertiefen.“ (ebenda).
Dieser ‚Jesus-Titel‘ des SPIEGEL muß als eine deutliche Veränderung des Magazins in Sachen Theologie und Kirche betrachtet werden: Nicht mehr nur berichten und zusammenfassen, sondern Themen und Diskussionen – auf hohem Niveau – anzuregen und auch in die Kirchen hineinzutragen. Dieses Phänomen einer *‚SPIEGEL-Theologie‘* hat hier seinen Anfang genommen und in den 60-er Jahren dann seinen Höhepunkt erfahren.
In der Person des neuen Papstes Johannes XXIII. sieht der SPIEGEL – von Anfang an – den Prototypen einer menschlichen, zugewandten Katholischen Kirche in moderner Zeit. Mit viel Vorschuß-Lorbeeren wird Papst Johannes XXIII. der SPIEGEL-Leserschaft publizistisch vorgestellt.

- „Johannes XXIII., Mit R“ (45/1958/74); „Löhne, Johannes in der Bauhütte“ (50/1958/48-49); „Deutscher Ritus, Auf Probe“ (15/1959/54-55).

Doch auch hier zeigt sich die von einigen[73] getroffene Feststellung als berechtigt, wie uneinheitlich der SPIEGEL berichten kann. Es folgen schon bald zwei explizit negative Stories zu Johannes XXIII. „Papst-Dekret, Schmerzliche Lage“ (19/1959/46-47); „Arbeiter-Priester, Overall unerwünscht“ (40/1959/34), in denen der

Papst als schwach und dem Druck einer konservativen Kurie ergeben geschildert wird. Wochen später dann wieder der alte, der wohlwollende Papst-Bericht.

- „Rom-Synode, Baskenmütze verboten“ (7/1960/40-42); „Papst-Reisen, Johnnie Walker“ (31/1960/48-49).

Johannes XXIII. wird nun wieder als „reformfreudiger Papst“ (7/1960/40) dem SPIEGEL-Leser ins Gedächtnis zurückgerufen. Ein einsichtiger Grund für diese Uneinheitlichkeit in der Berichterstattung ist nicht erkennbar.

Ende des Jahrzehntes und eng mit der Person des Papstes verbunden wirft ein Kirchenereignis seine ersten Schatten. Es sollte für einige Zeit für eine konfessionelle Prävalenz der Katholischen Kirche im SPIEGEL und auch innerhalb der katholischen Kirchenberichte sorgen.

- „Kirchenkonzil, Wendung nach Osten“ (6/1959/36-37); „Deutscher Ritus, Auf Probe“ (15/1959/54-55); „Wiedervereinigung, Stachel im Fleisch“ (48/1959/63-64).

Anfänglich bezweifelt der SPIEGEL die Erfolgsaussichten dieses Konzils hinsichtlich einer wirklichen Veränderung der Katholischen Kirche. Das Magazin erkennt genau das ekklesiologische Dilemma der Katholischen Kirche (und nennt es in den ersten Jahren des nächsten Jahrzehntes immer wieder) in Sachen Kirchengemeinschaft mit den Ostkirchen.

„Die nachfolgenden Päpste [nach Pius XII.] wandten das Unfehlbarkeitsdogma immer konsequenter an, um ihren Herrschaftsanspruch nicht nur gegenüber katholischen Kirchenversammlungen, sondern auch gegenüber den anderen christlichen Glaubensgemeinschaften aufrechtzuerhalten. Sollte nun der gegenwärtige Papst ernsthaft eine Zusammenarbeit oder gar eine Vereinigung mit den orthodoxen Kirchen des Ostens anstreben, so ist es gerade dieses Dogma, das fallen muß.“ („Kirchenkonzil, Wendung nach Osten“, 6/1959/37).

Diese Zweifel am Erfolg des Konzils hinderten den SPIEGEL aber nicht, breit über das II. Vatikanische Konzil zu berichten und, als dieses Bischofstreffen eine Eigendynamik entwickelte, den Reformern ein äußerst wohlwollender Gesprächspartner zu sein. Das Magazin ließ sich nun durchaus von einer Art ‚Konzils-Euphorie‘ anstecken.

Fragen der Sexualmoral werden nur peripher in der SPIEGEL-Berichterstattung dieses Jahrzehntes abgehandelt. Sie werden zum Teil stark personalisiert aufgearbeitet.

- „Skorpion statt Brot, Für Knaus-Ogino“ (19/1949/5-6); „Ehescheidung, Nur für Entmündigte“ (23/1950/19-21).

Zum anderen zeigt der SPIEGEL deutliche begriffliche Schwächen; mitunter werden sogar sachliche Fehler aufgrund mangelnden Studiums offenbar. Der Unterschied zwischen einer ‚unbefleckten Empfängnis‘ und einer ‚jungfräulichen Empfängnis‘ Mariens ist dem Magazin 1947 noch nicht geläufig („Offene Ketzerei, Wunder erschweren den Glauben“, 43/1947/20) – ein Fehler, der einige Jahre später stillschweigend richtiggestellt wird („Marianisches Jahr, Schwer verständlich“, 51/1953/22-24).[74] Wie lästig dem SPIEGEL aber dieses ganze Thema ‚Sexualmoral‘ ist, zeigt die grundsätzliche Ironisierung dieser Fragen. Ein früher Höhepunkt liegt in der Berichterstattung über die ‚Sacra Romana‘ bzw. die Möglichkeit der Eheannullierung vor, wenn in einer Unverständnis heischenden Form die Gründe für eine Nichtigkeitserklärung ermüdend lang aufgeführt werden („Ehescheidung, Nur für Entmündigte“, 23/1950/19-21).

Eine direkt hämische Berichterstattung findet sich im SPIEGEL meist dann, wenn ein kirchliches Großereignis oder Aktivitäten kirchlicher Selbstdarstellung (Wallfahrten, Oberammergauer Passions-Festspiele, etc.) thematisiert werden.

- „Kleiner Stückl, grosser Stückl, Kaiphas hat am meisten zu sagen“ (20/1950/35-38-Titel); „Lourdes, Das Wunder des Dr. Dozous“ (18/1956/44-49); „Wallfahrten, Der gemanagte Rock“ (16/1959/29-33); „Pilger Nr. 14 653“ (33/1959/32-34).

Dies geschieht oft durch einen (sehr subjektiven) Bericht eines SPIEGEL-Redakteurs oder SPIEGEL-Reporters, der dann alle Register des SPIEGEL-Kabaretts ziehen kann und zieht. Über die Ausstellung des ‚Heiligen Rocks‘ in Trier findet sich folgendes:

„Der Dombezirk ist von einem zwei Meter hohen Planken-Drahtzaun eingesponnen. Eine Hürde, die kein noch so frommer Einzelpilger nehmen kann. Der Pilger ist in Trier als Einzelwesen nicht existent, er ist ein Glied des großen Wallfahrts-Perpetuum-mobile. Der Rockverehrer betritt den Dom nicht allein, der Apparat der Prozessionsregisseure hat von ihm Besitz genommen und weist ihm eine Rolle zu: Du trägst die Fahne, du das Kreuz, du marschierst linksaußen, du gehörst zur Fußkranken-Abteilung. Vor allem: Du wirst registriert. Der Beter ist eine Nummer im Wallfahrtsbericht." („Pilger Nr. 14 653", 33-B. Honolka).[75]

Diese Linie in der Berichterstattung wird in den folgenden Jahren im SPIEGEL intensiviert und in den 80-er Jahren dominant.

Das Moment der ‚Unterhaltung' ist solchen ‚Psychogrammen kirchlicher Selbstdarstellung' natürlich nicht fremd. Es gibt im SPIEGEL freilich auch eine Tendenz zu ausgesprochenem Klatsch – zu Stories ohne wirkliche Information.

- „Seht, sie bewegt sich, Aber kein Wunder in Assisi" (8/1948/-22); „Fester Fels Petri, Italien sieht schwarz" (50/1948/14-15); „Oberammergau, Wir wurden verraten" (33/1950/7-8); „Kleiner Stückl, grosser Stückl, Kaiphas hat am meisten zu sagen" (20/1950/35-38-Titel); „Vatikan, Plauderten die Kardinäle?" (35/1955/33-38); „Pfarrer, Die Beicht-Eier" (31/1958/28).

Zusammenfassung

1. Im ersten SPIEGEL-Jahrzehnt werden die politischen Konsequenzen der Nachkriegszeit sowie die Frage nach dem Verhalten der Kirchen im ‚Dritten Reich' deutlich herausgestellt. Die internen Probleme der Evangelischen Kirchen in Deutschland werden vor allem aufgezeigt hinsichtlich der Beurteilung von ‚Röm. 13' in der DDR und der Frage nach der Einheit der beiden evangelischen Kirchen-Organisatoren in Ost und West. Die Katholische Kirche wird wegen ihres Verhaltens in Hitler-Deutschland besonders kritisch attackiert.

2. Die Macht und der vom SPIEGEL behauptete Machtmißbrauch der Kirchen wird eine erste Konstante der Berichterstattung. Anknüpfungspunkte sind die Kirchensteuer, zwischenkonfessionelle Grabenkämpfe, institutionelle Selbstdarstellung der Kirchen und einseitige Wahl-Hirtenbriefe zu gegebenem Anlaß.

3. Mit der Titel-Story ‚Jesus von Nazareth' betrat der SPIEGEL Ende der 50-er Jahre publizistisches Neuland. Sie wird zum Startpunkt einer großangelegten Kirchen- und (vor allem) Theologie-Berichterstattung (‚*SPIEGEL-Theologie*').

4. Gelegenheiten zu spöttischer und satirischer Kirchen-Berichterstattung werden vom SPIEGEL gern und konsequent genutzt – meist an Personen festgemacht (J. Leppich, B. Graham, W. v.Straaten) oder an kirchlichen Großereignissen aufgezeigt (Lourdes, Oberammergau, Pilger-Reisen). Sie ist aber noch nicht dominant im Magazin.
5. Das angekündigte Konzil erweckt das Interesse des SPIEGEL, zumal der neue Papst Johannes XXIII. zum Hoffnungsträger der katholischen Kirche werden könnte – auch in den Augen des Magazins. Der SPIEGEL befürchtet, daß das Nicht-Hinterfragen der kirchlichen Strukturen auf dem Konzil (Hierarchie, Verhältnis: Episkopat – Primat, Unfehlbarkeit) eine wirkliche Reform der Katholischen Kirche verhindern könnte.

2.2 Themen in den Jahren 1960 bis1969

In der spezifisch theologischen Berichterstattung im SPIEGEL stellt der Titel ‚Jesus von Nazareth' aus dem Jahre 1958 eine Wendemarke dar. Die Möglichkeit zu einer Intensivierung dieses Genres bot im Zeitraum der Jahre 1960 bis 1969 vor allem das II. Vatikanische Konzil, wie überhaupt der Umfang theologisch-kirchlicher Berichte stark anschwoll.
Die Vorbereitungen des Konzils werden vom SPIEGEL dabei breit und trotz mancher Kritik im Einzelfall – vor allem an der anfänglichen Geheimnistuerei der Kurie bei der Planung – positiv und wohlwollend dokumentiert. Papst Johannes XXIII. und die deutschen Theologen (Professoren wie Bischöfe) werden als ernstzunehmende Reformer der Kirche dem SPIEGEL-Leser noch vor der Eröffnung des Konzils vorgestellt.

- „Konzil, Sub secreto" (23/1961/61-63); „Konzil, Schwarzes Schaf" (47/1961/28-29); „Bischöfe, Wie Anno 1970" (4/1962/38-39); „Bischöfe, Ein Kampf in Rom" (22/1962 /33-36); „Zölibat, Lebenslänglich Helden" (37/1962/37-41).

Nach der Ankündigung eines Konzils durch Papst Johannes XXIII. machte der SPIEGEL in einer voluminösen Serie („Gottes eigenes Konzil, Zweitausend Jahre Apostel, Päpste und Politik im Namen Gottes", 40-43/1962) seine Leser mit der Geschichte der Konzilien vertraut, und dies nicht nur ohne Häme, sondern voller Sachkenntnis. Die Serie besitzt stellenweise Lehrbuch-Niveau.

Die Beschlüsse und Probleme des Konzils werden – auch nach dem Tod von Johannes XXIII. und der Wahl von Paul VI. – breit dargelegt und der Wechsel auf dem Papst-Thron sowie das Ende des Konzils mit je einer großen Titel-Geschichte gewürdigt. Mit zunehmender Deutlichkeit aber geht der SPIEGEL auf Distanz zum Konzil und auch zu den Reformern unter den Theologen.[76]

- „Konzil, Brüderliche Zwietracht" (49/1962/90-92); „Konzil, Scharfe Kurve" (51/1962/40-43); „Papst-Nachfolge, Vater und Söhne" (52/1962/41-43); „Konzil-Küng, Blick auf das Dunkle" (16/1963/42-51); „Johannes XXIII." (24/1963/66-76-Titel); „Papst-Wahl, Lieber Lilien" (25/1963/27-30); „Döpfner, Etwas aufgebrochen" (40/1963/37); „Diakone, Leibliche Väter" (45/1963/56-59); „Wie mächtig ist der Papst?" (47/1963/92-99-Gespräch); „Konzils-Kardinal Frings" (50/1963/40-56-Titel); „Papst-Beschlüsse, Was möglich ist" (19/1964/52); „Bischöfe, brennend und schmerzlich" (26/1964/44); „Geheimhaltung, Vater, erzähle" (42/1964/118-119); „Das Konzil ist noch immer ein Bestseller" (48/1964/132-137-Gespräch); „Juden-Erklärung, Freispruch vertagt" (25/1965/96); „Konzil, O welcher Kummer" (38/1965/123); „Katholiken, Tee bei der Tante" (40/1965/124); „Kommunisten, Schweigen ist feige" (45/1965/143); „Papst Paul VI." (52/1965/68-84-Titel).

In der Frage der Regelung von Misch-Ehen hat der SPIEGEL – angeregt durch das ‚Privat-Interesse' von Redakteur W. Harenberg – besonderes Engagement entwickelt. Schon lange vor den Konzilsberatungen hat das Magazin in konstruktiven Gesprächen auf die Dringlichkeit einer praktikablen Antwort auf die Fragen der betroffenen Eheleute hingewiesen und sieht in dem Beharren auf alten Rezepten die Glaubwürdigkeit der Kirchen, v.a. der Katholischen Kirche, bedroht.[77]

- „Misch-Ehen, Wie Bruder und Schwester" (20/1961/36-38); „Katholischer Dogmatiker Schmaus, Jeder Vierte freit die falsche Braut" (10/1962/54-68-Titel-Gespräch); „Evangelische Freiheit im Petersdom zu Rom?" (39/1964/61-73-Gespräch).

Die endgültige Regelung der Misch-Ehen-Praxis erfolgte erst in der Zeit nach dem Konzil, und der SPIEGEL, der von Anfang an auf der Anerkennung (Gültigkeit) von Misch-Ehen bestanden hatte, bekam Recht.

- „Die neue Freiheit ist nicht mehr auszulöschen“ (5/1966/54-60-Gespräch); „Misch-Ehe, Post für Papst Alfredo“ (14/1966/70-72); „Wie unauflöslich ist die Ehe?“ (15/1970/188-200-Gespräch); „Mischehe, Schwer und süß“ (20/1970/74-76).

Trotz dieser positiven Regelung der Misch-Ehen-Frage wird die Zeit nach dem Konzil vom SPIEGEL negativ dargestellt. Die ausgebliebene strukturell-rechtliche (ekklesiologische) Reform der Kirche, d.h. der Neubestimmung des Verhältnisses von Primat und Episkopat und des Unfehlbarkeits-Dogmas, hat die Katholische Kirche in eine tiefe Krise gestürzt, die sich fast überall zeigt: In Holland; durch die Gründung von (kritischen) Priestergruppen; durch Zölibats-Kritik; durch Kirchen-Austritte. Vor allem die Enzyklika ‚Humanae Vitae‘ von Papst Paul VI. und ihr Zustandekommen fördern im SPIEGEL die Tendenz, die Katholische Kirche nunmehr als ernstzunehmenden Gesprächspartner auszugrenzen und zu ignorieren.[78]
Eine Unmenge von Artikeln und Gesprächen sollen diesen ‚Aufruhr‘ in der Katholischen Kirche dokumentieren:

- „Bischöfe, Schwarze Schafe“ (19/1966/104-106); „Konzil, Gefährliche Stunde“ (42/1966/144-147); „Zölibat, Quelle der Freude“ (31/1967/83-84); „Katholiken, Grab der Kirche“ (39/1967/145); „Paul VI., Gestutzte Flügel“ (45/1967/160); „Es ist nicht klug, den Papst zu drängen“ (49/1967/52-60-Gespräch); „Demokratisierung, Heiliger Frühling“ (24/1968/50-52); „Kirche, Passende Antwort“ (39/1968/125-127); „Katechismus, Wollt ihr weggehen?“ (50/1968/178-182); „Benediktiner, Abt Alkuins Abgang“ (51/1968/57-58); „Maritain, Achtung, es brennt“ (11/1969/161-162); „Mitbestimmung, Kreislauf der Liebe“ (45/1969/150-153); „Papst zukünftig nur noch auf Zeit?“ (45/1969/196-201-Gespräch).

Gleich zwei Titel-Stories über Papst Paul VI. zeigen dem SPIEGEL-Leser eine Katholische Kirche, die ‚am Ende‘ zu sein scheint. Voller Pessimismus stimmt das Magazin seinen Abgesang auf diese an mit zwei weiteren Titeln Anfang der 70-er Jahre. Ihr Tenor: Adieu – Katholische Kirche.

- „Paul VI., Nein zur Pille" (32/1968/82-90); „Papst in Bedrängnis" (18/1969/162-178); „Ende des Zölibats?" (3/1970/40-58); „Priester, Beruf ohne Zukunft?" (43/1971/78-101).

Dieser – für den SPIEGEL feststehende – negative Befund wird im Magazin durch eine in den 60-er Jahren beginnende Berichterstattung über religions- bzw. kirchensoziologische Studien und Untersuchungen verstärkt. Sie werden mit dem Duktus versehen, zu zeigen, wie brüchig der Boden der Kirchen selbst bei ihren Mitgliedern (geworden) ist.

- „Pfarrer-Kritik, Hört die Signale" (8/1961/86-87); „Priestermangel, Guter Unterhalter" (24/1961/48-50); „Seelsorge, Blutende Wunden" (19/1962/40-41); „Kirchentag mit Peter Frankenfeld?" (30/1963/24-25); „Jugend, Zweifel an Wachteln" (33/1963/60); „Das Ja und das Nein des DDR-Christen" (35/1963/22-26-Gespräch); „Arbeiter, Nichts aus nichts" (17/1967/102-104); „Die Kirche krankt am schleichenden Befund" (15/1968/44-46); „Atheismus, Gewisse Risiken" (14/1969/207-208); „Ordensfrauen, Mit der Mode" (40/1969/44-46).

Der Grad der Entfremdung von Kirchen und Gläubigen zeigt sich am besten in der Beurteilung von sexual-moralischen Fragestellungen. Der SPIEGEL ist nicht nur über die Entscheidung von Papst Paul VI. bestürzt; er zeigt – mit großer Lust – auch auf, wie groß der Exodus aus der Katholischen Kirche nach ‚Humanae Vitae' geworden ist.

- „Empfängnisverhütung, Liebe nach Kalender" (27/1966/34); „Katholikentag, Nun stürmisch" (30/1966/26); „Sexualität, Freude im Haus" (35/1966/54-56); „Mancher wird die Kirche jetzt verlassen" (36/1968/52-54); „Katholikentag, Beugen und zeugen" (37/1968/74-75); „Im Beichtstuhl nach der Pille fragen?" (39/1968/166-176-Gespräch).

Die innerkirchliche Kritik an Papst Paul VI. wird breit dokumentiert.

- „Papstgehorsam, Weiß bleibt weiß" (40/1968/49-50); „Frankreich, Weniger Kult" (49/1968/146-150); „Kardinal Suenens, Durst nach Echtem" (23/1969/120-125); „Ich schäme mich" (26/1969/24).

Und doch ist der SPIEGEL bereit, sich den Kopf der Kirchen zu zerbrechen und Fragen der Kirchen nicht nur aufzunehmen, sondern zu eigenen Problemstellungen zu machen. Deutlich wird dies an zwei Umfrage-Untersuchungen, die vom SPIEGEL in Auftrag gegeben und von ihm publiziert wurden.

- „Zölibat, Wie Petrus" (46/1967/111-113); „Was glauben die Deutschen?" (52/1967/38-58-Titel).

Vor allem der von SPIEGEL-Redakteur W. Harenberg verfaßte Titel ‚Was glauben die Deutschen?'[79] ist geeignet, die Brüchigkeit der Grundlagen der Kirchen aufzuzeigen. In fast allen öffentlichen Stellungnahmen der Kirchen (Sexualmoral, Konfessionsschule) können sich diese – das zeigen die Zahlen – auf keine Mehrheit unter ihren jeweiligen Mitgliedern berufen. In diesem für die Kirchen bedauernswerten Befund sieht der SPIEGEL die Berechtigung liegen, den Kirchen publizistisch politischen Machtmißbrauch vorzuwerfen.
Auf der Ebene der dogmatischen Aussagen der Kirchen dokumentiert die Umfrage nicht nur eine erschreckende Unkenntnis unter den Christen. Es werden darüberhinaus fundamentale Glaubensaussagen (Gottessohnschaft Jesu, Auferstehung, etc.) mehrheitlich abgelehnt oder zumindest bezweifelt. Auch hier stehen die Kirchen – so der SPIEGEL – auf recht tönernen Füßen.
Die in einigen Titeln und Gesprächen schon in den 50-er Jahren angesprochene ‚Entmythologisierungs-Debatte' erfährt in diesem Jahrzehnt ihren Höhepunkt. Eine achtteilige Serie, ein Abdruck aus dem Buch ‚Leben und Tod des Jesus von Nazareth' von J. Carmichael („Jesus – König der Juden?", 6-13/1966) zeigt erneut die Liebe des Magazins zur Bearbeitung biblischer und historischer Themen. R. Augstein formuliert die Beweggründe beim Abdruck dieser voluminösen Serie in einem Kommentar zur ersten Folge so: „Dieses manchem gedankenlosen Christen ärgerliche Buch kann die Entscheidung fördern, ob der Glaube zu glauben oder zu verwerfen sei, der Glaube, Christus sei auferweckt worden. Solche Klärung täte nicht nur den Kirchen gut, sondern auch den politischen Zuständen hierzulande, die sich, was den christlichen Glauben anlangt, durch ein schier unglaubliches Maß der Heuchelei, des Nicht-wissen-und-nicht-fragen-Wollens auszeichnen" („R. Augstein, Jesus – vor der Auferstehung", 6/1966/48-52, 52).[80]

Eine gewisse Abrundung der ‚Entmythologisierungs-Debatte' im SPIEGEL stellen ein Gespräch und ein Interview dar.

- „Ist Jesus auferstanden wie Goethe?" (31/1966/42-45-Gespräch mit R. Bultmann); „Nur mit dem Abitur in den Himmel?" (26/1967/59-Interview mit H. Lilje).

W. Harenberg läßt der Carmichael-Serie unmittelbar eine weitere – nun von ihm selbst verfaßte – folgen: „Jesus und die Kirchen" (14-16/1966). Dabei wird nicht nur der Trend des SPIEGEL „zur dezidierten Meinung"[81] offenkundig, sondern auch ein Interesse, bei aller Lust an der Dokumentation der theologischen Uneinigkeit des vielstimmigen Chores in Forschung und Lehre selbst einige kirchliche Essentials zu formulieren und dabei überraschend ‚konservativ', ‚kirchentreu' zu argumentieren.

Der Hang des SPIEGEL zur Aufbereitung historischer Themen bleibt auch in diesem Jahrzehnt vorherrschend. Diese ausbreitend-einladenden Themen sind meist nur im Rahmen einer Titel-Geschichte abzuhandeln.

- „Albert Schweitzer" (52/1960/50-61); „Widerstandsbischof Lilje" (44/1961/32-45); „Die Jesuiten, ‚Schwarzer Papst' Arrupe" (44/1965/65-82); „Martin Luther" (45/1967/38-52).

Das Verhalten der Katholischen Kirche während des III. Reiches – vornehmlich das des Papstes Pius XII. – wird zum beherrschenden historischen Thema des SPIEGEL in den Jahren 1963 bis 1969. Große Serien und Titel werden durch kleinere Story-Vorläufer vorbereitet, angeregt vor allem durch die Thesen in R. Hochhuths Theaterstück ‚Der Stellvertreter'.

- „Hochhuth, Russen gestrichen" (9/1963/71-75); „Pius XII., Koffer gepackt" (16/1964/99-100); „Pius XII., Gutes und Böses" (1-2/1966/59-61); „Pius XII., Wenn Stalin siegt" (15/1969/145-148).

In einer großen Titel-Geschichte zur Papst-Kritik von R. Hochhuth wird die kritische Berichterstattung des SPIEGEL zusammengefaßt und gebündelt.

- „Papst-Kritiker Hochhuth" (17/1963/78-89); „Mein Pius ist keine Karikatur" (17/1963/90–96-Gespräch mit R. Hochhuth).

Massive Kritik an der ‚diplomatischen Regelung‘ der Juden-Frage durch den Vatikan erheben ein SPIEGEL-Titel und eine voluminöse Serie, letztere verfaßt von G. Lewy.

- „Pius XII. und die Deutschen“ (47/1964/107-124); „Mit festem Schritt ins Neue Reich, Die katholische Kirche zwischen Kreuz und Hakenkreuz“ (8-15/1965).

In einem ‚Lieber-Spiegelleser‘-Brief äußerte sich R. Augstein erneut zu seinen Abdruck-Motiven. Man veröffentliche „nicht, um der katholischen Kirche am Zeug zu flicken; nicht, um zu zeigen, daß Bischöfe auch nur Menschen sind; nicht, um Papst Pius XII. zu blamieren, dessen Haltung differenzierter und verschlüsselter war als Hochhuths Zuschauer im Gedächtnis behalten haben mögen. Noch will der SPIEGEL Irrtümer, die Kirche und Volk, Kirche und Gesellschaft miteinander geteilt haben, dem deutschen Episkopat auflasten. Uns interessiert vielmehr, welche Autorität die deutschen Bischöfe zwischen 1933 und 1945 zur Entscheidung politischer Fragen in Anspruch genommen haben und geltend gemacht haben. Uns interessiert, wo sie Gewissen geschärft und wo sie Gewissen eingelullt haben. Uns interessiert, ob und wie die politischen Interessen der Organisation Kirche im Widerspruch zu ihrem christlichen Auftrag wahrgenommen wurden.“ (8/1965/41).

Dieser Anspruch wurde zumindest im ‚Pius-Titel‘ eingehalten. Der Vorwurf des SPIEGEL gegen die römische Kirche lautet denn auch, aus Machtgründen oder aus Gründen der politischen Opportunität ‚geschwiegen‘ zu haben. Einer anderen Organisation hätte das Magazin ein solches Verhalten (eventuell) zugestanden, der Katholischen Kirche hingegen nicht.

> „Hitlers Endlösung der Judenfrage verlangte dem Heiligen Vater eine moralische, keine diplomatische Entscheidung ab. Denn: Auf dem Thron Petri saß nicht nur ein Diplomat, hier stand ein Mann, der den Anspruch erhob, Stellvertreter Christi zu sein, an der Spitze einer Kirche, die verheißen hatte, das christliche Sittengesetz auch an den dunkelsten Erdenflecken zu tragen.“ („Pius XII. und die Deutschen“, 47/1964/120).

Die Leserbriefspalten des SPIEGEL dokumentieren das große Einverständnis der Leser mit einer solchen Beurteilung (49/1964/

5-11; 15/1965/5-12). Die Katholische Kirche freilich sah das anders. Kardinal J. Döpfner ließ verlauten:

> „Die Geschichte wird einmal die Art und Weise, mit der in diesem Jahr vom Weg der Kirche zwischen 1933 und 1945 berichtet wurde, schärfer verurteilen als das Verhalten der Bischöfe und der Katholiken in der nationalsozialistischen Zeit." (15/1965/3-Hausmitteilung).

Die Berichterstattung gegen die möglichen Verfehlungen des Münchner Weihbischofes M. Defregger gehören ebenfalls zu dem Versuch des SPIEGEL, der Katholischen Kirche ein moralisch unsauberes Verhalten im III. Reich ‚anzuhängen'. Der Vorwurf richtet sich in diesem Fall jedoch auf die ‚Nachbearbeitung' der Verfehlungen eines Mannes, der nach einem Befehl zu einer Massenerschießung noch eine kirchliche Karriere machen konnte, also an die Vorgesetzten des Weihbischofes in München und Rom. Kampagneartig die Berichterstattung bis zur Titel-Geschichte – jede Woche gibt es einen neuen Aspekt, der zum Berichten Anlaß gibt.

- „Bischof Defregger, Teutonisches Blei" (28/1969/67-68); „Bischof Defregger, Bis auf weiteres" (29/1969/34-36); „Bischof Defregger, Herde gemieden" (30/1969/33-34); „Bischof Defregger, Die Stunde kommt" (31/1969/32-34); „Weihbischof Defregger" (32/ 1969/54-59-Titel); „Bischof Defregger, Abgewogene Töne" (34/1969/32-33); „Bischof Defregger, Fischer im Trüben" (35/1969/68); „Defregger, Großes Herz" (39/1969/108); „Defregger, Geringeres Übel" (39/1970/119).

Mit zahlreichen kleineren Notizen und Interviews wird die Affäre Defregger vom SPIEGEL so lange hochgehalten, bis der Bischof zurücktritt – auch wenn das Strafverfahren gegen ihn letztlich eingestellt werden mußte.

Der angebliche Machtmißbrauch der Kirchen – religionssoziologisch und historisch untermauert – schlägt sich in zwei weiteren großen Themenbereichen der 60-er Jahre nieder: Kirchensteuer und Konfessionsschulen. Auch hier will der SPIEGEL zeigen, wie ‚unmoralisch', wie ‚politisch', wie ‚profan' die Kirchen sein können, wenn es um ihre Einflußmöglichkeiten (Konfessionsschule) oder um das Geld (Kirchensteuer) geht.

Jeder Versuch der Kirchen, die Kirchensteuer zu erhöhen bzw. den Kreis der Steuerpflichtigen zu erweitern, wird vom SPIEGEL als Geldgier gescholten.

- „Kirchensteuer, Das Mindestmodell“ (39/1959/24); „Kirchen, Letzte Instanz“ (52/1965/34); „Steuern, Fröhliche Geber“ (11/ 1966/61-63); „Kirchensteuer, Nur zufällig“ (37/1969/66); „Vermögen, Nörgeln und zahlen“ (44/1969/ 96-101); „Steuer, Ein Weg geöffnet“ (47/1969/128-130); „Steuer, Unbeteiligte Dritte“ (49/1969/62-65).

Zwei SPIEGEL-Titel innerhalb von nur fünf Jahren arbeiten dieses Thema systematisch auf.

- „Was machen die Kirchen mit der Kirchensteuer?“ (22/1964/ 38-54); „Kirchensteuer – zu hoch und zu viel“ (13/1969/42-50).

Wird beim ersten Titel zumindest ansatzweise die Berechtigung der Steuer im sozial-caritativen Einsatz der Kirchen gesehen, wird im zweiten Titel stärker der Aspekt des ‚Heidengeldes‘ betont: Viele zahlen Steuer, ohne zu glauben, und die Kirchen ziehen daraus keine Konsequenzen, sondern kassieren weiter, als habe sich nichts geändert.
In der Frage der Konfessionsschulen wird vom SPIEGEL nicht nur die mangelnde Praktikabilität in Diaspora-Gegenden für Schüler und Lehrer herausgestellt – eine mögliche Konfessionalisierung der Schulen paßt ihm grundsätzlich nicht ins Konzept und wird als Machtmißbrauch der Kirchen angegriffen.

- „Niedersachsen, Konkordat an der Leine“ (8/1965/30-33); „Niedersachsen, Fern vom Gesetz“ (17/1965/42-44); „Konkordat, Fluch der frommen Tat“ (21/1965/34); „Getrennt beten, getrennt lernen?, Konfessionsschule in Deutschland“ (20/1965/42-61-Titel); „Glaubensfreiheit in Prozenten?“ (26/1965/30-34-Gespräch); „Macht das Gebet die Schule christlich?“ (8/1966/44-47); „Konfessionsschulen, Lanzen und Küsse“ (39/1966/53); „Baden Württemberg, Schuß aus Rom“ (47/1966/76-78); „Konfessionsschulen, 13 Getreue“ (13/1967/84); „Reichskonkordat, So oft betont“ (17/1967/ 46); „Ende der Konfessionsschule?, Konflikt zwischen Staat und Kirche“ (20/1967/52-68-Titel); „Konfessionelle Lehrerbildung, Zum Letzten“ (17/1967/89); „Konfessionsschule, Geld statt Teufel“ (10/1971/86-87).

DER SPIEGEL
8. MAI 1967 · NR. 20
21. JAHRGANG · 1,50 DM
ERSCHEINT WÖCHENTLICH
IN HAMBURG · C 6380 C
Konflikt zwischen Staat und Kirche
Ende der Konfessionsschule?

DER SPIEGEL
24. MÄRZ 1969 · NR. 13
23. JAHRGANG · DM 1,50
INCL. MEHRWERTSTEUER
C 6380 C
KIRCHENSTEUER
zu hoch und zu viel

Mit der politischen Erledigung dieses Problems war auch der „Kreuzzug“[82] des SPIEGEL beendet. Die ganze Diskussion um die Konfessionsschulen in Deutschland und der publizistische Niederschlag im SPIEGEL können dabei als exzellentes Beispiel dafür gelten, wie sehr das Magazin Flagge zu zeigen bereit ist, wenn dies thematisch angezeigt ist. Die Auseinandersetzung in den Gesprächen mit den Theologen und Politikern beweist die Fähigkeit der Redakteure zu fairem, argumentativem Austausch um der Sache willen.

Die großen Themen der 60-er Jahre (Entmythologisierungs-Debatte, Konzil, Kirche und das III. Reich, Konfessionsschule, Kirchensteuer) werden eingerahmt von vielen kleineren Artikeln, die thematisch nur schwer systematisierbar sind. Zum Teil sind sie Ausfluß einmaliger Aktualität, zum Teil nur zu Unterhaltungszwecken und zur Auflockerung nach ‚schweren‘ Themen ins Blatt gerutscht. Trotz Wissenschafts- und Theologie-Berichterstattung hat der SPIEGEL dabei auf Klatsch, auf satirische Beiträge oder auf ausgesprochen bissig-spöttische Kirchen-Artikel auch in diesem Jahrzehnt nicht verzichtet.

Für *SPIEGEL-Kabarett*-Beiträge[83] stehen dabei:

- „Dogmatik, Versöhnung mit Aphrodite“ (29/1960/56-59); „Papst-Reisen, Johnnie Walker“ (31/1960/48-49); „Graham, Laue Seelen“ (26/1966/75-76); „Kardinäle, Zur Seite“ (50/1970/185).

Die Entmythologisierer werden als *„himmlische Revierreiniger“* („Dogmatik, Versöhnung mit Aphrodite“, 56) bezeichnet, und die Kardinäle, die aufgrund des neuen Papstwahlrechtes nicht mehr zur Papstwahl zugelassen werden, sind natürlich *„Purpur-Greise“* („Kardinäle, Zur Seite“, 185).

Als Beispiele für hämische Artikel stehen:

- „München, Eucharistie mit Eurovision“ (31/1960/33-36); „Fünf Minuten für Golgotha“ (21/1962/48-52); „Dem Jet-Apostel öffnete sich keine Via Dolorosa“ (42/1965/146-148); „Pornographie, Sein Pläsierchen“ (22/1968/82-83); „Paradies, Ewiges Weekend“ (23/1968/106); „Galilei-Prozeß, Fahrplan für Fromme“ (28/1968/88-89); „Zwei Gemüse, ein Priesterfleisch“ (48/1968/74); „Visionen, Heiland in der Tasche“ (7/1969/1972).

Die oft nur implizit erkennbare Kritik an kirchlichen Praktiken, die in solch spöttischen Stories aufgezeigt werden – etwa an überzogener Selbstdarstellung der Kirche (Eucharistischer Kongreß), an Pilger- und Wallfahrts-Praktiken (Lourdes, Golgotha) oder an Reisen des Papstes unter Umgehung der Elendsviertel einer Region (‚Dem Jet-Apostel öffnete sich keine Via Dolorosa') – wird überlagert von einer meist unangemessenen, an bloßer Unterhaltung interessierten Sprache.
Als ausgesprochene Klatsch-Geschichten gelten:

- „Jesuiten, Hofsprache Deutsch" (1-2/1969/56-57); „Ordensschwestern, Zieht das Kleid nicht aus" (19/1960/32-34); „Einmal die Woche beichtet der Papst" (38/1968/128-136); „Heilige, Prügel prophezeit" (21/1969/128-130).

Zusammenfassung

1. Das II. Vatikanische Konzil und die Entmythologisierungs-Debatte werden vom SPIEGEL mit großen theologischen Titeln und Serien begleitet. Über den aktuellen Anlaß hinaus werden biblische und dogmatische Fragen auf wissenschaftlich ansprechende Weise publizistisch aufgearbeitet. Die Serien besitzen stellenweise Lehrbuch-Niveau.
2. Das II. Vatikanische Konzil wird – trotz anfänglicher Begeisterung für Papst Johannes XXIII. und für die reformerischen Bischöfe und Theologen – insgesamt negativ gewertet. Die entscheidenden ekklesiologischen Fragen werden von der Katholischen Kirche – so das Magazin – nicht geklärt. Diese Beurteilung färbt ab auf die Darstellung der Katholischen Kirche insgesamt als einer Institution, in der nicht nur Aufruhr und Krisensymptome auszumachen sind, sondern die grundsätzlich als redlicher Gesprächspartner nicht mehr in Betracht kommt. Die Reformer und Kirchenkritiker selbst werden nun vom SPIEGEL kritisch dargestellt.
3. Die Macht der Kirche wird erneut kritisch aufgegriffen. Themen sind neben der Kirchensteuer auch die Konfessionsschulen. Als Beleg für den Machtmißbrauch der Kirchen wird zunehmend auf religions- und kirchensoziologische Untersuchungen zurückgegriffen; dazu gibt der SPIEGEL erstmals eine große Untersuchung in Auftrag.

4. Das Verhalten der Katholischen Kirche während des III. Reiches beherrscht die Themenlage Mitte der 60-er Jahre. Auch hier wird zunehmend die Frage nach dem politischen Machtmißbrauch der Kirche (Bischöfe) gestellt.
5. Auf satirische und hämische Beiträge will der SPIEGEL nicht verzichten. Angriffsziele sind wiederum vor allem Veranstaltungen kirchlicher Selbstdarstellung. Ausgesprochener Klatsch rundet dieses Bild von einer menschlich-allzumenschlichen Kirche ab.

2.3 Themen in den Jahren 1970 bis 1979

Die quantitative Inhaltsanalyse der Titel-Stories hat für den Zeitraum der 70er Jahre nicht nur einen deutlichen Rückgang bei den Kirchen-Titeln dokumentiert – die Theologie- und Wissenschafts-Berichterstattung ging in diesem Jahrzehnt auf ‚Null' zurück.
Diese Tendenz zeigt sich auch in der Analyse der kleineren Stories deutlich. Die ‚Nachwehen' des II. Vatikanischen Konzils werden vom SPIEGEL weiterhin als völlige Entwurzelung und als Krise der Katholischen Kirche gewertet. Die Auswirkungen der Enzyklika ‚Humanae Vitae' sowie die Forderung der Holländischen Kirche, den Zölibat abzuschaffen, verstärken dieses Bild von einem regelrechten ‚Aufruhr' in der Katholischen Kirche.

- „Papst zukünftig nur noch auf Zeit?" (45/1965/196-201-Gespräch); „Rom hat mehr Angst als Macht" (4/1970/128-131); „Zölibat, Zerrüttete Ehe" (5/1970/110); „Alljährlich Keuschheit neu geloben?" (8/1970/155-156); „Wie unauflöslich ist die Ehe?" (15/1970/188-200-Gespräch); „Kardinal Jäger, Wo der Blitz zuckt" (21/1970/50-52); „Ende des Zölibats?" (24/1970/40-58-Titel); „Ketzerei muß verurteilt werden" (31/1970/108-114-Gespräch); „Priester – Beruf ohne Zukunft?" (43/1971/78-101-Titel); „Papst Paul: „Bitternis, Kummer, Schmerz" (42/1974/137-142).

Mit Sympathie wird daher der Kampf der Holländischen Kirche ‚gegen Rom' vom SPIEGEL beobachtet – an einen Erfolg freilich will man nicht glauben.

- „Zölibat, Zerrüttete Ehe“ (5/1970/110); „Zölibat, Quelle der Freude“ (7/1970/93-94); „Bischöfe, Bombe und Bruder“ (3/1971/ 96); „Holland, Aufstand der Hirten“ (39/1972/ 114-115).

Das II. Vatikanische Konzil wurde vom SPIEGEL als ein durchaus ernstzunehmender Versuch der Katholischen Kirche gewertet, die Fragen der modernen Welt aufzunehmen und auch zu beantworten. Papst Johannes XXIII. sowie die deutschen Theologen bzw. Bischöfe A. Bea, J. Frings, J. Döpfner, K. Rahner und H. Küng wurden – teilweise im Rahmen einer Titel-Geschichte – gewürdigt und in Sachen Reform des Verhältnisses Primat – Episkopat und des Misch-Ehen-Rechtes vom Magazin ausdrücklich ermuntert.

Die Enzyklika ‚Humanae Vitae‘ stellt dabei nicht nur inhaltlich eine Bruchstelle dar, auch formal wurde in der ‚einsamen Entscheidung‘ von Papst Paul VI. deutlich, daß die strukturellen, ekklesiologischen Änderungen der Katholischen Kirche nicht oder nicht weitgehend genug durchgezogen worden waren. Der SPIEGEL sah aber gerade hier die entscheidenden Fragen liegen, die auf einem Konzil hätten beantwortet werden müssen. Trotz neuer Sicht der Laien, trotz der Einrichtung von Pastoral-Synoden und Pfarrgemeinderäten hat sich an der grundsätzlich hierarchischen, Rom-zentrierten Stellung der Katholischen Kirche nichts geändert. Die Reserviertheit und die (neuerliche) Resignation des SPIEGEL gegenüber der Katholischen Kirche zeigen sich in den 70er Jahren besonders deutlich an der redaktionellen Bearbeitung der Würzburger Synode und der neuen, veränderten Sicht gegenüber den Kirchenreformern.

Ohne Euphorie wird deshalb auch die Planung und die Durchführung der Würzburger Synode beobachtet. Da die Bischöfe die eigentliche gesetzgeberische Gewalt behalten, erscheint eine Synode – trotz vorheriger, großangelegter Umfrage unter allen Katholiken der Bundesrepublik[84] – dem SPIEGEL doch einigermaßen als Farce.

- „Synode, Hirten und Herden“ (48/1969/52); „Umfrage, Saubere Meinung“ (18/1970/52); „Synode, Regeln der Räte“ (48/1970/97-98); „Synode, Floh im Pelz“ (3/1971/34); „Ehe-Dogma, Einfach zu einfach“ (7/1971/72-73); „Priester, Flucht in die Ehe“ (41/1971/125); „Katholiken, Purer Leerlauf“ (20/1972/46-48); „Katholiken, Durst im Dom“ (1/1973/30).

Aus den Kirchenreformern werden im SPIEGEL nun Rebellen gegen ein starres, hierarchisches Kirchensystem. Ihnen Gegenüber ist im Magazin eine grundsätzliche Veränderung festzustellen, vor allem hinsichtlich der Berichterstattung über H. Küng. Die Katholische Kirche ist für den SPIEGEL nun kein ernstzunehmender Gesprächspartner mehr; wer trotzdem in dieser Kirche weiter ‚kämpfen‘ und arbeiten will, wird jetzt vom Magazin der Inkonsequenz geziehen. H. Küng, ehedem Reformer, wird nun als Feigling, als schnöder Geldverdiener, als Abschreiber und als kuschender Taktierer dem SPIEGEL-Leser nahegebracht.

- „Christliche Revolution?“ (24/1970/144); „Unfehlbarkeit, Strick gesucht“ (34/1970/53-54); „Unfehlbarkeit, Bombe in der Hand“ (1-2/1971/34); „Jesus hätte davon nichts verstanden“ (9/1972/112-119-Gespräch); „Kirche, Dossier 399/57i“ (12/1972/73); „Kirche, Sünder im Schoß“ (29/1973/58-59); „Kirchen, würdig und geeignet“ (15/1977/65-67); „Bischöfe gegen Küng: Ihr Buch ist zu plausibel“ (7/1978/46-54); „Nirgendwo einfach von mir“ (11/1978/121-130).

Der Entzug der ‚missio canonica‘ zur Jahreswende 1979/1980 erscheint dem SPIEGEL als konsequent; ein Schritt, den H. Küng selbst zu gehen sich gescheut hat, wird jetzt berechtigterweise von der Katholischen Kirche vollzogen. Regelrechte Küng-Verrisse des SPIEGEL begleiten den ‚missio‘-Entzug.

- „Kirche, Rabenschwarzer Tag“ (52/1979/150-151); „Küngs Schleichweg zu Gott“ (52/1979/151-152); „Unnachgiebig, unbelehrbar, maßlos“ (1-2/1980/34-42); „R. Augstein, The Küng can do wrong“ (1-2/1980/35); „Modern und doch katholisch?“ (3/1980/58-59-Essay).

Mit zwei großen Titel-Serien setzt der SPIEGEL seine Berichterstattung über die Macht- bzw. gegen den Machtmißbrauch der Katholischen Kirche fort.

- „Die Milliarden des Vatikan, Das Imperium des Heiligen Stuhls“ (21-23/1970-Buchabdruck); „Vatikan intim, Die Manager des Papstes Paul“ (43-47/1974).[85]

In beiden Serien wird der Vatikan als weltlich-gerissen und finanzstarkes Imperium dargestellt, das selbst mit dem Teufel zu paktieren bereit ist, wenn es nur den eigenen Interessen nützt – ein Zungenschlag, der auch dann aufkommt, wenn der SPIEGEL sich mit dem Thema ‚Kirchensteuer' auseinandersetzen zu müssen glaubt. Zunehmend treten dabei die Fragen in den Mittelpunkt, ob die Taufe als (kirchensteuerverpflichtender) Eintritt in die Institution Kirche gelten kann, ob man Mitglied in der Kirche bleiben kann, ohne Steuern zu bezahlen und wann ein Kirchenaustritt die Steuerschuld aufhebt. Immer versteht es der SPIEGEL – neben der angeblichen Geldgier der Kirchen allgemein – auch den Aspekt des ‚Heidengeldes' der Kirchensteuer herauszustellen. Kirchensteuern in der Bundesrepublik zu erheben erscheint so zunehmend als illegitimer Bereicherungsvorgang.

- „Kirchensteuer, Zahlen und gehen" (17/1971/97); „Kirchensteuer, Neue Milliarden" (51/1971/73); „Kirchensteuer, Schwarzes Brett" (16/1973/86-89); „Kirchensteuer, Trittbrett für Gläubige" (14/1974/62-65); „Kirchensteuer, Ein Heidengeld" (5/1979/63-67); „Beim Geld sind Vadder und Sohn Ausländer" (34/1982/64-74-Gespräch).

Das problematische Verhältnis der Katholischen Kirche zur Öffentlichkeit wird vom SPIEGEL zunehmend grundsätzlich thematisiert. Wurden in der Vergangenheit eher beiläufig Geheim-Dokumente oder Geheim-Briefe abgedruckt, wird nun die Geheimnistuerei, die Angst der Katholischen Kirche vor Öffentlichkeit, öffentlicher Kontrolle und öffentlicher Kritik prinzipieller begutachtet. Die Glaubenskongregation – wobei mit selten gesehener Penetranz der Hinweis erfolgt, dies sei die ehemalige Hl. Inquisition –, der L'Osservatore Romano und die Nuntiaturen werden als Beispiele für die grundsätzlich gegebene ‚unbewältigte Öffentlichkeit der Kirche' (H.J. Schultz) aufgegriffen.

- „Osservatore Romano, Erhabene Lippen" (12/1969/142-147); „Glaubenskongregation, Quelle des Schadens" (9/1971/118-121); „Kirche, Dossier 399/57i" (12/1972/73); „Kirche, Negative Polizei" (41/1973/68-71); „Kirche, Wie in Moskau" (22/1974/57-58); „Papst Paul: „Bitternis, Kummer, Schmerz"" (42/1974/137-142); „Vatikan intim, Die Manager des Papstes Paul" (43/1974/150-170 1. Serien-Folge).[86]

Das Ende der Wochenzeitschrift ‚Publik' dient als Paradebeispiel für den Umgang von Kirchenoberen mit Kirchenkritikern der Katholischen Kirche in der Öffentlichkeit. Der Zeitschrift wird kurzerhand das (Kirchensteuer-) Geld gestrichen.

- „Presse, Wie Satanswerk“ (43/1971/60); „Presse, Geld fürs Getto“ (48/1971/67-73); „Katholiken, Streit am Grabe“ (50/1971/186-189); „Presse, Bischöfe in Not“ (37/1974/41-44).

Die Kirchen – zumal die Katholische Kirche – werden im SPIEGEL weitgehend ‚unreligiös‘ dargestellt und so völlig auf ihre Organisations-Dimensionen reduziert. Durch die Konfrontation der Kirchen mit neueren religions- und kirchensoziologischen Untersuchungen gelingt es dem Magazin immer wieder, die mangelnde Zustimmung zu amtlichen Äußerungen schon für den Binnenbereich der Kirchen aufzuzeigen und somit öffentliche Äußerungen als Anmaßung, als Machtmißbrauch hinzustellen. Für den SPIEGEL gilt also: Für wen spricht der Papst eigentlich, wenn er spricht?

- „Religionsunterricht, Hänsel und Gretel“ (16/1970/230-232); „Umfrage. Saubere Meinung“ (18/1970/52); „Austritte, Net damisch“ (36/1970/63-65); „Kirche, Wozu eigentlich?“ (28/1972/112-113); „Beichte, Nur ins Ohr“ (32/1972/50); „Religionsunterricht, Verlorene Zeit“ (41/1972/84-89); „Beichte, Warten auf Sünder“ (8/1974/54-57); „Kirche, Wohin das führt“ (46/1975/81-84); „Kirche, Adventszeit – Austrittszeit“ (51/1975/40-50); „Wenn Gott uns aushungern will ...“ (16/1979/100-121); „Umfrage: Nur noch jeder dritte ein Christ“ (52/1979/70-78).

Konsequenterweise wendet sich der SPIEGEL diesen durch Austritt oder ‚innere Abkehr‘ aufkommenden existenziellen Leerstellen zu und dokumentiert, in welche Sekten, Gruppen religiöser Schwärmer oder spirituellen Vereinigungen dieses ‚außerkirchliche Christentum‘ abwandert. Zwei Titel-Geschichten zeigen dafür Tendenzen auf, auch wenn der SPIEGEL deutlich durchblicken läßt, wie wenig er von ‚Jesus-people‘ oder vom ‚Show-Star-Jesus‘ zu halten gedenkt.

- „Jesus im Schaugeschäft“ (8/1972/110-123); „Lebt Gott?, Signale neuer Religiosität“ (12-13/1978/228-240).

Als Abrundung der religions- und kirchensoziologischen Berichte stehen diese Titel in Kontinuität zur bisherigen Linie. Die ironische, kabarett-reife Sprache stellt freilich in der hier vorliegenden

Massivität Neuland im SPIEGEL dar und findet in den 80er Jahren nicht nur ihre Fortsetzung, sondern ihren (vorläufigen) Höhepunkt.
Durch die geplante Änderung des §218 im Straf-Gesetz-Buch (pro und contra Fristenregelung) und durch das Urteil des Bundesverfassungsgerichtes dazu bedingt, schwellen die Artikel im SPIEGEL an, die den Kampf der Katholischen Kirche gegen die Fristenregelung aufgreifen und kritisieren. Der Zusammenhang zwischen dem Verbot künstlicher Empfängnisverhütungsmethoden und der Abtreibungs-Problematik wird vom Magazin immer wieder hergestellt, so daß auch dieser Problembereich als Machtmißbrauch der Katholischen Kirche erscheinen muß, wobei sich zunehmend R. Augstein mit Kommentaren direkt in die Auseinandersetzung einschaltet.

- „Bischöfe, Zucht und Scham" (4/1972/54-55); „R. Augstein, Römischer Beobachter" (9/1972/20); „Moral, Vorraum zur Ehe" (21/1972/105); „Moral, Recht auf Lust" (40/1972/6870); „Abtreibung: Massenmord oder Privatsache?" (21/1973/38-58-Titel); „R. Augstein, Krank durch ein Kind?" (15/1973/28-29); „R. Augstein, Unseres Herrgotts Kanzlei" (6/1975/22).

Der Lebensweg von Kirchenkritikern, die aufgrund des Dissenses in Sachen Sexualmoral mit der Katholischen Kirche brechen oder von dieser entlassen werden, wird im SPIEGEL – mit entsprechendem Zungenschlag – dokumentiert. A. Holl, H. Herrmann, S. Pfürtner und H. Mynarek werden als Opfer eines starren Kirchensystems beschrieben und bekommen bis weit in die 80-er Jahre hinein im Magazin ein Forum geboten, eigene Ansichten und Thesen in Form von Buchbesprechungen und Essays zu verbreiten.[87]

- „Kirche, An der Grenze" (42/1969/158); „Kirchenaustritt, Küß mich, Priester" (47/1972/99); „Kirche, Schüsse gegen Canones" (46/1972/81-82); „Bischöfe, Tote Kirche, lebe wohl" (42/1975/54-57); „Kirche, Druck von außen" (44/1977/81-84); „Priester, Totale Tröstung" (8/1978/74-75); „Papst Paul VI., Ein Souverän der Ohnmacht" (33/1978/82); „Rom kann aufatmen" (41/1979/158-159-Essay von H. Herrmann).

Wohlwollen im generellen gegenüber Kirchenkritikern schließt beim SPIEGEL bissige Kritik und Total-Verrisse ihrer Bücher im einzelnen nicht aus. An A. Holl – in den 80er Jahren dann oftmaliger Kolumnist im SPIEGEL – und an seinen Buchveröffentlichungen wird in den Jahren zuvor kein gutes Haar gelassen.

◆ „Mystik auf Müll" (28/1973/103); „Lustgefühle ganz eigener Art" (44/1979/243-247).

Eher marginal bleibt die Berichterstattung des Magazins über die Priesterbruderschaft von Erzbischof M. Lefebvre und über die dahinterliegende Problematik. Ein lustlos geführtes Interview, bei dem einzig die Möglichkeit der Schwächung Roms durch die konservative Bewegung Lefebvres den SPIEGEL zu reizen scheint, wird von echtem Unverständnis diesen Positionen gegenüber ergänzt: Progressismus kann man in den Augen des Magazins der Katholischen Kirche ja nun wirklich nicht vorwerfen.

◆ „Der Papst verfällt der Ketzerei" (33/1976/55-56); „Lefebvre, Hoch lebe Marcellus" (27/1977/102-103); „Kirche, Finsterer Himmel" (28/1977/81-82).

Die Wahl von Karol Wojtyla zum Papst Ende 1978 erweckt selbstverständlich die Neugier des SPIEGEL. Die politischen Dimensionen, die durch einen Polen auf dem Stuhl Petri entstehen können, stehen zunächst im Mittelpunkt der Berichterstattung in Form zweier Titel-Geschichten.

◆ „Der Papst in Polen – die Kommunisten herausgefordert" (43/1978/17-25-Titel); „Vatikan, Papa mobile" (1/1979/52); „Papst Wojtyla in Polen" (23/1979/106-122-Titel).

Auf den ersten Reisen des Papstes und mit der Antritts-Enzyklika des neuen ersten Mannes in Rom werden in Umrissen programmatische Linien dieses Pontifikates deutlich – und der SPIEGEL geht auf Distanz. Hat auch das Magazin die anfängliche Begeisterung für den mobilen, so offenkundig weltoffenen Papst nicht ganz zu unterdrücken vermocht, so zeigt sich dem Magazin nun wieder die „Erzkonservativität aller Päpste" („Er ist schöner als Jesus Christus", 35/1979/128-131, 128). Die ‚Theologie der Befreiung' ist der erste Prüfstein, an dem der Papst ‚scheitert'.

◆ „Ein Testfall für die Weltkirche" (4/1979/175-180-Gespräch); „Papst in Puebla: „Ihr Bischöfe, steigt herab"" (5/1979/96-100); „Papst, Herzen umformen" (6/1979/121-125); „Kirche, Umkehr des Herzens“ (12/1979/233-234); „Ein außerordentliches Zeugnis“ (13/1979/250-256-L. Kolokowski über Joh. Paul II.).

Neben dieser kritischen, sich aber doch am Inhaltlichen orientierenden Berichterstattung beginnt nach den ersten Papst-Stories sich eine Tendenz durchzusetzen, die den Papst voller Häme und mit grundsätzlich ironischem Unterton begleitet. Ihre ‚Hochform‘ erreicht diese Art der Berichterstattung über „JP2“[88] im Folgejahrzehnt.

- „Er ist schöner als Jesus Christus“ (35/1979/128-131); „Rom kann aufatmen“ (41/1979/158-159-Essay von H. Herrmann); „Schallplatten, Teufel los“ (50/1979/260-261).

Die Evangelischen Kirchen sind dem SPIEGEL immer weniger einen Bericht wert. Die Frage der rechtlichen Stellung der EKD in der (alten) Bundesrepublik und der DDR steht auf der Tagesordnung. Eine klare und endgültige Trennung schien dem Magazin die sauberste und ehrlichste Lösung zu sein.[89]

- „Kirche, Formel im Fahrwasser“ (39/1969/65-67); „Ist die Einheit nur noch ein Mythos“ (52/1969/32-34-Gespräch); „EKD-Synode, Gebremster Schaum“ (22/1970/84); „Kirche, Doppelte Hirten“ (27/1972/48-52).

Einen Nach-Klapp zur Entmythologisierungs-Debatte stellt – allerdings stark personalisiert – der ‚Glaubensprozeß‘ des Pastors P. Schulz dar. Die inhaltliche Problematik (Auferstehung Jesu?; Person-Sein Gottes?) tritt nun zunehmend hinter der Frage zurück, wie weit die Toleranz der Kirche für ‚Abweichler‘ strapaziert werden kann. Der SPIEGEL zeigt sich auch hier ganz kirchenbewußt und betont die für ihn gegebene innere Logik des Rauswurfes von Pastor P. Schulz.

- „Der Mensch löst sich auf“ (45/1976/118-121); „Kirche, Tröstliche Erfindung“ (48/1977/77-79); „Kirche, Bruder ertragen“ (49/1978/78-81); „Kirchen, Brüderliche Stöße“ (13/1979/92-95).

Daß man das Ganze dann doch nicht ganz ernst zu nehmen bereit ist, zeigt der ironische Hinweis im SPIEGEL auf den weiteren Lebensweg von P. Schulz; dieser habe „im Brauereigewerbe eine neue Aufgabe gefunden“ und werde sich „um die Eröffnung und Modernisierung gastronomischer Betriebe kümmern“ (4/1981/188-Register).

Zusammenfassung

1. Die Katholische Kirche hat im SPIEGEL auch nach dem II. Vatikanischen Konzil eine deutliche Prävalenz vor den Evangelischen Kirchen in Deutschland. Nach der Enzyklika ‚Humanae Vitae' wird die Zeit nach dem Konzil insgesamt als eine Periode voller Krisen und des Aufruhrs in der Katholischen Kirche beschrieben. Anlässe dazu bieten sich dem SPIEGEL vor allem in Berichten über die Holländische Kirche, die Würzburger Synode und die Kirchenreformer.
2. Die Kirchensteuer und die finanzielle Macht der Katholischen Kirche werden in großen Serien als Machtmißbrauch angeprangert.
3. Die ‚unbewältigte Öffentlichkeit der Kirche' wird vom SPIEGEL zunehmend grundsätzlich thematisiert. Die Glaubenskongregation, der L'Osservatore Romano und das Ende der Zeitschrift ‚Publik' dienen als Aufhänger dafür, Kritik an den besonderen Methoden und dem Gebaren der Katholischen Kirche im öffentlichen Umgang mit Kritikern zu üben.
4. Religions- und kirchensoziologische Studien, die verstärkt im Magazin veröffentlicht und besprochen werden, dienen nicht nur dazu, die Brüchigkeit der Grundlagen der Kirchen aufzuzeigen; sie erlauben dazuhin, die Ignorierung dieser Entwicklungen durch die kirchlichen Amtsträger als Machtmißbrauch zu charakterisieren.
5. Themen der Sexualmoral wird eine große Bedeutung beigemessen. Die Regelung des Abtreibungs-Strafrechtes steht im Vordergrund der Berichterstattung, die im SPIEGEL – v.a. von R. Augstein – als Kampf der Katholischen Kirche gegen die moderne Welt dargestellt wird.
6. Wer als Kirchenkritiker mit der Katholischen Kirche bricht, bekommt im SPIEGEL – im Gegensatz zu Kritikern, die in der Katholischen Kirche bleiben – ein publizistisches Forum für seine massiven Attacken gegen die Kirche geboten.
7. Die Wahl von Johannes Paul II. wird zunächst als rein politisches Phänomen thematisiert. Es folgt nach den ersten Enzykliken und Reisen des Papstes deutliche Kritik des SPIEGEL. Papst Johannes Paul II. wird zunehmend ironisierend, voller Spott und mit kabarettreifen Beiträgen angegriffen.

2.4 Themen in den Jahren 1980 bis 1989

Die Berichterstattung in Sachen Theologie und Kirche im SPIEGEL folgt im letzten zu untersuchenden Dezennium den Linien, die schon in den Jahren 1970 bis 1979 ausgelegt waren. Die starke Prävalenz ‚katholischer Themen' gegenüber ‚evangelischen Berichten' zeigt sich erneut. Die theologisch-wissenschaftliche Auseinandersetzung wird marginal oder versteift sich auf die publizistische Beobachtung wissenschaftlicher Außenseiter.[90] Vor allem die religions- und kirchensoziologischen Stories werden mit dem durchgehenden Duktus versehen, die Grundlagen der Kirchen (biblisch, historisch, Zustimmung der Gläubigen zur Lehre, etc.) anzugreifen und auf dieser Ebene Äußerungen der kirchlichen Amtsträger als Machtmißbrauch zu charakterisieren.

Eine ernstzunehmende Berichterstattung über kirchliche Themen findet nur noch selten statt. Vor allem die Katholische Kirche wird zur Zielscheibe ironisch-karikierender, hämischer Stories. Nur so läßt sich beispielsweise die große Anzahl der Artikel erklären, die sich mit Papst Johannes Paul II. beschäftigen. Kirchenreformern wird mit vorher nicht gekannter Deutlichkeit der Austritt aus der Katholischen Kirche ans Herz gelegt. Wer den Bruch mit der Katholischen Kirche hingegen vollzieht, dem wird fürderhin im SPIEGEL eine noch größere publizistische Bühne zur Meinungsäußerung geboten.

Die religionssoziologischen Studien[91] zeigen in Fragen der Sexualmoral den größten Dissens zwischen Kirchenmitgliedern und der offiziellen kirchlichen (katholischen) Doktrin. Konsequenterweise wird eben die Sexualmoral im SPIEGEL zum beliebtesten Streitpunkt. Hier scheint sich – vor allem beim Problem der Abtreibung – das Engagement und der Kampf für das Magazin (noch) zu lohnen. Die Dominanz der SPIEGEL-Berichterstattung über die Katholische Kirche hat hier ihren Grund.[92]

Das Konzil und die nach-konziliare Entwicklung wird im SPIEGEL deutlich negativ beurteilt. War das Konzil selbst nicht konsequent reformerisch genug, so werden die Jahre danach als ‚Restauration', als' Gegenreformation' im Magazin aufgezeigt. Die Katholische Kirche hat sich als nicht reformfähig erwiesen, und der SPIEGEL sieht sich berufen, dies immer wieder zu dokumentieren. Der neue CIC und die Berufung von Kardinal J. Ratzinger zum Präfekten der Glaubenskongregation sind für das Magazin besonders eindeutige Hinweise.

- „Die Kirche ist uns völlig Wurscht" (41/1981/55-58); „Kirche, Hänschen, piep" (46/1981/110-113); „Kirche, Diktatur des Zeitgemäßen" (49/1981/118-121); „Katholiken, grotesk verschoben" (4/1983/90-91); „Auch der Feind hat legitime Interessen" (18/1983/122-130-Gespräch); „Ich tue mich schwer, meinen Papst zu lieben" (31/1984/98-107); „USA, Ein Fanal" (49/1984/142-144); „Er ist die Gegenreformation in Person" (20/1985/146-148); „Vatikan, Rauch des Satans" (48/1985/161-164); „Österreich, Natürlich Sünde" (10/1987/182-184); „Willkommen im Lande der Hexenverfolgung" (18/1987/79-91).

Die kirchen- und religionssoziologischen Berichte nehmen diesen Faden auf, indem sie dokumentieren, wie sehr die Kirchen – v.a. die Katholische Kirche – bei Gläubigen, Priestern und Ordensleuten an Glaubwürdigkeit verloren haben. Viele treten aus – aus der Kirche, aus dem Orden oder aus dem Presbyterium -, und wer doch bleibt, tut dies mit reduziertem, auswahl-christlichem Glauben.

- „Wenn Gott uns aushungern will..." (16/1979/100-121); „Umfrage: Nur noch jeder dritte ein Christ" (52/1979/70-78); „Spanien, Heilsame Lehre" (41/1980/195-198); „Kirche, Hänschen, piep" (46/1981/110-113); „Katholiken, Vierter Anlauf" (31/1984/98-107); „Zölibat: Möbelstück dazwischen" (36/1985/77-83); „Das Versteckspiel lernt man schnell" (36/1985/86-96); „Für Küsse kommst du in die Hölle" (33/1988/124-129); „Vatikan, Risse im Gefüge" (24/1989/178-180); „Klerus auf der Couch" (44/1989/116-125); „Lehrer, Locker im Jetzt" (44/1989/44-46); „Irland, Persönlicher Bedarf" (12/1991/208-212).

Die innerkirchlichen Reformer haben mehr denn je im SPIEGEL eine schlechte Presse. Mitunter wird ihnen zwar attestiert, ganz brauchbare Dinge zu sagen; ein Austritt aus der Katholischen Kirche sei jedoch der naheliegendste, weil ehrlichere Schritt.

- „R. Augstein, The Küng can do wrong“ (1-2/1980/35); „Modern und auch katholisch?“ (3/1980/58-59-Essay); „Wäre Jesus heute römisch-katholisch?“ (35/1982/83-86-Gespräch).

H. Küng, nun ohne ‚missio canonica‘ und in den 60-er Jahren in den Augen des SPIEGEL so etwas wie der Hoffnungsträger einer ‚Kirche von morgen‘, wird jetzt dem Leser als ketzerischer Aussenseiter, als rebellisch, als ‚Konservativer mit liberalem Anstrich‘ nahegebracht, dessen Äußerungen nichts anderes sind als ‚Exzesse eines Außenseiters‘. Mehr denn je haben katholische Theologen, die in ihrer Kirche Schwierigkeiten bekommen, in ihrer Kirche aber weiter leben und arbeiten wollen, auch mit dem SPIEGEL ihre liebe Not.

- „Es gibt keine Moral der reinen Hände“ (6/1979/210-213-Gespräch); „Klärende Ausleuchtung“ (41/1982/248-251); „Ich tue mich schwer, meinen Papst zu lieben“ (31/1984/98-107); „Katholiken, Gefährliche Phrasen“ (21/1985/84-89); „Vatikan, Rauch des Satans“ (48/1985/161-164).

Dieser negative Befund kontrastiert mit einer überraschenden Entwicklung bei der publizistischen Beurteilung von Theologinnen und Theologen, die den Bruch mit der Katholischen Kirche vollzogen haben. Ihren Argumenten gegen eine ‚Kirche am Ende‘ öffnet der SPIEGEL bereitwillig seine Spalten. Nicht H. Küng, nicht N. Greinacher, nicht L. Boff dürfen fürderhin im Magazin theologische Bücher besprechen oder gar Essays verfassen; dafür sind jetzt H. Herrmann, A. Holl, H. Mynarek und U. Ranke-Heinemann zuständig.[93] Sie werden – so hat es den Anschein – zu ständigen freien Mitarbeitern des SPIEGEL in Sachen Theologie und Kirche. Den jeweiligen ‚Erfahrungen mit der Kirche‘ entsprechend bitter und aggressiv sind die Beiträge denn auch verfaßt.

- „Priester, Totale Tröstung“ (8/1978/74-75); „Papst Paul VI.“ (33/1978/82-Nachruf von H. Herrmann); „Rom kann aufatmen“ (41/1979/158-159-Essay von H. Herrmann); „Die Kirche ist uns völlig Wurscht“ (41/1981/55-58); „Nullwachstum im Vatikan“ (7/1983/198-199-Essay von H. Herrmann)[94]; „Ein Kardinal und der altböse Feind“ (48/1984/163-169); „So wünsche ich mir meinen Kardinal“ (40/1985/190-192); „Ein Inquisitor in Kleinformat“ (17/1987/184); „Kirche, Beleidigende Lehre“ (22/1987/74-76); „Damit hat es sich ausgejungfert“ (25/1987/233-Personalien); „Bitte um einen sanften Gott“ (46/1988/262-266); „Einer singt falsch beim Halleluja“ (17/1989/54-56); „Die Sprache des Teufels“ (12/1989/204-205-Essay von A. Holl); „Als Jesus bei Salome lag“ (42/1990/300-308).

Ebenfalls symptomatisch für die Zuwendung des SPIEGEL hin zu kirchlichen Außenseitern ist der Abdruck der einzigen Theologie-Titel-Serie in diesem Jahrzehnt: „Hat die Bibel doch nicht recht?“ (38-40/1985). Der von den Forscher-Kollegen kaum rezipierte Versuch von K. Salibi, die Orte und die Handlungen des Alten Testamentes nach Arabien zu verlegen, ist dem SPIEGEL eine großangelegte, dreiteilige Serie wert.

Kontinuität herrscht bei der Beschäftigung des Magazins mit der kirchlichen Macht und dem kirchlichen Machtmißbrauch. Die Kirchensteuer bleibt des SPIEGEL's liebstes Kind.

- „Kirchensteuer, Ein Heidengeld“ (5/1979/63-67); „Beim Geld sind Vadder und Sohn Ausländer“ (34/1982/64-74-Gespräch); „Kirchensteuer, Grundsätze vergessen“ (8/1985/21-22); „Kirchensteuer, Immer freundlich“ (15/1985/34); „Kirchen, Gewaltige Sprünge“ (14/1991/84-89).

In diesen Kontext kirchlichen (katholischen) Machtmißbrauches gehört die dreiteilige Titel-Serie über die ‚Machenschaften‘ der römischen Personal-Prälatur ‚Opus Dei‘ aus dem Jahre 1983, Teilabdruck einer Buchveröffentlichung des ehemaligen Mitgliedes K. Steigleder („Jeden Tag eine Abtötung, Opus Dei – die heimliche Elite der katholischen Kirche“, 36-38/1983).[95] Ein der Serie vorangestelltes Vorwort des SPIEGEL weist ausdrücklich auf die Geheimniskrämerei der Katholischen Kirche und dieser Organisation hin („Stoßtrupp Gottes oder heilige Mafia?, Der unaufhaltsame Aufstieg des Opus Dei“, 36/1983/166-170).

Als Nebeneffekt dieser kirchlichen Machtfülle prangert der SPIEGEL die zunehmende ‚Verkirchlichung‘ des Fernsehprogrammes in der Bundesrepublik an. Dabei werden weniger die Kirchen zur Zielscheibe; im Zentrum der Kritik stehen die Programm-Macher in Hörfunk und Fernsehen, die allzu bereitwillig fromme Pfarrer-Serien, stundenlange Live-Übertragungen von Gottesdiensten und Papstbesuchen in ihre Programme aufnähmen. „Klerikalisierung des Programmes“ – „Kniefall des Senders angesichts der päpstlichen Divisionen" („Einflugschneisen für Gottes Wort", 18/1987/230-236, 230) – hier paßt dem SPIEGEL die ganze Richtung nicht.

- „Medien-Papst, Kanal voll Weihrauch" (46/1980/138); „Einflugschneisen für Gottes Wort" (18/1987/230-236); „Fernsehen, Mit Höschen" (48/1988/242-244); „TV-Serien, Rapsodie in Schwarz" (35/1989/180-184).

Zur gleichen Zeit ‚erobert' Papst Johannes Paul II. den SPIEGEL in einer noch nie dagewesenen Art und Weise. Eine Flut von Artikeln, Kommentaren, Glossen und Reportagen begleitet die Reisen und Erklärungen von „JP2" – wie das vom Presserat gerügte Kürzel des Papstes im SPIEGEL lautet.[96] Die Wissenschafts-Berichterstattung geht im Magazin ‚gegen Null', die Kirchen-Satire, die Kirchen-Häme, das Kirchen-Kabarett wird nun zum herausragenden formalen Mittel, um über die Kirchen, vor allem die Katholische Kirche und hier über den Papst, zu berichten. Am Ende steht im SPIEGEL das kabarettistische Wort.[97]

- „Er ist schöner als Jesus Christus" (35/1978/128-131); „Rom kann aufatmen" (41/1979/158-159-Essay von H. Herrmann); „Schallplatten, Teufel los" (50/1979/260-261); „Papstbesuch, Luthers Land" (42/1980/32-37); „Papst, Du bist stärker als Supermann" (46/1980/58-69); „Medien-Papst, Kanal voll Weihrauch" (46/1980/138); „Ein Schauspieler auf dem Stuhl Petri" (48/1980/29-32); „Japan, Pop and Pope" (10/1981/134-135); „Vatikan, Großer Appetit" (20/1982/149-150); „Ehrlich, der Mann ist ein Hammer" (23/1982/130-132); „Österreich, Leider instinktlos" (36/1983/148); „Kirche, Warten auf den Papst" (33/1985/97); „Ein Gottesgeschenk in Alaska" (19/1984/132-133); „Popie Jopie" (19/1985/140-143); „Heute Liebe, morgen Gerechtigkeit" (5/1986/137-138); „Willkommen im Lande der Hexenverfolgung" (18/1987/ 79-91).

Das ‚*Kirchen-Kabarett*' des SPIEGEL bleibt bei seinem Lieblingsobjekt freilich nicht stehen. Der ironische Unterton wird zum Dauer-Geräusch zahlreicher kirchlicher Berichte in den 80er Jahren, vor allem dann, wenn Pilger- und Wallfahrten ‚besprochen' werden.

- „Kirche, Was weglassen" (15/1981/99-101); „Der Herr mit Brüsten" (26/1985/158-162); „Pilger, Unsichtbare Wunder"

(32/1985/66-67); „Österreich, Natürlich Sünde“ (17/1987/182-184); „Ein Inquisitor in Kleinformat“ (17/1987/184); „Kirche, Beleidigende Lehre“ (22/1987/74-76); „9.05 Vertreibung, 17.08 Himmelfahrt“ (14/1984/82-96); „Bischöfe, Richtig durchglauben“ (42/1984/94-96).

Kirchenpolitisch vorgegeben ist die Beschäftigung des SPIEGEL mit der ‚Theologie der Befreiung‘. Sieht man von einem längeren Gespräch Ende der 70er Jahre ab („Ein Testfall für die Weltkirche“, 4/1979/175-180), in dem diese Theologie durchaus ernsthaft als ‚Testfall‘ für die Glaubwürdigkeit der Kirche auch vom SPIEGEL gewürdigt wird, wird in der Folgezeit das Problem stark personalisiert und zum Kampf zwischen Rom und L. Boff hochstilisiert. Eine umfassende Beschäftigung – eventuell sogar in Form einer Titel-Geschichte – erfolgt im SPIEGEL nicht. Das ist symptomatisch, denn eine solche Gelegenheit zur umfassenden Darstellung eines theologisch bedeutsamen Problems hätte sich das Magazin in den 50er und 60er Jahren nicht entgehen lassen. Die ‚Theologie der Befreiung‘ wird im SPIEGEL somit in kleinem Rahmen ‚abgefeiert‘.

◆ „Papst in Puebla: „Ihr Bischöfe, steigt herab““ (5/1979/96-100); „Die Hauptschuld liegt bei den Multis“ (45/1981/183-190-Gespräch); „Die Uhr der Kirche auf 1948 zurückgestellt“ (37/ 1984/120-124); „Die Kirche ist eine keusche Hure“ (38/1984/148-159-Gespräch); „Brasilien, Im Gemüsefeld“ (50/1984/142-144).

Das Schweigegebot für L. Boff wird dabei für den SPIEGEL zum Anlaß, erneut das Öffentlichkeitsverständnis der Katholischen Kirche anzuprangern. Jede weitere Gelegenheit, dies zu tun, wird vom Magazin genutzt: Dem Angeklagten werden bei kirchlichen Prozessen keine dem heutigen Rechtsstandard entsprechenden Rechte und Möglichkeiten zur Verteidigung eingeräumt; die Finanzen des Vatikans werden nicht veröffentlicht; die Zahl der an AIDS erkrankten Kleriker wird von der Kirche verschwiegen; geheime Kulissenkämpfe in Personalfragen; der Umgang mit öffentlich geäußerter Kritik.

◆ „Beim Geld sind Vadder und Sohn Ausländer“ (34/1982/64-74-Gespräch); „Die Uhr der Kirche auf 1948 zurückgestellt“ (37/ 1984/120-124); „US-Katholiken, Eisernes Schweigen" (10/1987/159-161); „Katholiken, Schöner Tanz" (42/1988/29-32); „Kirche, Tour vermasseln" (47/1988/32); „Katholiken, Eiskalt und bockbeinig" (49/1988/21); „Katholiken, Folie Maria" (51/1988/38-39); „Vatikan, Fahne des Vaters" (5/1989/148-152).

Die Friedensbewegung Anfang der 80er Jahre – zum Teil ja auch von kirchlichen Gruppen initiiert und getragen – wurde vom SPIEGEL durchaus als ein Problem betrachtet, zu dem Theologen und Kirchen Lösungsbeiträge leisten können. Der Streit innerhalb der Kirchen und die einzelnen Hirtenworte der katholischen Bischöfe finden breite Erwähnung. Die Position der (römisch-)katholischen Kirche wird dabei vom Magazin als wachsweich und halbherzig abgelehnt, vor allem verglichen mit der zutage tretenden Deutlichkeit, mit der die Kirche in anderen Bereichen (Sexualmoral !) vor die Öffentlichkeit tritt. Mit der politischen Klärung des Problems verliert es auch im SPIEGEL seine Relevanz.

◆ „DDR, Wie Höhlenmenschen" (2/1983/41-44); „Vatikan, Gerechter Krieg" (4/1983/105-106); „Der Klassenkampf führt zum Gulag und zu Pol Pot" (5/1983/111-117-Gespräch); „Bischöfe, So gelaufen" (17/1983/120-121); „Auch ein Feind hat legitime Interessen" (19/1983-122-130-Gespräch); „Unsere Gefahr ist das Wischiwaschi" (41/1983/37-56-Gespräch).

Die katholische (und – weniger explizit – auch die evangelische) Sexualmoral werden in den 80er Jahren zu einem bevorzugten Streitobjekt des SPIEGEL. Jede sich aktuell anbietende Gelegenheit (etwa: Abtreibung, Empfängnisverhütung, wiederverheiratete Geschiedene, Homosexualität, etc.) wird genutzt, die starre Haltung der Katholischen Kirche in diesem Fragenkomplex aufzuzeigen. Die schon genannten religions- und kirchsoziologischen Untersuchungsergebnisse zeigen, daß insbesondere in diesem Punkt der Dissens zwischen Doktrin und den faktisch gelebten Überzeugungen der Gläubigen[98] am größten ist. Dies ist sicherlich der Grund dafür, daß die SPIEGEL-Berichterstattung in Sachen ‚Sexualmoral' derart umfangreich im Magazin zu finden ist.[99]

◆ „Kirche, Verfall und Untergang" (16/1981/87-91); „Kirche, Innige Liebe" (30/1984/22-23); „Irland, Moralische Korruption“ (10/1985/130-137); „Der Papst als Kanzeltäter“ (38/1985/151); „Dieses Getto hat der Kirche nie gutgetan“ (38/1986/130-132); „Das ist sozusagen der Kriegsfall“ (42/1986/76-87-Gespräch); „US-Katholiken, Eisernes Schweigen“ (22/1987/74-76); „Bitte um einen sanften Gott“ (46/1988/262-266); „Sexuelle Lust ist etwas Gutes“ (18/1989/62-67); „Der Papst und die Lust“ (52/1990/122-134-Titel); „Irland, Persönlicher Bedarf“ (12/1991/208-212).

R. Augstein, der sich in den über 40 Jahren SPIEGEL mehrmals zu theologischen (biblischen, historischen, dogmatischen) und kirchlichen (Sexualmoral, Machtmißbrauch der Kirchen) Themen geäußert hat, reduziert seine Kommentare zu kirchlichen Problemen in diesem Jahrzehnt fast vollständig auf Fragen der Sexualmoral, näherhin die Abtreibungsfrage. Machte er noch in früheren Jahren nach Ablehnung der Empfängnisverhütung durch die Katholische Kirche den Papst für jeden einzelnen verhungernden Menschen in der Welt verantwortlich („R. Augstein, Jesus und die Pille“, 32/1968/16-17), so verschiebt er nun in mehreren Meinungsartikeln die Diskussion weg von der Sachebene (moralisch, juristisch) hin zur Frage, ob denn die Katholische Kirche – bei ihrer blutigen Vergangenheit ! – überhaupt das Recht habe, andere als Kindsmörder etc. zu bezeichnen oder zu beschimpfen. Die ‚Abtreibungs-Kommentare‘ von R. Augstein in den 80er Jahren stellen ob ihrer sprachlichen Aggressivität und ihrer massiven Häme einen Höhepunkt der Kirchenkritik, ja Kirchenbeschimpfung im SPIEGEL dar. Diese ‚Kampagne‘ wird auch in den beginnenden 90er Jahren vom Herausgeber des Magazins konsequent fortgesetzt.

◆ „R. Augstein, Was ein Hirte so alles weiß“ (39/1980/18); „R. Augstein, Von der Vision zur Division“ (26/1983/98); „R. Augstein, Die Abtreibung, Ein Stellvertreter-Krieg?“ (51/1987/30); „R. Augstein, Sind wir alle Mörder?“ (9/1989/18); „R. Augstein, Die Memminger Schande“ (21/1989/21); „R. Augstein, Der § 218 muß weg!“ (31/1990/24); „R. Augstein, Wie man Wähler verliert“ (35/1990/24); „R. Augstein, Der Heilige Geist im Strafrecht“ (52/1990/134-137); „R. Augstein, Kulturkampf, anders“ (20/1991/21).

Zusammenfassung

1. Eine wissenschaftlich-theologische Berichterstattung findet – mit wenigen Ausnahmen bei der Darstellung wissenschaftlicher Außenseiter – im SPIEGEL der 80er Jahre nicht mehr statt.
2. Die kirchen- und religionssoziologischen Studien nehmen umfangmäßig stark zu. Vor allem der Dissens zwischen gläubigem Volk und Amtskirche in Sachen ‚Sexualmoral' wird herausgestellt, um aufzuzeigen, auf welch schwachen Füssen die Kirchen, zumal die Katholische Kirche, stehen.
3. In Essays und Buchbesprechungen kommen nicht die Kirchenreformer der 60er und 70er Jahre zu Wort, sondern Theologinnen und Theologen, die mit der Katholischen Kirche gebrochen haben. Auch hier ist ein Drang des SPIEGEL hin zu Außenseitern der Kirchen festzustellen.
4. Papst Johannes Paul II. wird zum Objekt einer kirchensatirischen und spöttischen Berichterstattung, für die es in der Vergangenheit keinen Vergleich gibt. Ernstzunehmende Versuche, sich mit den Äußerungen und Anliegen des Papstes auseinanderzusetzen, gibt es dagegen nicht (mehr).[100]
6. R. Augsteins Angriffe auf Papst Johannes Paul II. stellen in ihrer Häufigkeit und in ihrer Aggressivität ein Novum im SPIEGEL dar. Beim Thema ‚Abtreibung' zeigt sich der größte Dissens zwischen der Katholischen Kirche und dem ‚modernen Lebensgefühl' der Gesellschaft. R. Augsteins Kommentare sind der beredte Ausdruck dieses Dissenses.

3. Themenschwerpunkte und ihre Veränderung in 45 Jahren Theologie- und Kirchen-Berichterstattung im SPIEGEL

3.1 Methodische Vorbemerkung

Die in Punkt 2.1. bis 2.4. dieses Kapitels aufgezeigten Themen haben bereits einige Linien und ‚Lieblingsthemen' des SPIEGEL ans Tageslicht gefördert. Erste, meist noch ohne Textbelege ausgestattete Ergebnisse konnten als Zusammenfassung gewonnen werden.

In diesem Punkt sollen nun die deutlich werdenden Themenschwerpunkte und – falls gegeben – auch Veränderungen in der Berichterstattung des SPIEGEL dokumentiert werden. Daß dies nicht für jeden Sachbereich möglich ist, ist klar.
Die in den Zusammenfassungen aufgelisteten Ergebnisse und Tendenzen werden nun nicht mehr nach Jahrzehnten (chronologisch), sondern sachlich-inhaltlich strukturiert und mit Textbelegen ausgestattet. So ist es möglich, die Veränderungen und die Schwerpunkt-Verlagerung der SPIEGEL-Berichterstattung noch deutlicher als bislang herauszuarbeiten. Beim jeweiligen Sachgebiet kann dann nach den Gründen für die Veränderung gefragt werden, verbunden mit dem Versuch, auf diese Fragen auch eine Antwort zu geben.

3.2 Die theologische Wissenschafts-Berichtserstattung im SPIEGEL

Die quantitative Inhaltsanalyse der Titel-Stories des SPIEGEL hat gezeigt, wie umfangreich die Wissenschafts-Berichterstattung in den 60er Jahren im Magazin sich darstellt. Galten die Kirchen-Titel des ersten Jahrzehntes meist Personen oder an Personen festgemachten Streit-Punkten (B. Graham, Pater Leppich, W. v. Straaten, O. Dibelius, H. Thielicke, D. Gröber, P. Biondi, Pius XII. und K. Barth), so setzte mit dem Titel ‚Jesus von Nazareth' ein neuer Trend ein. Wichtig ist diese Titel-Geschichte nicht nur deshalb, weil sie die erste umfangreiche Beschäftigung des SPIEGEL mit theologisch-wissenschaftlichen Fragen darstellt; deutlich werden vor allem einige Grundlinien, die als Motive des SPIEGEL für einen solchen Bericht und für die folgenden angeführt werden können.
Es ist die These dieses Unterpunktes, daß die Wissenschafts-Berichterstattung im SPIEGEL den großangelegten Versuch darstellt, auf vielen Gebieten (biblisch, historisch, dogmatisch) die mangelnden Grundlagen, die fehlende ‚historische Sicherheit' der Kirchen aufzuzeigen. Um dies zu bewerkstelligen, ist das Magazin in den 60er Jahren durchaus bereit, seine Stories auf hohem Niveau anzusiedeln, mitunter gar den Stand der Forschung nach offenkundig gründlichem Studium der einschlägigen Literatur zu referieren.

Die Wissenschafts-Berichterstattung wird Ende der 60er Jahre marginal. Für den SPIEGEL, der aufgrund fremder und eigener religionssoziologischer Studien nicht nur das Desinteresse, sondern die Ablehnung dogmatischer und biblischer Ausagen bei den Mitgliedern der Kirchen zur Kenntnis nehmen muß, ist es fürderhin sinnlos geworden, mit wissenschaftlicher Akribie für einen nicht (mehr) vorhandenen Leser-Markt zu berichten. Die Verlagerung hin zu religionssoziologischen Recherchen, die losgelöst von der Wahrheits-Relevanz der befragen Themen (Auferstehung?, Jesus – Sohn Gottes?, Bibel – Wort Gottes?) durchgeführt werden können, sind ein deutliches Zeichen für die Veränderung der Blick- und Stoßrichtung.
Die Brisanz der Rollenfunde von Qumran wurde erstmals 1957 im SPIEGEL aufgegriffen („Rollenfunde, Die Entlassung", 29/1957/46-48). Die Titel-Story ‚Jesus von Nazareth' versucht nun, die Probleme dieser Entdeckung systematisch aufzuzeigen und die grundsätzlichen Probleme der Bibel-Forscher im Umgang mit den Texten der Hl. Schrift darzulegen.
„Ein Stein, den ein Beduinenhirte vom Stamme der Taamirah im Jahre 1947 nach einer Ziege warf – jedenfalls behauptete der Junge, nach einer Ziege geworfen zu haben –, hat die Hoffnung mancher Theologen zersplittern lassen, daß die Frage nach der historischen Wahrheit über Jesus von Nazareth als erledigt zu den Forscherakten gelegt werden könne." („Jesus von Nazareth", 51/1958/42-55, 42).
Es wird in der Folge aufgezeigt, wie stark die Beziehungen Jesu zu den Essenern, genauer gesagt, zu dem ‚Lehrer der Rechtschaffenheit', gewesen sein müssen, wenn die textlichen Übereinstimmungen zwischen Bibel und den aufgefundenen Schriften erklärt sein wollen. Die Frage nach der ‚Exklusivität' Jesu wird – bei allen Einschränkungen des SPIEGEL – nun deutlich thematisiert. Der eigentliche Aufhänger der Story, die Funde, wird verlassen, um in eine breite Diskussion über die Glaubwürdigkeit der biblischen Quellen an sich einzutreten. Die außerbiblischen Quellen, die sich mit der Historizität Jesu beschäftigen, werden als wenig ergiebig den SPIEGEL-Lesern präsentiert.

> „Alle anderen Angaben über Jesus aus Nazareth stammen aus christlichen Quellen; nicht eine dieser Angaben – ein-

schließlich der Berichte in den Evangelien und in den Apostelbriefen des Neuen Testamentes – ist von einem Autor gemacht, der Jesus gesehen hat." (ebenda, 45).

Mit den weiteren Hinweisen darauf, daß

- kein Verfasser der Evangelien oder der Briefe identisch ist mit den gleichnamigen Aposteln;
- die vier Evangelien mit großem zeitlichem Abstand zu Jesus entstanden sind und teilweise voneinander abhängen;
- es vor der Kanonisierung der vier Evangelien zahlreiche weitere ‚Evangelien' gab;
- die Verfasser der Evangelien „ungenierte und drastische Tendenzautoren waren" (ebenda, 48)[101],

wird vom SPIEGEL ein Szenario entworfen, in dem nichts mehr als sicher und gültig erscheinen muß. Konsequent macht das Magazin seine Leser mit der Conclusio vertraut:

> „Die unbeweisbare Einsicht, daß es eine tendenzfreie Überlieferung biblischer Schriften nicht gibt, hat alle Forscher, die aus den christlichen Texten eine historische Figur Jesu herauszulösen unternahmen, mit der Detektivaufgabe belastet, die offenbar unlösbar ist. Seit überhaupt eine historisch-kritische Analyse religiöser Texte möglich ist – jahrhundertelang wäre eine Prüfung der Bibel, eines als vom Heiligen Geist inspiriert geltenden Buches, als lästerlich und verbrecherisch verfolgt worden; Katholiken ist noch heute nur die Lektüre einer mit kirchlichen Erläuterungen versehenen Bibel erlaubt –, haben einige Forscher als Resultat ihrer Bemühungen bekanntgegeben, Jesus von Nazareth sei niemals auf der Welt gewesen." (ebenda, 49-50).

Die Qumran-Funde, so endet der SPIEGEL-Text, haben die Probleme hinsichtlich der Historizität Jesu und der Beweismöglichkeit biblischer Aussagen nicht gelöst. Der Leser wird voller ratloser Heiterkeit aus der Story entlassen.

„Sogar Stauffer ... kann seinen Lesern zuweilen die Figur Jesu nur anschaulich zu machen versuchen, indem er die mythischen und mystischen Jesus-Berichte der Evangelien durch Hinweise auf andere religiöse Dichtungen ergänzt. So empfiehlt er für die Rekonstruktion der Art und Weise, wie Jesus gesprochen habe: „Viel-

leicht sollte man Bachs Matthäus-Passion hören, wenn man sich eine ferne Vorstellung davon machen will." (ebenda, 55).[102]
Der ‚Jesus'-Titel war Auftakt einer umfangreichen Berichterstattung zur Frage der Entmythologisierung, immer dargestellt als Kampf der ‚Entmythologisierer' gegen die ‚Bekennende Kirche'. 1960 wird ein Buch von W. Bröcker und H. Buhr (‚Zur Theologie des Geistes') zum Anlaß genommen, erneut in die Debatte einzugreifen.

> „Zu einer gründlichen Entrümpelung des christlichen Himmels – gründlicher noch als die des Entmythologisierungs-Theologen Rudolf Bultmann – haben zwei deutsche Gelehrte aufgerufen: Gottessohnschaft Christi, biologische Jungfrauengeburt, Auferstehung des Fleisches und Unsterblichkeit der Seele – das alles, so meinen sie, sei Mythos, Legende, „Ammenmärchen" oder gar „Unsinn" und deswegen als historische Wahrheit nicht mehr akzeptabel." („Dogmatik, Versöhnung mit Aphrodite", 29/1960/56-58, 56).

Die besondere Gründlichkeit der Entrümpelung zeigt sich im Versuch der beiden Theologen einer Re-Mythologisierung der christlichen Theologie.

> „Was nach gegenwärtig gültiger Dogmatik als historisches Geschehen gilt, soll wieder – wie es einst war – als Dichtung, Sage und Mythos gelten." (ebenda, 58).

Einige Jahre später – sicher mitbedingt durch den Eintritt von W. Harenberg in die SPIEGEL-Redaktion – wurde der Teil-Abdruck von J. Carmichaels Buch ‚Leiden und Tod Jesu von Nazareth' („Jesus – König der Juden?", 6-13/1966) zum Anlaß genommen, nochmals in den Streit einzugreifen. Die Hauptthese des Buches, Jesus sei als Anführer einer Streit-Macht am Kreuz hingerichtet worden, ist nur insofern von Interesse – wie R. Augstein in einem Vorwort zur Serie anmerkt –, als sie anzeige, „daß Jesus gelebt hat. Denn kein noch so schwärmerischer Jünger hätte darauf verfallen können, eine so widerwärtige und schmachvolle Todesart ausdrücklich für den Messias zu erdichten." („R. Augstein, Jesus – vor der Auferstehung", 6/1966/48-52, 48).
W. Harenberg greift nun „mit dezidierter Meinung"[103] in die Debatte ein, und dies mit einer großangelegten, dreiteiligen Serie

(„Jesus und die Kirchen", 14-16/1966). Der Auftakt der Artikel-Serie zeigt, woran sich der SPIEGEL-Redakteur aufhält.

> „Es gibt nicht einen Jesus, es gibt mindestens vier: den Jesus 0, den Jesus 0,5, den Jesus 1 und den Jesus 2. ... Jesus 0 ist der Jesus derer, die nicht an ihn glauben. ... Jesus 1 ist der historische Jesus, Jesus 2 der Jesus der Bibel, der Christus des Glaubens. Doch Jesus 1 ist nicht gleich Jesus 2. ... Uneinig sind sie [die Theologen] sich ... darüber, in welchem Maße sich Jesus 2 von Jesus 1 unterscheidet. Für katholische Neutestamentler sind sie nahezu identisch, für viele evangelische Neutestamentler hingegen nicht." („Jesus und die Kirchen", 14/1966/92).

Die leise anklingende Ironie dieser Passage verdeckt nun nicht das berechtigte Anliegen des Autors, die Probleme einer formgeschichtlichen, historisch-kritischen Zugehensweise auf biblische Texte aufzuzeigen. Mit sich fundamental widersprechenden Zitaten und Textauszügen aus Veröffentlichungen führender Theologen beider Konfessionen werden dem SPIEGEL-Leser die Kirchen als ein in zentralen Glaubensartikeln sich nicht mehr verstehender Experten-Klüngel vorgestellt. W. Harenberg zeigt, daß bei den Fragen nach ‚Bibel – Wort Gottes?' und ‚Auferstehung Jesu?', bei ‚Jungfrauengeburt?' und ‚Tod Jesu – historisch?' jeder Christgläubige in der einschlägigen Theologen-Literatur die ihm gemäße und passende Antwort finden kann.

> „Die Theologie ist zu einem Irrgarten geworden, in dem sich auch die Fachleute oft nicht mehr verstehen und nicht mehr auskennen." (ebenda, 101).

Der in den Kirchen, vor allem den evangelischen, bestehende Streit zwischen Fundamental- und Existenzialtheologen gelangt thesenartig auf die Ebene der Gemeinden, und W. Harenberg meint zu Recht:

> „Sicher ist jedenfalls, daß der derzeitige Kirchenkampf mit erheblicher Verspätung geführt wird. Was die Gemeinden heute empört, wird zum Teil schon seit mehreren Jahrzehnten von Theologen gelehrt." (ebenda, 102).

Die Diskussion in Wissenschaft und Gemeinden wird im Magazin breit dargelegt, und die (programmatischen) Überschriften der Textauszüge theologischer Standardwerke sind in ihrer dokumentierenden Widersprüchlichkeit der Fachleute denn auch bezeichnend; was gilt – so wird suggeriert – eigentlich noch in den christlichen Kirchen?

- „Weissagte Jesus seinen Tod?“ (14/1966/95); „Jesus hat manches nicht gewußt“ (14/1966/100); „Jesus – Sanitäter und Zauberer?“ (14/1966/105); „Jesus war mehr als ein Rabbi“ (15/1966/96); „War Jesus ein Christ?“ (15/1966/102); „Mißbrauch des Wortes vom Kreuz“ (15/1966/108); „Höllen - und Himmelfahrt sind erledigt“ (16/1966/84); „Auferstehung – nur eine Chiffre?“ (16/1966/88).

W. Harenberg gelingt es, den breiten Graben nicht nur unter den Gelehrten, sondern auch zwischen Wissenschaft und Gemeinden auf erdrückende Weise zu belegen. Der SPIEGEL der Ausgaben Nr. 14 bis Nr. 16 des Jahres 1966 wird für Gläubige und Ungläubige zu einem theologischen Lehrbuch, das den Leser mit den neuesten exegetischen Forschungsergebnissen vertraut macht – und dies ganz ohne Häme erzählt.[104] Der Autor weiß sich auf der Höhe der Forschung, wenn er die Leser zu einem adäquaten Verständnis der Bibel-Texte ermuntert und dabei selbst fast zum ‚Prediger‘ wird.

> „Wer die Texte liest, soll weder historische Fakten zur Kenntnis nehmen noch Mitleid mit dem Gekreuzigten empfinden. Er soll zur Entscheidung für Christus gerufen werden. Es gibt in den Berichten über den Einzug in Jerusalem und die Tempelreinigung wie in der Leidensgeschichte kaum einen Satz, der nicht ausschließlich aus diesem Grunde geschrieben wurde.“ (15/1966/88).[105]

Ebenfalls berechtigt ist das Resümee W. Harenbergs am Schluß seiner voluminösen Bibel-Tour der aufgezeigten Widersprüche und Glaubens-Gräben:

> „Glaubwürdig ist eine Kirche nicht, wenn in ihr buchstäblich alles fragwürdig ist und bleibt. Glaubwürdig aber ist eine Kirche, in der man zwar alles fragen darf, in der man aber nicht alles antworten kann.“ (16/1966/97)

Die Leserbrief-Reaktionen waren entprechend. Seitenlang dankten Pfarrer und Pastoren dem SPIEGEL für die „brilliante Darstellung der verschiedenen (theologischen) Richtungen“ (19/1966/5) und für die Anregungen (vgl. 19/1966/5-20). Ein Le-

ser schreibt: „Ihr Artikel wird mir nun den Anstoß geben, mich endlich einmal mit der modernen evangelischen Theologie auseinanderzusetzen." (19/1966/6)
Ohne neue Aspekte aufzuzeigen, greift der SPIEGEL wenig später erneut in die Diskussion ein, und zwar mit einem Gespräch von W. Harenberg mit R. Bultmann („Ist Jesus auferstanden wie Goethe?", 31/1966/42-45). Einen gewissen Abschluß der Debatte bildet dann ein Interview mit Bischof H. Lilje 1967. Der SPIEGEL einleitend:

> „Es geht um nahezu alles, was einen Christen beschäftigen kann, und zu nahezu jedem Problem gibt es mindestens zwei Meinungen: Gott lebt, oder aber er ist tot. Jesus ist von einer Jungfrau geboren oder aber so wie wir alle. Er ist auf dem See gewandelt, oder aber er hat keine Wunder vollbracht. Jesus hat nach seinem Tode das Grab verlassen, oder aber er ist nicht leiblich auferstanden. Es gibt wenig, worüber sich die evangelischen Christen noch einig sind." („Nur mit dem Abitur in den Himmel?", 26/1967/59)

Den Beweis für diese provozierende Analyse liefert Bischof H. Lilje dann wenige Zeilen später selbst:

> SPIEGEL: „Dürfen wir Sie zu einem innerkirchlichen Streitpunkt fragen: Was glauben Sie – Sie, Hanns Lilje, persönlich: Ist Jesus von einer Jungfrau geboren worden?"
> LILJE: „Ich halte die Lehre von der Jungfrauengeburt, von der nur an zwei Stellen der Bibel die Rede ist, für untergeordnet und möchte mich lieber an das halten, was das Konzil von Chalkedon im Jahre 451 ausgesagt hat: Er ist ein wahrer Gott und ein wahrer Mensch, beides zugleich."
> SPIEGEL: „Jeder evangelische Christ darf also an die Jungfrauengeburt glauben oder nicht glauben?"
> LILJE: „Das ist keine entscheidende Glaubensfrage. Wenn jemand feststellt, es kann nicht so gewesen sein, dann ist mit dieser negativen Feststellung genausoviel und genausowenig ausgesagt wie mit der gegenteiligen Feststellung: Es muß so gewesen sein." (ebenda).

In der Entmythologisierungs-Debatte erkennt der SPIEGEL somit den hohen Grad an Unaufgeklärtheit und (infolgedessen) ein großes Aufklärungsbedürfnis unter den Gläubigen. Ein Grund für die ‚Verwirrung' der Gläubigen ist nicht nur mangelnde Informiertheit, sondern die ‚Pluralität' in der Theologie selbst.[106] Den eigenen Standpunkt in dieser Diskussion findet der SPIEGEL durch die Formulierung einiger Essentials, die in seinen Augen nicht ‚weg-mythologisiert' werden dürfen. Wie ‚kirchenbewußt', in gewissem Sinne auch wie ‚konservativ' der SPIEGEL theologisch Position bezieht, zeigt sich am deutlichsten im Rahmen der Entmythologisierungs-Debatte.

Neben der Entmythologisierungs-Debatte entwickelte in den 60er Jahren der SPIEGEL für ein weiteres theologisches Thema besonderes Interesse: Das II. Vatikanische Konzil. In zahlreichen kleineren Artikeln und Stories wurden schon seit der Ankündigung dieses Bischofs-Treffens die Vorbereitung und aktuelle Schwierigkeiten vom Magazin dokumentiert. Nun, eine Woche vor der Eröffnung des Konzils in Rom, wird vom SPIEGEL der Versuch unternommen, die Geschichte aller Konzilien profund und ‚wissenschaftlich' aufzuarbeiten.

- „Gottes eigenes Konzil, Zweitausend Jahre Apostel, Päpste und Politik im Namen Christi" (40-43/1962).

Nur der Auftakt dieser vierteiligen Serie (und natürlich die unsinnige Titulierung ‚Gottes *eigenes* Konzil') fällt aus dem Rahmen – ansonsten herrscht ein darlegender, sachbezogener Ton vor.

> „In der nächsten Woche wird in der Ewigen Stadt Rom das 21. Ökumenische Konzil der römisch-katholischen Kirche zusammentreten – und zwar aufgrund einer Einladung, die Gott selbst erlassen hat" (40/1962/63).

Die vier Folgen sind jeweils auch einem von vier Themen zugeordnet.

Folge 1: 40/1962/63-72: *Primat und Unfehlbarkeit*
Folge 2: 41/1962/69-84: *Christologie*
Folge 3: 42/1962/75-88: *Konzil von Konstanz und Trient*
Folge 4: 43/1962/57-75: *Vatikanum I*

Der SPIEGEL merkt dabei richtig an, daß eine der wichtigsten Aufgaben des Konzils die Frage nach dem Verhältnis von Episkopat und Primat sein würde. Der Primat und die Unfehlbarkeit genießen – so das Magazin – „allgemeine Anerkennung" (40/1962/71), die Problematik der ‚göttlichen Einsetzung der Bischöfe in der Kirche' sei aber noch nicht zufriedenstellend geregelt.

„Es ist durchaus möglich, daß diese Bibelstelle [Apg. 20], in der die vom Papst unabhängige Würde der Bischöfe zum Ausdruck kommt, auch auf dem bevorstehenden Konzil eine Rolle spielen wird. Eine schlüssige Formulierung des Rechtsverhältnisses von Papst und Bischöfen steht nämlich trotz des ständigen Drängens von seiten des Episkopats bis heute aus." (40/1962/71).[107]

Trotz der ‚allgemeinen Anerkennung' der Unfehlbarkeit fragt der SPIEGEL nach dem historischen Beweis dieser Behauptung und beantwortet diese Frage kurzerhand selbst negativ schon für die Amtsübertragung auf die römischen Bischöfe durch Petrus.

„Alle Anstrengungen Roms, diese Amtsübertragung mit Hilfe der Bibel-Exegese, der Archäologie und Historie zu beweisen, haben bisher zu keinem unwiderlegbaren Ergebnis geführt. Damit klafft in der Herkunftsgeschichte der Unfehlbarkeit der römischen Bischöfe eine deutlich erkennbare Lücke." (40/1962/72).

Im zweiten Teil dieser Serie befaßt sich der SPIEGEL auf hohem Niveau mit der christologischen Lehrentwicklung des vierten und fünften Jahrhunderts. Mit vorher und nachher nicht mehr erfolgter Genauigkeit werden die SPIEGEL-Leser mit schwierigster theologischer und philosophischer Kost versorgt und konfrontiert. Auch hier klingt bei allen sich bietenden Gelegenheiten an, daß die Unfehlbarkeit und der Primat der Päpste mitunter zwar anerkannt und festgestellt wurden, *mitnichten aber immer* gegeben waren.

Über das Konzil von Konstantinopel heißt es beispielsweise:

„381 veranstaltete Kaiser Theodosius I. in Konstantinopel ein zweites Konzil: das Erste Konzil von Konstantinopel. Bei diesem Konzil waren weder der Papst, Damasus I., noch irgendwelche päpstliche Legaten anwesend. Die für die Kirche so wichtige Entscheidung, wonach der Heilige Geist göttlicher Natur sei, kam also ohne unmittelbare Beteiligung des römischen Bischofs zustande – eine Tatsache, die für die Behauptung der Päpste, sie seien in Glaubensfragen immer unfehlbar gewesen, einigermaßen peinlich ist." (41/1962/77).

Dieselbe Stoßrichtung wird deutlich bei den Ausführungen über den Konziliarismus und das I. Vatikanische Konzil in den beiden letzten Folgen dieser Serie. Das Papsttum wird, nachdem in den ersten beiden Serien-Fortsetzungen die biblischen und historischen Grundlagen der Unfehlbarkeit und der Primatial-Gewalt angegriffen wurden, als ein Machtgefüge dargestellt, das mit allen Tricks und mit Gewalt seine Ansprüche durchsetzen will und durchgesetzt hat. Die theologischen Argumentierer gegen eine Dogmatisierung der Unfehlbarkeit (Hefele, Döllinger) kommen daher im SPIEGEL breit zu Wort. Die Unfehlbarkeit des römischen Bischofs wird vom Magazin am Beginn des II. Vatikanischen Konzils folgerichtig als große Erblast der Katholischen Kirche interpretiert, als Geröll einer fehlgelaufenen Geschichte. Diese zu korrigieren und in ihren Wirkungen zu mildern – dazu habe sich das II. Vatikanische Konzil aufzumachen.

> „In der Tat zeigte bereits die erste Arbeitssitzung des II. Vatikanums – das Papst Johannes in der vorletzten Woche feierlich eröffnet hat –, daß die Formulierung der bischöflichen Rechte während des Konzils möglicherweise zu schweren Auseinandersetzungen führen wird." (43/1962/74).

Die Konzils-Serie sollte dann für 20 Jahre der letzte Wissenschafts-Titel im SPIEGEL bleiben. Erst 1985 setzte sich das Magazin mit der Diskussion der Thesen von K. Salibi wieder breit mit einem wissenschaftlichen Sujet auseinander („Hat die Bibel doch nicht recht?", 38-40/1985). In der dreiteiligen Serie geht das Magazin der Frage nach, ob sich – wie K. Salibi formuliert – die Geschichte Israels in West-Arabien abgespielt hat oder haben könnte.

Bezeichnenderweise bekommen in dieser einzigen Wissenschafts-Serie im SPIEGEL seit langem die Thesen eines fachlichen Aussenseiters Raum für eine breite Darlegung. Die schon früher festgestellte Tendenz des Magazins, an den historischen und biblischen Grundlagen der Kirchen und ihres Anspruches zu rütteln, erklimmt hier in seiner Einseitigkeit der Argumentation einen Höhepunkt. ‚Verwirrung' ohne Ernsthaftigkeit in der Sache soll gestiftet werden – Ratlosigkeit bleibt beim Leser zurück und ist ja vom Magazin auch intendiert.

Selbst der skeptische Mainzer Alttestamentler und Bibelarchäologe Fritz gibt zu, daß „es vielleicht in Asir archäologisch etwas zu entdecken gibt, was möglicherweise für die biblische Geschichte von Belang sein kann". „Mag sein", sagt er versöhnlich nach einer Diskussion mit Salibi und mehreren Experten, „daß wir jetzt über

Herrn Salibi lachen, und in zwanzig Jahren pilgern wir alle nach Asir.“ (40/1985/233).

Die Lust des SPIEGEL, durch die Veröffentlichung der Thesen von K. Salibi die Kirchen in Beweisnot zu bringen, zeigt ganz unverhohlen R. Augstein, wenn er in einem ‚Vorwort‘ zur ersten Folge dieser Serie verlauten läßt:

> „Salibi wird scheitern, wenn er die Feldzüge der Meder, Babylonier, Chaldäer und Assyrer bedenkenlos auf der Landkarte verschiebt. Salibis jetzt schon bemerkenswertes Verdienst liegt darin, daß er den Blick für die Schwächen der bisherigen Argumentationsketten schärft.“ („R. Augstein, Wo die Bibel (doch) recht hat“, 38/1985/219).

Zusammenfassung

1. Die theologische Wissenschafts-Berichterstattung des SPIEGEL hat in den 60er Jahren, angeregt durch die Entmythologisierungs-Debatte und das II. Vatikanische Konzil, ihren Höhepunkt erfahren. In großen Serien griff das Magazin in die aktuell bestehende theologische Disputation ein; sie sind ein Stück besten Wissenschafts-Journalismus‘. Die Titel-Geschichten besitzen teilweise Lehrbuch-Niveau. In erheblichem Maße hat der SPIEGEL eine Aufklärungsfunktion bei Gläubigen und Nicht-Gläubigen übernommen und erfüllt.
2. Der SPIEGEL versuchte dabei, auf hohem Sach-Niveau durch Darstellung der theologischen Konfusion in Wissenschaft und Gemeinden (Entmythologisierungs-Debatte) und der Diskussion der Frage nach den historischen und biblischen Grundlagen des Unfehlbarkeits-Dogmas (Konzils-Geschichte) die Kirchen in ihrer ‚Sicherheit‘ und Festigkeit anzugreifen.
3. Ende der 60er Jahre endet die theologische Berichterstattung des SPIEGEL für lange Zeit. Eine dreiteilige Serie Mitte der 80er Jahre macht die Leser mit den Thesen eines wissenschaftlichen Außenseiters bekannt – die (biblischen) Grundlagen der Kirchen anzugreifen sind auch hier die alleinigen Abdruck-Motive des Nachrichtenmagazins.
4. Die ‚Angriffe‘ auf die Kirchen werden im SPIEGEL nach Ende der 60-er Jahre nicht mehr sachbezogen (‚wissenschafts-journalistisch‘) geführt, sondern durch Attacken auf Personen.

3.3 Die Konzils-Berichterstattung des SPIEGEL

Mit immerhin vier Titel-Geschichten und einer Unmenge von Stories, Interviews, Gesprächen und Textauszügen von Konzils-Dekreten hat der SPIEGEL den Verlauf des II. Vatikanischen Konzils publizistisch begleitet. Mit großem Engagement – vor allem von SPIEGEL-Redakteur W. Harenberg – skizziert das Magazin die wichtigsten Problemfelder für die Katholische Kirche in der modernen Welt und bietet – anfänglich selbst von einer gewissen Konzils-Euphorie angesteckt – den Kirchenreformern eine Plattform, um ihre Wünsche und Thesen veröffentlichen zu können. Von Anfang an galt das besondere Interesse des SPIEGEL der Frage einer Reform der Hierarchie (v.a. des Unfehlbarkeits-Dogmas) und des Misch-Ehen-Rechtes.

Die Konzils-Ankündigung durch Papst Johannes XXIII. und die Vorbereitung des Bischofs-Treffens werden vom SPIEGEL mit Optimismus aufgenommen.

- „Kirchenkonzil, Wendung nach Osten" (6/1959/36-37); „Deutscher Ritus, Auf Probe" (15/1959/54-55); „Wiedervereinigung, Stachel im Fleisch" (48/1959/63-64); „Konzil, Sub secreto" (23/1961/61-63); „Konzil, Schwarzes Schaf" (47/1961/28-29); „Bischöfe, Wie Anno 1870" (4/1962/38-39); „Bischöfe, Ein Kampf in Rom" (22/1962/33-36).

Das Konzil selbst wird mit drei Titel-Stories ‚begleitet', den Abschluß bildet dann ein Portrait von Papst Paul VI. – ebenfalls im Rahmen eines Titels.

- „Katholischer Dogmatiker Schmaus, Jeder Vierte freit die falsche Braut" (10/1962/54-68); „Johannes XXIII." (24/1963/66-76); „Konzils-Kardinal Frings" (50/1963/40-56); „Papst Paul VI." (52/1965/68-84).

Vor allem die beiden Titel über Papst Johannes XXIII. (anläßlich seines Todes noch während des Konzils) und über Kardinal Frings zeigen, mit welcher Wärme und mit welchem Wohlwollen der SPIEGEL Kirchenmännern mitunter begegnen kann. Beide werden als Reformer und liberale Theologen dem Leser nahegebracht.[108]

3.3.1 Die Frage nach der Neu-Regelung des Misch-Ehen-Rechtes

Mit besonderer Beharrlichkeit wendet sich das Magazin zunächst der Frage der Misch-Ehen zu. Mit zwei kleineren Stories geht der SPIEGEL auf diese Problematik zunächst unter dem Aspekt des Machtmißbrauches durch die Konfessionen ein.

- „Mischehen, Wie Bruder und Schwester“ (20/1961/36-38); „Seelsorge, Hänschen und Lieschen“ (46/1961/44-45).

In einem großen Titel-Gespräch des SPIEGEL (W. Harenberg) mit dem katholischen Dogmatiker M. Schmaus wird ein deutlicher Umschwung in der Argumentationslinie offenkundig. Die theologischen und pastoralen Aporien des noch geltenden Misch-Ehen-Rechtes, das Tausende von ‚Ehen‘ für ‚ungültig‘ erklären muß, werden nun vom Magazin – mit großer Belesenheit und großem theologischen Fachwissen ausgestattet – aufgezeigt und als eines der wichtigsten Probleme des bald darauf beginnenden Konzils bezeichnet („Katholischer Dogmatiker Schmaus, Jeder Vierte freit die falsche Braut“ 10/1962/54-68).
Der SPIEGEL konfrontiert den Theologen mit zahlreichen Beispielen, die zeigen, wie weltfremd und unsachgemäß das geltende Recht das Problem der Misch-Ehen bislang regelt.

> SPIEGEL: „Kinder aus ungültigen Mischehen gelten doch kirchenrechtlich als ‚uneheliche‘ Kinder?“
> SCHMAUS: „Nun ja ...“(10/1962/55).

Mit den Argumenten der Kirchenreformer ausgestattet, greift W. Harenberg die Frage auf, warum denn eine in der Evangelischen Kirche geschlossene Ehe (mit einem Katholiken) für Katholiken ungültig sein muß.

> SCHMAUS: „Die katholische Kirche kann ... keinesfalls eine Eheschließung vor dem evangelischen Pfarrer erlauben, weil sie damit ja die evangelische Kirche als eine gleichberechtigte Kirche anerkennen würde.“
> SPIEGEL: „Und das ist sie nicht?“
> SCHMAUS: „Vom katholischen Standpunkt aus nicht.“
> SPIEGEL: „Und die evangelisch oder nur standesamtlich geschlossenen Mischehen sind keine Ehen?“

SCHMAUS: „Nein, das sind keine Ehen.“
SPIEGEL: „Sondern?“
SCHMAUS: „Ich würde sagen: Es sind eheähnliche Verbindungen, eheähnliche Gemeinschaften.“ (ebenda, 54).

Auf völliges Unverständnis des SPIEGEL stößt der Zwang für den katholischen Partner einer solchen Misch-Ehe, seine Kinder katholisch taufen lassen zu müssen und den evangelischen Partner gar zum Kirchenwechsel aufzufordern. Subtil dabei die Argumentation von Professor M. Schmaus, die W. Harenberg ihm entlockt.

SCHMAUS: „Gerade weil ich soviel mit lutherischen Theologen im Gespräch bin, sehe ich einen Widerspruch. Einerseits werden neuerdings Strafen angedroht [für evangelische Christen, die sich katholisch trauen und ihre Kinder katholisch taufen lassen], andererseits ist es ein evangelischer Grundsatz, daß ein Christ, der meint, daß er durch den Heiligen Geist anders erleuchtet wird, daß er die Bibel anders auslegen muß als seine Kirche, zu einer Ansicht gelangen darf, die den offiziellen Thesen der evangelischen Kirche nicht entspricht.“
SPIEGEL: „Dieses evangelische Prinzip nutzen katholische Pfarrer dann aus, wenn sie von Paaren, die eine Mischehe schließen wollen, um Rat gefragt werden.“
SCHMAUS: „Ausnützen ist ein schlimmes Wort. Ich würde sagen: Wir weisen die Paare auf dieses Prinzip hin. Wir sagen den Protestanten: Du kannst, ohne der Heiligen Schrift und deiner Kirche untreu zu werden, auch eine katholische Ehe eingehen. Das ist die seelsorgerische Pflicht des Priesters.“ (ebenda, 59-61).

Mit großem Einfühlungsvermögen gelingt es dem SPIEGEL, dieses Problem aufzuarbeiten und den katholischen Dogmatiker mit den Konsequenzen ‚seines‘ Ansatzes zu konfrontieren.[109] Immer wieder greift das Magazin in der Folgezeit diese Frage auf und stellt, so zeigen es die Leserbriefe (14/1962/7-12), für diesen bislang weitgehend tabuisierten Themenkomplex eine Öffentlichkeit her.
Das Befürworten einer Reform des Misch-Ehen-Rechtes durch Kardinal Frings auf dem Konzil ist für den SPIEGEL mit der An-

laß, diesen als reformfreudigen, sich vom Saulus zum Paulus gewandelt-habenden Progressiven zu portraitieren („Konzils-Kardinal Frings“, 50/1963/40-56). In einer ‚Hausmitteilung‘ freut sich das Magazin, in einem katholischen Kampf nicht nur die Fronten aufgezeigt zu haben, sondern am Ende gar auf der Seite der ‚Gewinner‘ zu stehen.

> „Der 76jährige Kardinal Frings folgte auf dem Konzil nicht der Auffassung des 76jährigen Schmaus, sondern des 35jährigen Küng. Mit Genugtuung konnte Harenberg in seine Titelgeschichte über Kardinal Frings ... schreiben: „Eine Forderung, die Frings jahrzehntelang abgelehnt hat, bejahte der Kardinal auf dem Konzil: Die Mischehen, die in evangelischen Kirchen geschlossen werden, sollen für gültig erklärt werden.““ (50/1963/3-Hausmitteilung).

Die Wünsche, die die Evangelischen Kirchen in dieser Frage an das Konzil haben, werden vom SPIEGEL ebenfalls in einem Gespräch aufgezeigt („Evangelische Freiheit im Petersdom zu Rom?“, 39/1964/61-73). Das Magazin erkennt, daß die Neuformulierung der bislang als ‚secta haeretica‘ apostrophierten Evangelischen Kirchen, nun ‚getrennte *Kirchen*‘ genannt, den Weg ebnen kann für eine Neuformulierung auch des Misch-Ehen-Rechtes (vgl. ebenda, 62-65).[110]

In einem Gespräch mit H. Küng wird – nachdem das Konzil keine endgültige Lösung gebracht hatte – dieser Weg genauer beschrieben.

> SPIEGEL: „In der Bundesrepublik gibt es insgesamt eine Million Mischehen, die nach katholischem Kirchenrecht ungültig sind, weil sie evangelisch oder nur standesamtlich getraut sind.“
>
> KÜNG: „Falls hier keine allgemeine Lösung für die Gesamtkirche gefunden werden kann, müßte man unbedingt eine rasche Lösung auf regionaler, nationaler Basis treffen.“
>
> SPIEGEL: „Worin würden Sie eine solche Lösung sehen?“
>
> KÜNG: „Drei Dinge vor allem halte ich für notwendig: Erstens die Aufhebung der Exkommunikation des katholischen Partners bei einer evangelischen oder nur standesamtlichen Trauung. Zweitens die Anerkennung der Gültigkeit von Mischehen, die in nicht-katholischen Kirchen geschlossen wurden. Drittens die Entscheidung über die christliche Taufe

> und Erziehung der Kinder entsprechend dem verantwortlichen Gewissensentscheid der Eltern. ... (Diese Lösung) läge auch in der Konsequenz der Konzilsdokumente über die Religions- und Gewissensfreiheit sowie den Ökumenismus." („Die Freiheit ist nicht mehr auszulöschen", 5/1966/54-66, 58).

Die Neu-Regelung des Misch-Ehen-Rechtes durch Kardinal Ottaviani – die auf einige minimale Änderungen im Traugottesdienst bei Weitergelten des bisherigen Rechtes hinausliefen – wird vom SPIEGEL als eine Katastrophe und Niederlage der Reformer auf dem Konzil gewertet.

> „Und Ottaviani entschied über die Reform des Mischehen-Rechts so, als habe es kein Konzil gegeben." („Mischehe, Post für Papst Alfredo", 14/1966/70-72, 70).

Die Konservativen schienen sich durchzusetzen, und der SPIEGEL setzte seinen Kampf für eine Neu-Regelung fort – mit neuen Argumenten, die B. Häring während eines SPIEGEL-Gesprächs in Rom zu hören bekam („Wie unauflöslich ist die Ehe?", 15/1970/188-200). Die rechtliche Möglichkeit, kirchlich ungültige Ehen staatlich scheiden zu lassen mit der dann gegebenen Möglichkeit, sich kirchlich gültig (erneut) trauen zu lassen, läßt den SPIEGEL fragen, wie ehrlich das Kirchengesetz von der ‚Unauflöslichkeit der Ehe' denn wirklich ist. B. Häring kann oft nur zustimmend die Argumente des Magazins zur Kenntnis nehmen.

Die Neu-Regelung des Misch-Ehen-Rechtes auf der Grundlage von Dispensen, über die die jeweiligen Orts-Bischöfe zu entscheiden haben, wird vom SPIEGEL natürlich als Erfolg gewürdigt, den jedoch ein üblicher ‚katholischer Makel' auszeichnet.

> „Mit seinem neuen Dekret setzt Paul VI. die Tradition fort, die vom Heiligen Stuhl seit mehr als einem halben Jahrhundert gepflegt wird: In kleinen Schritten tippelt die Kirche hinter der Entwicklung her. Jede Reform kommt ein paar Jahre zu spät." („Mischehe, Schwer und süß", 20/1970/74-76, 74).

Den Forderungen, dargelegt von H. Küng in einem SPIEGEL-Gespräch, wird weitgehend entsprochen.

Zusammenfassung

1. Die Frage des Misch-Ehen-Rechtes wird vom SPIEGEL als eine entscheidende Frage für die glaubwürdige Reform der Katholischen Kirche betrachtet. Eine Reform ist nicht nur für die Betroffenen von Wichtigkeit; das Magazin sieht bei diesem Problem die ‚Machtfrage' der Konfessionen gestellt und klagt, vor allem hinsichtlich der Katholischen Kirche, den ‚Machtverzicht' der Kirchen ein.
2. Den Reformern der Kirche wird in Gesprächen und Stories ‚publizistische Schützenhilfe' geleistet wie bei keinem anderen kirchlichen Thema zuvor. Der SPIEGEL ist dabei bereit, sich in schwierige Sachfragen einzuarbeiten, um so auch Gegnern der Reform (M. Schmaus !) auf hohem Niveau argumentativ begegnen zu können.
3. Die Neu-Regelung des Misch-Ehen-Rechtes gibt dann dem SPIEGEL und den Reformern Recht.
4. Der SPIEGEL darf in der Frage der Neu-Regelung des Misch-Ehen-Rechtes für sich in Anspruch nehmen, durch Beharrlichkeit und durch sachgerechte Darstellung der rechtlichen, ekklesiologischen und pastoralen Schwierigkeiten der alten Regelung eine Öffentlichkeit hergestellt und eine Reform mit ermöglicht zu haben. Eine beachtliche Aufklärungsleistung wurde erbracht.

3.3.2 Die Frage nach dem Verhältnis von Primat und Episkopat (Unfehlbarkeits-Problematik)

Ebenfalls breiten Raum in der Konzils-Berichterstattung des SPIEGEL nimmt das Problem der ‚Unfehlbarkeit' ein. Gleich im ersten Konzils-Artikel des Magazins heißt es:

> „Die nachfolgenden Päpste [nach Pius XII] wandten das Unfehlbarkeitsdogma immer konsequenter an, um ihren Herrschaftsanspruch nicht nur gegenüber katholischen Kirchenversammlungen, sondern auch gegenüber den anderen christlichen Glaubensgemeinschaften aufrechtzuerhalten. Sollte nun der gegenwärtige Papst ernsthaft eine Zusammenarbeit oder gar eine Vereinigung mit den orthodoxen Kirchen des Ostens anstreben, so ist es gerade dieses Dogma, das

fallen muß.“ („Kirchenkonzil, Wendung nach Osten“, 6/1959/36-37, 37).

In zahlreichen kleineren Stories wird dem Lese-Publikum des Magazins die Neu-Regelung des Unfehlbarkeitsdogmas als das (!) entscheidende Problem des Konzils in der Katholischen Kirche nahegebracht, und dies auch hinsichtlich der Ökumene.

- „Bischöfe, Ein Kampf in Rom“ (22/1962/33-37); „Konzil-Küng, Blick auf das Dunkle“ (16/1963/42-51); „Wie mächtig ist der Papst?“ (47/1963/92-99-Gespräch); „Konzils-Kardinal Frings“ (50/1963/40-56-Titel); „Evangelische Freiheit im Petersdom zu Rom?“ (39/1964/61-73-Gespräch); „Das Konzil ist noch immer ein Bestseller“ (48/1964/132-137); „Konzil, O welcher Kummer“ (38/1965/123); „Die neue Freiheit ist nicht mehr auszulöschen“ (5/1966/54-60-Gespräch).

Den Befürwortern einer ‚Aufwertung‘ des Bischofsamtes wird im Magazin breiter Raum eingeräumt. Kardinal Frings wird – neben seiner Misch-Ehen-Stellungnahme – wegen seines Einsatzes für die bischöfliche Kollegialität gewürdigt. Der SPIEGEL ist auf seiner Seite, wenn er einen ständigen Rat von Bischöfen mit Entscheidungsbefugnis, eine Unterordnung der Kurie unter Papst und Bischofskollegium und eine Verlagerung von Kompetenzen weg vom Vatikan hin zu den Bischofskonferenzen fordert (vgl. „Konzils-Kardinal Frings“, 50/1963/40-56).

Die Bücher von H. Küng dienen dem SPIEGEL dazu, seine (des SPIEGEL) Gedanken als Gedanken einer innerkirchlichen Reformbewegung darzustellen. Es gilt – so das Magazin – die Einseitigkeit des I. Vatikanischen Konzils mit der Betonung des päpstlichen Primates zu überwinden durch eine Neuformulierung, eine Neugewichtung des episkopalen Gedankens. Dabei sind sicher Fortschritte erzielt worden; die universale Bedeutung des Bischofsamtes wird durch die Einrichtung einer Bischofs-Synode und durch die Möglichkeit, Bischofs-Konferenzen zu bilden, betont.[111]

Die weiter gegebene Voranstellung des Papstes, d.h. die Möglichkeit, die Katholische Kirche auch ohne die Bischöfe ‚regieren‘ zu können, ist dem SPIEGEL ein Dorn im Auge. Er hofft auf das Konzil. Ein Auszug aus dem Gespräch mit dem Konzils-Peritus G. Baum verdeutlicht dies.

SPIEGEL: „Pater Baum, die katholische Kirche wurde bislang monarchisch, vom Papst regiert. Soll sie künftig „kollegial", vom Papst gemeinsam mit den Bischöfen, geleitet werden?"
BAUM: „Diese Begriffe treffen die Sache nicht, man kann die Kirche nicht mit einem Staat vergleichen. Ich möchte es zunächst ganz dogmatisch, ganz theoretisch sagen: Die Kirche wird geleitet vom Papst und – gemeinsam mit dem Papst und unter dem Papst – vom Bischofskollegium, dem Episkopat."
SPIEGEL: „Da liegt die Schwierigkeit: zwar „gemeinsam mit", aber zugleich „unter" dem Papst. Angesichts der Vorrechte des Papstes – Unfehlbarkeit und Primat – ist für Nichtkatholiken schwer zu begreifen, wie sich das theoretisch und praktisch vereinbaren läßt."(„Wie mächtig ist der Papst?", 47/1963/92-99, 92).

G. Baum kann die Zweifel des SPIEGEL auch trotz der Vermutung, das Konzil werde einen ständigen Bischofsrat an der Kurie bilden, der über der Kurie steht, nicht ausräumen. Die weiter bestehende Möglichkeit des Papstes, allein auch gegen die Bischöfe ein Dogma verkünden zu können, ist dem Magazin nicht einsehbar.

BAUM: „Aus Ihrer Frage spricht, wie mir scheint, der Zweifel, ob ein Mensch unfehlbar sein kann. Meinen Sie das?"
SPIEGEL: „Ja." (ebenda, 98).

Deutlicher wird die fundamentale Skepsis des SPIEGEL hinsichtlich der Reform der Katholischen Kirche in einem Gespräch mit H. Küng nach dem Konzil. Der Verweis auf die ‚persönliche Zurückhaltung des Papstes' in Machtfragen und des Unfehlbarkeits-Anspruches ist dem Magazin suspekt.

KÜNG: „... Ohne einen weitgehenden freiwilligen Verzicht auf päpstliche Machtausübung, wie ihn gerade Johannes XXIII. in evangelischem Geiste gelebt hat, ist an eine Versöhnung der anderen Kirche mit der katholischen Kirche nicht zu denken."
SPIEGEL: „Sprechen Sie nur von der Praxis, oder meinen Sie auch die Lehre?" („Die neue Freiheit ist nicht mehr auszulöschen", 5/1966/54-60, 60).

Die Berufung H. Küngs auf die neue Sicht des Bischofsamtes auch hinsichtlich der Leitung der Gesamtkirche überzeugt die SPIEGEL-Redakteure nicht. Der Bischofsrat leidet an strukturellen Mängeln.

> SPIEGEL: „Aber dem Bischofsrat fehlen doch zwei wesentliche Eigenschaften, die Sie – wie viele Konzilsväter – als unabdingbar erklärt haben: Er tagt nicht regelmäßig, sondern wird vom Papst nach Bedarf einberufen, und er hat in der Regel nur zu beraten und zu informieren. Legislative Befugnisse hat er nur, wenn der Papst sie zugesteht."
> KÜNG: „Dies kann recht oft geschehen."
> SPIEGEL: „Es *kann* geschehen, aber es muß nicht geschehen." (ebenda, 90).[112]

Und eben darauf kommt es dem SPIEGEL an. Er wollte die vom Vatikanum II festgeschriebene Aufwertung des Bischofsamtes nicht dem persönlichen Gutdünken des jeweiligen Papstes und seinem Führungsstil überlassen, sondern ‚verfassungsrechtlich' festgeschrieben sehen. Die Katholische Kirche ist in dieser Frage auf halbem Wege stehen geblieben. Eine wirkliche Reform an den Strukturen hat – jedenfalls für den SPIEGEL – auf dem Konzil nicht stattgefunden.
Das Thema ‚Unfehlbarkeit' verliert nun an Bedeutung im Magazin. Einzig die Darstellung der Schwierigkeiten, die sich H. Küng mit seinem Buch ‚Unfehlbar?, Eine Anfrage' einhandelte, sowie die nachfolgende Diskussion in Rom und in der Theologie, reizen den SPIEGEL, die Thematik erneut aufzugreifen.

- „Unfehlbar, Strick gesucht" (34/1970/53-54); „Unfehlbarkeit, Bombe in der Hand" (1-2/1971/34).

Im Gespräch mit K. Rahner zeigt der SPIEGEL zum letzten Mal sein Befremden und seine Enttäuschung über die nichterfolgte Reform des Unfehlbarkeits-Dogmas.

> SPIEGEL: „Einerseits heißt es im Dogma selbst, eine solche Definition [ex cathedra] bedürfe nicht der Zustimmung der Kirche. Andererseits sagen Sie jetzt, ohne die Kirche könne der Papst nicht „ex cathedra" entscheiden. Wer kann ihn daran hindern?"

RAHNER: „Eine eindeutige juristische Bremse gibt es nicht."
SPIEGEL: „Es gibt nicht nur keine eindeutige Bremse, es gibt überhaupt keine Bremse."
RAHNER: „Wenn der Papst heute auf dem Petersplatz auftreten und erklären würde, es gebe keine Heiligste Dreifaltigkeit ..., dann wäre klar, daß der Papst ein Häretiker ist, daß er kein Papst mehr ist."
SPIEGEL: „Sie machen es sich mit Ihrem Beispiel zu leicht. Stellen Sie sich doch lieber vor, der Papst verkündete eine Definition, die auf den ersten Blick katholisch anmutet, die aber eine Mehrheit von Theologen und Bischöfen für häretisch halten. Wer erklärt das dann amtlich?
RAHNER: „Mein Gott, wir haben kein Bundesverfassungsgericht in der katholischen Kirche." („Jesus hätte davon nichts verstanden", 9/1972/112-119, 116-117).

Zusammenfassung

1. Der Frage der Unfehlbarkeit wird im SPIEGEL breite Aufmerksamkeit geschenkt. Zu den Befürwortern einer ‚strukturellen' Aufwertung des Bischofsamtes in der Katholischen Kirche gesellt sich das Magazin mit Sympathie. Die Unfehlbarkeit des Papstes sollte an bestimmte Kriterien (Bischofs-Rat bzw. Bischofs-Synode) geknüpft werden.
2. Die Reformen des II. Vatikanischen Konzils gehen dem SPIEGEL nicht weit genug. Der Möglichkeit einer episkopalen Einbindung in die universale Kirchenleitung stellt er die Forderung nach einer verfassungsrechtlichen Festschreibung der Rechte der Bischöfe entgegen. Die Eigenrechte der Bischofs-Synode gehen dem SPIEGEL nicht weit genug.
3. Die Katholische Kirche hat sich für den SPIEGEL in einer entscheidenden Frage als nicht wirklich reformfähig erwiesen.

3.4 Die Darstellung der Entwicklung in der Katholischen Kirche nach dem Konzil

Ankündigung und Verlauf des II. Vatikanischen Konzils wurden vom SPIEGEL nicht nur mit Interesse, sondern auch mit Sympathie verfolgt. Mit großen Serien und Titel-Geschichten hatte das Magazin – wie gezeigt – die Aufmerksamkeit seiner Leser auf dieses ‚Reform'-Konzil gelenkt. Zwei Themen-Bereiche standen im Zentrum der Berichterstattung. Eine Neu-Regelung des Misch-Ehen-Rechtes und die Reform des Verhältnisses Primat und Episkopat – dargestellt am Problem der Unfehlbarkeit – waren die ‚Lieblings-Kinder' des SPIEGEL. Das Misch-Ehen-Recht wurde nach dem Konzil im Sinne des Magazins geregelt. Die römische Bischofssynode bleibt – ohne Eigenrechte ausgestattet – (nur) ein Instrument des Papstes, nicht des Episkopates.

Enttäuscht resümiert das Magazin beim Zusammentritt der ersten Bischofssynode in Rom:

> „Die Synode, Frucht des Zweiten Vatikanischen Konzils, war von fortschrittlichen Vätern ursprünglich als Kirchenparlament gedacht. Eine der letzten absolutistischen Monarchien der Welt sollte auf diese Weise demokratisiert werden. Aber Paul VI. will keine Mit-Regenten. ... Gleich zu Beginn erklärte der Heilige Vater, er wünsche von dem hochwürdigen Gremium lediglich „Hilfe, Rat und Stimme". ... Zwar billigte Paul den Synodalen „eine gewisse Kollegialitätsautorität" zu. Aber die Kollegen durften nicht einmal die Präsidenten und den Generalsekretär der Ratsversammlung selber wählen. Der Pontifex Maximus bestimmte die Tagesordnung; er setzte die sogenannten Relatoren ein, die zu jedem Beratungsthema das Grundsatzreferat hielten; er selbst wird auch darüber entscheiden, ob und wann die Synode wieder zusammentreten solle." („Paul VI., Gestutzte Flügel", 45/1967/160).

Die Tendenz zu einer insgesamt negativen Sicht des Konzils zeigt der Titel zum Abschluß des Bischofstreffens Ende 1965 („Papst Paul VI.", 52/1965/68-84). Der SPIEGEL – am Anfang selbst voller Reformeifer – meint nun, daß sich die Reformer auf dem Konzil nicht wirklich durchgesetzt hätten.

> „Doch so reformeifrig die Mehrheit des Konzils ... auch war und sosehr mehrere Konzilsbeschlüsse von diesem Geist erfüllt sind – nicht umsonst hat vier Jahre lang eine konservative Minderheit gegen nahezu jeden Satz gekämpft, der gegen die Lehren des zwölften Pius verstieß. Die kühnsten Thesen wurden gestrichen, andere abgeschwächt. Und in fast allen

> Beschlüssen steht zumindest in Nebensätzen oder Fußnoten das Zwar und Aber der Traditionalisten." (ebenda, 83).

Schon einige Wochen zuvor stimmte der SPIEGEL seine Leser auf diese negative Sicht des Konzils ein.

- „Konzil, O welcher Kummer" (38/1965/123); „Katholiken, Tee bei der Tante" (40/1965/124).

Der Schlußabschnitt des Titels anläßlich der Beendigung des Konzils zeigt überdeutlich die Ansicht des Magazins.

> „Die überwiegend mit Italienern besetzte Kurie - Objekt ungezählter Attacken auf dem Konzil - bleibt das, was sie immer war: die Verwaltung und Gerichtsbarkeit, die im Namen des Papstes über alle Katholiken einschließlich der Bischöfe regiert. Paul VI. will sie um Ausländer und Bischöfe erweitern und Kompetenzen überprüfen, doch an der Struktur soll nichts geändert werden. ... Ohne eine „tiefgreifende Reform" der Kurie, so sagte er [ein indischer Erzbischof] im Petersdom voraus, „wird mindestens nach einigen Jahren alles wieder beim alten sein." („Papst Paul VI.", 84).

Diese Grob-Analyse des Magazins wird für die gesamte Berichterstattung über die Katholische Kirche nach dem Konzil die Meßlatte. Die bemängelte Inkonsequenz des Konzils in Sachen ‚Reform' wird vom SPIEGEL als *Ursache für die Unruhe, den Aufruhr in der Kirche* und den Bedeutungsverlust der Kirche bezeichnet. Dies kann an einigen Sachthemen und Problempunkten aufgezeigt werden.

3.4.1 Der Aufstand der Holländischen Kirche

Breiten Raum nimmt die Berichterstattung des SPIEGEL über die Unruhe in der Holländischen Kirche nach dem Konzil ein. Die Probleme der Dogmen-Interpretation, des Zölibats und vor allem des Holländischen Katechismus werden vom Magazin aufgegriffen und die aufkommende Unruhe als Folge des inkonsequenten Konzils interpretiert.

- „Katholiken, Tee bei der Tante" (40/1965/124); „Katholiken, Grab der Kirche" (39/1967/145); „Katechismus, Wollt ihr weggehen?" (50/1968/178-182); „Zölibat, Nicht notwendig" (9/1969/142-143); „Ist der Papst im Jahr 2000 verheiratet?" (12/1969/156); „Rom hat mehr Angst als Macht" (4/1970/

128-131); „Zölibat, Zerrüttete Ehe“ (5/1970/110); „Zölibat, Quelle der Freude“ (7/1970/93-94); „Bischöfe, Bombe und Bunker“ (3/1971/96); „Holland, Aufstand der Hirten“ (39/1972/114-115). Der neue Holländische Katechismus wird zum Anlaß genommen, die Grundlinien der Holländischen Kirche zu erörtern.

> „Den vom Wind des Wandels angeblasenen Holländern war das Konzil unter Paul VI. nicht fortschrittlich genug. Also organisierten sie – erstmals in der Kirchengeschichte – ein nationales Pastoralkonzil. Es wird Jahre dauern und viele Laien zur Mitarbeit heranziehen. Protestanten und Marxisten sind geladen.“ („Katholiken, Grab der Kirche“, 39/1967/145).

Neben den biblischen und dogmengeschichtlichen Bedenken Roms gegen den Katechismus blieb vor allem die Forderung der Pastoral-Synode nach der Weihe von verheirateten Männern zu Priestern publizistisch bedeutsam. Die sensationelle Zustimmung des Holländischen Episkopates zu dieser Forderung wird vom SPIEGEL deutlich herausgestellt.

> „Die Ehe zwischen Zölibat und Priesteramt, schon seit langem nur noch durch das Kirchenrecht erzwungen, läßt seit Anfang vergangener Woche das ganze Ausmaß der Zerrüttung erkennen – seit der „Grundsatzerklärung“ des holländischen Episkopats: Der Utrechter Kardinal Bernard Jan Alfrink und seine sieben Mit-Bischöfe sprachen sich dafür aus, Verheiratete zuzulassen und Priester, die wegen Heirat ausgeschieden sind, wieder in ihr Amt einzusetzen.“ („Zölibat, Zerrüttete Ehe“, 5/1970/110).

Die Reaktionen aus Rom auf diese Forderung waren zu erwarten. Papst Paul VI. beharrte auf dem Zölibat und fordert von der Holländischen Kirche Gehorsam. Der SPIEGEL berichtete darüber zunächst nur kurz („Zölibat, Quelle der Freude“, 7/1970/93-94), er entschloß sich dann aber zu einer gründlicheren Studie der Zölibatsproblematik im Rahmen eines Titels („Ende des Zölibats?“, 24/1970/40-58). Das Magazin versucht dabei, seine Berichte über am Zölibat gescheiterte Priester sowie die Stories über auch außerhalb der Holländischen Kirche entstandene Reform-Gruppen zu bündeln, um so den Kampf von Papst Paul VI. grundsätzlich und allgemein als Anachronismus charakterisieren zu können.

„Ein unheiliger Krieg wird überall in der Welt geführt. Es ist ein Krieg mit Gefallenen, die nicht tot sind, und mit Vermißten, die niemand sucht. Es ist ein Krieg, der schon verloren ist für den, der ihn begann: für Papst Paul VI. ... Er will den von ihm heilig genannten Zölibat verteidigen und zerstört die noch verbliebene Autorität des Papsttums." („Ende des Zölibats?", 40).

Die Disziplinierung der Holländischen Kirche durch entsprechende Personalentscheidungen zeigt dem SPIEGEL, wie groß die Unruhe in der Katholischen Kirche nach dem Konzil ist. Nachdem sich 1970 der Papst und 1971 auch die römische Bischofssynode für die Beibehaltung des Zölibats entschieden hatten, hat sich die Katholische Kirche in einem für den SPIEGEL entscheidenden Punkt erneut als nicht reformfähig erwiesen. Die Lust zur inhaltlichen, sachlichen Auseinandersetzung schwindet somit. Einzig die Darstellung ‚prominenter Opfer des Zölibats' wird noch zum Anlaß genommen, den Aderlaß der Katholischen Kirche und ihre interne Unruhe zu dokumentieren.

◆ „Wir leben wie Mann und Frau zusammen" (20/1972/68); „Ich bleibe Priester, ich bleibe Ehemann" (19/1976/74-76); „Priester, Totale Tröstung" (8/1978/74-75).[113]

3.4.2 Die Würzburger Synode

Bei der Berichterstattung über die Einberufung einer deutschen Synode fällt auf, daß – im Gegensatz zur vergleichbaren Phase vor dem Konzil – von vornherein ein negativer Duktus im Magazin vorherrscht. Der SPIEGEL kritisiert die undemokratische Zusammensetzung der Synode[114] als „von oben ausgesuchte und nicht von unten gewählte Synodalen" („Synode, Hirten und Herden", 48/1969/52) und gibt dem Treffen, da die Bischöfe die Beschlüsse genehmigen und von Rom bestätigen lassen müssen, keine Chance hinsichtlich wirklicher Reformen.

◆ „Synode, Hirten und Herden" (48/1969/52); „Umfrage, Saubere Meinung" (18/1970/52); „Synode, Regeln der Räte" (48/1970/97-98); „Synode, Floh im Pelz" (3/1971/34); „Priester, Flucht in die Ehe" (41/1971/125); „Katholiken, Purer Leerlauf" (20/1972/46-48); „Katholiken, Durst im Dom" (1/1973/30).

Der SPIEGEL zeichnet dabei ein Bild, in dem die Katholische Kirche in der Bundesrepublik als von Krisensymptomen geschüttelte zu erkennen ist. Allgemeine Unlust, ja Depression mache sich breit, und dies auch deswegen, weil „auf der Synode die Priester und Laien zwar munter parlieren dürfen, aber anschließend parieren müssen“ („Katholiken, Durst im Dom“, 1/ 1973/30).[115]

3.4.3 Die Enzyklika ‚Humanae Vitae‘

Die Antwort auf die Frage nach der moralischen Wertung der künstlichen Geburtenkontrolle war eigentlich schon auf dem Konzil erwartet worden, doch die Entscheidung wurde dem Papst und einer Expertenkommission überantwortet. Der SPIEGEL nimmt sich der Problematik intensiv an.

- „Geburtenkontrolle, Antwort im Herbst“ (9/1964/75-77); „Die Zahl der Kinder ist Sache der Eltern“ (44/1964/127).

Verhaltener Optimismus erfüllte das Magazin, vor allem nach der Kenntnisnahme des berühmten ‚Schema 13‘ der Konstitution ‚Die Kirche in der Welt von heute‘. Der SPIEGEL druckt denn auch dieses ‚sub secreto‘-Dokument teilweise ab („Die Zahl der Kinder ist Sache der Eltern“, 44/1964/127).

Eine endgültige Klärung sollte durch den Papst nach dem Konzil erfolgen. Nachdem eine Kommission – vom Papst eingesetzt – gleich zwei Gutachten vorgelegt hatte, die sich widersprachen, war die Spannung groß, wie sich der Papst denn entscheiden würde.[116]

Der SPIEGEL griff mit einem großen Gespräch mit F. Böckle 1967 in die Debatte ein („Es ist nicht klug, den Papst zu drängen“, 49/1967/52-60).[117] Der Optimismus des Magazins war umgeschlagen in Skepsis.

> SPIEGEL: „In der Kommission, die der Papst berufen hat, ist die Mehrheit Ihrer Ansicht. Würden Sie – wie wir – vermuten, daß der Papst eher der Ansicht zuneigt, die von Kardinal Ottaviani und der Minderheit verfochten wird?“
>
> BÖCKLE: „Alles, was der Papst in den letzten Monaten in dieser Frage erklärt hat, deutet darauf hin.“
>
> SPIEGEL: „Meinen Sie, daß die Mehrheit der katholischen Moraltheologen Ihrer Ansicht und damit wahrscheinlich anderer Ansicht ist als der Papst?“

DER SPIEGEL
5. AUGUST 1968 · NR. 32
22. JAHRGANG · DM 1,50
INCL. MEHRWERTSTEUER
C 6380 C
Papst Paul VI:
Nein zur Pille

DER SPIEGEL
C 7007 C
Nr. 52 / 44. Jahrgang
24. Dezember 1990
4,50 DM
Der Papst und die Lust

BÖCKLE: „Soweit ich meine deutschsprachigen Kollegen kenne, denken wohl vier Fünftel im Prinzip so wie ich." („Es ist nicht klug, den Papst zu drängen", 49/1967/54).

Die Entscheidung des Papstes, die künstliche Geburtenkontrolle zu verbieten, schlug denn auch ein wie eine Bombe. Mit einem Titel arbeitet der SPIEGEL dieses Thema auf („Papst Paul VI., Nein zur Pille", 32/1968/82-90). Die Enzyklika ‚Humanae Vitae' von Paul VI. wird vom Magazin als „das bislang fatalste katholische Fehlurteil dieses Jahrhunderts" (ebenda, 82)[118] gebrandmarkt; bündig wird festgestellt: „Der Papst handelte gegen seine Kirche" (ebenda, 83). Dem Papst wird prophezeit, daß die Zeiten blinder Zustimmung auch in der Katholischen Kirche vorbei seien: „Der große Ungehorsam hat begonnen." (ebenda, 90).
Die Enzyklika selbst wird vom SPIEGEL zum Anlaß genommen, in noch nie dagewesener Art und Weise die Katholische Kirche anzugreifen und zu verurteilen. R. Augstein hat sich in einem harten, hämischen Kommentar die Katholische Kirche zum Gegner erklärt („R. Augstein, Jesus und die Pille", 32/1968/16-17).[119]
Die innerkirchliche Protestbewegung gegen die Entscheidung des Papstes wird breit dokumentiert.

- „Mancher wird die Kirche jetzt verlassen" (36/1968/52-54); „Katholikentag, Beugen und Zeugen" (37/1968/74-75); „Im Beichtstuhl nach der Pille fragen?" (39/1968/166-176-Gespräch); „Papstgehorsam, Weiß bleibt weiß" (40/1968/49-50); „Frankreich, Weniger Kult" (49/1968/146-150); „Kardinal Suenens, Durst nach Echtem" (23/1969/120-125); „Ich schäme mich ..." (26/1969/24).[120]

Es liegt in der Konsequenz der gesamten Konzils- und Nachkonzils-Berichterstattung des SPIEGEL, nach der Entscheidung von Papst Paul VI. zu fragen, wie fehlbar denn ‚Humanae Vitae' formuliert worden sei. Dies geschieht in einem Gespräch mit K. Rahner („Im Beichtstuhl nach der Pille fragen?", 39/1968/166-176). Nach der Diskussion der innerkirchlichen Ablehnung der Papstentscheidung kommt der SPIEGEL auf das Kernproblem zu sprechen.

SPIEGEL: „Ein besonders schwieriges Kapitel ist die Frage nach dem Heiligen Geist. Paul VI. beruft sich darauf, daß er bei seiner Entscheidung den Beistand des Heiligen Geistes gehabt habe."

RAHNER: „Aber er sagt damit nicht, daß diese Entscheidung unfehlbar ist, und er sagt damit auch nicht, daß es subjektiv für einen Katholiken, der Katholik bleiben will, nicht möglich wäre, zu einer anderen subjektiven Gewissensentscheidung zu kommen."

SPIEGEL: „Trotzdem hat es einige Katholiken schockiert: Wenn man selbst gegen den Heiligen Geist diskutieren kann, was bleibt dann noch?"

RAHNER: „Der Papst hat im Grunde nur gesagt: Der Heilige Geist ist bei den Entscheidungen des kirchlichen Lehramtes grundsätzlich beteiligt. Aber wenn eine Entscheidung wie die, über die wir heute reden, reformabel ist und wenn sich sogar herausstellen würde – ich sage: wenn -, daß sie de facto reformanda ist, also später sich einmal als Irrtum erweist, dann ist natürlich klar, daß der Heilige Geist bei dieser Entscheidung faktisch nicht beteiligt war. ..."

SPIEGEL: „Reformabel ist also auch die Meinung des Papstes, er habe den Beistand des Heiligen Geistes in dieser Frage gehabt?"

RAHNER: „Ja."

(„Im Beichtstuhl nach der Pille fragen?", 39/1968/174).

Nachdem sich die allgemeine publizistische Ablehnung von ‚Humanae Vitae' etwas gelegt hatte, beschränkte sich der SPIEGEL auf die Darstellung der grundsätzlichen Ablehnung der katholischen Sexualmoral durch die Katholiken selbst. Deutlich sieht auch das Magazin, daß eine Entscheidung auf dem Konzil zur Empfängnisverhütungs-Problematik wohl anders ausgefallen wäre. Im Gespräch mit K. Rahner fragt der SPIEGEL den Wissenschaftler:

SPIEGEL: „Hatten Sie nicht, wie viele andere, während des Konzils den Eindruck, daß die Kirchenversammlung der Bischöfe zu einer Freigabe der Geburtenkontrolle entschlossen war und daß vor allem durch einen Eingriff des Papstes eine Entscheidung verhindert wurde?" (ebenda, 169-170).

Zum anderen bestätigt sich in der Art und Weise, wie die Enzyklika ‚Humanae Vitae' zustandegekommen ist, die schon nach dem Ende des Konzils vom SPIEGEL geäußerte Befürchtung: Die Katholische Kirche hat sich nicht weitgehend genug reformiert; die alten Strukturen sind – trotz Kollegialität und Bischofssynode – unverändert geblieben.

> SPIEGEL: „Hat nicht dieser Papst [Paul VI.] sozusagen noch unkollegialer gehandelt als sogar Pius IX., bevor dieser 1870 auf dem Ersten Vatikanischen Konzil das Dogma von der Unfehlbarkeit des Papstes durchsetzte, und als Pius XII., bevor er 1950 das Dogma von der leiblichen Aufnahme Mariens in den Himmel verkündete? Die beiden Pius-Päpste hatten doch die Zustimmung der Bischöfe eingeholt, Paul VI. aber hat die Bischöfe weder befragt noch auch nur informiert." (ebenda, 170).

Es wird deutlich: Mehr denn je ist die Katholische Kirche für den SPIEGEL nach der Entscheidung zur Geburtenkontrolle kein ernstzunehmender Gesprächspartner mehr. Die alten Strukturen haben sich – gegen reformerische Neuansätze – als die stärkeren erwiesen. Die innerkirchliche Kritik und ‚Absetzbewegung' bot dem Magazin in der Folgezeit eine gerngenutzte Gelegenheit, die Grundlagen der Katholischen Kirche anzugreifen, als sehr brüchig zu beschreiben und demzufolge ihre publizistische, gesellschaftliche Machtstellung als Machtmißbrauch zu beschreiben.
Mit zwei Titel-Geschichten Anfang der 70-er Jahre, die eine Katholische Kirche in Untergangsstimmung zeichnen, sagt das deutsche Nachrichtenmagazin DER SPIEGEL der Katholischen Kirche ein mehrseitiges Lebewohl.

- „Ende des Zölibats?" (3/1970/40-58); „Priester, Beruf ohne Zukunft?" (43/1971/78-101).

Die Katholische Kirche ist für den SPIEGEL am Ende.[121]

3.4.4 Die Darstellung der Kirchen-Reformer auf dem Konzil

Die Tendenz des SPIEGEL, die Katholische Kirche als ernsthaften Gesprächspartner in Frage zu stellen und den ‚Kampf' nicht mehr sachbezogen zu führen, zeigt sich auch in der veränderten Berichterstattung über die Reformtheologen in dieser Kirche. Die

Darstellung der ‚Progressiven' in der Katholischen Kirche ist einem bezeichnenden Wandel unterworfen.
Einige Theologen – vor allem die deutschen Konzils-Bischöfe – werden noch vor dem Konzil als Lichtblicke und Garanten einer zukunftsorientierten Kirche im SPIEGEL gewürdigt. Kardinal J. Döpfner und H. Küng werden in langen Stories vorgestellt.

- „Döpfner, Abschied von der Braut" (30/1961/34-38); „Konzil, Schwarzes Schaf" (47/1961/28-29); „Bischöfe, Wie Anno 1870" (4/1962/38-39); „Bischöfe, Ein Kampf in Rom" (22/1962/33-36).

Die Thesen und Buchveröffentlichungen dieser progressiven Theologen lassen den SPIEGEL zeitweise seine Bedenken hinsichtlich einer wirksamen Reform der Kirche auf dem Konzil vergessen. Voller Hoffnung berichtet das Magazin über die Aufbrüche auf dem Konzil.

- „Konzil, Brüderliche Zwietracht" (49/1962/90-92); „Konzil-Küng, Blick auf das Dunkle" (16/1963/42-51); „Johannes XXIII." (24/ 1963/66-76-Titel); „Papstwahl, Lieber Lilien" (25/1963/27-30); „Döpfner, Etwas aufgebrochen" (40/1963/ 37); „Diakone, Leibliche Väter" (45/1963/56-59); „Konzils-Kardinal Frings" (50/1963/40-56-Titel).

Eine lange Story über H. Küng ist voller Bewunderung über das „bedeutendste theologische Talent in Deutschland seit dem Zweiten Weltkrieg" („Konzil-Küng", 16/1963/42), der „wegen seiner Grundthese, die katholische Kirche müsse sich am römischen Haupt und an ihren Gliedern gründlich erneuern, als wagemutiger, aber gefährdeter Außenseiter (gelte)" (ebenda, 42). Er sei ein „reformfreudiger Theologe" (43), „kühn wie zuvor kein anderer Kleriker" (47), einfach der „Reformer Küng" (47).
Auch nach dem Konzil bleibt H. Küng zunächst so etwas wie der Liebling des SPIEGEL. In einer Personenbeschreibung, die einem Gespräch im Magazin meist beigestellt wird, heißt es bündig:

> „Während des Konzils warb der siebensprachige Schweizer in zahlreichen Vorträgen vor Bischöfen aller Kontinente für seine progressiven Ideen. Mehrere bedeutende Interventionen, die Kardinäle und Bischöfe im Petersdom vortrugen, stammten aus Küngs Feder." („Die neue Freiheit ist nicht mehr auszulöschen", 5/1966/54-60, 54).

Und als 1968 H. Küngs Buchveröffentlichung ‚Die Kirche' vom Vatikan verboten wurde, meinte das Magazin:

> „Das Verbot trifft den populärsten katholischen Reformer, der zu den schärfsten Kirchenkritikern gehört und der anderen gläubigen Katholiken meist einen Schritt voraus ist." („Papst-Kritik, Fels auf dem Weg", 26/1968/110).

Auch andere Reformgruppen in der Katholischen Kirche bekommen vom SPIEGEL zunächst noch Schützenhilfe. Der ‚Bensberger Kreis', die ‚Priestergruppen' und die ‚Arbeiter-Priester', die ‚Paulus-Gesellschaft', die Forderungen der Holländischen Kirche, die Zölibats-Gegner und die Zölibats-Opfer – sie alle kommen im SPIEGEL in einem enormen Ausmaße zu Wort. Das Konzil hat zwar – so das Magazin – die Katholische Kirche nicht wirklich reformiert, die Reform-Aufbrüche danach zu dokumentieren ist dem SPIEGEL aber dennoch eine Pflicht.

- „Paulus-Gesellschaft, Geliebter Feind" (47/1966/157-159); „Paulus-Gesellschaft, Mut geweckt" (20/1967/162-164); „Kirchensprache, Wie Hochhuth" (33/1968/83); „Diakone, Etwas tabu" (20/1968/110); „Katholiken, Kritik aus Brüssel" (39/1970/154-156); „Synode, Regeln der Räte" (48/1970/97-98); „Demokratisierung, Heiliger Frühling" (24/1968/50-52); „Kirche, Passende Antwort" (39/1968/125-127); „Papstgehorsam, Weiß bleibt weiß" (40/1968/49-50); „Priester, Freier Wochentag" (42/1968/94-97); „Kirchensteuer, Nur zufällig" (37/1969/66); „Reform-Priester, Zuviel Arbeit" (43/1969/136-138); „Priestergruppen, Gute Ansätze" (45/1969/195).[122]

Vor allem den reformerischen (Priester-) Gruppen in der Katholischen Kirche begegnet der SPIEGEL mit großer Sympathie. Die Erklärungen des ‚Bensberger Kreises' beispielsweise werden nicht nur mit einer kleinen Story abgehandelt; regelmäßig erfolgt – bis Mitte der 70er Jahre – auch ein Abdruck der wichtigsten Passagen des jeweiligen Textes.

- „Oder-Neisse-Grenze, Geben und nehmen" (10/1968/34-36); „Vietnam-Krieg, Schmiedet Scharen" (22/1969/44-46); „Demokratie, Was alle berührt" (37/1970/46-52); „Katholiken, In letzter Konsequenz" (8/1976/27-28).

In der Folgezeit wird dieser Gruppe – wie allen anderen Gruppierungen – im SPIEGEL nur noch marginal Aufmerksamkeit geschenkt.
Lag bislang der Schwerpunkt der Berichterstattung des Magazins in der Darlegung des reformerischen Aufbruchs in der Katholischen Kirche, so häuften sich nun – Ende der 60-er Jahre und nach der Veröffentlichung der Enzyklika ‚Humanae Vitae' – Artikel, die die zunehmende Aufruhr in der Katholischen Kirche dokumentieren sollten. Zunehmend sprach der SPIEGEL von Krise, von Krisensymptomen, von Auflösungserscheinungen. Priester legen ihr Amt nieder, Ordensleute verlassen die Klöster.

- „Ordensfrauen, Mit der Mode" (40/1969/44-46); „Reform-Priester, Zuviel Arbeit" (43/1969/136-138); „Mitbestimmung, Kreislauf der Liebe" (45/1969/150-153); „Priestergruppen, Gute Ansätze" (45/1969/195); „Kardinal Jäger, Wo der Blitz zuckt" (21/1970/50-52); „Ketzerei muß verurteilt werden" (31/1970/108-114-Gespräch); „Papst Paul: „Bitternis, Kummer, Schmerz"" (42/1974/142).

Im Titel „Priester – Beruf ohne Zukunft?" (43/1971/78-101) lautet die Analyse des SPIEGEL folgendermaßen:

> „Noch immer geben sich Papst und Kurie der trügerischen Hoffnung hin, sie könnten die Priesterkrise durch beschwörende Reden und belanglose Reformen beheben. Doch sie wird so nur verschärft. Je unfähiger sich die Kirchenspitze erweist, die Priester-Probleme zu lösen oder auch nur zu begreifen, um so stärker werden Unzufriedenheit und Unsicherheit im Klerus. Und je stärker sich die Reihen der Geistlichen lichten, umso häufiger müssen sich die Priester auf Sakristei und Altar beschränken. Der Geistliche aber, dessen Dienst fast nur noch aus Taufe und Trauung, aus Beichtehören und Messelesen besteht und der sozusagen im Kircheninnern verschwindet, ist für viele Priester nur noch eine Karikatur ihres Berufes. Bevor sie sich so von der Welt absondern lassen, würden viele lieber auf ihren Beruf verzichten. Nur im Widerstand gegen den Papst meinen die Priester- und Solidaritätsgruppen jenes Bild von Kirche und Priester verwirklichen zu können, das nach ihrer Überzeugung allein Zukunftschancen hat." („Priester – Beruf ohne Zukunft?", 43/1971/100-101).

In gleichfalls ‚dunklen Worten' beschreibt der SPIEGEL wenige Jahre später schonungslos die Situation der Gesamt-Kirche.

> „Die deutschen Bischöfe beispielsweise orteten „lähmende Resignation" gegenüber der Kirche. Münchens Kardinal Döpfner glaubt gar, daß sie „für Erwachsene wie Jugendliche ein Hindernis" ist. ... Weniger realistisch jedoch äußerten sich die Kirchenführer über die Ursachen der Kirchenkrise. Während die meisten Bischöfe den Buhmann in der rationalistischen und materialistischen „Großwetterlage" (Kölns Kardinal Höffner) suchen, nennt kaum jemand von ihnen die Namen, die naheliegen: Papst Paul VI., 77, und seinen römischen Machtapparat, Kurie genannt. ... Wie selten zuvor in der fast 2000jährigen Geschichte der Kirche hat ein Papst sich und seine römische Zentrale in die Krise manövriert. Die Kluft zwischen Hierarchie und Basis wird immer weiter: Die vatikanamtliche Theologie ist hoffnungslos verkrustet, die vatikanische Weltpolitik wirkungslos, die Lebenspraxis der Kurie mitunter unsozial, ihr Führungsstil der einer selbstherrlichen Diktatur – die einst so hörige Herde aber kümmert sich immer weniger um die Funktionäre in Rom." („Papst Paul: ‚Bitternis, Kummer, Schmerz'", 137-138).[123]

Die Katholische Kirche ist für den SPIEGEL mehr denn je eine reformunwillige und reformunfähige Organisation. Diese (gewandelte) Perspektive bekommen nun auch die früher so gerühmten Kirchen-Reformer zu spüren. Wurde einst ihr Engagement publizistisch protegiert und konservative Theologen in langen Gesprächen (M. Schmaus !) hart angegriffen, so hat deren Kampf in den Augen des Magazins etwas Anachronistisches bekommen. *Sprachlich* zeigt sich dies daran, daß aus ‚Kirchen-Reformern' nun *‚Rebellen'* wurden. Die Arbeiter-Priester in Frankreich beispielsweise sind „Rebellen-Priester" („Frankreich, Weniger Kult", 49/1968/147-150, 150). Die rebellierenden Theologen werden an einer Stelle im SPIEGEL sogar aufgelistet.

- „Vertreter der modernen – immer „kritisch", manchmal „politisch", manchmal „revolutionär", manchmal „eschatologisch" (endzeitlich) genannten – Theologie sind: ... K. Rahner, J. B. Metz, F. Böckle, J. Ratzinger, H. Haag, H. Halbfas, H. Küng, E. Schillebeeckx, P. Schoonenberg,

Y. Congar, H. de Lubac, C. J. Snoek." („Papst in Bedrängnis", 18/1969/162-178, 163-164).

Sie alle sind „Rebellen" (ebenda, 164), „Rebellenfreunde" (178), sie werden als „Theologen-Rebell Professor Johannes Baptist Metz" (164), als „Rebellen-Theologe ... Karl Rahner" (166), als „Alt-Rebell Rahner" (171) immer und immer wieder apostrophiert.

Sachlich zeigt sich dieser Wandel an der mehrfach wiederholten Aufforderung des SPIEGEL an die Kirchen-Reformer, nun endlich dieser maroden Katholischen Kirche den Rücken zu kehren. Ihre Gedanken und Vorschläge seien ja ganz interessant, doch nur von außerhalb der Katholischen Kirche her zu verwirklichen. H. Küng, *SPIEGEL-Ex-Reformer*, wird nun ganz anders beurteilt.

„Außerhalb der Kirche, außerhalb aller Kirchen" ortet der Tübinger Gelehrte „heute mehr denn je Christen, oft unbestreitbar gute Christen". Er selbst allerdings möchte innerhalb bleiben („Zuviel hat man doch ... empfangen"), obwohl er auch längst außerhalb steht. Offenbar fehlt ihm der Mut, die römisch-katholische Kirche offiziell zu verlassen. („Theologie, Himmelfahrt wohin?", 38/1974/141-143).

Und den Wunsch von N. Greinacher, auch mit seinen Thesen für eine offenere, tolerantere und dialogbereitere Kirche weiterhin Mitglied dieser Katholischen Kirche zu bleiben, kann sich der SPIEGEL nur noch psychologisch erklären.

SPIEGEL: „Herr Professor, eine solch offene Kirche, für die Sie da kämpfen, ist nicht die Kirche der Bischöfe und des Papstes. Bis heute hat keine der neuen katholischen Reformgruppen die Amtskirche zu ändern vermocht. ... Ist diese Reformbewegung nicht doch so weit von der offiziellen römisch-katholischen Kirche entfernt, daß sie bereits eine eigene Kirche ist?"

GREINACHER: „Katholische Kirche ist nicht gleich Amtskirche. ... Zumindest muß man, wenn man wirklich Aussagen machen will über die Kirche als ganzes, diese Kirche von unten dazunehmen."

SPIEGEL: „Warum so krampfhaft zusammenpappen, was nicht zusammenpaßt? Warum geben Sie nicht einfach zu, daß sich Ihr Kirchenbild mittlerweise fundamental von dem der Bischöfe unterscheidet, ziehen die Konsequenzen und sagen Adieu?" („Wäre Jesus heute römisch-katholisch?", 35/1982/83-86, 84).

Und später heißt es:

SPIEGEL: „Könnte es nicht sein, daß Sie und viele andere Reformchristen sich nur deshalb nicht von der Mutter Kirche zu lösen vermögen, weil sie Abnabelungsängste haben?"
GREINACHER: „Es ist vermutlich so, daß viele, auch ich, von Kindheit an starke emotionale Bindungen an diese katholische Kirche haben." (ebenda, 86).[124]

Diejenigen Kirchenkritiker, die ihre Argumente aus dem Binnenraum der Katholischen Kirche äußern und ‚katholisch' bleiben wollen, haben von nun an im SPIEGEL eine sehr schlechte Presse. Diese Tendenz läßt sich am deutlichsten an der weiteren publizistischen Begleitung von H. Küng und der ‚Unfehlbarkeits-Debatte' erkennen.
Es gibt zwar weiterhin kleinere Stories, die formal den Kampf des kleinen Professors gegen die römische Übermacht – vertreten durch die ‚Inquisition'[125] – aufzeigen sollen. Hier zeigt sich der SPIEGEL noch immer ‚besorgt'.

- „Papst-Kritik, Fels auf dem Weg" (26/1968/110); „Unfehlbar, Strick gesucht" (34/1970/53-54); „Unfehlbar, Bombe in der Hand" (1-2/1971/34); „Kirche, Dossier 399/57i" (12/1972/73); „Kirche, Sünder im Schoß" (29/1973/58-59); „Kirche, Wie in Moskau" (22/1974/57-58).

Auf der Ebene der Sachargumente aber wird ein Wandel sichtbar. Erster Bote dafür ist ein großes Gespräch, das der SPIEGEL 1972 mit K. Rahner geführt hat („Jesus hätte davon nichts verstanden", 9/1972/112-119). Dort bekommt K. Rahner im Rahmen der Unfehlbarkeits-Diskussion die Gelegenheit geboten, seine Argumente gegen H. Küng (erneut) zu formulieren.

RAHNER: „... Daß Küngs Kernthese nicht mehr katholisch sei, habe ich dem Sinn nach geschrieben, und ich schäme mich auch nicht, diese Aussage gemacht zu haben. Küng rechnet mit der Möglichkeit eines Irrtums auch bei „ex cathedra"-Definitionen eines Papstes. Damit verläßt Küng nach meiner Meinung den Boden einer innerkirchlichen theologischen

> Diskussion, zu deren Voraussetzungen nach meinem Verständnis des katholischen Glaubens gehört, daß es für beide Seiten indiskutable Ansichten gibt. Zu denen gehört auch, daß es irrtumsfreie definierte Lehren der Päpste und Konzilien gibt." („Jesus hätte davon nichts verstanden", 112).

Die Berechtigung dieser Kritik K. Rahners zu prüfen, ist hier nicht der Ort. Es bleibt lediglich festzustellen, daß H. Küng an seiner Aussage, ‚katholisch' und als katholischer Theologe in der Katholischen Kirche zu bleiben, keinen Zweifel gelassen hat. Dies leuchtet dem SPIEGEL überhaupt nicht ein, und so erfährt der Tübinger Theologe in der Folgezeit im Magazin Angriff auf Angriff, Verriß auf Verriß seiner Bücher.

1970 erfolgt die erste kritische Besprechung eines seiner Bücher („Christliche Revolution?, Rudolf Ringguth über Hans Küng: „Menschwerdung Gottes"", 24/1970/144). Dort heißt es:

> „Gott in der Welt: Das ist auch Küngs Kardinalthema. Für ihn ist der Gottmensch Christus „Mensch für Andere", für ihn ist Gottes „Menschwerdung" um der „Menschwerdung des Menschen" willen geschehen. Das klingt revolutionär. Zwar ist Küngs gesellschaftskritische Absicht unverkennbar, aber er kapituliert dann doch etwa vor Moltmanns expliziter Theologie der Revolution. Im Streit mit den neuen Theologen nimmt er wieder Deckung im „Kirchenraum", in der Taucherglocke seines absoluten Glaubens." (ebenda).

Der austrittsunwillige H. Küng wird wenig später, wie gezeigt, vom SPIEGEL aus der Katholischen Kirche hinausgedrängt („Theologie, Himmelfahrt wohin?", 38/1974/141-143).

Ende desselben Jahres greift R. Augstein in die Debatte ein, und dies in einem Ton und in einer Aggressivität, die nicht nur schwer nachvollziehbar ist, sondern überdies für die folgenden Jahre maßgebend werden sollte (R. Augstein, „The Küng can do no wrong", 48/1974/145-148). R. Augstein macht H. Küng mehrfach den Vorwurf der „Unwahrhaftigkeit" (146) und nennt ihn höhnisch „Unser fröhlicher Wissenschaftler" (148). Sein Anti-Küng-Ausfall schließt so:

> „Nicht H. Küng, nicht er ist der eigentliche, der intellektuelle Ketzer, der Protestant Bultmann war es, dessen Leben über

seinen ausgetragenen Widersprüchen zerwetzt wurde. Mit der römischen Kurie rangeln, das bringt Unannehmlichkeiten mit sich, ist aber auch amüsant und nicht mehr sonderlich gefahrvoll. Küng erkennt das selbst: Man bekommt aus Rom „statt Hilfe Rückenschüsse – nur früher waren sie tödlich". Warte nur, du wirst noch seliggesprochen. ... Wer alle intellektuellen Widersprüche so reibungslos harmonisiert, wer sich als römischer Ketzer und nicht als Zeuge der Wahrheit aufstellt, der wird, unter einigen Schluckbeschwerden, auch wieder vereinnahmt. The Küng (so er seinen Verstand nur zur höheren Ehre der Kirche gebrauchen will) can do no wrong." (ebenda, 148).

H. Küngs Bereitschaft, die Frage der ‚Unfehlbarkeit' als erledigt zu betrachten und dazu vorerst zu schweigen, wird vom SPIEGEL als ‚Arrangement mit der Kirche', als Kungelei angegriffen.

„(Nun) braucht er keinen Mut mehr aufzubringen. Die Risiken und Gefahren, denen er sich angeblich mit seinen Büchern aussetzt, waren ohnehin nie allzu groß." („Bischöfe gegen Küng: Ihr Buch ist zu plausibel" (7/1978/46-54, 52).

Den ‚Vorwurf der Loyalität' äußerte der SPIEGEL nun immer wieder. Im Jahre 1978, ein Jahr vor dem Entzug der ‚missio canonica', räumte SPIEGEL-Redakteur W. Harenberg mit dem seiner Meinung nach überbewerteten ‚Küng-Image' gründlich auf.

„Küng schrieb bislang 26 Bücher. Zuweilen gibt er fremde Gedanken als eigene aus, und er ist auch nicht der Held im Kampf mit Rom und den Bischöfen, als der er sich jetzt in einem Buch über „Weg und Werk" darstellt." („Nirgendwo einfach von mir", 11/1978/121-130, 121).

Aus dem ‚Reformer', dem ‚Reform-Eiferer' der 60-er Jahre ist im SPIEGEL ein hochmütiger Feigling, eine wissenschaftliche Null, ein – im SPIEGEL-Jargon ausgedrückt – ‚*Beinahe-Intellektueller*' geworden. Die Urteile über H. Küng sind vernichtend.

„Nicht immer sind bei Küng eigene Gedanken von fremden präzise zu unterscheiden." (ebenda, 126).

„In dem Buch „Weg und Werk" verweist er auf seine „Unerschütterlichkeit in all den harten Kämpfen" mit Rom und den Bischöfen. Und schon immer gefällt er sich in der Rolle des Gefährdeten, über den das „Damoklesschwert des

Missio-Entzuges oder gar der Exkommunikation" schwebe." (ebenda, 126).

„Diese Geschichten vom stets gefährdeten, tapferen Helden erzählt Küng nun schon fast zwei Jahrzehnte lang, und so gibt es denn kaum noch eine Zeitung, die ihm nicht glaubt. ... Doch das Heldenleben, das Küng angeblich führt, ist eine Lebenslüge. In Wirklichkeit war er nie ernsthaft in Gefahr." (ebenda, 126).

Der Schlußsatz lautet: „The Küng-show must go on." (ebenda, 130).

Unabhängig von der Frage nach der Richtigkeit dieser Analyse[126] – der SPIEGEL hat sich geirrt, denn H. Küng wurde Ende 1979 die ‚missio canonica' entzogen. Die ‚Bestrafung' des Tübinger Theologen nutzt das Magazin einerseits, Altbekanntes zu wiederholen.

„Küng bestritt diesen Anspruch [des Papstes, ‚ex cathedra' unfehlbar zu sprechen]. Er erklärte, auch der Papst könne irren, ohne daß dadurch ein grundlegendes Bleiben der Kirche in der Wahrheit ... aufgehoben wird? Nun gehören zwar solche flauen Zusätze zum Küngschen Stil des Argumentierens, aber die Römer ließen sich nicht täuschen. Doch Küng, hingerissen von seiner plötzlichen Popularität, war nicht mehr aufzuhalten." („Kirche, Rabenschwarzer Tag", 52/1979/150-151, 151).

Andererseits wurde die Gelegenheit genutzt, früher Gesagtes nun selbst stillschweigend zu korrigieren.

„Es war eigentlich nur eine Frage der Zeit, wann Küng „brennen mußte", aber der Tübinger Professor, dessen Bücher inzwischen Bestseller-Ruhm erlangt hatten, ignorierte alle Warnungen." (ebenda, 151).

In dieselbe Kerbe schlug R. Augstein mit seinem ‚Abschieds-Kommentar' für H. Küng.

„Niemand hat den Hans Küng gezwungen, die unfehlbaren Lehren der unfehlbaren römischen Kirche zu lehren. Er kannte die Dogmen von der Infallibilität, kannte die Unmöglichkeit, es zurückzunehmen. Und ob Jesus Christus nun wesensgleich sei mit dem göttlichen Vater – Himmel, Himmel, darüber muß man doch nun keine Diskussion mehr begin-

DER SPIEGEL
Nr. 51/20.12.93 · 5,00 DM
Rebell
Drewermann:
„Gott
ja –
Kirche
nein"
DIE BIBEL
SPIEGEL-Gespräch mit Rechtsextremist Schirinowski
Faschisten in Moskau
Jelzin-Schlappe erschreckt Europa

DER SPIEGEL
30. OKTOBER 1967 · NR. 45
21. JAHRGANG · 1,50 DM
ERSCHEINT WÖCHENTLICH
IN HAMBURG · C 6380 C
Martin
Luther

> nen! Glaubt man den Rest, samt Heiliger Dreifaltigkeit und Auferstehung des Gottessohnes von den Toten, warum dieses dann nicht? ... Aber daß Küng seiner David-gegen-Goliath-Show durchweg mehr Aufmerksamkeit gewidmet hat als der Klarheit seiner Aussage, das kann auch der Nicht-Theologe konstatieren. Küng hat jetzt bekommen, was er so inständig provoziert hat: den Märtyrer-Schein 3. Klasse, den Eklat." („R. Augstein, The Küng can do wrong", 1-2/1980, 35).[127]

J. Nolte's SPIEGEL-Essay erreichte dann polemische Spitzenwerte. Der ehemalige Küng-Schüler rief seinem Lehrer hinterher:

> „Bisher war's so: Wer Küng befragt, ist ein Inquisitor. Die Fragen stellt er selbst. Und doch sei Küng die Gegenfrage abverlangt: Was will er denn mit seinem Kirchenkampfe? Nach allem, was man hört, will Küng, was andere auch schon wollten: Er und die Seinen möchten ganz modern und zugleich auch katholisch sein; ja, andere noch in dieser Kunst belehren. ... Mit Flitzertrick und mit James-Bond-Allüren bringt er uns bei, auch Katholiken könnten alle Hüllen fallen lassen und mit dem allgemeinen Weltwind dann zum Himmel fahren. Darüber haben viele oft gestaunt, darunter wohl auch Päpste wie der sechste Paul. Wie macht Küng das? Er läßt sich nur auf Jesus ein und ist dann mit der Zeit sein Jesus selber." („Modern und auch katholisch?", 3/1980/58-59, 59-Essay).[128]

Mit einer kurzen ‚Besprechung' des Küng'schen Buches ‚Ewiges Leben' stellt der SPIEGEL seine direkten Angriffe auf den Theologen ein. Noch einmal heißt es kurz und bündig: „Küng läßt das Ketzern nicht." („Klärende Ausleuchtung", 41/1982/248-251, 250).[129]

Ein völlig anderes Bild zeigt sich im SPIEGEL in der Berichterstattung über die Kirchen-Kritiker, die zwar – wie H. Küng – in Schwierigkeiten mit den Amtsträgern geraten waren (Zölibat, Buchveröffentlichungen), im Gegensatz zu ihm aber mit der Kirche als Ganze brachen. Diese Kirchen-Kritiker erfüllen somit den Wunsch des Magazins, kritische und redliche Theologen hätten der Katholischen Kirche gefälligst den Rücken zu kehren. Entsprechend ist auch die Berichterstattung: Ihrem ‚Kirchenkampf' und ihrer ‚Abrechnung mit der Kirche' räumt der SPIEGEL auffällig großen Raum ein; die Aktivitäten von A. Holl, H. Herrmann und H. Mynarek werden genauestens verfolgt.[130]

Mit A. Holl's Suspendierung und Buchveröffentlichungen beschäftigen sich folgende Artikel:

- „Kirche, An der Grenze" (42/1969/158); „Mystik auf Müll" (28/1973/103); „Lustgefühle ganz eigener Art" (44/1979/243-247).

H. Hermann greift in Buchveröffentlichungen die ‚doppelte Moral' der Katholischen Kirche an; ihm wird 1975 die ‚missio canonica' entzogen.

- „Kirche, Schüsse gegen Canones" (46/1972/81-82); „Bischöfe, Tote Kirche, lebe wohl" (42/1975/54-57).

Als H. Herrmann aus der Kirche austritt, wird er vom SPIEGEL befragt:

> SPIEGEL: „Sie haben jahrelang für eine Reform der Kirche getrommelt – offenbar doch, weil Sie eine Reform für möglich hielten. Sind Sie da jetzt anderer Meinung?"
> HERRMANN: „Kirche bleibt Kirche, das ist mir mittlerweile klargeworden. Es sind ja nicht nur ein paar Bischöfe, die sich ändern müßten. Die Struktur der Kirche ist unmoralisch. Eine Kirche, die vorgibt, ihre Autorität und Wahrheit von Gott persönlich zu beziehen, ist eben ein Unding. Das muß zu Unmenschlichkeiten führen."
> SPIEGEL: „Die Kirche hat also ausgedient?"
> HERMANN: „... Für die Menschheit wäre es heilsamer, wenn diese Kirche so schnell wie möglich absterben würde."
> SPIEGEL: „Päpste werden nicht mehr benötigt?"
> HERRMANN: „Sehen Sie sich Johannes Paul II. an. Der ist doch nur eine Wunderkerze, die schon über die Hälfte abgebrannt ist." („Die Kirche ist uns völlig Wurscht", 41/1981/55-58, 55).[131]

Anläßlich seiner Heirat tritt H. Mynarek 1972 aus der Katholischen Kirche aus. Seine kirchenkritischen Bücher (Sexualmoral, Zölibat) finden im SPIEGEL große Beachtung.

- „Kirchenaustritt, Küß mich, Priester" (47/1972/99); „Kirche, Druck von außen" (44/1977/81-84); „Priester, Totale Tröstung" (8/1978/74-75).

Die Schwierigkeiten von U. Ranke-Heinemann werden vom Magazin in den letzten Jahren aufgegriffen.

- „Kirche, Beleidigende Lehre" (22/1987/74-76); „Fragen an Uta Ranke-Heinemann" (25/1987/233).

Der SPIEGEL beläßt es freilich nicht bei der aktuellen publizistischen Begleitung dieser ‚Kirchen-Kritiker'. Diese werden darüber hinaus zu *Ständigen Freien Mitarbeitern des Magazins* in Sachen kritischer, ja spöttischer Theologie- und Kirchen-Berichterstattung. Es ist bezeichnend, daß beispielsweise der Nachruf auf Papst Paul VI. im SPIEGEL von H. Herrmann verfaßt werden konnte („Papst Paul VI., Ein Souverän der Ohnmacht", 33/1978/82) – auch wenn die Sachlichkeit und der einfühlsame Ton vorherrschend sind. Dies sollte, was die Folgezeit anbetrifft, die Ausnahme werden.

In zwei SPIEGEL-Essays setzte sich H. Herrmann in hämischer, herabsetzender Weise mit der Katholischen Kirche und vor allem mit Papst Johannes Paul II. auseinander.

- „Rom kann aufatmen" (41/1979/158-159); „Null-Wachstum im Vatikan" (7/1983/198-199).[132]

Den Papst verhöhnt H. Herrmann als den „überzeugten Katholiken Johannes Paul II." („Rom kann aufatmen", 158); und wenige Jahre später schreibt er:

> „Die modernen Propagandaformen, derer sich die Kirchenorganisation Johannes Paul II. unter elastischer Angleichung an die Gepflogenheiten des Jet-Set und des Großmanagements nicht ohne Geschick bedient, wecken allein jenes nicht tiefer greifende Interesse, das Werbung anzusprechen vermag und mehr nicht. Das aber ist für einen Papst zu wenig. Vielleicht könnte er wirklich Ernst machen und sich – unter Verzicht auf sein Außenamt – in ein Kloster zurückziehen. Ein solcher Schritt wäre nicht das geringste Zeichen für die Erneuerung einer besitzstolzen Institution. Warum also sollte Johannes Paul II. noch zögern, wie weiland Petrus das Boot zu verlassen und auf seinen Herrn zuzugehen?" („Null-Wachstum im Vatikan", 199).

1989 konnte H. Herrmann die ‚Kriminalgeschichte des Christentums' von K. Deschner wohlwollend besprechen. („Einer singt falsch beim Halleluja", 1/1989/54-55).

A. Holl wird ebenfalls zum geschätzten ‚theologischen Ratgeber' des SPIEGEL.

- „Ein Kardinal und der altböse Feind" (48/1974/163-169); „So wünsche ich mir meinen Kardinal" (40/1985/190-192); „Ein Inquisitor in Kleinformat" (17/1987/184); „Die Sprache des Teufels" (12/1989/204-205-Essay); „Als Jesus bei Salome lag" (42/1990/ 300-308).

In zwei Psychogrammen („Ein Kardinal und der altböse Feind"; „So wünsche ich mir meinen Kardinal") über den tschechoslowakischen Erzbischof Tomasek und den Wiener Erzbischof Kardinal König setzt sich A. Holl auf beachtliche Weise redlich mit den beiden Kirchenmännern auseinander. Obwohl Kardinal König es war, der 1973 ihm die Lehrbefugnis entzogen hatte und 1976 ihn als Priester von seinem Amt suspendierte, ließ A. Holl erfreulicherweise die Gelegenheit ungenutzt, nun publizistisch ‚zurückzuschlagen'.

Der Kirchenkonflikt in Österreich 1987, der wegen der Neubesetzung des Erzbischof-Stuhles und des Weihbischofs-Amtes in Wien ausbrach, wurde auch vom SPIEGEL aufgegriffen („Österreich, Natürlich Sünde", 17/1987/182-184). A. Holl bekam nun die Gelegenheit, den Polemiker herauszukehren. Weihbischof K. Krenn wird in hämischer Art und Weise herabgesetzt.

> „Das Dickerl aus Regensburg, Kurt Krenn mit Namen, Doktor der Theologie, Universitätsprofessor gar (ohne Habilitation allerdings), das uns der Heilige Vater nunmehr nach Wien schickt, ist in der theologischen Fachliteratur ein unbeschriebenes Blatt. ... Für die Funktion eines Sportbischofs oder Fremdenverkehrsbischofs würden Krenn's theologische Qualitäten eventuell reichen." („Ein Inquisitor im Kleinformat", 17/1987/184).

Und – ganz nebenbei – wird Papst Johannes Paul II. abqualifiziert.

> „In Rom amtet der Sportsmann aus Krakau, populär in der ganzen Welt, fromm, gescheit und energisch, so ganz ein Papst für die Mattscheibe. Als er 1983 nach Österreich kam, war noch alles in Butter. Jetzt, mit der Nominierung Krenns zum Kulturbischof, zeigte der Papst den Wienern definitiv, wo Gott wohnt. So klar hat der leutselige Pontifex noch nie demonstriert, wes Geistes Kind er in Wirklichkeit ist. Daß er eine konservative Seele hat, konnte man wissen.

Daß der Papst kleinkariert denkt, enthüllt sich erst jetzt." (ebenda).

Auch U. Ranke-Heinemann, der die kirchliche Lehrbefugnis ebenfalls entzogen worden war, bot der SPIEGEL eine Bühne, um die ‚sexual-neurotische' Kirche anprangern zu können.

SPIEGEL: „Sind Sie von Ihrer Kirche enttäuscht?"
RANKE-HEINEMANN: „Ich wäre an der Kirche irre geworden, wenn in ihr plötzlich das Denken erlaubt worden wäre."
SPIEGEL: „Warum ärgert Sie gerade die Lehre über die Jungfrauengeburt?"
RANKE-HEINEMANN: „Weil sie alles Geschlechtliche diffamiert und alle Mütter beleidigt, gemäß dem Vers aus dem Weihnachtslied: „... sie hat ein Kind geboren und blieb doch reine Magd." Damit hat es sich für mich ausgejungfert."
SPIEGEL: „Wollen Sie Ihren Lehrstuhl behalten, was nach dem Staatskirchenrecht möglich ist?"
RANKE-HEINEMANN: „Selbstverständlich. Und wenn die Amtskirche ihre Ansprüche geltend macht, muß eben jetzt an der Uni Essen ein zusätzlicher Lehrstuhl für das unbeschädigte Hymen Marias aus Landesmitteln finanziert werden." („Fragen an Uta Ranke-Heinemann", 25/1987/233).

Der Film von M. Scorsese ‚Die letzte Versuchung Christi' wird im SPIEGEL von U. Ranke-Heinemann besprochen, wobei der Leser wenig über den Film erfährt, dagegen umfassend über die „christliche Henkertheologie" (264) informiert wird („Bitte um einen sanften Gott", 46/1988/262-266). Die Gelegenheit zur Diffamierung der Katholischen Kirche wurde hier von beiden, vom SPIEGEL und von der Autorin, auf ungewöhnliche Weise genutzt.

Zusammenfassung

1. Die Berichterstattung über die Reformer in der Katholischen Kirche hat sich im SPIEGEL gewandelt. Einer positiven Darstellung vor und während des Konzils folgte der Versuch des SPIEGEL, die Reformer aus der Kirche hinauszudrängen. Die Artikel über H. Küng werden bissig und aggressiv.

2. Die Katholische Kirche wird vom SPIEGEL nicht (mehr) als ernstzunehmender Gesprächspartner angesehen. Nach der Enzyklika ‚Humanae Vitae' wird die Tendenz im Magazin deutlich, die Katholische Kirche als eine Institution voller Krisensymptome zu beschreiben. Ihr Ende sei abzusehen.
3. Kirchenkritiker, die – nach Schwierigkeiten mit der Amtskirche – mit der Katholischen Kirche brechen, werden vom SPIEGEL hofiert. Deutlich wird einerseits die Tendenz, theologische ‚Außenseiter' zu Wort kommen zu lassen; andererseits werden die Angriffe auf die Katholische Kirche (Papst) hämischer und aggressiver.

3.5 Macht und Machtmißbrauch der Kirchen

Vorbemerkung

Die Macht und der Machtmißbrauch der Kirche sind der Topos, der sich über mehr als vier Jahrzehnte durch die SPIEGEL-Berichterstattung in Sachen ‚Theologie' und ‚Kirche' zog.Bei zahllosen Gelegenheiten, die in ihrer Gesamtheit nicht dokumentierbar sind, stellt das Magazin kirchliche Äußerungen und Aktivitäten als Mißbrauch kirchlicher Macht dar. Dieser zeigt sich in interkonfessionellen Streitigkeiten ebenso wie in Situationen, bei denen staatliche und kirchliche Interessen tangiert werden. Auch hier hat – trotz aktueller thematischer Vorgaben – im Magazin ein Wandel stattgefunden: Waren anfänglich auch die Evangelischen Kirchen Zielscheibe der SPIEGEL-Kritik, so stellte sich mehr und mehr auch hier eine ‚katholische' Prävalenz heraus. Die Darstellung der – in den Augen des SPIEGEL vorliegenden – Macht der Kirchen kann an einigen Sachfragen aufgezeigt werden.[133]

3.5.1 Politischer Machtmißbrauch durch Eingriff der Katholischen Kirche in den Wahlkampf

Besonders allergisch reagierte und reagiert der SPIEGEL bei einseitigen Wahl-Hirten-Briefen einzelner Bischöfe oder einer ganzen Bischofs-Konferenz. Der Aufruf, eine bestimmte Partei zu wählen, verbunden mit der Bemerkung, die SPD sei für Katholiken grundsätzlich nicht wählbar, wird vom Magazin aufgegriffen, um die ‚Macht-Gier' der Katholischen Kirche zu kritisieren.

- „Wahlkampf, Nicht an der Kirchentür“ (14/1957/12); „Wahlkampf, Vor und nach dem Segen“ (28/1957/34-35); „CDU, Tee beim Kardinal“ (14/1961/47-49); „Bischöfe, Einheit in Not“ (14/1968/130); „Kirche, Gottes Gebote“ (38/1980/34).

Die von der Katholischen Kirche in den 70er Jahren geübte Zurückhaltung vor Landtags- und Bundestagswahlen (durch eher allgemein gehaltene Hirten-Briefe) ließ auf einen grundsätzlichen Wandel im Verhalten der deutschen Bischöfe schließen. 1980 freilich griffen sie erneut in den Bundestagswahlkampf ein mit einem einseitigen Wahl-Hirten-Brief, und dies erschien dem SPIEGEL als derart inadäquat, daß eine umfangreiche Titel-Geschichte zusammengestellt wurde („Der Hirtenbrief, Wahlkampf von der Kanzel“, 39/1980/17-29).

Der SPIEGEL fragt dabei einerseits nach der sachlichen Rechtfertigung der Kritik der Kirche an der hohen Staatsverschuldung, andererseits werden dem Leser kirchensoziologische Daten mitgeliefert, die zeigen sollen, wie wenig sich die katholischen Bischöfe mit ihren politischen Äußerungen auf ihre Gläubigen stützen können („Die Herde denkt anders“, 39/1980/24-25). Penibel rechnet der SPIEGEL den beiden Kirchen vor, wie stark „ausgerechnet die Kirchen von jenen Staatssubventionen profitieren, die nur durch Kredit zu finanzieren sind – für kirchliche Krankenhäuser, Schulen und Kindergärten“ (ebenda, 19).

Die grundsätzliche Kritik des SPIEGEL am Vorgehen der Katholischen Kirche („Der Hirtenbrief ist in der Tat ein Rückfall in die Steinzeit der Republik – wenn auch im Tonfall noch immer weit moderater als Bischofsworte während der Adenauer-Ära“, ebenda, 22) bringt dann R. Augstein in einem Kommentar auf den Punkt. Mit massiver Aggressivität wird die Katholische Kirche und werden ihre Bischöfe angegangen („R. Augstein, Was ein Hirte so alles weiß“, ebenda, 18).

R. Augstein bestreitet dabei nicht das grundsätzlich gegebene Recht der Bischöfe, sich zu Fragen der Tagespolitik zu äußern. Es gelte aber:

> „Zu verwerfen ist ihr [der Katholischen Kirche] Anspruch, daß sie eine höhere, eine auf einen Jesus Christus gegründete Weltordnung zu befehlen hätten. Wer uns das heute noch

erzählt, wird einen zweiten Kulturkampf erleben, der nicht mit dem Gang nach Canossa endet.“ (ebenda).[134]

Und der SPIEGEL-Herausgeber wird massiv:

„Wir müssen darauf beharren, daß die Welt zugrunde geht, wenn die kirchlichen Schein-Heiligen ohne irgendeine Kenntnis der Verhältnisse Wahlurteile sprechen. Hier zeigt sich eine intellektuelle Minus-Ausstattung, die zur Empörung Anlaß gibt. ... Sie mögen sich doch bitte darüber unterhalten, ob ein Gott ist in drei Personen. Sie mögen uns doch bitte selber überlassen, Probleme zu regeln, für die sie weder Verständnis noch Kenntnis noch irgendeine Moral mitbringen. ... Es geht nicht darum, der römischen Kirche eins überzubraten. Es geht darum, ihr ein für allemal klarzumachen, daß sie in den Dingen dieser Welt nicht schon deshalb kompetent ist, weil sie von ihnen profitiert.“ (ebenda).[135]

Moderater fällt die Berichterstattung im SPIEGEL 1986 aus, als Kardinal J. Höffner die Partei ‚Die Grünen‘ als für Katholiken nicht wählbar bezeichnete. Es ist dabei vor allem dem Gesprächspartner des Magazins, Pfarrer F. Kerstiens, zu verdanken, wenn dieses Problem sachgerecht und ohne emotionale Ausfälle behandelt werden konnte.

SPIEGEL: „Sind Sie für oder gegen Wahlkampf von der Kanzel?“

KERSTIENS: „Wahlkampf von der Kanzel, für oder gegen *eine* Partei, sollte deswegen nicht sein, weil die Kirche eine kritische Funktion gegenüber allen Parteien hat und wahrnehmen sollte.“ („Dieses Getto hat der Kirche nie gutgetan“, 38/1986/130-132, 132).

3.5.2 Die Kirchensteuer und die Finanzen der Kirchen

An der Art und Weise, wie sich die christlichen Großkirchen in der Bundesrepublik finanzieren, hat der SPIEGEL sich in großer Kontinuität gerieben. Kleine Stories, Titel und Serien sollen dem Leser eine Kirche präsentieren, die nicht nur reich ist, sondern mit allen Tricks versucht, diesen Reichtum zu mehren und vor öffentlicher Kontrolle (und somit vor Kritik) zu schützen. In zunehmendem Maße wird das System der Kirchensteuer – durch religi-

ons- und kirchensoziologische Untersuchungen belegt – als Einzug von ‚Heidengeld' gebrandmarkt.
Immer wieder vom SPIEGEL aufgegriffene Themen sind dabei:

- Kirchensteuer auch für (lohnsteuerfreie) Kleinstverdiener?
- Sollen auch konfessionslose Ehegatten Kirchensteuer bezahlen?
- Warum treibt der Staat die Kirchensteuer ein?
- Kann man die Zahlung von Kirchensteuern verweigern und weiter Mitglied einer Großkirche bleiben?
- Ist die Taufe (rechtlich) die Eintrittserklärung in eine Kirche?

Lückenlos werden die Kämpfe der Kirchen nach Erhalt ihrer Finanzkraft – vor allem vor den Gerichten – vom SPIEGEL dokumentiert.

- „Kirchensteuer, Das Mindestmodell" (39/1959/24); „Standesamt, Ein Priester kam" (20/1962/54-55); „Kirchensteuer, Letzte Instanz" (52/1965/34); „Steuern, Fröhliche Geber" (11/1966/61-63); „Vermögen, Nörgeln und zahlen" (44/1969/96-101); „Steuer, Ein Weg geöffnet" (47/1969/128-130); „Steuer, Unbeteiligte Dritte" (49/1969/62-65); „Kirchensteuer, Zahlen oder gehen" (17/1971/97); „Kirchensteuer, Neue Milliarden" (51/1971/73); „Kirchensteuer, Schwarzes Brett" (16/1973/86-89); „Kirchensteuer, Trittbrett für Gläubige" (14/1974/62-65); „Kirchensteuer, Ein Heidengeld" (5/1979/63-67); „Beim Geld sind Vadder und Sohn Ausländer" (34/1982/64-74-Gespräch); „Kirchensteuer, Grundsätze vergessen" (8/1985/21-22); „Kirchensteuer, Immer freundlich" (15/1985/34).

Innerhalb von fünf Jahren wurde das Thema ‚Kirchensteuer' zweimal in einer Titel-Geschichte aufgearbeitet – mit einer bezeichnenden Veränderung des Blickwinkels verbunden. Wurde im Titel 1964 das soziale Engagement der Kirchen gesehen und als Grund für ihren Finanzbedarf zumindest teilweise akzeptiert, war davon fünf Jahre später nicht mehr die Rede; die Steuer ist jetzt einfach ‚zu hoch'.[136]

- „Was machen die Kirchen mit der Kirchensteuer?" (22/1964/38-52); „Kirchensteuer – zu hoch und zu viel" (13/1969/42-50).

Kritisiert wird vom SPIEGEL vor allem die mangelnde Bereitschaft der Kirchen – vor allem der Katholischen Kirche -, auf das wegen der progressiven Lohnsteuer-Entwicklung unverhältnismäßig stark anwachsende Kirchensteuer-Aufkommen teilweise zu verzichten, z.B. durch Absenkung der Hebe-Sätze. 1969 stellte der SPIEGEL einen deutlichen Unwillen im Kirchenvolk ob dieser Entwicklung fest.

> „Jedermann schien sich in den vergangenen 20 Jahren daran gewöhnt zu haben, daß die Christen schimpfen und zahlen, die Kirchen aber nehmen und schweigen. Doch diese Zeit ist vorüber. Die Kirchensteuer ist ins Kreuzfeuer der öffentlichen Kritik geraten." („Kirchensteuer – zu hoch und zu viel", 42).

Deutlicher als die Höhe der Steuer schreibt der SPIEGEL den Kirchen die Tatsache ins Stammbuch, daß die meisten Steuerzahler Gläubige ohne Glauben sind.

> „Die meisten Kirchenmitglieder – nach internen Schätzungen des evangelischen Klerus etwa 85 Prozent – sind nur noch sogenannte Kirchensteuer-Christen. Predigt und Pastor sind ihnen gleichgültig. ... Für die meisten nominellen Christen ist die Kirche nur noch eine Sparkasse für das Feierliche im Leben." („Was machen die Kirchen mit der Kirchensteuer?", 38).

Massiver der Vorwurf dann fünf Jahre später: Die Kirchen wollen nicht den Glauben der Gläubigen, sie wollen das Geld der Nicht-Glaubenden.

> „Nirgendwo sonst sind in solchem Maße in Deutschland die Kircheneinnahmen ein Heiden-Geld. Viele Ungläubige und Abergläubische betrachten die Kirchensteuer als eine Art Risikoversicherung für ein etwaiges ewiges Leben. Die Kirchen nehmen das hin und sind deshalb in den Geruch gekommen, daß ihnen Geld wichtiger sei als der Glaube. Niemand muß die Kirche verlassen, wenn er an der Auferstehung Christi oder anderen Glaubenswahrheiten zweifelt. Aber wer nicht zahlen will, muß aus der Kirche austreten." („Kirchensteuer – zu hoch und zu viel", 44).[137]

Die Kritik des SPIEGEL trifft somit nicht nur den Reichtum der Kirchen *an sich*, sondern vor allem die fehlende Bereitschaft der Kirchen, auf finanzielle Macht und auf Geldzuwendungen ‚Nicht-Glaubender' zu verzichten.

Hinter der fehlenden Bereitschaft der Katholischen Kirche, ihre Finanzen öffentlich zu machen und öffentlich kritisieren zu lassen, vermutet der SPIEGEL ebenfalls Machtmißbrauch. Die Klagen gegen den Reichtum der Kirchen sind – und dafür spricht manches – wohl eher Klagen über die fehlende Möglichkeit zur öffentlichen Kontrolle der kirchlichen Finanzpolitik.

> „Aber solange der Vatikan nicht bereit ist, sein Budget zu veröffentlichen, können ‚Klarstellungen' wie Klagen [über zu wenig Geld] nicht überzeugen. Daß dies auch in Zukunft so bleibt, deuten die päpstlichen Richtlinien für die Bischöfe vom Juni 1973 an. Darin empfiehlt der Vatikan den Oberhirten der 2192 Diözesen, die ihr Kirchenvermögen eigenständig verwalten, was er für seinen Bereich stets praktizierte: die Bilanzen nur zu veröffentlichen, „sofern die Klugheit nicht davon abrät." Den Papst jedenfalls hielt sie bislang davon ab." („Vatikan intim, Die Manager des Papstes Paul", 47/1974/135-150, 140).[138]

Den Vorabdruck des Buches von K. Steigleder über seine Erfahrungen in der (später dazu erhobenen) Personal-Prälatur ‚Opus Dei' („Jeden Tag eine Abtötung, Opus Dei – die heimliche Elite der Katholischen Kirche", 36-38/1983) nimmt der SPIEGEL ebenfalls zum Anlaß, in einem der Serie vorangestellten Artikel vor allem die Geheimnistuerei dieser Organisation in Finanzfragen zu kritisieren („Stoßtrupp Gottes oder Heilige Mafia?, Der unaufhaltsame Aufstieg des Opus Dei", 36/1983/166-170).

Und Kardinal F. Hengsbach wird in einem Gespräch über die Finanzen der Katholischen Kirche auf eben diesen wunden Punkt angesprochen. Daß die Katholische Kirche mit ihrem Geld Machtmißbrauch betreibe, weist er zurück.

> HENGSBACH: „Nein! Woher kommen nur Ihre Verdächte? Das ist ja schlimm."
>
> SPIEGEL: „Daran ist die Kirche doch selbst schuld. Warum betreibt sie eine solche Geheimniskrämerei, wenn es um Geld geht, insbesondere wenn es um den Reichtum des Vatikan geht?"
>
> HENGSBACH: „Was den Reichtum des Vatikan anbetrifft, so höre ich immer was ganz anderes."
>
> SPIEGEL: „Warum wird denn der Etat des Vatikans nicht veröffentlicht? Oder ist er Ihnen bekannt?"

HENGSBACH: „Ich kenne ihn nicht, aber dem Finanzrat ist er bekannt. Kardinal Höffner hat oft in unseren Besprechungen gesagt: Der Etat des Vatikan ist nicht so groß wie der von Köln." („Beim Geld sind Vadder und Sohn Ausländer", 34/1982/65).

Daß die Finanzen der Kirche und des Vatikan dem Finanzrat bekannt sind, reicht dem SPIEGEL – zu Recht – nicht. Ohne Kontrolle bleibt der Verdacht, Macht werde hier mißbraucht, für ihn bestehen.

3.5.3 Der Streit um die Konfessions-Schule

Die Frage des Machtmißbrauches durch die Katholische Kirche war für den SPIEGEL nie ein nur akademisch-abstraktes Thema. Wie bei der Neu-Regelung des Misch-Ehen-Rechtes gezeigt werden konnte, ist das Magazin durchaus bereit, Farbe zu bekennen und deutlich Stellung zu beziehen. Ein weiteres Beispiel für solchen Bekennermut des SPIEGEL stellt die Berichterstattung über den Konfessions-Schulen-Streit Mitte der 60er Jahre dar.[139] In zahlreichen Stories und – binnen zweier Jahre ! – in zwei Titel-Geschichten wird das Problem umfassend aufgegriffen und in Gesprächen intensiv aufgearbeitet. Aktueller Anlaß für die Problematik war das Konkordat zwischen dem Land Niedersachsen und dem Vatikan. Dort wurde geregelt, daß Schulen, „an denen mehr als 80 Prozent der Schüler katholisch sind, fortan nur noch de jure christliche Gemeinschaftsschulen, de facto aber katholische Konfessionsschulen sein sollen" („Niedersachsen, Konkordat an der Leine", 8/1965/30-33, 30).
Seit diesem Auftakt-Artikel hat sich der SPIEGEL umfassend mit dieser Thematik beschäftigt.

- „Niedersachsen, Fern vom Gesetz" (17/1965/42-44); „Konkordat, Ehe zu dritt" (19/1965/43); „Aus Loyalität das Schienbein schonen?" (19/1965/44-49); „Getrennt beten, getrennt lernen?, Konfessionsschule in Deutschland" (20/1965/42-61-Titel); „Konkordat, Fluch der frommen Taten" (21/1965/34); „Konkordat, Nebel gelichtet" (24/1965/37); „Glaubensfreiheit in Prozenten?" (26/1965/30-34-Gespräch); „Macht das Gebet die Schule christlich?" 8/1966/44-47); „Konfessionsschulen, Lanzen und Küsse" (39/1966/53); „Was wird aus den Zwergschulen?" (39/1966/55-6b1-Gespräch); „Baden Württemberg, Schuß aus Rom" (47/1966/76-78); „Hirtenbriefe, Wahl und Wohl" (48/1966/54-55); „Konfessionsschulen, 13 Getreue" (13/ 1967/84); „Reichskonkordat, So oft betont" (17/1967/46); „Der Heilige Stuhl ist nicht unser Partner" (17/1967/48-53); „Konfessionelle Lehrerbildung, Zum Letzten" (17/1967/89); „Ende der Konfessionsschule?, Konflikt zwischen Staat und Kirche" (20/1967/52-68-Titel).

Der Vorwurf – an die Katholische Kirche gerichtet –, in dieser Frage ihre Macht zu mißbrauchen, wird vom SPIEGEL an einigen Punkten konkretisiert. Zum einen werde die „evangelische Kinder-Minderheit an diesen Schulen gezwungen, nur noch Schulbücher zu benutzen, die von katholischen Bischöfen gebilligt wurden" („Niedersachsen, Konkordat an der Leine", 8/1965/30). Zum anderen bestätige die Katholische Kirche mit der ‚Konfessionalisierung der Schulen' den Trend zu konfessionellen Zwergschulen, in denen „oft Glauben höher bewertet wird als Wissen. Noch immer gilt mancherorts, was die bayerischen Bischöfe vor über hundert Jahren, 1850, dekretierten: daß „Hauptbestimmung" der Schule die „Erziehung zu christlicher Frömmigkeit und Sitte" sei, „der übrige Unterricht ist im Vergleich ... nur Nebensache". („Ende der Konfessionsschule?, Konflikt zwischen Staat und Kirche", 57).

Der SPIEGEL sieht die Gefahr, daß auch bei der Frage der Lehrer-Anstellung in den Schulen nicht sach-, sondern konfessionsbezogen entschieden wird. „Klerikalen Rigorismus" („Konfessionelle Lehrerbildung, Zum Letzten", 17/1969/89) wittert da das Magazin, und es sieht sich in der Realität bestätigt. Ein Auszug aus dem Gespräch mit dem niedersächsischen Kultusminister R. Langenheine verdeutlicht dies.

LANGENHEINE: „Meine Herren, darf ich mal fragen, warum Sie diese Sache so dramatisieren?"

SPIEGEL: „Weil es in Niedersachsen in diesem Frühjahr den Fall Halske gegeben hat: jenes Lehrers, der Rektor an einer katholischen Schule in Wolfenbüttel werden sollte, der nicht oft genug sonntags zur Kirche ging und gegen dessen Ernennung der Hildesheimer Generalvikar intervenierte."

> LANGENHEINE: „Ich betrachte diese Sache als unglücklich."
> SPIEGEL: „Für wen?"(„Glaubensfreiheit in Prozenten?", 26/1965/34).

Die Sinnlosigkeit dieses ‚Kampfes um die Schulen' versucht der SPIEGEL durch kirchenstatistische Zahlen zu untermauern, um so den – in seinen Augen – illegitimen Forderungen der Katholischen Kirche entgegen treten zu können.

> „In der Bundesrepublik sind nach dem Urteil des katholischen Pastoralsoziologen Norbert Greinacher „nur noch zwanzig Prozent der katholischen Christen echte Christen". Nur etwa in diesem Hundertsatz können die katholischen Konfessionsschulen von dem laut Pius XI. notwendigen „heiligen Atem" erfüllt sein, wenn wie im Saarland und in Bayern nahezu alle Lehrer und Kinder an Konfessionsschulen lehren und lernen müssen." („Getrennt beten, getrennt lernen?; Konfessionsschule in Deutschland", 20/1965/42-61, 50-52).

Die Konsequenzen, die sich daraus positiv ergeben, werden vom SPIEGEL als Gegenargumente verwendet.

> „Viele Katholiken – auch viele Priester – sehen der Zukunft gelassen entgegen. Sie wissen längst, daß in einem überwiegend heidnischen Land auch die Schulen so heidnisch oder christlich sind, wie Lehrer und Kinder. ... Mithin: Eine Gemeinschaftsschule, in der gläubige Katholiken unterrichten, ist „katholischer" als eine katholische Konfessionsschule, deren Lehrer de facto ungläubig sind." („Ende der Konfessionsschule?, Konflikt zwischen Staat und Kirche", 68).

Das von der Katholischen Kirche geforderte Elternrecht wird vom SPIEGEL ebenfalls nur unter Machtgesichtspunkten beleuchtet.

> „Das Elternrecht ist die seit Jahrzehnten in der katholischen Kirche beliebteste Vokabel, wenn es um die Schule geht: Die Eltern müßten selbst entscheiden können, ob sie ihre Kinder auf eine Konfessions- oder auf eine Gemeinschaftsschule schicken wollen. Doch wo immer die Kirche die Macht besaß, sorgte sie dafür, daß möglichst nur Konfessionsschulen eingerichtet wurden und den Eltern keine Wahl blieb." („Konfessionsschulen, 13 Getreue", 13/1967/84).

Der vertraglich vereinbarte Status der Bekenntnisschulen wurde im Reichskonkordat 1933 geregelt. Die bildungspolitisch sinnvolle Neuregelung hin zur Gemeinschaftsschule rüttelte somit einseitig am Vertragswerk. Die unverhüllten Drohungen aus Rom (in der Person des Nuntius C. Bafile), bei einseitiger Veränderung des Vertrages „könnte sich der Vatikan womöglich mit der Errichtung neuer polnischer Diözesen hinter der Oder-Neisse-Linie revanchieren" („Konfessionelle Lehrerbildung, Zum Letzten", 89) – das heißt im Klartext: Die Oder-Neisse-Linie als Ostgrenze Deutschlands festzuschreiben –, wird vom SPIEGEL als ‚klerikaler Rigorismus' gegeißelt. Zu diesem unnötigen Kultur-Kampf komme es nur wegen des uneinsichtigen Machtgehabes der Katholischen Kirche.
Wie sehr der Widerstand gegen die Konfessionsschule sowie der Vorwurf des Machtmißbrauches Wirkung gezeigt haben, wird deutlich in den Reaktionen offizieller und offiziöser kirchlicher Organe auf die Berichterstattung des Magazins. Von „Hetzpropaganda" ist da die Rede; auch der Vergleich des SPIEGEL mit dem NS-Blatt ‚Stürmer' scheint „bei der Hetze gegen alles Katholische" manchem zwingend zu sein (vgl. „Niedersachsen, Schwarz oder Rot", 21/1965/34).
Die Katholische Kirche hat den Kampf gegen die Konfessionsschule ‚verloren'. Dies war für den SPIEGEL anders auch nicht zu erwarten. Die Art und Weise freilich, wie die Katholische Kirche dieses Ziel erreichen wollte, die Angriffe auf die Gegner der Konfessionsschule sowie die Pressionsversuche zeigen dem Magazin mit großer Deutlichkeit, wie machtbewußt diese Kirche ihre Interessen zu vertreten versteht.

3.5.4 Die Kirche und das III. Reich[140]

Auf massive Kritik stieß die Berichterstattung des SPIEGEL über das Verhalten der deutschen Bischöfe und von Papst Pius XII. während der Zeit der Hitler-Diktatur. Der in großen Serien und Titeln vom Magazin geäußerte Vorwurf, in dieser Krisenzeit nur auf die Sicherung eigener Rechte, eigener Privilegien und Machtpositionen aus gewesen zu sein, wird durch die Präsentation wissenschaftlicher Veröffentlichungen immer wieder erhoben und untermauert. Für den SPIEGEL ist der schnelle Abschluß des Reichskonkordates 1933 und das öffentliche Schweigen Pius XII. ein Beweis für den ‚Macht-Instinkt' der katholischen Bischöfe und Amtsträger. Die ungewöhnliche publizistische Begleitung von R. Hochhuths ‚Der Stellvertreter' erklärt sich ebenfalls aus diesem Interesse des Magazins. Bis auf wenige Ausnahmen bleibt die Kritik des SPIEGEL bei dieser Problematik auf die Katholische Kirche beschränkt.

Die Frage, ob das 1933 abgeschlossene Reichskonkordat auch für die Bundesrepublik Deutschland unverändert Geltung besitze, stellt 1956 für den SPIEGEL den aktuellen Anlaß dar, sich intensiver mit der Rolle der Katholischen Kirche in der Hitler-Zeit zu beschäftigen. Die Entstehungsgeschichte des Konkordates wird – wann immer möglich – in aller Breite dem Leser auch in späteren Jahren vorgeführt.

- „Reichskonkordat, Geheime Freuden" (24/1956/16-22); „Reichskonkordat, Hitler klatschte" (50/1960/41-44); „Papst-Kritiker Hochhuth" (17/1963/78-89-Titel); „Pius XII., Koffer gepackt" (16/1964/99-100); „Pius XII. und die Deutschen" (47/1964/107-124-Titel); „Mit festem Schritt ins Neue Reich" (8-15/1965-Titel-Serie).

Der Vorwurf von R. Hochhuth, Papst Pius XII. habe nie öffentlich die Judenverfolgung angeprangert, ist historisch kaum angreifbar. Strittig ist die Beurteilung des Verhaltens des Papstes.

> „Hochhuths Behauptung, daß ein Papst-Protest Hitlers Judenverfolgung aufgehalten hätte, bleibt unbeweisbare Hypothese – ebenso hypothetisch bleibt aber das Argument der Papst-Verteidiger, daß ein solcher Protest schärfste Repressalien Hitlers ausgelöst und die Lage noch verschlimmert hätte. Bestehen bleibt die moralische Frage, ob der Papst, der nach katholischer Auffassung als Stellvertreter Christi gilt, nicht auf jeden Fall und ohne jede Rücksichtnahme seine Stimme gegen den Rassenmord hätte erheben müssen." („Papst-Kritiker Hochhuth", 17/1963/89).

Auf den letzten Aspekt konzentriert sich in der Folgezeit die Berichterstattung des SPIEGEL; die Veröffentlichungen von S. Friedländer (‚Pius XII. und das Dritte Reich'), die die Thesen von R. Hochhuth durch zusätzliche Quellen stützen, werden zum

Anlaß genommen, erneut mit einem Titel die Person des Papstes zu beleuchten. Es entsteht dabei das Bild eines Kirchenfürsten, dem zuallererst die Interessen der Katholischen Kirche am Herzen lagen, denn Unrecht unmißverständlich zu verurteilen.

> „Gewiß, er verurteilte in der ihm eigenen Filigransprache mit allgemeinsten Wendungen die Naziverbrechen. Niemals aber nannte er dabei das Dritte Reich öffentlich beim Namen, und protestierte er, dann nur, wenn Katholiken betroffen waren. Hitlers Kriegsmaschine rollte über das protestantische Dänemark und das protestantische Norwegen hinweg – der Papst schwieg. Hitler ließ seine Ausrottungsbataillone in Polen ausschwärmen – der Papst protestierte. 6000 Serben fielen dem katholischen Ustascha-Regime zum Opfer – der Papst schwieg." („Pius XII. und die Deutschen", 47/1964/118).

Das 1933 abgeschlossene Reichskonkordat zwischen dem Deutschen Reich und dem Heiligen Stuhl wird im SPIEGEL ebenfalls primär unter dem Gesichtspunkt der katholischen Interessenssicherung beleuchtet. Die Garantien für eine ungehinderte katholische Seelsorge stand im Mittelpunkt der katholischen Vertragsforderung – und sie werden im Magazin breit aufgelistet („Reichskonkordat, Geheime Freuden", 24/1956/20).

Unerbittlich zieht der SPIEGEL die psychologisch sich ergebenden Konsequenzen aus dem Vertrags-Abschluß:

> „Eine Regierung, die sich gegenüber diesen Anliegen konzessionsbereit zeigte – wie Hitler im Reichskonkordat – galt nicht länger als kirchenfeindlich, sondern als legitime Obrigkeit, die ihrerseits der dankbar gewährten Hilfe des Zentrums gewiß sein durfte." („Drittes Reich, Führers Prälaten", 22/1961/33-35, 35).

G. Lewy kommt in seinem Buch, das unter dem Titel ‚Mit festem Schritt ins Neue Reich' als achtteilige Serie im SPIEGEL abgedruckt wurde, zu einem ähnlichen Ergebnis.

> „So war durch den Pakt mit Hitler eine Politik der Vorsicht geboten, wo eigentlich eine Politik der Härte erwünscht oder am Platze gewesen wäre. Ein offener Konflikt oder Bruch mit dem Regime mußte unter allen Umständen vermieden werden, denn beides hätte die noch respektierten Privilegien des Konkordates gefährdet. Verschlimmert wurde die Situation

noch dadurch, daß das Konkordat eigentlich kein Abschreckungsmittel gegen die nationalsozialistischen Angriffe darstellte. Gleichzeitig aber erstickte es schon im Keim jeden latent vorhandenen katholischen Widerstand gegen das Regime Hitlers." („Mit festem Schritt ins Neue Reich", 10/1965/77-78).

Für den SPIEGEL stellt somit die Sicherung der eigenen Macht die eigentliche Schuld der Katholischen Kirche in der Hitlerzeit dar. R. Augstein erläutert, daß eben diese Erkenntnis den Ausschlag dafür gab, sich derart intensiv mit diesem Problem zu beschäftigen.

> „Uns interessiert ..., welche Autorität die deutschen Bischöfe zwischen 1933 und 1945 zur Entscheidung politischer Fragen in Anspruch genommen und geltend gemacht haben. Uns interessiert, wo sie Gewissen geschärft und wo sie Gewissen eingelullt haben. Uns interessiert, ob und wie die politischen Interessen der Organisation im Widerspruch zu ihrem christlichen Auftrag wahrgenommen wurden." („R. Augstein, Lieber Spiegel-Leser", 8/1965/41).

Deutlicher als R. Hochhuth sehen der SPIEGEL und G. Lewy die System-Bedingtheit des Verhaltens der deutschen Bischöfe und Pius XII. Bei aller persönlichen Schuld im Einzelfall zieht G. Lewy folgendes Fazit:

> „Letzten Endes entsprang seine [Pius XII.] Haltung nicht so sehr einem persönlichen Versagen, einem Mangel an Mut bei der Verteidigung der Gerechtigkeit, sondern vielmehr den Forderungen einer kirchlichen Institution, die seit nahezu zweitausend Jahren all ihre Kräfte darauf konzentriert hat, um zu überleben und sich weiter für die Rettung der Seelen einsetzen zu können; die Forderungen ihres eigenen Evangeliums wurden dabei als zweitrangig betrachtet." („Mit festem Schritt ins Neue Reich", 14/1965/88).[141]

Exkurs

R. Augstein zu Kirche und Theologie

1. R. Augstein und der kirchliche Machtmißbrauch

Der Vorwurf des SPIEGEL, die Katholische Kirche habe immer wieder ihre Macht mißbraucht, taucht nicht nur in den anonymen Stories und Titel-Geschichten auf. Wie bei keinem anderen muß dieser Vorwurf mit der Person R. Augsteins zusammengebracht werden. In den 45 SPIEGEL-Jahren (also bis zum Jahrgang 1991, Stand: Mai 1991) hat sich der Herausgeber des Magazins 36 mal zu kirchlichen oder theologischen Fragen geäußert – in Kommentaren, Glossen und in der Sparte ‚Lieber Spiegel-Leser'. In 21 dieser Äußerungen wird in unterschiedlichsten Zusammenhängen der Vorwurf laut, die Katholische Kirche betreibe Machtmißbrauch. Auffallend ist dabei nicht nur die Häufigkeit, mit der dieser Vorwurf auf der Tagesordnung stand; in den Augstein-Kommentaren wird dazuhin die Katholische Kirche, sowohl sprachlich als auch ‚sachlich', in einer Massivität angegriffen, die für das Gesamt-Magazin singulär blieb.[142]
In den ersten Kommentaren kreist bei R. Augstein alles um die wiederholt verlesenen Hirtenworte der katholischen Bischöfe in der Bundesrepublik zu Landtags- und Bundestagswahlen.

- „Jens Daniel: ... und meinen Kattun" (24/1957/10); „Jens Daniel: Der Führer hat nicht immer Recht" (29/1957/12); „Moritz Pfeil: Beten für Franco" (51/1958/17); „Jens Daniel: Kanzel-Mißbrauch" (18/1958/10); „R. Augstein, Lieber Spiegel-Leser" (3/1959/14); „Moritz Pfeil, Römisches Recht?" (28/1961/12).

1957 schreibt R. Augstein:

> „Welche Folgerungen soll man aus dem „Aufruf des Zentralkomitees der deutschen Katholiken zur Bundestagswahl 1957" ziehen, in dem es heißt: „Auch über Eure Wahlentscheidung fordert Gott einmal Rechenschaft." Die heilige Dreifaltigkeit als Super-Spruchkammer – will man die Religion verhöhnen? Welcher Staatsanwalt ermittelt gegen diese profane Verächtlichmachung und Gotteslästerung? Ist den

> deutschen Katholiken nichts mehr heilig genug, um vor ihren abgeschmackten Anschlägen geschützt zu sein?" („Jens Daniel: Der Führer hat nicht immer Recht", 29/1957/12).

Und den Aufruf der katholischen Bischöfe zur Landtagswahl 1958 in Nordrhein-Westfalen geißelt Jens Daniel alias R. Augstein so:

> „Es ist eine erdrückende, für den Katholiken geradezu niederdrückende Erkenntnis, daß die katholische Kirche überall da unduldsam ist, wo sie nicht dulden muß. Es gibt mit ihr in politischen Fragen keinen Modus vivendi, keine Koexistenz, sie gewährt keine Loyalität. Wo sie stark genug ist, die demokratische Opposition niederzuhalten, da setzt sie die Demokratie außer Kurs. Nicht zufällig gibt es auf der ganzen Welt kein großes katholisches Land, in dem die Demokratie funktioniert." („Jens Daniel: Kanzelmißbrauch", 28/1958/10).

Der Weihnachts-Titel 1958 ‚Jesus von Nazareth' hat – wie gezeigt – starke Reaktionen ausgelöst, die auch den SPIEGEL und seinen Herausgeber überrascht haben. Offenkundig wurde nicht nur ein großes Wissens-Manko unter den Gläubigen festgestellt; auch das in Leserbriefen geäußerte Interesse an weiterer ‚wissenschaftlich' redlicher Berichterstattung hat den SPIEGEL beeindruckt. R. Augstein schrieb kurze Zeit nach dem ‚Jesus-von-Nazareth'-Titel:

> „Die Kirchen verzichten in der Bundesrepublik fast ganz darauf, den mündigen Menschen zu überzeugen und zu gewinnen. Sie bemächtigen sich der Unmündigen und stempeln den erwachsenen Nicht-mehr-Christen zu einem Menschen minderer Sittlichkeit. Überziehe ich die Zuständigkeit eines Nachrichten-Magazins, wenn ich sage, daß der moderne Mensch sehr wohl danach trachtet, sich der Gnade Gottes auszuliefern? Priesterlicher Willkür hingegen, wie sie uns vor allem im politischen Feld erbittert, will er sich nicht beugen." („R. Augstein, Lieber Spiegel-Leser", 3/1959/14).

Auch ohne die Veröffentlichung von einseitigen Hirtenbriefen zur Bundestagswahl – den letzten gab es 1980, und R. Augstein reagierte prompt („Was ein Hirte so alles weiß", 39/1980/18) – reibt sich der SPIEGEL-Herausgeber an der gesellschaftspolitischen Macht-Stellung der Kirchen, die er für unangemessen erachtet, zumal in Zeiten, in denen immer weniger Gläubige auch das ‚glauben', was sie glauben sollten.

In einem Vortrag mit dem Titel ‚So stell ich mir die Christen vor' – ob seiner ‚Bedeutung' dem SPIEGEL als Beiheft eingelegt – griff R. Augstein 1965 diesen Gedanken schon einmal auf. Er formuliert:

> „Je geringer der geistliche Einfluß der Kirchen wird, desto hartnäckiger suchen sie ihre politischen und sozialen Positionen auszubauen. Je weniger Gläubige es gibt, desto herrschsüchtiger verlangen Staat und Gesellschaft den Lippendienst der Bürger." (10/1965/1-24, 8).

Noch 1991 steht für den SPIEGEL-Herausgeber fest:

> „Die Bundesrepublik war ein katholisches gezeugtes Land. ... Das vereinte Deutschland ist in seiner Substanz kein christlich geprägtes Land, es ist weder katholisch noch protestantisch. Man sehe sich die Zeitungen an, man betrachte das Fernsehen. Christlich ist allein die Kirchensteuer." („R. Augstein, Kulturkampf, anders", 20/19991/21).

2. R. Augstein als ‚Theologe'

Ein ‚anderer' R. Augstein zeigt sich in den Bibel-Glossen und theologischen Exkursen, die in den frühen Jahren des SPIEGEL veröffentlicht wurden. Daß dies in den 70er und 80er Jahren nicht mehr geschah, deckt sich mit dem schon gezeigten Befund, daß die ‚wissenschaftliche', die theologische Berichterstattung im SPIEGEL insgesamt rückläufig war und ist. In seinen Kommentaren gelingt es R. Augstein durchaus, bedenkenswerte Fragen zu stellen. Ein wesentlicher Schwerpunkt des Augstein'schen Interesses liegt in der oft beschworenen Behauptung, die Ursprünge der Kirche und das Wissen über die Person Jesu lägen im Dunkeln; auch die Evangelien seien von höchst unsicherem Wert.[142]
1959 schrieb R. Augstein:

> „Mir scheint, die Kirchen sind immer in Gefahr, sich selbst mit Jesus Christus gleichzusetzen, der zwar ihr Meister sein sollte, den sie aber nur zu gern zu ihrem Geschöpf machen wollen. Die Kirchen reagieren – verständlicherweise – äußerst empfindlich, wenn Fragen ihrer Stiftung und Entstehung berührt werden. Sie wollen nicht wahrhaben, wieviel vergänglicher Menschenstoff in ihre Gründung hineinge-

flossen ist. Ob sie sich ausdrücklich für unfehlbar erklären oder nicht, das Unfehlbarkeitsdenken ist ihnen eingeboren, was bislang ihre institutionelle Stärke mitbegründet hat." („R. Augstein, Lieber Spiegel-Leser", 3/1959/14)

Ende 1962 und Anfang 1963 saß R. Augstein – anläßlich der SPIEGEL-Affäre – über 100 Tage im Gefängnis. Die theologisch-religiöse Deutung seiner U-Haft zeigt einen R. Augstein, der bei der Lektüre der Bibel bekannte: „Mir schlug das Herz". („R. Augstein, Lieber Spiegel-Leser", 47/1962/38). Einen Monat später schreibt er an seine Leser-Gemeinde: „Ich erlebe meine gegenwärtige Lage als Christ". („R. Augstein, Lieber Spiegel-Leser", 51/1962/23) – und bekannte, aus seinem Munde ebenfalls überraschend: „Muß man bei dem Versuch, den Kirchenglauben zu retten, nicht das Risiko laufen, ihn zu zerstören?" (ebenda).[144]

Als bei der Rettung von Überlebenden eines Unglücks in Lengede mehrere Theologen von einem ‚Wunder' sprachen, sah sich R. Augstein zu einer ‚Wunder-Hermeneutik' herausgefordert („des bis zum Überdruß mißbrauchten Wortes „Wunder" („Jens Daniel, Der Herrgott von Lengede", 47/1963/62)); den Kirchen rief er zu:

> „Wenn Gott als „Herr der Geschichte" begriffen wird, so müssen wir uns doch gleichzeitig eingestehen, daß wir seinen Willen nicht kennen und nicht ahnen, wie und wo er sich manifestiert. ... Wenn Gottes Wege nicht unsere Wege sind, so ist es reichlich vermessen, die dem Menschen angenehmen Überraschungen als Wunder, die den Menschen vernichtenden aber als Naturkatastrophen zu deuten." (ebenda).[145]

In die Entmythologisierungs-Debatte greift der *‚Beinahe-Theologe'* R. Augstein ebenfalls ein, und es überrascht, wie ‚kirchenbewußt' der Kirchen-Kritiker hier formulieren kann. In einem ‚Vorwort' zum Abdruck des Buches von J. Carmichael schreibt er:

> „Carmichael verhehlt nicht, daß er an die Auferstehung des Gekreuzigten, daß er an den Gottmenschen Christus nicht glaubt. Aber im Gegensatz zu jenen überaus modernen Theologen, die das behauptete Faktum der Auferstehung am liebsten in den Bereich des Mythischen wegeskamotieren wollen, nimmt er sie als schlechthin konstituierendes Element des ursprünglichen Christus-Glaubens wichtig.

... Gerade weil der Kreuzestod so unvorstellbar schmählich war, mußte er im Heilsplan von Anfang an beschlossen, durfte der ihm Unterworfene nicht Messias, nicht Gottes Sohn, nicht Christus, der Gesalbte des Herrn, sondern mußte Gott selbst sein. Mit den Worten des faszinierenden, überlebensgroßen Paulus: ,Ist aber Christus nicht auferweckt worden, so ist unsere Predigt leer, leer auch euer Glaube.'" („R. Augstein, Jesus – vor der Auferstehung", 6/1966/48-52, 52)

Diese Aussagen eines Mannes, der an anderer Stelle von sich sagt, „daß ich der Nichtexistenz eines nicht-materiellen Prinzips, landläufig Gott genannt, noch weniger gewiß bin als der christlichen Erlösungstat" („R. Augstein, So stell ich mir die Christen vor", 5), sollen natürlich überraschen und provozieren, und dies sowohl im Binnenraum der Kirchen als auch bei den ,Fern-Stehenden'. R. Augstein sieht es immer wieder als eigenes und des SPIEGEL Verdienst an, ,theologische Neuheiten' publiziert zu haben. 1959, nachdem die Reaktionen auf den Titel ,Jesus von Nazareth' auch den SPIEGEL überrascht hatten, meinte R. Augstein:

„Der SPIEGEL-Titel über die Leben-Jesu-Forschung hat vermutlich nicht einen gläubigen Christen in seiner Überzeugung beirrt. Viele Leser hingegen, Christen, Nichtchristen und Schein-Christen, hat er angeregt, ihre Betrachtungsweise zu vertiefen." („R. Augstein, Lieber SPIEGEL-Leser", 3/1959/14)

Auch als Motiv für sein Buch ,Jesus – Menschensohn' gibt der SPIEGEL-Herausgeber an, aufklärerisch wirken zu wollen und einer – zumal von den Kirchen verursacht – schlecht unterrichteten Christenheit die Augen zu öffnen.

„Mein Buch ist vielleicht wirklich für viele Theologen keine Überraschung. Aber für viele Nicht-Theologen könnte es trotzdem eine Überraschung sein." („Ein frontaler, ein totaler Angriff", 42/1972/186).

Mit ,Jesus – Menschensohn' freilich und mit seinen Kommentaren danach hat sich R. Augstein aus einer sachlichen, ernstzunehmenden Auseinandersetzung zu kirchlichen Fragen verabschiedet. Mit massiver Häme, mit regelrechten antikirchlichen Ausfällen mischt er sich nun immer wieder in die Debatte ein; er formuliert dabei meist unter seinem eigenen Niveau.[146]

3.5.5 Kirche und Öffentlichkeit

Unter Punkt III in KAPITEL I dieser Arbeit wurde das noch immer gestörte Verhältnis der Katholischen Kirche zur Öffentlichkeit dargelegt. Der SPIEGEL nutzt viele Gelegenheiten, dieses Verhältnis zur Öffentlichkeit als anachronistisch zu entlarven und die Verhaltensweisen kirchlicher Organe (L'Osservatore Romano, Glaubenskongregation, etc.) immer wieder unter dem Gesichtspunkt des Machtmißbrauches zu beleuchten. Vor allem der Umgang der Katholischen Kirche mit öffentlich geäußerter Kritik an der Kirche ist für den SPIEGEL geeignet, Defizite aufzuzeigen. Eine grundsätzliche Angst vor zuviel Information stellte der SPIEGEL des öfteren fest. Der Umgang der Kirchen-Leitungen mit Journalisten ist immer noch reserviert, Anfragen gelten als lästig, Kritik als unzulässig.
Diese prinzipielle Anti-Haltung der Katholischen Kirche gegenüber publizistischer Kontrolle wird vom SPIEGEL vor allem an der Veröffentlichungs-Methode des ‚L'Osservatore Romano' veranschaulicht. Schon 1949 schrieb das Magazin:

> „Die Zeitung dient nicht wie alle anderen Zeitungen der Leserschaft, sondern der Kirche. Gedruckt wird nicht, was die Leser lesen wollen, sondern was die Kirche bekanntmachen will. Ob das den Lesern paßt oder nicht." („Nur zwei sind Geistliche, Ob es den Lesern paßt oder nicht", 14/1949/15).

Immer wieder kritisiert der SPIEGEL die Versuche des ‚L'Osservatore Romano', die Öffentlichkeit einseitig zu informieren oder Veröffentlichungen durch Zensur zu verhindern. Dies geschah nicht nur anläßlich der Wirkungsgeschichte der Enzyklika ‚Humanae Vitae', als das Presseorgan des Vatikan nur positive und zustimmende Bischofsschreiben veröffentlichte, kritische Stimmen aber unterschlug; es wurde sogar behauptet, letztere gäbe es gar nicht.

- „Papst-Familie, Die Neffen" (18/1958/48); „Osservatore Romano, Erhabene Lippen" (12/1969/142-147); „Vatikan intim, Die Manager des Papstes Paul" (43/1974/150-170-Titel-Serie); „Papst Paul: ‚Bitternis, Kummer, Schmerz'" (42/1974/137-142).

Dem Leser wird eine Kurie vorgestellt, die „Geheimniskrämerei betreibt" („Vatikan intim, Die Manager des Papstes Paul", 161) statt wirklicher Presse- und Öffentlichkeitsarbeit. Das insgesamt vernichtetende Urteil lautet:

„Nichts scheint man in der Kurie denn auch mehr zu pflegen als Undurchschaubarkeit und Geheimniskrämerei. Die kuriale Informationspolitik ist, gemessen am Wahrhaftigkeitsgebot der Bibel, ein Skandal. Viele wichtige Informationen werden gar nicht, nur unzureichend oder verfälscht weitergegeben. Von offiziellen Kommissionen erarbeitete Dokumente, die den Mächtigen in der Kurie zu progressiv erscheinen, werden unterdrückt." („Papst Paul: ‚Bitternis, Kummer, Schmerz'", 140).

Dies gelingt nicht immer. Nach dem Konzil und noch vor der Würzburger Synode wurde mit der kritischen, von den deutschen Bischöfen finanzierten Zeitschrift ‚Publik' der Versuch unternommen, im Binnenraum der Kirche ein Forum für die Vielfältigkeit des kirchlichen Lebens und für die Äußerung von Kritik zu schaffen. Der Versuch mißlang gründlich.[147]

Öffentliche Kritik an der Kirche und die Veröffentlichung ‚unkatholischer' Standpunkte wurden von den deutschen Bischöfen nicht allzulang geduldet. ‚Publik' wurde die lebensnotwendige Finanzspritze von den Bischöfen gestrichen – und der SPIEGEL sieht sich bestätigt hinsichtlich der Vermutung, die Katholische Kirche habe sich auf dem Konzil nicht radikal genug reformiert. Die Behauptung, nur wirtschaftliche Gründe seien für das ‚Aus' von ‚Publik' ausschlaggebend gewesen, wurden vom SPIEGEL von Anfang an nicht akzeptiert.

„... unglaubwürdig ist die Behauptung, eine weitere Unterstützung von „Publik" sei finanziell nicht zu verantworten. Angesichts der gegenwärtig 1,5 Milliarden Mark, die in der Bundesrepublik jährlich als Kirchensteuer in katholische Kassen fließen, fallen den Bischöfen Ausgaben in der Höhe, wie sie für „Publik" notwendig gewesen wären, für andere Ziele nicht schwer." („Presse, Geld fürs Getto", 48/1971/67-73, 70).

Zwei Jahre später erwerben die deutschen Bischöfe den ‚Rheinischen Merkur' – der SPIEGEL sieht zu Recht, daß für offenkundig genehme Presseorgane dann doch Millionen problemlos bereitstehen (vgl. „Presse, Bischöfe in Not", 37/1974/41-44).

Wer öffentlich geäußerter Kritik nicht sachgerecht begegnet und begegnen kann, sondern autoritär und machtbezogen reagiert, der hat es aufgegeben, im Prozeß der öffentlichen Kommunikation Sachgerechtes einbringen zu wollen. K. Rahner hat im SPIEGEL das Ende von ‚Publik'[148] in diesen Gesamt-Komplex integriert.

> „Wir fürchten, daß es ein Symptom der Gefahr ist, die wir kommen sehen: daß der deutsche Katholizismus, der diesen Untergang [von ‚Publik'] wünschte oder nicht verhindern wollte, sich innerhalb der deutschen Gesellschaft in ein Getto zurückziehen will, in ein Getto, in dem Ruhe und Ordnung herrschen, aus dem aller Pluralismus verbannt ist, in dem man weiter existieren kann wie in den sogenannten guten alten Zeiten. ... Mir scheint, daß man lieber Kirchhofsruhe als Streit will, daß man sich nach dem Monolithismus unter den vier Pius, von Pius IX. bis Pius XII., zurücksehnt, nach einem Monolithismus, den man sich damals unter Verzicht auf weite gesellschaftliche Schichten (der Arbeiter und der Intellektuellen) meinte leisten zu können, weil auch dann noch genug Kirchenvolk bürgerlicher bis kleinbürgerlicher Art übrigblieb." („So christlich sind die Christen nicht, Karl Rahner SJ zum Ende von „Publik"", 48/1971/ 73).

Das gespaltene Verhältnis der Katholischen Kirche zur kritisch-kritisierenden Öffentlichkeit wird vom SPIEGEL oft beklagt und oft selbst kritisch begleitet.

In den öffentlich-rechtlichen Rundfunk-Anstalten der Bundesrepublik werden den Kirchen als gesellschaftlich relevanter Gruppe nicht nur in den Rundfunk-Räten Mitspracherechte eingeräumt, sondern Extra-Sendungen und -Beiträge zugestanden. Das Magazin rieb und reibt sich, wann immer dieses Medium (Fernsehen, Hörfunk) in seinen Augen mißbraucht wird oder nach kritischen Beiträgen den Attacken bischöflicher Ordinariate ausgesetzt ist.

1958 versuchte der Erzbischof von Freiburg, H. Schäufele nach einer kritischen Sende-Reihe des ‚Süddeutschen Rundfunks' den verantwortlichen Kirchen-Redakteur H.J. Schultz aus dem Sender zu entfernen (vgl. „Kirchenfunk, Kritik an der Kirche", 50/ 1958/51-52).[149] Kritik dieser Art war für das Ordinariat nicht erwünscht; die über 5000 begeistert zustimmenden Leserschriften – bei nur „ein Dutzend wirklich negativer Stimmen" (ebenda, 51) – wurden von den Rundfunk-Kritikern ignoriert.[150]

Umgekehrt reibt sich das Magazin mit zunehmender Massivität und Ironie an der in seinen Augen stattfindenden „Klerikalisierung des Programms“ („Einflugschneisen für Gottes Wort“, 18/1987/ 230-236, 230) in den 80-er Jahren. Die Kirchen – in diesem Falle auch die Evangelischen – hätten dabei „das Fernsehen fest im Griff“ (ebenda) und produzierten „regelmäßig 12 000 fromme Sendungen mit mehr als 126 000 Minuten Länge im Jahr“ (ebenda, 233).

Die analysierende Kritik fällt deutlich aus:[151]

> „Während andere mächtige Medienunternehmen im Kampf um Markt- und Sendeanteile nicht zimperlich miteinander umgehen, haben die Rundfunkanstalten die Regeln freien Wettbewerbs für die christlichen Kirchen außer Kraft gesetzt. Denn die vertreten als gesellschaftlich relevante Gruppen mittelbar ihre Interessen als auch unmittelbar durch ihren besonderen Status innerhalb der Redaktionen der Sender.“ (ebenda).

Die Kritik trifft also auch die Sendeanstalten, und doch verliert der SPIEGEL nicht die Kirchen aus seinen kritischen Augen.

> „Die telegene neudeutsche Gottesfurcht, der Bildschirm als Missionsstation, ist den Amtskirchen naturgemäß hochwillkommen. Längst vergessen ist der Schmerzensruf, mit dem einst Landesbischof Hanns Lilje „die Einführung des Fernsehens“ als „schweren Schicksalsschlag“ für die Christenmenschen verdammt hatte.“ („TV-Serien, Rapsodie in Schwarz“, 35/1989/181-184, 181-184).[152]

Aus ‚Machtgründen‘ werden diese Einwände von den Kirchen beiseite geräumt, wenn es gilt, präsent zu sein und institutionelle Interessen zu verfolgen. Tagelange Live-Übertragungen von Papst-Reisen, die redaktionelle Betreuung von Pfarrer-Serien sind erwünscht; wird an anderer Stelle des Programms hingegen Kritik an der Kirche laut, wird dies als illegitim zurückgewiesen, werden plötzlich die ‚Grenzen des Mediums‘ ins Bewußtsein zurückgerufen, wurde eben ‚die besondere Struktur und das besondere Wesen der Katholischen Kirche‘ nicht beachtet, werden dunkel Konsequenzen gefordert. Der SPIEGEL meint, daß beide Verhaltensweisen sich logisch ausschließen.

Ebenfalls unter Macht-Gesichtspunkten wird das Verhalten der römischen Glaubenskongregation in Vergangenheit wie Gegenwart vom Magazin beleuchtet – wie überhaupt die ‚Hl. Inquisition' ein Lieblingsthema des SPIEGEL darstellt.[153]

„Das Amt ist vierhundert Jahre alt und wechselte seinen Namen, als „römische und universale Inquisition" löschte es das Leben von Ketzern aus. Als „Heiliges Offizium" vernichtete es die Existenz von Theologen, die vom Kirchenkurs abwichen. „Kongregation für die Glaubenslehre" heißt es seit 1965." („Priester, Gehe, gehe", 16/1969/196).

Als 1968 I. Illich Schwierigkeiten mit der Glaubenskongregation bekam und er erstmals die Fragen, die bislang geheim einem ‚Beschuldigten' gestellt worden waren, veröffentlichte, druckte der SPIEGEL einen Teil davon ab („Drucken Sie gierig Feindpropaganda?", 9/1970/114). Sie ergaben einen tiefen Einblick in die Methoden der Auseinandersetzung.

Die Reform der Kongregation hat sich für den SPIEGEL im Wesentlichen auf die Änderung des Namens beschränkt.

„Nach wie vor erfährt der (zumeist geistliche) Beschuldigte nicht, wer ihn angezeigt hat. ... Wie eh und je dürfen die Beschuldigten weder die Akten einsehen, noch sich vor ihren Richtern persönlich rechtfertigen. Geblieben ist auch die alte Geheimniskrämerei. ... In der Vergangenheit kam es häufig vor, daß ein Denunzierter erst durch den Urteilsspruch erfuhr, daß gegen ihn ein Lehrverfahren eingeleitet und abgeschlossen worden war." („Glaubenskongregation, Quelle des Schadens", 9/1971/118-121, 118).[154]

Und als H. Küng 1972 seine Korrespondenz mit dem Vatikan veröffentlichte, sah sich der SPIEGEL erneut bestätigt.

„Ein Glaubensprozeß des Heiligen Stuhls gegen den Tübinger Theologen Küng ist so geheim, daß der Angeklagte nicht mal den Namen seines Verteidigers erfährt. ... Zum erstenmal wird am Küng-Fall jetzt belegt, was kritische katholische Theologen längst befürchtet haben: daß sich an den Methoden der Glaubenskongregation wenig geändert hat, obwohl sie seit Januar vergangenen Jahres nach einem neuen Reglement arbeitet. In keinem Rechtsstaat der Welt gibt es Verfahren, wie sie auch der Papst für die katholische Kirche noch immer für angemessen hält." („Kirche, Dossier 399/57i", 12/1972/73).

Diese Kritik wird beim Verfahren gegen L. Boff 1981 und 1984 vom SPIEGEL wiederholt.

- „Kirche, Diktatur des Zeitgemäßen" (49/1981/118-121); „Die Uhr der Kirche auf 1948 zurückgestellt" (37/1984/120-124).

Kardinal J. Ratzinger, neuer Präfekt der Glaubenskongregation, ist daher schlicht der „neue Inquisitor" (53/1981/14-Panorama). Die auch für Gerichtsverfahren geltende Geheimniskrämerei der Katholischen Kirche erscheint dem SPIEGEL als äußerst inadäquat, und dies nicht nur sachlich – also unter dem Gesichtspunkt, ein Problem lösen zu wollen -, sondern auch personell. In einem Gerichts-Prozeß stellt *Öffentlichkeit* einen *Garanten* dafür dar, daß dem Angeklagten *Gerechtigkeit* wiederfährt. Daß mitunter nicht nur unklar bleibt, was eigentlich zur Verhandlung steht (eine ‚Anklageschrift' somit fehlt), und der Beschuldigte auch weiterhin seinen Verteidiger nicht selbst aussuchen darf, stellt – nicht nur für den SPIEGEL – ein Zurückbleiben hinter einen gängigen Rechts-Standard dar; das kann nur noch als Machtmißbrauch bezeichnet werden.

Diese ‚Angst vor Öffentlichkeit' zeigt sich nicht nur bei solchen Spezialfällen. Zu Recht erkennt das Magazin, daß auch das Nuntiatur-Wesen der Katholischen Kirche viel zu dieser ‚unbewältigten Öffentlichkeit' beiträgt. Die Nuntiatur als „negative Polizei" („Kirche, Negative Polizei", 41/1973/68-71, 68) der Kurie wird vom SPIEGEL als eine Organisation dem Leser nahegebracht, die „mit schlechteren als den sowjetischen Methoden" (ebenda) arbeite.[155]

Daß das Nuntiatur-Wesen der Katholischen Kirche explizit schadet, zeigt sich bei den vielen ‚Unruhen' in Diözesen nach Bischofs-Ernennungen ‚durch Rom', und der SPIEGEL sieht am Beispiel der Probleme in Köln 1988 und 1989 (Nachfolge J. Höffner) genau diesen Zusammenhang.

- „Katholiken, Schöner Tanz" (42/1988/29-32); „Kirche, Tour vermasseln" (47/1988/32); „Katholiken, Eiskalt und bockbeinig" (49/1988/21); „Katholiken, Folie Maria" (51/1988/38-39); „Vatikan, Fahne des Vaters" (5/1989/148-152).

Der SPIEGEL erkennt: Das falsche Öffentlichkeitsverständnis der Katholischen Kirche entspringt nicht nur einem übertriebenen ‚Macht-Streben'; es schadet ihr auch.[156]

Zusammenfassung

1. Ein Schwerpunkt kirchlicher Berichterstattung im SPIEGEL war die Darstellung des – in seinen Augen gegebenen – kirchlichen Machtmißbrauches. Eingriffe in Wahlkämpfe durch politisch einseitige Hirtenbriefe werden als unsachgemäß zurückgewiesen.
2. Die Kirchensteuer wurde zunächst als Finanzierung der kirchlichen Caritas-Arbeit akzeptiert. Der Versuch der Kirchen, hier finanziellen Boden gutzumachen und dies trotz progressiver Steigerung des Kirchensteuer-Aufkommens, läßt den SPIEGEL das ganze System grundsätzlich in Frage stellen.
3. Das starre Festhalten der Katholischen Kirche an den Konfessions-Schulen wird ebenfalls als Demonstration der Stärke gewertet. Bildungspolitische Bedenken werden vernachlässigt zugunsten der Selbst-Repräsentanz einer Institution. Der Umstand, daß eine große Zahl von Menschen von dieser Regelung betroffen wären, die aber an sich nicht mit der Kirche in Kontakt treten oder sich nicht von dieser etwas vorschreiben lassen wollen, lassen den SPIEGEL – ähnlich wie bei der Neu-Regelung des Misch-Ehen-Rechtes – deutlicher als sonst zur Partei werden.
4. Das Verhalten der deutschen Bischöfe während der Zeit des III. Reiches wird vom SPIEGEL *nicht* als mangelnder Heroismus kritisiert. Der zumindest 1933 und in den folgenden Jahren vorhandene Wille, primär institutionelle Eigenrechte zu sichern, stellt das entscheidende Argument dar, um der Katholischen Kirche Versagen und ‚Machtdenken' vorwerfen zu können.
5. R. Augsteins Kommentare lassen sich zum großen Teil auf den Macht-Vorwurf gegen die Kirchen reduzieren. Als Publizist wirft er der Katholischen Kirche vor, den zurückgehenden geistlichen Einfluß auf die Gläubigen durch institutionellen (‚öffentlichen') Einfluß kompensieren zu wollen. Als ‚Theologe' will er vor allem durch ‚Sensationen' den Gläubigen die Augen öffnen, die aus Macht-Gründen von den Kirchen im Stand der Unwissenheit belassen werden.
6. Das spannungsgeladene Verhältnis von Kirche und Öffentlichkeit wird von der Katholischen Kirche teilweise ignoriert – dann, wenn die Möglichkeit zur Selbst-Repräsentanz gegeben ist -, teil-

weise mißbraucht, um Kritik an der ‚Kritik an der Kirche' üben zu können. Der SPIEGEL erkennt, daß diese ‚unbewältigte Öffentlichkeit' der Katholischen Kirche kein ‚medialer Zufall' ist, sondern Ausfluß einer entsprechenden Binnen-Kommunikation aufgrund einer ebenfalls entsprechenden Ekklesiologie. Zu kritisierende Beispiele sind für das Magazin die Publizistik-Methoden des ‚L'Osservatore Romano', das ‚Aus für ‚Publik'', bei den Nuntiaturen und bei dem Verfahren vor der Glaubenskongregation die Geheimniskrämerei. Hier sind die Standards moderner gesellschaftlicher Öffentlichkeit, die für (alle !) die gelten, die am öffentlichen Kommunikationsprozeß beteilt sind und sich beteiligen wollen, für den SPIEGEL in Bezug auf die Katholische Kirche nicht mehr als die Formulierung eines einzulösenden Postulates.

3.6 Religions- und kirchensoziologische Studien und Satire als inhaltlicher und formaler Schwerpunkt der Kirchen-Berichterstattung im SPIEGEL von heute

Vorbemerkung

Die quantitative Inhaltsanalyse der SPIEGEL-Titel hat nicht nur einen deutlichen Rückgang der Kirchen-Stories erwiesen; sie hat zugleich eine Verlagerung weg von theologischen bzw. ‚wissenschaftlichen' Berichten hin zu kirchlichen (personenbezogenen) Stories dokumentiert. Der Versuch, durch ‚Wissenschafts-Serien' nicht nur die Leser und die ‚lesenden Gläubigen' über den theologischen Stand der Forschung aufzuklären, sondern *so* auch die historischen und dogmatisch so sicher geglaubten Grundlagen der Kirche anzugreifen, wird vom SPIEGEL Ende der 60er Jahre eingestellt. In einer großen kirchensoziologischen Untersuchung („Was glauben die Deutschen?", 52/1967/38-58) hat das Magazin eine große Unkenntnis religiöser und kirchlicher Grundaussagen selbst bei den Gläubigen der Kirchen festgestellt, sogar regelrechtes Desinteresse konstatiert. Die Wissenschafts-Berichterstattung des SPIEGEL wird daraufhin weitgehend eingestellt.
Die religions- und kirchensoziologischen Studien – vom SPIEGEL entweder publizistisch aufgegriffen oder von ihm in Auftrag gegeben – bilden nun die neue sachbezogene Ebene, die Grundlagen der Kirchen anzugreifen und auf ihre ‚schwachen Bataillone' immer wieder zu verweisen. Die große Kluft zwischen formulierter, geforderter Doktrin und gelebter (Glaubens-) Überzeugung wird in der Folgezeit zum beherrschenden Gegenstand in der Berichterstattung. Die veränderten Bedingungen von Religion und Kirche in der modernen Gesellschaft – in Kapitel I dieser Arbeit aufgezeigt – werden vom Magazin vor allem kirchensoziologisch, d.h. statistisch aufgegriffen und hinterfragt. Die Abweichung von der Orthodoxie sind in den Fragen der konkreten Lebensführung, v.a. bei sexualmoralischen Themen, am größten. Daraus folgert die große Prävalenz dieser Themen in den SPIEGEL-Berichten, speziell über die Situation in der Katholischen Kirche in Deutschland.
Hinter der fehlenden Übereinstimmung von Glaubens-Doktrin und den konkreten Lebensvollzügen steckt für den SPIEGEL das

DER SPIEGEL
18. DEZEMBER 1967 · NR. 52
21. JAHRGANG · 1,50 DM
ERSCHEINT WÖCHENTLICH
IN HAMBURG · C 6380 C
Was glauben die Deutschen?

DER SPIEGEL
C 7007 C
Nr. 25 / 46. Jahrgang
15. Juni 1992
4,50 DM
Abschied von Gott
SPIEGEL-Umfrage: Was glauben die Deutschen?
Krieg auf dem Balkan
Todesfalle Sarajevo

Bild einer Kirche, die gesellschaftlich auf einem absteigenden Ast sitzt. Dem Leser wird dabei eine Katholische Kirche nahegebracht, die sich in zentralen Punkten nicht mehr auf ihre Anhänger berufen kann und nur noch wahlweise, auswahl-christlich angefragt wird; das endgültige Ende der Kirche werde so nur hinausgezögert.
Dieser Sach-Ebene der SPIEGEL-Analysen entspricht auf der formalen Ebene eine zunehmende Häme und Polemik in den Kirchenberichten. Über Kirche und kirchliche Entwicklungen – das zeigt sich besonders deutlich bei Stories über Papst Johannes Paul II. – kann im SPIEGEL offenkundig nur noch satirisch berichtet werden. An einer redlichen, argumentativ geführten Problemanalyse ist der SPIEGEL der 80er und der beginnenden 90er Jahre nicht (mehr) interessiert. Das generelle publizistische Desinteresse an der Kirche und der Religion – an den fehlenden (!) Titeln erkennbar – erfährt in einer Berichterstattung, die die Kirchen der Lächerlichkeit preisgibt und zum beliebten Objekt des Spottes werden läßt, eine konsequente Fortsetzung.
Am Ende dieser Entwicklung dürfte dann die weitgehende publizistische Ignorierung kirchlicher und religiöser Vorgänge stehen – ausgenommen der Nachrufe.

3.6.1 Religions- und kirchensoziologische Studien im SPIEGEL als inhaltlicher Schwerpunkt der Kirchen-Berichterstattung

Religions- und kirchensoziologische Studien waren für den SPIEGEL schon früh gerne aufgegriffene Themen. Auch vor 1967 – damals ging der SPIEGEL mit seiner ersten eigenen Studie neue Wege – wurden religionssoziologische und kirchenstatistische Veröffentlichungen (meist Bücher) besprochen, um den Lesern über die ‚Auflösungserscheinungen' der Kirchen aufzuklären. Arbeiten zum mangelnden Priester- und Ordensnachwuchs, zur Unkenntnis der Lehre der Kirche und vor allem zum Dissens in der Sexualmoral (Zölibat, Voreheliche Geschlechtsverkehr, Empfängnisverhütung) werden vom Magazin immer wieder aufgegriffen.

- „Pfarrer-Kritik, Hört die Signale" (8/1961/86-87); „Priestermangel, Guter Unterhalter" (25/1961/48-50); „Seelsorge,

Blutende Wunden" (19/1962/40-41); „Kirchentag mit Peter Frankenfeld?" (30/1963/24-25); „Jugend, Zweifel an Wachteln" (33/1963/60); „Das Ja und das Nein des DDR-Christen" (35/1963/22-26); „Empfängnisverhütung, Liebe nach Kalender" (27/1966/34); „Kirchentag, Nun stürmisch" (30/1966/26); „Sexualität, Freude im Haus" (35/1966/54-56); „Arbeiter, Nichts aus nichts" (17/1967/-102-104); „Zölibat, Wie Petrus" (46/1967/111-113).

Nach der Veröffentlichung der Enzyklika ‚Humanae Vitae' 1968 hat sich die Diskussion, als der Dissens überdeutlich wurde, und die publizistische Reaktion darauf naturgemäß verstärkt und ihren breiten Niederschlag gefunden.

- „Mancher wird die Kirche jetzt verlassen" (15/1968/52-54); „Katholikentag, Beugen und zeugen" (37/1968/74-75); „Umfrage, Saubere Meinung" (18/1970/42); „Kirche, Wozu eigentlich?" (28/1972/112-113).

SPIEGEL-Redakteur W. Harenberg begab sich 1967 nicht nur für den SPIEGEL auf Neuland, als er in einer Untersuchung – von EMNID durchgeführt – den Glauben der Deutschen erforschen ließ und die Ergebnisse breit darlegte („Was glauben die Deutschen?", 52/1967/38-58). In der Vorankündigung auf den SPIEGEL-Titel heißt es voller Stolz:

> „Es ist beileibe nicht die erste Umfrage des SPIEGEL, wird nicht die letzte sein, aber es ist offenkundig das erstemal, daß mit den Mitteln und Möglichkeiten moderner Marktanalyse für die Öffentlichkeit untersucht worden ist, welche Konfessionen, welche bewußten oder unbewußten Glaubensreste, aber auch welche Vorurteile des Aberglaubens das Verhalten der Deutschen in der Bundesrepublik bestimmen oder beeinflussen." (52/1967/3-Hausmitteilung).

Die Frage ‚Was glauben die Deutschen?' (und nicht etwa: ‚Was glauben die Christen in Deutschland?') schien dem SPIEGEL methodisch aus folgendem Grund berechtigt zu sein: „97 Prozent der Deutschen sind getauft, 94 Prozent werden konfirmiert oder empfingen die Erstkommunion, und ebenfalls 94 Prozent gehören einer der beiden Kirchen an." (ebenda, 38).

„Die Kirchen sind in eine Krise des Glaubens geraten" (ebenda, 39) – dieser Ansatz zeigt sich in allen Tabellen und Umfrageergebnissen dieses SPIEGEL-Titels, zu dem 2000 ‚repräsentative' Bundesbürger befragt wurden. Wichtig war dabei dem Magazin nicht so sehr, wieviele an Gott glauben oder nicht, sondern: Wie unterscheiden sich die Antworten der Christen inhaltlich von den doktrinalen Forderungen. Die „meisten Christen sind wohl ... toleranter, als es kirchlicher Überlieferung und Lehre entspricht" (ebenda, 46) – eine Feststellung, die an einigen Beispielen konkret wird.

> „Der Gott der Christen ist nach der Lehre beider Kirchen der Herr über Leben und Tod, der den Menschen das ewige Leben verheißt. Für rund 19 Millionen Deutsche aber verträgt sich der Glaube an Gott mit der Überzeugung, daß es kein Leben nach dem Tod gibt." (ebenda, 48-49).

Dieselbe Diskrepanz entdeckt das Magazin, wenn es um die Frage des Fegefeuers, der Hölle, der Auferstehung, der ‚Gottes-Sohnschaft Jesu' oder der Jungfrauengeburt geht, auch wenn die Zahlen bei Katholiken (verglichen mit den evangelischen Christen) und bei den Kirchgängern (verglichen mit den Nicht-Kirchgängern) durchweg ‚positiver' sind.

Nicht nur die mehr oder weniger explizite Ablehnung konkreter Glaubensartikel wurde festgestellt.

> „Ein anderes Mariendogma [neben dem der Jungfrauen-Geburt] können weitaus die meisten Katholiken weder glauben noch verneinen, weil sie es gar nicht kennen; das Dogma von der Unbefleckten Empfängnis." (ebenda, 53).

Dieses Dogma ist – so wird in einem typischen SPIEGEL-Wortspiel festgestellt – „Katholiken wie Nichtkatholiken ... ein römisches Dorf geblieben" (ebenda, 54).

Der Dissens ist bei der Frage der Empfängnisverhütung am größten. Die vom SPIEGEL für beide Konfessionen ermittelten Zahlen lauten 1967 so:

Schaubild 4: Umfrageergebnis zur ‚Empfängnisverhütung' (vgl. ebenda, 49)

	geht die Kirche nichts an	soll die Kirche erlauben	verbieten	keine Angabe
Katholiken	36 %	45 %	17 %	2 %
Protestanten	57 %	34 %	7 %	2 %
Konfessionslose	85 %	15 %	0 %	0 %
Befragte insges.	49 %	38 %	12 %	1 %

Von Bedeutung sind nicht nur die nackten Prozentzahlen; wichtiger ist die Schlußfolgerung, die der SPIEGEL aus diesen Ergebnissen zieht und die – das ist ganz offenkundig – das eigentliche Motiv für die Beschäftigung mit diesem Komplex darstellt.

> „Unabhängig von ihren Kirchen bilden sich die meisten Christen ihr Urteil, wenn es um Moral und Politik geht. Die Bischöfe der einen wie der anderen Kirchen können sich selten darauf berufen, im Namen der Christen zu sprechen und zu handeln." (ebenda, 55).

Gerade auf den Feldern, in denen die Katholische Kirche öffentlich besonders klar Stellung bezog (Konfessions-Schule, Misch-Ehen-Recht) ist der Dissens mit den Überzeugungen der Gläubigen besonders groß. So stellt der SPIEGEL 1967 fest:

> „Der jahrzehntelange Kampf um die Konfessionsschule und die konfessionelle Trennung bis in die Klassen hinein hat der Schule nicht genützt, der Kirche nur geschadet. Denn die SPIEGEL-Umfrage beweist: Je stärker die Kirche politisch hervortritt, um so mehr verliert sie Anhang im Volk." (ebenda, 58).

Die Auflistung der Zahlen verbindet der SPIEGEL mit der direkten Aufforderung an die Kirchen, sich öffentlich und politisch zurückzuhalten. Auch hier – wie schon an anderer Stelle dieser Arbeit gezeigt – ist das Magazin mit dem Vorwurf, die Kirchen würden ihre Macht mißbrauchen, schnell zur Hand. Bezogen auf die (Nicht-)Zustimmung der Gläubigen zu Glaubensinhalten genießt die Katholische Kirche zu viel Macht – das ist für den SPIEGEL offenkundig.

> „Auf die Frage, welche Institutionen in der Bundesrepublik zuviel Einfluß haben, zählt fast jeder dritte die katholische Kirche dazu, aber nur jeder achte die evangelische.“ (ebenda).

Der Prozeß ist somit gegenläufig: Je stärker der Drang der Gläubigen zur privaten, auswahl-christlichen Entscheidung geht, desto befremdlicher erscheint eine Organisation, die diesem Trend mit einer Stärkung ihrer gesellschaftlichen, institutionellen Position meint begegnen zu müssen – was wiederum den anfänglichen Trend zu mehr ‚privater Häresie‘ des Einzelnen verstärkt.[157]

Auf die Frage des SPIEGEL, was denn die Deutschen glauben, steht am Schluß die generelle Antwort: Was immer sie glauben mögen (es ist auch immer weniger ‚orthodox‘), sie glauben es ohne Kirche, außerhalb der Kirche, und dies ohne Kümmernis, ohne Schuldgefühle oder übertriebene Ablehnung der Kirche. Das Resumee des SPIEGEL ist denn auch geprägt von ‚soziologischem Mitgefühl‘:

> „Sie sind nicht gegen, aber auch nicht für die Kirche. Sie wollen sie nicht abschaffen, aber halten sie für überflüssig. Nur zu Familienfesten soll sie noch dabeisein – wie eine gute, alte Tante. Sie sind nicht gegen, aber auch nicht für Gott. Sie kommen ohne ihn aus, er ist für sie gestorben. Manche haben es kaum gemerkt, jedenfalls trauern sie ihm nicht nach. Sie glauben, was und wie es ihnen gefällt. Was die anderen glauben, ist ihnen so gleichgültig, daß sie es nicht einmal mehr wissen wollen.“ (ebenda).

Weitere dreimal hat der SPIEGEL ein Demoskopie-Institut beauftragt, die Haltung der Christen zu bestimmten Fragen zu erkunden – mit demselben Frageinteresse wie schon 1967.

Einen direkten Vergleich läßt dabei die Umfrage 1979 zu, als die 1967-er SPIEGEL-Untersuchung wiederholt wurde. Ein „starker Glaubensschwund“ („Umfrage, Nur noch jeder dritte ein Christ“, 52/1979/70-78, 70) wurde konstatiert; die Zahlen liegen denn auch kirchen-statistisch durchweg ‚niedriger‘.[158]

Stärker als noch 1967 setzt sich der SPIEGEL dabei mit der Behauptung auseinander, daß die Nachfrage nach kirchlicher Begleitung in Lebenskrisen (Passage-Riten) nach wie vor ungebrochen sei, der Kirchenaustritt nur selten vollzogen werde. Das Magazin stellt fest:

> „Die meisten Deutschen haben die Kirche und deren Glaubenswahrheiten aus ihrem Leben verabschiedet. Steuerbescheide und Taufscheine sind keine Gegenbelege, überfüllte Christmetten und Hochzeiten bringen keine verlorenen Söhne zurück. Sie locken wie Oper und Museum zu Ausflügen in eine fremde schöne Welt, und schön sind all diese Welten nur, weil sie fremd sind. Es ist ein Abschied von den Kirchen ohne Schmerz und Zorn. Nicht Empörung, sondern Gleichgültigkeit hat die Kirche um ihre Gefolgschaft gebracht. Wie sie von den meisten nie geliebt wurden, so werden sie nun von den meisten nicht gehaßt." (ebenda, 76).

In den beiden anderen Untersuchungen werden zum einen ähnliche Ergebnisse konstatiert; zum anderen wird aber vom SPIEGEL verstärkt das Augenmerk auf den Aspekt des ‚Machtmißbrauches' vor allem der Katholischen Kirche gelegt. Anläßlich des Wahl-Hirtenbriefes 1980 hat der SPIEGEL eine Umfrage gestartet und als Ergebnis bündig festgestellt:

> „Die katholischen Bischöfe der Bundesrepublik wollen der CDU/CSU bei der Wahl am 5. Oktober zu einer Mehrheit verhelfen, aber sie haben bei dieser Aktion nur eine Minderheit der Katholiken auf ihrer Seite." („Die Herde denkt anders", 29/1980/24-25, 24).

Ob somit eine wirklich-wirksame Wahlhilfe überhaupt stattfindet, ist zweifelhaft, aber nicht das eigentliche Problem. Daß die deutschen Bischöfe – in den Augen des SPIEGEL – noch immer glauben, dies tun zu können, glauben, die Macht dazu zu haben durch vorherige Zustimmung (Legitimation) durch die Gläubigen, das ist der entscheidende Punkt, den das Magazin moniert.

Die letzte SPIEGEL-Umfrage, in zwei Folgen im Magazin veröffentlicht („Zuviel für zu wenige", 46/1980/71-76); „Altötting – so fern wie Tschenstochau", 47/1980/67-78), stellt dann diesen (Macht-)Aspekt ganz in den Vordergrund. Aktueller Anlaß ist der Papstbesuch in Deutschland. Erneut wird festgestellt, daß in „Glaubens- wie vor allem in Moralfragen ... der Papst durchweg nur für eine Minderheit der Katholiken sprechen kann" („Zuviel für zu wenige", 46/1980/71). Die Frage nach der Macht der Kirchen zeigt sich neben der Praxis des Kirchen-Steuer-Einzuges für die meisten Deutschen in der massenmedialen Beachtung des Papstes und seines Besuches.

> „Wie einer Zwei-Drittel-Mehrheit der Papstbesuch zu teuer ist, so kommt gleich vielen Bundesbürgern der Reisende aus Rom vom 15. bis 19. November zu oft auf den Bildschirm. 62 von 100 Bundesbürgern meinen, das Fernsehen solle „nur in der Tagesschau und außerhalb der Hauptsendezeit" über den Papstbesuch berichten. ... Aber 27 Stunden lang wollen ARD und ZDF den Papst auf dem Bildschirm zeigen, meist live." (ebenda, 74; vgl. auch: „Medien-Papst, Kanal voll Weihrauch", 46/1980/138).

Dieselbe Kritik äußert der SPIEGEL 1987 anläßlich des zweiten Besuches von Papst Johannes Paul II. in Deutschland. Der Papst werde – so voller Grimm das Magazin – „auf Schritt und Tritt von Fernsehkameras begleitet. Das Drehbuch zu diesem Ereignis schrieb den öffentlich-rechtlichen Anstalten die katholische Kirche. Zusammen und paritätisch mit der evangelischen Konkurrenz hat sie das Fernsehen fest im Griff." („Einflugschneisen für Gottes Wort", 18/1987/230-236, 230).

Angesichts der kirchen-soziologischen Zahlen, die vom Magazin immer wieder vorgeführt werden und die den Papst als Mann ohne Divisionen beschreiben, kritisiert der SPIEGEL, daß „beide Programme ... fast 25 Stunden live die Papst-Weihespiele (senden)" (ebenda) – eine Kritik, die auf die anderen ‚frommen Serien' ausgedehnt wird. „Klerikalisierung des Programms", „Kniefall der Sender angesichts der päpstlichen Divisionen" (ebenda), „Einflugschneisen für den heiligen Geist" (ebenda, 233) – so lauten die kritischen Diktionen des SPIEGEL. Diese „Brüskierung der Anders- und Ungläubigen" (ebenda, 236) sind für das Magazin ein klarer Beweis dafür, daß die Katholische Kirche jede Gelegenheit nutzt, die institutionellen Möglichkeiten zur eitlen Selbstdarstellung bis zum Überdruß auszunutzen.

Zu Recht kritisiert der SPIEGEL das Doppelspiel der Kirchen in den Rundfunkanstalten, denn sie „vertreten sowohl als gesellschaftlich relevante Gruppen mittelbar ihre Interessen in den Rundfunkräten als auch unmittelbar durch ihren besonderen Status innerhalb der Redaktionen der Sender" (ebenda, 233). Vor allem letztgenanntes Privileg erscheint dem Magazin mehr und mehr als Restposten eines anachronistischen Vorrechtes, das sich kirchensoziologisch nicht mehr rechtfertigen läßt.

Diese vom SPIEGEL selbst initiierten Studien und Umfragen werden begleitet von einer Unmenge weiterer Stories mit kirchensoziologischem Inhalt. Auf allen nur erdenklichen Gebieten (Sexualmoral, Ordensnachwuchs, Religionsunterricht, Kirchenaustritte, Kirchensteuer, Sakramentenpraxis) wird, mit Zahlen untermauert, der Versuch gestartet, die Katholische Kirche endgültig als Institution ohne Unterbau, als Organisation ohne überzeugte Mitgliederschaft darzustellen.

- „Zölibat, Späte Liebe" (43/1968/94); „Ordensfrauen, Mit der Mode" (40/1968/44-46); „Religionsunterricht, Hänsel und Gretel" (16/1970/230-232); „Umfrage, Saubere Meinung" (18/1970/52); „Austritte, Net damisch" (36/1970/63-65); „Kirche, Wozu eigentlich" (28/1972/112-113); „Beichte, Nur ins Ohr" (32/1972/50); „Religionsunterricht, Verlorene Zeit" (41/1972/84-89); „Beichte, Warten auf Sünder" (8/1974/54-57); „Kirche, Adventszeit – Austrittszeit" (51/1975/40-50); „Wenn Gott uns aushungern will..., SPIEGEL-Report über den Niedergang der Katholischen Orden in der Bundesrepublik" (16/1979/100-121); „Spanien, Heilsame Lehre" (41/1980/195-198); „Kirche, Hänschen, piep" (46/-1981/110-113); „Katholiken, Vierter Anlauf" (35/1982/81-82); „Ich tue mich schwer, meinen Papst zu lieben" (31/1984/98-107); „Zölibat, Möbelstück dazwischen" (36/1985/77-83); „Für Küsse kommst du in die Hölle" (33/1988/124-129); „Lehrer, Locker im Jetzt" (44/1989/44-46); „Katholiken, Letztes Aufgebot" (45/1990/113-115).

Auch die sogenannte *‚Kölner Erklärung'* vom Januar 1989 sowie die ähnlich strukturierten Erklärungen der Professorinnen und Professoren in außer-deutschsprachigen Ländern erscheinen im SPIEGEL *nur* unter diesem Gesichtspunkt: Auch die Lehrer der Theologie wenden sich in Massen vom offiziellen Kirchenkurs ab.

- „Vatikan, Fahne des Vaters" (5/1989/148-152); „Vatikan, Risse im Gefüge" (24/1989/178-180); „Der Papst und die Lust" (52/1990/122-134-Titel).

Immer mehr Christinnen und Christen denken und glauben im Widerspruch zur offiziellen Linie ihrer (jeweiligen) Kirche. Daß

der Dissens in der Katholischen Kirche bei den Aussagen zur Sexualmoral am größten ist, wird vom SPIEGEL deutlich herausgestellt.
1980 lauteten die Zahlen in bezug auf die ‚Klassiker' so:
Von 100 Katholiken denken zu folgenden Sachthemen *etwas anderes* als die Kirche und ihre Leitung:

Schaubild 5: Dissens unter Katholiken (vgl. „Altötting – so fern wie Tschenstochau",47/1980/71).

Empfängnisverhütung	81 %
Abtreibung	73 %
Zölibat	72 %
Priesterweihe der Frau	57 %

Dies sind exakt die Themen, die Papst Johannes Paul II. in starkem Maße anspricht und bei denen er auf der Einhaltung der gegenteiligen Position besteht.
In eigentümlicher Weise findet im Magazin eine deutliche Hervorhebung der Abtreibungs-Problematik statt, und dies im Rahmen der Kirchen-Berichterstattung. Das mag sicher auch Aktualitätsgründe (Gesetzes-Novellierung) haben; entscheidender dürfte die Tatsache sein, daß die Diskussion pro oder kontra ‚Empfängnisverhütung' vom SPIEGEL als obsolet betrachtet wird (und nur unter dem Aspekt der ‚Bevölkerungsexplosion' beleuchtet wird) und der Zölibat sowie die Priesterweihe der Frau dazuhin die meisten weder intellektuell noch existenziell betreffen.
Die Abtreibungsfrage – eingeschränkt auch die Frage der Empfängnisverhütung – wird im SPIEGEL zum Schwerpunkt einer kritischen, mitunter auch aggressiv-bösartigen Kirchen-Berichterstattung. Das Magazin erkennt, daß in diesem Punkt die gesellschaftliche Diskrepanz zwischen kirchlicher Lehre und ‚modernem Lebensgefühl'[159] am größten ist; es wird daher nicht müde, immer wieder auch die Ablehnung des kirchlichen Standpunktes durch die Katholiken selbst herauszustellen.[160] Dieser – auch sprachlichen – Massivität des SPIEGEL im Kampf gegen die Sexualmoral der Katholischen Kirche verdankt das Magazin sein heute weitverbreitetes Anti-Kirchen-Image.[161]

In der Frage der *Empfängnisverhütung* wird vom SPIEGEL nicht die moralische bzw. ethische Dimension angesprochen – im Gegensatz zur expliziten Argumentation der Katholischen Kirche. Es kommt dem Magazin einzig auf die Folgen eines Verbotes von künstlichen Methoden der Geburtenkontrolle an.
Der SPIEGEL fragt, ob angesichts der Bevölkerungsexplosion die Lehre der Katholischen Kirche noch akzeptabel sei. Redakteur R. Lamprecht stellt fest:

> „Festzuhalten bleibt, daß die römische Kirche zum Schutz des ungeborenen Lebens ihre gesamte Macht und Autorität einsetzt. Die Kirche muß sich die Frage gefallen lassen, ob ihre Fürsorge nur bis zur Geburt reicht." („Der Papst als Kanzeltäter", 38/1985/151).

Der Redakteur stellt direkt die Frage nach der persönlichen Verantwortlichkeit von Papst Johannes Paul II.

> „Pflicht des Garanten Johannes Paul II. wäre, „das Erforderliche" zu tun, damit Kinder nicht nur geboren werden, um elend zu sterben. Doch er unterläßt nicht nur das „ihm Zumutbare" – er tut das Gegenteil. Indem er jede vernünftige Art von Geburtenkontrolle geißelt, trägt er dazu bei, daß sich die Zahl der todgeweihten Kinder weiter vergrößert. So wird er – nolens, volens – zum Kanzeltäter." (ebenda).

Was bislang nur angedeutet wurde, spricht R. Lamprecht dann auch aus:

> „Die Schizophrenie – eine heile katholische Welt ohne Pille zur predigen und dann vor dem Ergebnis eines millionenfachen Todes die Augen zu verschließen – kann kein humaner Mensch akzeptieren. Gott wohl auch nicht. ... Wenn der Papst in einer Welt, die den Hungertod nicht bannen kann, seine Sexualtheorie rigoros vertritt, nimmt er den voraussehbaren Tod von 15 Millionen Kindern im Jahr um eines höheren Prinzips willen in Kauf. So muß er für sich wohl auf einen gnädigen Gott hoffen." (ebenda).
>
> Ähnliche Gedanken äußert SPIEGEL-Reporter O. Ihlau ein Jahr später anläßlich des Besuches von Johannes Paul II. in Kalkutta („Heute Liebe, morgen Gerechtigkeit", 5/1986/137-138).[162]

In der *Abtreibungs-Debatte* hat das Magazin früh klar Stellung bezogen – auch gegenüber der Position der Katholischen Kirche. Seine Position legt der SPIEGEL in einer umfangreichen Titel-Geschichte dar („Abtreibung: Ende der Angst?", 21/1979/38-58). Die entscheidenden Aspekte für den SPIEGEL stellen dabei die Frage nach der Beurteilung dessen, was Schwangerschaft eigentlich ist und die Auseinandersetzung mit dem Vorwurf, ein Abbruch sei Mord, dar. Das gilt auch für den Titel, mit dem das Magazin in die Diskussion ob der Neuformulierung des § 218, der wegen des Beitritts der DDR zur Bundesrepublik notwendig wurde, eintritt („Reizthema Abtreibung, Paragraph 218 spaltet die Koalition", 20/1991/18-27).

Vor allem *R. Augstein* hat sich bei diesem Problempunkt mit zahlreichen Beiträgen und mit massiver Aggressivität zu Wort gemeldet. Die ethische Beurteilung des Schwangerschafts-Abbruches kann der SPIEGEL-Herausgeber sehr knapp abhandeln.

> „Gesundheit, in der Definition der Weltgesundheitsbehörde, ist nicht einfach Abwesenheit von Krankheit, sondern das „Gefühl von Wohlbefinden". Gibt Schwangerschaft einer Frau nicht dieses Gefühl von Wohlbefinden, dann ist sie krank, und allein sie und ihr Arzt haben darüber zu entscheiden, was zu tun sei, jedenfalls in den ersten drei Monaten." („R. Augstein, Krank durch ein Kind?", 15/1973/28-29).

Der Vorwurf, Abtreibung sei Mord, hat R. Augstein immer wieder beschäftigt und zu massiven Kommentaren herausgefordert.[163]

- „R. Augstein, Unseres Herrgotts Kanzlei" (6/1975/22-23); „R. Augstein, Die Abtreibung, ein Stellvertreter-Krieg" (51/1987/30); „R. Augstein, Sind wir alle Mörder" (9/1989/18); „R. Augstein, Die Memminger Schande" (21/1989/21); „R. Augstein, Der § 218 muß weg!" (31/1990/24); „R. Augstein, Wie man Wähler verliert" (35/1990/24); „R. Augstein, Der Heilige Geist im Strafrecht" (52/1990/134-137); „R. Augstein, Kulturkampf, anders" (20/1991/21); „R.Augstein, Wann Leben beginnt" (30/1991/21).

R. Augstein glaubt, durch den Verweis auf die ‚blutige Geschichte' der Katholischen Kirche deren moralische Kompetenz diskreditieren zu können.

„Die christliche Kirche, man vergißt es immer wieder, hat durch all die Jahrhunderte wenig Respekt vor dem bereits geborenen Leben gezeigt. Sie hat selbst in einer Weise gemordet und morden lassen, die den Verbrechen des 20. Jahrhunderts immerhin nahe kommt." („R. Augstein, Die Abtreibung, ein Stellvertreter-Krieg", 51/1987/30).[164]

Mit dem zusätzlichen Aspekt des ‚Machtmißbrauches' durch die katholische Kirche versehen, wiederholt R. Augstein – noch massiver im Ton – diesen Gedanken.

„Nicht strittig auf der ganzen Welt ist, daß es nicht zuwenig, sondern zuviel Menschen gibt. Die römische Kirche aber schert das wenig. Ihr geht es nicht um die Verbesserung unhaltbarer Zustände, sondern um ihre Disziplinargewalt. ... Auch die Bundesrepublik kann sich nicht über zuwenig Menschen beklagen. Wohl aber hätte man Grund zur Klage über die Hetze, man kann es nicht anders nennen, der katholischen Bischöfe. Sie haben es sich angewöhnt, von Mord zu sprechen, und wo Mord ist, da sind ja wohl auch Mörder am Werk. Polemisch könnte man sagen, daß die römische Kirche mehr geborene Menschen auf dem Gewissen hat, als ungeborene Föten je abgetrieben worden sind." („R. Augstein, Sind wir alle Mörder?", 9/1989/18).

In den Jahren 1990 und 1991 steigert der SPIEGEL-Herausgeber seine Anklagen – unter Wiederholung des Machtmißbrauch-Vorwurfes – gegenüber der Katholischen Kirche auf den (vorläufigen) Höhepunkt.

„Wo es um den Schutz des Lebens überhaupt, nicht nur den des ungeborenen Lebens geht, kann die Kirche keinerlei Autorität für sich beanspruchen. Zu viele Morde haben ihre unfehlbaren Päpste auf dem – ja, man kann es nicht einmal Gewissen nennen." („R. Augstein, Der § 218 muß weg!", 31/1990/24).

Und wenige Monate später:

„Die Kirche mag die Auferstehung Jesu Christi feiern, und niemand wird sie dafür schmähen. Nur, ich wiederhole mich[165], für den Schutz des geborenen Lebens war sie nie eine gute Adresse. Wir wollen nicht noch einmal alle in Jahrhunderten von der Kirche begangenen oder angestifteten

Mordtaten aufzählen. Um die Bewahrung des Lebens ging es ihr dabei am wenigsten, vielmehr um ihre Macht und Herrlichkeit. Die Schlüssel des Himmels wurden ihrem Apostel Petrus nicht übergeben, sie hat sie sich lange nach seinem Tod geschmiedet." („R. Augstein, Kulturkampf, anders", 20/1991/21).

Zusammenfassung

1. Die religions- und kirchensoziologischen Studien im SPIEGEL haben die ‚wissenschaftliche' und ‚theologische' Berichterstattung im Magazin abgelöst. Schon früh vorhanden erfahren dieses Studien Ende der 60-er Jahre eine deutliche Aufwertung. Der SPIEGEL hat durch eigene Umfragen diesen Trend ausgelöst und unterstützt.
2. Der früher geäußerte Vorwurf gegen die Kirchen, ihre Grundlagen seien historisch und biblisch höchst unsicher, weicht folgerichtig dem nun artikulierten Vorwurf, den Kirchen liefen die Gläubigen auch dann davon, wenn der ausdrückliche Kirchenaustritt unterbleibt. Diese Grundlagen der Kirchen werden vom SPIEGEL weiter als höchst brüchig formuliert. Der Vorwurf des Machtmißbrauches bleibt.
3. Der Trend zur ‚Privatisierung' des Glaubens wird vom SPIEGEL dokumentiert. Durch die Reduzierung auf existenzielle Fragen (Sexualmoral) in der Berichterstattung des Magazins wird diese Entwicklung zur Privatisierung und zur ‚privaten Häresie' publizistisch nachvollzogen und verstärkt.
4. Die Abtreibungsfrage erscheint dem SPIEGEL als der (!) entscheidende Kritikpunkt an der Haltung der Katholischen Kirche. Der Spott, die Häme der Kritik, erreichen ihren Höhepunkt. Das heutige schlechte Image des SPIEGEL in Sachen ‚Kirchen-Berichterstattung' hat hier – neben der noch aufzuzeigenden grundsätzlich gegebenen Ironisierung der Kirchen-Stories in den 80-er Jahren – seine Grundlage und auch seine sachliche Berechtigung.

3.6.2 Satire und Ironie als formale Schwerpunkte der Kirchen-Berichterstattung im SPIEGEL von heute

Vorbemerkung

Das sogenannte ‚*SPIEGEL-Kabarett*‘[166] ist für das Magazin weder neu noch auf die kirchliche Berichterstattung zu begrenzen. Die ironische Abhandlung kirchlicher Themen und Vorgänge war im SPIEGEL immer vertreten und stellt nur in seiner Häufigkeit und Massivität in den 80er Jahren ein Novum dar. Daß die Katholische Kirche für das Magazin kein ernstzunehmender Gesprächspartner (mehr) ist, hat sich schon Anfang der 70er Jahre gezeigt. Dieses Bild von einer ‚Kirche am Ende‘ wurde und wird kirchensoziologisch untermauert. Auf der formalen Ebene wird dieses Kirchenbild durch eine grundsätzlich satirische, kabarettistische, mitunter auch hämische Berichterstattung vervollständigt. Der SPIEGEL kann sich der Katholischen Kirche fast nur noch ironisch nähern. Das zeigt sich nicht nur, aber vor allem bei der publizistischen Behandlung von Papst Johannes Paul II.[167]

3.6.2.1. Satire und Ironie im SPIEGEL der Jahre 1947 bis 1977

In den ersten drei Jahrzehnten nimmt die satirische Kirchen-Berichterstattung im SPIEGEL nur eine marginale Rolle ein. Vor allem der Gesichtspunkt der ‚Unterhaltung‘, der „Ablenkung des Lesers“[168] stand dabei im Vordergrund.

So wird eine sachliche Information der Leser vorgetäuscht, wenn der SPIEGEL beispielsweise über eine innerkirchliche Reform so berichtet:

„Die rund eine Million Nonnen aller 800 katholischer Orden der Welt werden jetzt berechtigt sein

- ein Fahrrad zu besteigen,
- einen Arzt ohne Zeugen zu konsultieren,
- mit einem Gärtner zu sprechen, ohne daß ein Dritter dabei zu sein braucht,
- an Stelle der in manchen Orden allein zugelassenen „mündlichen“ Einnahme von Medikamenten intramuskuläre Injektionen an sich vornehmen zu lassen,

- pro Woche mehr als dreimal das Hemd zu wechseln (bei manchen Kongregationen beinhaltete das Armutsgelübde auch ein Limit für den Wäschewechsel)." („Nonnen, praktisch und gottesfürchtig", 45/1952/23).

Nur selten sind ganze Artikel oder Titel-Geschichten von einer grundsätzlichen Ironie durchsetzt. Der SPIEGEL beschränkt sich zumeist darauf, mit lustigen Wort-Mischungen und Wort-Spielen seine Leserschaft zu unterhalten. Wenn Jesus tatsächlich Geschwister hatte – so der SPIEGEL -, dann ist Maria *„durchaus nicht nur Titulargattin des Joseph gewesen"* („Fernseh-Spiel, Hatte Jesus Brüder?", 24/1955/42-43). Das von Pius XII. erlaubte Verfahren einer künstlichen Befruchtung ist natürlich *„das Pius-Verfahren"* („Künstliche Befruchtung, Der dritte Mann", 13/1970/206-210, 209), und die Entmythologisierer sind selbstverständlich *„himmlische Revierreiniger"*, zumal sie den Himmel *„gründlich entrümpeln"* („Dogmatik, Versöhnung mit Aphrodite", 29/1960/56-59, 56).
Auch die bei Gesprächen dieser Jahre gewählte Anrede des Gesprächspartners steckt voller Ironie. Professor M. Schmaus nennt der SPIEGEL zu Beginn seiner Fragen *„Euer Gnaden"* („Katholischer Dogmatiker Schmaus, Jeder Vierte freit die falsche Braut", 10/1962/54-59, 56), und der Patriarch von Konstantinopel Athenagoras I. wird gar mit *„Eure Allheiligkeit"* („Ein schöner Frühlingsmorgen kommt", 20/1967/132-137, 132) angesprochen.
Dieser ‚Ironie im Einzelfall' steht eine grundsätzlich ironische Berichterstattung gegenüber, wann immer der SPIEGEL sich mit kirchlichen Großveranstaltungen beschäftigt. Die Veranstaltungen kirchlich-institutioneller Selbstdarstellung werden mit Häme, Ironie und Satire abgehandelt. Als Zielscheiben dafür fungieren vor allem Wall- und Pilgerfahrten, aber auch kirchliche Ausstellungen und sonstige Großveranstaltungen wie Papstbesuche oder Eucharistische Kongresse.
Die Passions-Festspiele von Oberammergau sind eines der beliebtesten Objekte.

- „Wir sind keine Heiligen, Leben denn die Leute auch so?" (45/1949/36-37); „Kleiner Stückl, Grosse Stückl, Kaiphas hat am meisten zu sagen" (20/1950/35-38-Titel); „Oberammergau, Die Stimmen der Kinder“ (29/1950/34-35); „Rechts, wo das Herz ist“ (20/1970/170-172).[169]

SPIEGEL-Redakteur M. Morlock faßt seinen Besuch der Oberammergauer Passions-Spiele so zusammen:

„Als nach fünfeinhalb Stunden das letzte lebende Bild Triumpf und Verherrlichung Christi demonstriert, erweist es sich, daß die Moderne in Gestalt des Werbefernsehens auch vor dem abgelegenen Ammertal nicht haltgemacht hat: Wie im Afri-Cola-Rausch recken sich die Hände; wie in Augenblicken, da einem durch Asbach Uralt Gutes widerfährt, leuchten Statistenaugen; wie ein Illustriertenanpreiser hält Moses sein steinernes Gesetzbuch aufgeschlagen – und über allem, auf einem Hügel, in strahlendes Weiß gehüllt, verkörpert Dr. jur. Fischer das reine Gewissen einer supranationalen Frau Saubermann: Mehr als Oberammergau kannst du für deine Seele nicht tun!“ („Rechts, wo das Herz ist“, 20/1970/171-171).

Die Kritik an institutioneller Selbst-Repräsentanz der Katholischen Kirche hat den SPIEGEL auch zur Ausstellung des ‚Heiligen Rocks‘ nach Trier geführt. Der Artikel darüber („Wallfahrten, Der gemanagte Rock“, 16/1959/29-33) bescherte dem Magazin nicht nur zahlreiche Leserbriefe und Reaktionen anderer Presseerzeugnisse, sondern Gerichts-Prozesse.[170]

Die historische Rückfrage nach der Echtheit des ‚Heiligen Rokkes‘ wird vom SPIEGEL nur angetippt. Seine Kritik gilt dem geschäftlichen Interesse der Diözese und den (unterstellten) Interessen des Bischofes.

„Dem Bischof Wehr verschafft die von ihm inszenierte Pilger-Parade, zu der diesmal drei bis vier Millionen Teilnehmer erwartet werden, zudem die Aussicht, daß der Nachwelt ein würdiges Bild von ihm erhalten bleibt: Bisher sind alle Trierer Schausteller-Bischöfe in den kirchlichen Chroniken als bedeutend geschildert worden.“ (ebenda, 29).

Ironische Wendungen wie *„inszenierte Pilger-Parade“*, *„Trierer Schausteller-Bischöfe“*, aber auch *„öffentliche Rockschau“* (ebenda, 29), *„Schau-Robe“*, *„Rock-Schaustellung“* (ebenda, 30) oder *„das große Spektakel der Verehrung Christi und seines*

Rockes zu Trier" (ebenda, 33) haben erkennbar die Aufgabe, die ganze Veranstaltung zu diskreditieren und vor den Augen der Leser lächerlich (Grund-Tenor etwa: ‚Sind denn die Katholiken Fetischisten?') zu machen.
Diese Tendenz – in diesem Artikel vor allem durch ironische Wort-Kompositionen erzeugt – wird wenige Wochen später verstärkt durch den Bericht eines SPIEGEL-Reporters, der die Ausstellung in Trier besucht hatte („Pilger Nr. 14653", 33/1959/ 32-34). Wenn B. Honolka sich dabei unter das Pilgervolk mischt, dann bekommt der gesamte Artikel einen ironisch-hämischen Duktus.

> „Der Dombezirk ist von einem zwei Meter hohen Planken-Drahtzaun eingesponnen. Eine Hürde, die kein noch so frommer Einzelpilger nehmen kann. Der Pilger ist in Trier als Einzelwesen nicht existent, er ist ein Glied des großen Wallfahrts-Perpetuum-mobile. Der Rockverehrer betritt den Dom nicht allein, der Apparat der Prozessionsregisseure hat von ihm Besitz genommen und weist ihm eine Rolle zu: Du trägst die Fahne, du das Kreuz, du marschierst linksaußen, du gehörst zur Fußkranken-Abteilung. Vor allem: Du wirst registriert. Der Beter ist eine Nummer im Wallfahrtsbericht." („Pilger Nr. 14653", 33/1959/33).[171]

SPIEGEL-Redakteur P. Brügge begleitete 1975 eine Altöttinger Pilgergruppe nach Rom, und sein Bericht fiel ganz ähnlich aus („Vielleicht ist die Welt doch noch zu retten", 14/1975/68-69).

> „Bei den Reisenden aus Altötting handelt es sich also um Pilger, oder das, was sich heute so nennt. Doch trugen sie, von einem Grüppchen teilnehmender Klosterfrauen einmal abgesehen, statt des Rosenkranzes die Kamera und statt des Kreuzes bloß ein Knopflochzeichen von derart unverfänglicher Neutralität, daß keiner sie von einem konfessionslosen Klub unterscheiden hätte können." (ebenda 68).

Es hat anfänglich den Anschein, als würde der Autor sich über die mangelnde Spiritualität der Pilger – eine gewiß doch einleuchtende Kritik – ernsthaft Gedanken machen. Doch so etwas liegt dem SPIEGEL nicht; sachgerecht will er sich solchen kirchlichen Großereignissen nicht nähern.

> „Mein Altöttinger Zimmergenosse erschreckte mich frühmorgens durch seine frommen Sprüche: „Sie haben", rief er, „heute noch nicht mit unserem Herrn gesprochen!" Während ich überlegte, wie sich das erklären ließe, kam er schon mit einer Flasche Chantré auf mein Bett zu. „So, jetzt sprechen's einmal mit unserem Herrn, das macht munter." Und er nötigte mich zu einem Schluck auf nüchternen Magen." (ebenda, 68).[172]

Zweimal hat sich der SPIEGEL mit dem Eucharistischen Weltkongreß beschäftigt: 1960 (in München) und 1968, als dieser in Bogota stattfand.

- „München, Eucharistie und Eurovision" (31/1960/33-36);
  „Der Papst in der Hölle" (35/1968/92-94).

Voller Ironie schreibt das Magazin darüber. Der Eucharistische Weltkongreß in München ist für den SPIEGEL eine *„religiöse Demonstration"* („München, Eucharistie und Eurovision", 31/1960/33), ein *„großer Pilgeraufmarsch"* (ebenda), *„ein Gläubigen-Aufmarsch ... katholischer Aktivisten"* (ebenda, 35), eine *„internationale Macht-Kundgebung"* (ebenda). Die Theresienwiese wird natürlich zur *„Anbetungsfläche"* erklärt, die *„375 000 Quadratmeter umfaßt"* (ebenda, 36).

Zusammenfassung

1. Die ironische und satirische Kirchen-Berichterstattung ist im SPIEGEL der ersten drei Jahrzehnte nicht dominant. Gegenüber den umfangreichen Titeln und Serien der 50er und 60er Jahre (Theologie und Kirche) besitzt sie quantitativ und qualitativ nur einen Ausnahme-Charakter.

2. Sachlich (thematisch) wird die ironische Kritik des SPIEGEL auf kirchlich-katholische Großveranstaltungen weitgehend reduziert. Pilgerreisen, Festspiele und der Eucharistische Weltkongreß werden vom Magazin mit sprachlichen Gags und mit Wortwitz karikiert und als unnötige Selbstrepräsentanz einer Institution kritisiert.

3.6.2.2 Satire und Ironie im SPIEGEL der Jahre 1978 bis heute

Die von Anfang an gegebene Absicht des SPIEGEL, seine Leser zu unterhalten und durch sprachliche ‚Mätzchen' zum Weiterlesen einer Story zu animieren, führt konsequent zu einer Personalisierung von Sachfragen, zu einer ‚human-interest-Ausrichtung'.[173] Die ‚personale Farbigkeit und Lebendigkeit' (F.-H. Robling), mit der das Magazin abstrakte und theoretische Sachverhalte erörtert, lenkt zum einen von den wesentlichen Ursachen der kritisierten Mißstände ab. Zum anderen werden die dargestellten Personen (extrem: Papst Johannes Paul II.) als individuelle Einzelkämpfer ohne soziale und gesellschaftspolitische Vorbedingungen dargestellt. Das Magazin wirkt daher, so stellt F.-H. Robling zu Recht fest, „trotz aller aufklärerischer Kritik zugleich ablenkend. Da der SPIEGEL aufgrund der Personenorientierung die wesentlichen Ursachen für die Mißstände verfehlt, haftet seiner Kritik etwas Zufälliges an."[174]
In den 80-er Jahren ist im SPIEGEL bezüglich seiner Kirchen-Berichterstattung nicht nur eine starke Personenorientierung (Papst Johannes Paul II.) festzustellen, sondern dazuhin eine grundsätzliche ironische und satirische Ausrichtung. Die Sicht des SPIEGEL der Katholischen Kirche als einer ‚Kirche am Ende' führt sprachlich zu einer zunehmenden Schnoddrigkeit, zu Spott und – allerdings auf sexualmoralische Themen (Abtreibung) beschränkt – Aggressivität. Eine echte, fundiert argumentierende Auseinandersetzung mit kirchlichen Ereignissen findet nun kaum mehr statt, und es stellt sich die Frage, „inwieweit z.B. Schnoddrigkeit und Zynismus im Ausdruck die fehlende inhaltliche Fundierung verdecken"[175]. Die vom SPIEGEL-Statut geforderte Perpektivenverengung, daß nämlich „erst das Handeln von Personen zur nachrichtenwürdigen Tatsache wird"[176], führt zu Pseudo-Konkretheit und reduziert Kritik auf eine grundsätzliche „potentielle Allgegenwart der Medisance"[177].
Verstärkt wird diese Tendenz durch die starke Zunahme von Namens-Artikeln im SPIEGEL zu kirchlichen Themen; indem ein SPIEGEL-Journalist die betreffenden Personen beobachtet und beispielsweise auf Reisen begleitet, wird ein starker personalisier-

ter Zugang gefördert. Diese Reportagen werden sozusagen zum Alibi einer redlichen, am Inhaltlichen orientierten Kirchen-Berichterstattung im Magazin.

Das „Dabeigewesensein“[178] eines SPIEGEL-Reporters erhält somit die Funktion, die Ereignisse und die handelnden Personen auf eben dieses ‚Dabeigewesensein‘, auf die unbestechlichen Eindrücke eines Autors zu reduzieren. Beim Leser wird der unzutreffende Eindruck erweckt, als sei außerhalb des Berichteten nichts Wesentliches mehr ‚passiert‘. Das beobachtete Nebensächliche[179] und sein sprachlich virtuoser Ausdruck durch den SPIEGEL-Autor werden als das Ganze genommen und vom Leser auch als das Ganze gesehen. Im SPIEGEL der 80er Jahre wird somit in Sachen ‚Kirche‘ nicht informiert, schon gar nicht ‚kritisch‘, sondern durch sprachliche ‚Mätzchen‘ vom eigentlich zu Kritisierenden abgelenkt.[180] Die Aussagen innerkirchlicher Kritiker und Reformen stellen für den SPIEGEL nur noch das ‚Material‘ für seine Häme dar; wirklich überzeugen können sie ihn nicht (mehr).

Die starke Personalisierung kirchlicher Themen zeigt sich allein schon bei der publizistischen Behandlung von Papst Johannes Paul II; vier Titel-Geschichten stellen ihn als ‚Helden‘ heraus.

- „Der Papst aus Polen – die Kommunisten herausgefordert“ (43/1978/17-25); „Papst Wojtyla in Polen“ (23/1979/106-122); „Der Papst in Luthers Land“ (46/1980/48-56); „Maria – Jungfrau, Gottesmutter, Königin“ (51/1983/154-164).

Die Wahl des neuen Papstes wird vom SPIEGEL zunächst ohne Häme registriert und in den ersten Titeln und Stories auf seine (kirchen-) politischen Konsequenzen hin beleuchtet. Außenpolitisch und innerkirchlich – so das Magazin – steht der „Robuste aus Krakau“ („Papst, Du bist stärker als Supermann“, 46/1980/61) für Veränderung, auch wenn schon bald Enttäuschung über den Kurs des Papstes vorherrscht.

- „Der Papst aus Polen – die Kommunisten herausgefordert“ (43/1978/17-25-Titel); „Papst Wojtyla in Polen“ (23/1979/106-122-Titel); „Vatikan, Papa mobile“ (1/1979/52); „Papst, Herzen umformen“ (6/1979/121-125); „Kirche, Umkehr des Herzens“ (12/1979/233-234); „Ich kam, sah und Gott siegte“ (26/1983/99-101).

> Nach nicht einmal einem Amtsjahr ist Johannes Paul II. für den SPIEGEL „populär wie kein anderer Papst, erzkonservativ wie alle Päpste“ („Er ist schöner als Jesus Christus“, 35/1979/128-131, 128).

Die Kritik am Papst vermag der SPIEGEL freilich in der Folgezeit nicht auf der Ebene von Sachfragen zu diskutieren. Johannes Paul II. wird in bislang beispielloser Weise zum Objekt des Spottes, der Ironie und Häme. Seit 1980 finden sich im SPIEGEL kaum mehr ‚Papst-Stories‘, die den Papst nicht in irgendeiner Form satirisch beleuchten.

Am deutlichsten springt zunächst die Abkürzung *‚JP2‘* für Johannes Paul II. ins Auge. Dieses „kumpelhafte Kürzel“[181] wird 1980 vom SPIEGEL eingeführt (vgl. „Papst, Du bist stärker als Supermann“, 46/1980/60) und seitdem immer wieder mit dem Ziel, einen ironischen Effekt zu erzeugen, in Stories eingebaut. Seinen Höhepunkt fand das ‚JP2-Kürzel‘ (bzw. JP II) 1987, als in einem einzigen Artikel der Papst 22 mal (!) so umschrieben wurde („Willkommen im Lande der Hexenverfolgung“, 18/1987/79-91).

Alle Register des SPIEGEL-Kabaretts werden in der Folgezeit gezogen, wann immer das Magazin sich mit der Katholischen Kirche und Papst Johannes Paul II. befaßt. Der Papst ist *„Chef-Katholik“* („Papst-Besuch, Luthers Land“, 42/1980/32-37, 35), ist der *„überzeugte Katholik Johannes Paul II.“* („Rom kann aufatmen“, 41/1979/158-159-Essay), ist der *„eilige Vater“* („Österreich, Leider instinktlos“, 36/1983/148), ist das *„Showtalent JPII“* („Willkommen im Lande der Hexenverfolgung“, 18/1987/80).

Wenn der Papst auf Reisen ist, dann geht er – natürlich – auf *„Tournee“* („Papstbesuch, Luthers Land“, 35), zieht er eine *„religiöse Supershow“* ab, gar *„ein Festival in Pope and Pop“* („Japan, Pope and Pop“, 10/1981/134-135, 134), dann hat er auf seiner *„Auslandstour“* einen *„Auftritt“* voller *„Wojtyla-Zauber“* („Österreich, Leider instinktlos“, 148), dann geht er als *„Wanderprediger zu seinem dritten Afrika-Trip“* („Kirche, Warten auf den Papst“, 33/1985/97), und schlußendlich: *„Papa mobile jettet als Krisenmanager durch die Welt“*, um in den USA *„John Pauls Filiale zu besuchen“* („Papst, Du bist stärker als Supermann“ (46/1980/61).

Nicht nur die – hier nur teilweise angeführten – Wort-Kompositionen und Wort-Spiele sollen im SPIEGEL der 80er Jahre die

Katholische Kirche ironisch karikieren. Ganze Artikel und Story-Versatzstücke sind daraufhin angelegt, Häme und Spott, Ironie und Süffisanz zu transportieren.

„Der Heilige Vater hat den obligaten Kuß auf die Piste von Gatwick gedrückt. Er erhebt sich, streicht sich die Soutane glatt und blickt schelmisch gen Himmel: Okay so? Da tritt ein Brite mit schwarzem Anzug auf ihn zu, schlägt die Hacken zusammen und fragt sehr profan: „Sir, would you like a cup of tea for a start?" Der Papst ist in England. ... Gewiß, die Briten mögen diesen braungebrannten, sympathischen Burschen mit dem pastoralen Charme, der jederzeit ohne Bürgen die Mitgliedskarte im „Royal Green Jackets Club" bekäme, wenn er sich nur britisch kleiden würde." („Ehrlich, der Mann ist ein Hammer, SPIEGEL-Redakteur E. Wiedenmann mit Johannes Paul II. in Großbritannien", 23/1982/130-132, 130).[182]

Das einprägsame Bild von einem ‚John-Paul-Superstar' wird vom SPIEGEL massiv unters Volk gebracht.

„Zwölftausend Nonnen waren in der Audienzhalle versammelt, und als der Papst an ihnen vorüberging, sahen Beobachter sie „buchstäblich in Raserei verfallen". Während Johannes Paul II. ... „sich niederbeugte, um eine alte Nonne in einem Rollstuhl auf den Kopf zu küssen, wurde er gleichzeitig von sechs, sieben Nonnen umarmt, die wie von Sinnen schrien: ‚Heiligkeit, Heiligkeit!' Es klang genau so, als wenn sie geschrien hätten: ‚Amore mio!' Das Ergebnis war, daß die alte Klosterschwester fast erstickt wäre." „Eine Nonne aus Kalabrien hatte mehr Glück als ihre Mitschwestern. Der Vorwitzigen gelang es tatsächlich, ihr Gesicht dem des Papstes zu nähern und ihn leicht hinter das Ohr zu beißen; danach fiel sie sofort in Ohnmacht." Eine andere Nonne verstieg sich zu dem Ausruf: „Er ist schöner als Jesus Christus!" („Er ist schöner als Jesus Christus", 35/1979/128-131, 128)[183]

Über den Verlauf der Bischofssynode in Rom 1980 ‚informiert' der SPIEGEL seine Leser folgendermaßen:

„In der Synodenaula des Vatikans saßen 200 Junggesellen beieinander, Bischöfe, Erzbischöfe und Kurienkardinäle. Sie wollten etwas über den Ehealltag erfahren. Ihr Vorsitzender,

der 264. Statthalter Jesu Christi, Johannes Paul II., hatte deshalb im vergangenen Monat 16 Paare aus aller Welt als Sachkundige für das Leben zu zweit geladen. Der Werbeleiter Michael Fuchs aus Spreitenbach in der Schweiz, einer von ihnen, schilderte den Synodenvätern, wie es bei ihm zu Hause zugeht: „Als Mann und Frau haben wir uns zu Beginn unserer Ehe der Gottesmutter geweiht." ... Dann gab Ehefrau Marlies Fuchs den hochwürdigen Herren ein Beispiel für die „geistige Einheit im Denken und Fühlen": „Einmal fragte ich meinen Mann, welches sein Lieblingsgesätz vom Rosenkranz ist. Und es machte mir große Freude, als ich hörte, er hat dasselbe wie ich." So ist das Leben, so kann es sein". („Papst, Du bist stärker als Supermann", 58).

Selbst Möglichkeiten, berechtigte Kritik an der Kirche und am Papst zu üben, werden gleichwohl dem ungeschriebenen Gesetz des SPIEGEL-Kabaretts unterworfen und so ‚entschärft'.

„Für die, die nicht in der Synodenaula dabei sein konnten, verkündete der Papst in seiner Audienz die Botschaft ...: „Ehebruch im Herzen" werde auch begangen, wenn einer „mit Lüsternheit seine eigene Frau anschaut" – ein neues Gebot, 6a, du sollst nicht begehren dein eigenes Weib." (ebenda).

Die Marien-Frömmigkeit des Papstes hat den SPIEGEL besonders provoziert. Eine Titel-Geschichte sollte die Leser umfassend mit dieser Problematik vertraut machen; heraus kam die Möglichkeit, sich einmal umfassend mit der hämischen und ironischen Aufmachung solcher Themen im SPIEGEL vertraut zu machen.

„In allen Religionen wurde der Ackerbau als Ausdruck weiblicher Naturkraft angesehen. Im Frühjahr, vor der Aussaat, mußte mancherorts die erste Furche, Sinnbild der Vagina, von einem nackten Mädchen gezogen werden. Dieses hielt eine Phallus-Nachbildung als Kultgegenstand in der Hand. Als handele es sich um eine sexuelle Vereinigung, wurden Neugeborene auf die nackte Erde gebettet, ebenso Sterbende und gebärende Mütter. Noch heute sind solche Bräuche bei den Naturvölkern weit verbreitet. Aber auch der Wojtyla-Papst küßt, wenn zu Besuch, den Mutterboden." („Maria – Jungfrau, Gottesmutter, Königin", 51/1983/154-164, 158).

Konkrete Kritik äußert das Magazin hier nur eher beiläufig an der „Vergötterung der Jungfrau Maria" und fragt: „Ist dies nicht eine Flucht des in seiner von Amts wegen verklemmten Keuschheit vor dem selbstbewußt auftretenden Frauengeschlecht zutiefst erschrockenen Wojtyla?" (ebenda, 164).

Doch der lockere, zynische Unterton herrscht weiter vor.

> „Der Papst, unerschrocken im Geiste, hat im französischen Heilungsort Lourdes angedeutet, er wolle den 2000. Geburtstag Marias festlich begehen. Schützt ihn die Gottesmutter weiterhin vor Attentaten, so kann daraus etwas werden. In der Wahl des Datums ist er, da es nicht die geringste historische Quelle gibt, völlig frei." (ebenda).

Ein Jahr zuvor – nach dem Anschlag auf den Papst in Fatima – schrieb der SPIEGEL ganz ähnlich.

> „Maria blieb ihrem guten Ruf treu – wieder einmal rettete sie ihren prominentesten Verehrer." („Vatikan, Großer Appetit", 20/1982/149-150, 149).

Neben den ‚Papst-Satiren' werden im SPIEGEL natürlich auch andere Themen und Personen satirisch-lustig verarbeitet. Der Erzbischof von Fulda, J. Dyba, wird den Lesern so vorgestellt:

> „Morgens joggt er durch den Bischofsgarten, nachmittags eilt er durch die Ausläufer der Rhon. Im Urlaub kraxelt er durchs Gebirge, oder er schwimmt in der Brandung der westafrikanischen Küste. Manchmal rafft er die Soutane und nimmt zwei Treppenstufen auf einmal. Er liebt Beethovens Siebte und erzählt gern einen Klerikerwitz, kann herzhaft lachen und sich ohne Pathos unterhalten, notfalls fließend in fünf Sprachen. Und freundlich ist er auch: Den Vinzenzschwestern in seinem Haushalt pflückt er beim Spaziergang schon mal einen Korb Pilze. Selbst seinen Gegnern serviert er Obstkuchen mit Schlagsahne; den Kaffee gießt er ihnen persönlich ein." („Bischöfe, Richtig durchglauben", 42/1986/94-96, 94).

Unterhaltend ist die Beschäftigung mit derartiger Pseudo-Information natürlich, und verstärkt wird diese Tendenz durch ein neues, im SPIEGEL vorher nicht vorhandenes sprachliches ‚Mätzchen': Der *ironischen Benutzung kirchlicher Begriffe und Diktionen*, also deren Parodie.[184]

R. Augstein entläßt die Leser einer seiner Kommentare mit *„Vergelt's Gott"* („R. Augstein, Von der Bibel bis zum Turm von Babel", 2/1986/20-21, 21), und die Beschäftigung mit den Pfarrerserien im deutschen Fernsehen endet lakonisch mit: *„Vergelt's Gott, Frau Pfarrer"* („Fernsehen, Mit Höschen", 48/1988/242-244, 244).

Wer gar die Gelegenheit eines SPIEGEL-Gespräches dazu benutzt, ein religiöses Bekenntnis abzulegen, der muß mit entsprechenden Reaktionen der Redakteure rechnen.

> (Pfarrer) RÜSS: „Der Glaube an Jesus Christus heißt doch, mit meinem Tod ist nicht alles aus. Wer an Christus glaubt, hat doch eine Hoffnung in dem Skandal dieser vom Tode gezeichneten Welt. Ich sterbe nicht in das Nichts hinein, sondern ich sterbe hinein in die Liebe Gottes. Denn dem, der stirbt, hat Gott durch den Opfer- und Sühnetod Jesu eine neue Zukunft geschenkt in seinem Reich, in dem es dann keine Ungerechtigkeit, kein Leiden, keinen Schmerz und keinen Tod mehr geben wird."
>
> SPIEGEL: *„Halleluja."* („Marx ist weder Apostel noch Heiliger", 22/1985/72-81/76-77).

Ironisch auch das Zitieren kirchlich-kultischer Begriffe, die in eine Papst-Story eingeflochten sind.

> „Morgens mag er es deftig: Suppe, Eier, Aufschnitt und Käse, mittags freut er sich, wenn seine Stanislawa Morda eiskalte Kartoffelsuppe *auf den Tisch des Herrn* bringt."
>
> „Das Reich des Karol Wojtyla umfaßt zwar über 700 Millionen Katholiken mit Taufschein, aber es ist nur ein vergleichsweise kleiner Haufen, *an dem der Herr sein Wohlgefallen hat.*" („Papst, Du bist stärker als Supermann", 46/1980/61).

Die Häufung von Pfarrerserien im deutschen Fernsehen paßt dem SPIEGEL nicht, doch die (Kirchen-)Sprache läßt beim Leser den Eindruck aufkommen, als sei diese Kritik so ernst nicht gemeint. Jede (mögliche) Kritik wird der Ironie bedingungslos geopfert.

> „Programm-Machern sind Gottesmänner eigentlich ein Kreuz. Wenn so ein Schwarzkittel, und sei er noch so forsch gestylt, zum „Wort zum Sonntag" anhebt, eilt so mancher Zuschauer zu einem stilleren Ort. Auch all die anderen christ-

> lichen Sendungen, in denen Moderatoren mit brav gestylter Konfirmantenmiene den kirchlichen Sauerteig von der Dritten Welt bis zum Reich Gottes zu kneten haben – selig mögen sie werden, die‘s sehen, *doch ihrer sind nicht viele*. Doch nun, beim Himmel, ist alles anders. Die Pfarrer sind los. Den modischen Serienpelz über den Talar gezogen, machen sie sich auf die Suche nach der Zuschauerherde.“ („Fernsehen, Mit Höschen“, 48/1988/242).

Diese *„mit Süffigkeit aufbereitete Häme“* (H. Böll) wird zum Hauptmerkmal der Kirchen-Berichterstattung im SPIEGEL, und mitunter werden Süffigkeit und Häme übertrieben. Der Kardinal von München-Freising F. Wetter wird als der *„theologisch unbedarfte Friedel“* („Kirche, Freudig nach vorn“, 40/1987/127-131, 127) apostrophiert, und den Kardinal H. Volk meint das Magazin in Anspielung auf sein hohes Alter als *„Altenteiler Volk“* („Kirche, O Bruder, O Papst“, 25/1988/173-76, 173) bezeichnen zu müssen. Auf das Feld der wissenschaftlich-theologischen Berichterstattung wagt sich der SPIEGEL nur selten, und wenn er es tut, dann scheitert er. SPIEGEL-Redakteurin A. Barth versuchte sich 1985 an der ‚Feministischen Theologie‘ voller Schnoddrigkeit, und trotz des Abdrucks einer imponierenden Literatur-Liste (die wohl unterstellend anzeigen soll, wie ‚fundiert‘ die Reportage angegangen wurde) erfährt der Leser nur wenig Handfestes. Die fehlende inhaltliche Ausstattung der SPIEGEL-Auslassung wird hier nicht einmal mehr durch die Süffisanz der Sprache verdeckt.

> „Der einheitliche Vatergott war auch ein Sinnbild von Zentralismus und Autoritätshörigkeit und deshalb so erfolgreich auf der Welt, wie denn auch die Kultur, die ihm huldigte, zur raubreißerisch stärksten wurde. Aus dem letztlich im Zerfall begriffenen christlichen Überbau schälen sich individuelle Formen des Glaubens hervor, oder des Aberglaubens, es ist einerlei, Friede sei nach langer Tradition der Glaubenskriege: Jedem seine Privatmythologie, jedem seinen Gott, tot oder lebendig, ein grünes Männchen oder das absolut Andere, guten Morgen auch Frau Gott mit den spendenden Brüsten.“ („Der Herr mit den Brüsten“, 26/1985/158-162, 162).

Zusammenfassung

1. Die satirisch-ironische Berichterstattung über kirchliche Themen und Personen wird im SPIEGEL der 80er Jahre zur beherrschenden formalen Zugehensweise.[185] In der Konsequenz liegt eine starke Personalisierung, v.a. hinsichtlich des Papstes Johannes Paul II.
2. Deutlich wird ein geringes Interesse an ernsthafter Kirchen-Berichterstattung im besonderen und an einer umfassenden Kirchen-Berichterstattung im generellen. Das Moment der Unterhaltung herrscht vor und unterstreicht dieses Desinteresse ‚spielerisch'.
3. Kritik an Kirchen-Personen und theologischen Standpunkten wird von der grundsätzlichen Ironisierung des SPIEGEL überlagert und ist somit als solche nicht mehr erkennbar. Das Magazin ist wohl ‚gegen' manche Entwicklungen und Äußerungen im Binnenraum der Katholischen Kirche; ein wirklich kritisches Nachrichtenmagazin aber würde seine Berichterstattung nicht auf die bloße Formulierung dieses ‚Dagegenseins' beschränken.
4. In Sachen Kirchen-Berichterstattung ist der SPIEGEL kein Nachrichten-, sondern ein Satire-Magazin.

Anmerkungen zu Kapitel III

[1] So eine Bewertung des Magazins durch den Evangelischen Zeitschriften-Beobachtungsdienst; in: 36/1959/82-Rückspiegel.

[2] H.J. Dörger, Theologie und Kirche, 125.

[3] Auf eine systematische Erfassung kleinerer Notizen im SPIEGEL (etwa: ‚Personalien', ‚Berufliches') wurde verzichtet. Nur Signifikantes wurde gelegentlich berücksichtigt.

[4] P. Sackarndt, DER SPIEGEL - entzaubert. Bezeichnenderweise kann S. sich recht bedenkenswert äußern, wenn die Sprache, die Wirkung und der Aufbau des Magazins von ihm thematisiert werden. Kommt die Kirchen-Berichterstattung in den Blick, wird der Ton polemischer. Einen kurzen Auszug der Arbeit von S. hat der SPIEGEL - um die Kritik souverän zu absorbieren? - veröffentlicht („Lähmungsgift für den katholischen Christen", 4/1961/66-Rückspiegel).

[5] Ebenda, 8.

[6] Ebenda, 53.

[7] Ebenda, 55 (Begriffe !).

[8] Ebenda, 56. S. zitiert hier einen nicht näher bezeichneten ‚SPIEGEL-Auskunftgeber'.

[9] Ebenda, 57-59.

[10] R. Ege, Die Katholische Kirche im ‚SPIEGEL', Eine literarische Untersuchung des Nachrichtenmagazins DER SPIEGEL, Weingarten 1964.Auch hier gilt: Einiges ist bedenkenswert, der falsche Zungenschlag freilich bringt den Autor um die Früchte seiner Bemühungen.

[11] Ebenda, 59.

[12] Ebenda, 78.Zum einen: Mit W. Harenberg sitzt seit 1961 ein zumindest theologisch bewanderter Redakteur in der SPIEGEL-(Kirchen-) Redaktion; M. Müller ist (ehemaliger) katholischer Priester und Kirchen-Redakteur im SPIEGEL seit 1972 (vgl. 40/1974/3-Hausmitteilung). Darüberhinaus dürfte der eine oder andere SPIEGEL-Redakteur studierter Theologe, aber eben nicht in die Kirchen-Redaktion eingegliedert sein. Zum andern läßt diese Forderung von E. das Entstehungsprinzip einer SPIEGEL-Story (Team-Work!) außer acht. Man darf den einzelnen (!) SPIEGEL-Redakteur in seiner Einflußmöglichkeit auf konkrete Stories und die endgültige Abfassung der Texte nicht überschätzen.

[13] So etwa: P. Sackarndt, DER SPIEGEL -entzaubert, 56; M. Löffer, Der Verfassungsauftrag der Presse, 19-19; K. Ziesel, Der deutsche Selbstmord, 23 u.

122-130; H.-A. Walter, DER SPIEGEL oder: Politische Aufklärung im Massenzeitalter, 801; R. Augstein (im Gespräch mit K. Harpprecht), in: D. Just, DER SPIEGEL, Arbeitsweise - Inhalt - Wirkung, 203; R. Ege, Die Katholische Kirche im SPIEGEL, 61-64; H.J. Dörger, Theologie und Kirche, 226-229.

[14] K. Ziesel, Der deutsche Selbstmord, 122.

[15] W. Adolph, Gefahren für die Kirche, Anmerkungen zu einem Spiegel-Gespräch mit Priestergruppen-Delegierten, in: Petrus-Blatt Nr. 46 v. 16.11. 1969, 3.

[16] W. Hammer in der Züricher Zeitung ‚Die Tat‘, (cit.: 31/1960/66-Rückspiegel). So ganz ähnlich vgl.: P. Sackarndt, DER SPIEGEL - entzaubert, 56.

[17] R. Ege, Die Katholische Kirche im ‚SPIEGEL‘, 64.

[18] 21/1959/66-Rückspiegel.

[19] 19/1959/70-Rückspiegel.

[20] Ebenda.

[21] 14/1961/102-Rückspiegel.

[22] R. Augstein, „Die Abtreibung, ein Stellvertreter-Krieg“, 51/1987/30.

[23] W. Schätzler, Haß und Hetze, Wie der „Spiegel“ die Pressefreiheit mißbraucht, in: Rheinischer Merkur / Christ und Welt Nr. 51 (1987), 25 (Ein Auszug davon vgl.: 3/1988/194-Rückspiegel).

[24] 28/1988/182-Rückspiegel.

[25] Vgl. 34/1959/66-Rückspiegel.

[26] Vgl. 30/1963/3-Hausmitteilung.

[27] Vgl. H.J. Dörger, Theologie und Kirche, 288. Darauf wird in den inhaltsanalytischen Untersuchungen noch näher einzugehen sein.

[28] „Jesus von Nazareth“, 51/1958/42-55.

[29] R. Augstein (im Gespräch mit K. Harpprecht), 202-203.

[30] „Viel Sand ist abgefallen, Weihnachtsartikel des SPIEGEL auf der Anklagebank“ (10/1959/16).

[31] Siehe Pkt. 3.2. dieses Kapitels.

[32] 43/1959/98-Rückspiegel.Es ist für die Kirchen beschämend, daß diese Aufgabe nicht von ihnen selbst, sondern von ‚öffentlichen Einrichtungen‘ übernommen werden mußte und wird.

[33] 51-52/1961/82-Rückspiegel.

[34] 17/1966/166-Rückspiegel.Vgl. dazu die katastrophalen Ergebnisse, die eine vom SPIEGEL initiierte und ausgewertete Umfrage 1968 an den Tag brachte: W. Harenberg (Hsg.), Was glauben die Deutschen?

[35] Ein extremes Beispiel stellen die Reaktionen auf R. Augsteins Lengede-Kommentar dar („R. Augstein, Der Herrgott von Lengede", 47/1963/62). Damals hatte der SPIEGEL-Herausgeber massiv das falsche Wunderverständnis der Kirchen angeprangert und vor falscher ‚Instrumentalisierung' Gottes bei zufälligen Rettungserfolgen nach Unglücksfällen gewarnt. Die begeistert zustimmenden Reaktionen von Pfarrern und Theologen in: 49/1963/5-13-Leserbriefe; 50/1963/9-14-Leserbriefe. R. Augstein und seine ‚Kirchen-Kommentare' werden uns noch näher beschäftigen.

[36] 49/1963/7-Leserbrief.

[37] Ebenda.

[38] 50/1963/12-Leserbrief.

[39] 21/1959/66-Rückspiegel; 27/1962/78-Rückspiegel.

[40] Die inhaltsanalytischen Darlegungen werden versuchen, diesen Umstand zu problematisieren und zu klären.

[41] Vgl. zu dieser Feststellung der ‚Konservativität' des SPIEGEL: H.J. Dörger, Theologie und Kirche, 183-189; W. Adolph, Gefahren für die Kirche; Th. Sartory, Kirchenkritik auf eigene Faust, Theologie in deutschen Zeitungen und Magazinen, in: ders. (Hsg.), Präsens II, München 1971, 261-272. Der SPIEGEL kokettiert – natürlich – mit dem Gegenteil: „Die Beiträge des SPIEGEL zu Kirchenthemen sind schwerlich zu zählen. Recht- oder gutgläubig im Sinne der Kirchenoberen waren sie nie." (34/1982/3-Hausmitteilung).So einleuchtend diese Behauptung auf Anhieb klingen mag – es trifft für den SPIEGEL der 50-er und 60-er Jahre nicht zu. Nicht nur aus journalistischen Gründen (z.B. bei Gesprächen die Gegenposition zu vertreten, um überhaupt erst ein wirkliches Gespräch zu ermöglichen) hat das Magazin beispielsweise in der Entmythologisierungs-Debatte den ‚orthodoxeren' Standpunkt – und zwar aus Sachgründen – eingenommen. Das wird noch zu zeigen sein.

[42] Th. Sartory, Kirchenkritik auf eigene Faust, 262.

[43] Ebenda, 263. S. nennt als Beispiele Artikel über und Gespräche mit H. Küng, K. Rahner, J.B. Metz u.a.. Er ignoriert allerdings den – noch aufzuzeigenden – Wandel, den das Magazin im publizistischen Umgang mit den o.g. Theologen vollzogen hat.

[44] „Ist Jesus auferstanden wie Goethe?", 31/1966/42-45, 42.

[45] „R. Augstein, Das große Schisma", 18/1969/166.

[46] Dies zeigt sich katholischerseits v.a. nach dem Konzil (dessen Verlauf der SPIEGEL zunächst positiv, ja euphorisch begleitete, dann aber zunehmend

als nicht weitgehend genug in Sachen Veränderung der Kirchenstrukturen (!) kritisierte) und nach der Veröffentlichung von ‚Humanae Vitae'. Auf beides wird noch ausführlich Bezug genommen.

[47] W. Adolph, Gefahren für die Kirche.

[48] Th. Sartory, Kirchenkritik auf eigene Faust, 271.

[49] Vgl. zur Gesamtproblematik: S. Kracauer, Für eine qualitative Inhaltsanalyse, in: Ästhetik und Kommunikation Nr. 7 (1972), 53-58; J. Fühlau, Untersucht die Inhaltsanalyse eigentlich Inhalte?, in Publ. 23 (1978), 7-18; U. Koch / H. Witte / E. Witte, Die Inhaltsanalyse als Meßinstrument, in Publ. 19/20 (1974/1975), 177-184; H. Rust, Qualitative Inhaltsanalyse - begriffslose Willkür oder wissenschaftliche Methode?, Ein theoretischer Entwurf, in: Publ. 25 (1980), 5-23.

[50] Vgl. S. Kracauer, Für eine qualitative Inhaltsanalyse, v.a. 53-56.

[51] Vgl. U. Koch / H. Witte / E.H. Witte, Die Inhaltsanalyse als Meßinstrument, 177-180.

[52] S. Kracauer, Für eine qualitative Inhaltsanalyse, 54.

[53] J. Fühlau, Untersucht die Inhaltsanalyse eigentlich Inhalte?, 8.

[54] S. Kracauer, Für eine qualitative Inhaltsanalyse, 55.

[55] Ebenda, 56.Vgl. auch R. Rust, Qualitative Inhaltsanalyse, v.a. 5-10.

[56] S. Kracauer, ebenda, 57.

[57] D. Just, DER SPIEGEL, Arbeitsweise - Inhalt - Wirkung, 80.

[58] F.-H. Robling, Personendarstellung im „Spiegel", 71.

[59] Der einzige Titel vor 1950 erschien 1947: „Der Meister vom Dom, Das letzte Weihnachten ohne Mette, sagt Willy Weyres" (51/52/1947/31). Er wird dem SPIEGEL-Jahrzehnt 1950 bis 1959 zugeschlagen.

[60] Vgl. dazu: F.-H. Robling, Personendarstellung im „Spiegel", 30-36 u.ö.

[61] Diese Zuordnung ist freilich nicht unproblematisch, weil das Story-Prinzip des SPIEGEL - wie aufgezeigt - eine Mixtur von Sach- und Personen-Fragen nicht nur fördert, sondern fordert.

[62] Diese waren: „Welches Familien-Ideal gilt?, Täglich ein Ave Maria: Franz-Josef Wuermeling" (38/1954/8-15); „Die Schüsse von Rom, Warum gerade der Papst" (21/1981/17-27); „Prozess in Polen, Wie der Geheimdienst mordete" (5/1985/106-117). In diesen Fällen war eine überzeugende Begründung zur Aufnahme in das Material nicht möglich. Das deutliche Ergebnis der Analyse würde durch die Hinzunahme dieser Titel auch kaum verändert.

[63] Vgl. D. Just, DER SPIEGEL, Arbeitsweise - Inhalt - Wirkung, 104-105.

[64] Die Gründe für diese Entwicklungen zeigen sich dann bei den qualitativen Inhaltsanalysen. Das relativ günstige Verhältnis in den 80-er Jahren schönt die absoluten Zahlen erheblich.

[65] 52/1963/3-Hausmitteilung.Bereits der SPIEGEL-Vorläufer DIESE WOCHE startete den (bescheidenen) Versuch eines Weihnachts-Titels: „Friede auf Erden, Pius XII. bereitet seine Weihnachtsbotschaft vor" (5/6/1957-1-Titel-Blatt), freilich ohne einen Artikel im Textteil des Blattes.

[66] D. Just, DER SPIEGEL, Arbeitsweise – Inhalt – Wirkung, 79.

[67] Vgl. die methodischen Anmerkungen unter Pkt. 1 dieses Kapitels.

[68] Die Jahre 1947 bis 1949, die umfangmäßig nicht allzusehr ins Gewicht fallen, werden – um eine einheitliche 4-Jahrzehnte-Struktur zu bekommen – dem Dezennium 1950 bis 1959 zugeschlagen.

[69] Zur Zitationsweise im folgenden: Die jeweilige SPIEGEL-Story wird mit Überschrift, Angabe des Jahrganges und der Seitenzahl bzw. den Seitenzahlen im Textteil dieser Arbeit angemerkt. Wenn notwendig werden auch die Themen-Sorte (etwa: ‚Personalien', ‚Leserbrief', ‚Essay', ‚Gespräch') und / oder der Name des Autors genannt.

[70] So: E. Kuby, Eine geschlossene Anstalt, 8.

[71] Cit.: C.-J. Roepke, Ein faires Forum für Fragen der Zeit, in: ders., Schloß und Akademie Tutzing, München 1986, 97-104, 104.

[72] So: R. Augstein (im Gespräch mit K. Harpprecht), 202-203.

[73] Vgl. H.M. Enzensberger, Die Sprache des SPIEGEL, 92-100.

[74] Und dennoch gilt: Schwerwiegende Irrtümer in Sachen Theologie und Kirche (Geschichte, etc.) sind dem SPIEGEL nur selten nachzuweisen oder gehen, falls doch gegeben, meist auf das Konto seiner schnoddrigen Sprache.

[75] Die Notwendigkeit einer *sachdienlichen* Kritik an solchen Wallfahrten oder an anderen Ereignissen pompöser kirchlicher (katholischer) Selbstdarstellung wird nicht bestritten.

[76] Die Gründe dafür werden noch genauer aufzuzeigen sein.

[77] W. Harenberg hat dazu auch eine kenntnisreiche Buch-Veröffentlichung vorgelegt: W. Harenberg, Mischehe und Konzil, Chancen und Grenzen einer katholischen Reform, Stuttgart – Berlin 1964.

[78] Die Enttäuschung des Magazins ist auch eine Enttäuschung für K. Rahner (eines „fortschrittsfreudigen Kirchenfürsten"). Dieser änderte, so berichtet der SPIEGEL, einen geplanten Vortrags-Titel („Das Konzil – eine andere Reformation?") nach dem unbefriedigenden Ergebnis des Konzils (der dritten Konzils-Session) um in: „Das Konzil – eine gescheiterte Reformation?" (50/1964/158-Personalien). Für den SPIEGEL jedenfalls ist das keine Frage.

[79] W. Harenberg hat dazu auch eine kommentierende Buch-Veröffentlichung vorgelegt, in der Fachtheologen beider Konfessionen die (katastrophalen) Ergebnisse zu bewerten und Konsequenzen aufzuzeigen versuchen; vgl. W. Harenberg (Hsg.), Was glauben die Deutschen?

[80] Die ‚Streitmacht'-Theorie von J. Carmichael kann hier nicht diskutiert werden. Entscheidend ist, daß der SPIEGEL glaubt, in diesem Buch fände ein ehrliches und redliches Gespräch zwischen Gläubigen und Ungläubigen statt, und zwar auf der Ebene, ‚was wir wirklich wissen können' (vgl. „R. Augstein, Jesus – vor der Auferstehung", 6/1966/48). Diese Einschätzung war sicherlich der Grund für den (Teil-) Abdruck des Buches von C.

[81] So zu Recht: H.J. Dörger, Theologie und Kirche, 175.

[82] So das überraschende Selbst-Eingeständnis der verantwortlichen Redakteure W. Harenberg und W. Becker, nämlich eine ‚Crusade', einen Kreuzzug, gegen den Heiligen Stuhl in dieser Sachfrage geführt zu haben (vgl. 20/1965/3-Hausmitteilung).

[83] Vgl. dazu die Thesen von: B. Carstensen, SPIEGEL-Wörter, SPIEGEL-Worte, v.a. 23-29.

[84] Vgl. G. Schmidtchen, Zwischen Kirche und Gesellschaft, Freiburg 1972.

[85] Wie wichtig dieses Thema dem SPIEGEL ist, zeigt der Hinweis auf die achtzehn-monatigen Recherchen von zwei SPIEGEL-Redakteuren und zahlreichen anderen Mitarbeitern für die Serie ‚Vatikan intim' (43/1974/3-Hausmitteilung).

[86] Recherchen sind im Vatikan nicht einfach anzustellen, „nicht zuletzt deswegen, weil die Institutionen im Vatikan ein besonderes Verhältnis zur Öffentlichkeit haben: Abwehr." (43/1974/3-Hausmitteilung).

[87] Darauf wird unter Punkt 3.4. dieses Kapitels erneut einzugehen sein.

[88] So das SPIEGEL-Kürzel für Papst Johannes Paul II., erstmals in: „Papst, Du bist stärker als Supermann" (46/1980/60). Vgl. die Kritik an diesem Kürzel: U. Förster, Maskeraden im Gegenwartsdeutsch, 332-333.

[89] Interessanterweise ignoriert der SPIEGEL die ‚Wiedervereinigung' der beiden Evangelischen Kirchenverbände (Ost und West) nach dem Oktober 1990. Das zeigt nicht den Widerwillen des Magazins ob dieser Entwicklung; sie ist einfach nicht mehr interessant.

[90] Vgl. dazu die einzige theologische Wisssenschafts-Serie dieses Jahrzehntes im SPIEGEL : „Hat die Bibel doch nicht recht?" (38-40/1985).

[91] Die des SPIEGEL selbst und alle anderen; vgl. Punkt IV. in KAPITEL I dieser Arbeit.

[92] Die früher geäußerten Begründungen für dieses Phänomen (P. Sackarndt, R. Ege, K. Ziesel) – ‚größere Hierarchie der Katholischen Kirche' – erfahren hier zumindest eine Erweiterung.

[93] Mit einer Ausnahme: „Es gibt nicht zwei Wahrheiten; H. Küng über H.v. Ditfurths ‚Wir sind nicht nur von dieser Welt'" (42/1981/255-262).

[94] H. Herrmann hat diese SPIEGEL-Essays (teilweise) überarbeitet auch als Buch-Veröffentlichung vorgelegt: H. Herrmann, Papst Wojtyla, Der Heilige Narr, Reinbek bei Hamburg 1983.

[95] Vgl. die Buchveröffentlichung: K. Steigleder, Das Opus Dei - eine Innenansicht, Zürich - Einsiedeln - Köln 1983.

[96] So: U. Förster, Maskeraden im Gegenwartsdeutsch, 333.

[97] Eine nennenswerte Ausnahme stellt dar: „Ich kam, sah und Gott siegte" (26/1983/99-101) - eine behutsame Reportage der SPIEGEL-Redakteurin B. Kraatz über den schwierigen Besuch von Johannes Paul II. in Polen.

[98] Vgl. dazu noch immer instruktiv: W. Korff, Empirische Sozialforschung und Moral, in: Conc (D) 4 (1968), 323-330.

[99] Zumindest teilweise ist dies sicher auch ein Reflex der starken Hervorhebung sexual-moralischer Themen durch die Katholische Kirche selbst und durch Papst Johannes Paul II.

[100] Der ‚Weihnachts-Titel' 1990 liegt hierbei voll im Trend („*katholischer Oberbefehlshaber*" (134)), stellt allerdings insofern eine Ausnahme dar, als zahlreiche sachliche Fehler in ihn Eingang gefunden haben („Der Papst und die Lust", 52/1990/122-134).

[101] Noch heute erwartet einen Sonntags-Prediger oder einen Vortrags-Referenten massives Unverständnis, ja gegnerische Aversion, wenn er es wagt, diese theologischen Binsenweisheiten zu erwähnen und daraus gar die bibelhermeneutischen Konsequenzen zu ziehen.

[102] Dieser SPIEGEL-Titel hat eine enorme öffentliche Reaktion und starke Proteste ausgelöst. Die SPIEGEL-Redaktion wurde mit Leserbriefen geradezu eingedeckt - „eine kaum je übertroffene Publikumsreaktion" (52/1963/-3-Hausmitteilung). Von ihr wurde der SPIEGEL - nebst R. Augstein - überrascht und wohl auch bestärkt, sich zukünftig immer wieder komplexen und kontrovers diskutierten theologischen Themen zu widmen.Insgesamt sieben theologische Bücher und sonstige wissenschaftliche Veröffentlichungen wurden diesem Titel im Anmerkungsteil beigegeben. Sie sollten - und haben es auch getan - den durchaus zutreffenden Eindruck erwecken, der SPIEGEL berufe sich bei seinen gewagten Thesen ja nur auf Äußerungen, die in den Hörsälen der Universitäten gang und gäbe seien und dort (!) niemanden mehr in Schrecken versetzen könnten.Anders in den Gemeinden und in der sonstigen Öffentlichkeit. Hier offenbaren die Reaktionen ein enormes Defizit an Information und kritischer Kompetenz bei den ‚Gläubigen', die dafür freilich nicht verantwortlich gemacht werden können. Willentlich oder unwillentlich - in jedem Falle aber faktisch wurden selbst theologische Selbstverständlichkeiten den Gläubigen vorenthalten *und so* erst die aufgeregte Reaktion und

Unruhe unter den Kirchen-Mitgliedern ermöglicht. Es war der SPIEGEL, der das zu hören bekam, was unterbliebene und verhinderte theologische Unterrichtung der Gläubigen verursacht hat: *„Pseudo-theologische Belletristik"* (2/1959/5-Leserbrief); *„Tummelplatz arroganten Snobismus"* (ebenda, 9); *„Unverfrorenheit"* (ebenda); *„perverse und unüberbietbare Verantwortungslosigkeit, die auszudenken ein menschliches Gehirn fähig ist"* (3/1959/5-Leserbrief).Nicht nur die Reaktionen auf diesen ohne Häme oder sprachliche Geschmacklosigkeiten verfaßten Artikel zeigt erneut die Berechtigung des Diktums von W. Dirks: „Hört auf, von der Verwirrung der Gläubigen zu reden: klärt sie auf!" (W. Dirks, Geschäftsführer ohne Auftrag, 130). Exakt dasselbe Argument benutzt R. Augstein bei der Nennung der Motive des SPIEGEL, diesen Titel zu veröffentlichen („R. Augstein, Lieber Spiegelleser!", 3/1959/14).

[103] Diesen Hang des SPIEGEL zur Parteinahme hat H.J. Dörger, (H.J. Dörger, Theologie und Kirche, 175 u. 291) zu Recht festgestellt.

[104] Ganz anders dagegen: R. Augstein, Jesus Menschensohn, München – Gütersloh – Wien 1972; A. benutzt erkennbar dieselben Quellen und Unterlagen wie W. Harenberg, glaubt aber nicht ohne Spott und Verunglimpfung der Kirchen auskommen zu können.

[105] Solche Sätze, solche Gedanken – in einem theologischen Werk hätte man sie (für diesen Problembereich) kaum schöner formulieren und finden können.

[106] Diese Pluriformität der Theologie ist ja nicht abzulehnen; es fehlt freilich auch hier eine dem einzelnen Christen einleuchtende Kriteriologie für die Einordnung theologischen Dissenses oder des Widerspruchs der Theologie zu Ausagen des Lehramtes. Es kommt hinzu, daß die Widersprüche im Raum der Theologie in zahlreichen Fällen schon in den nicht zu harmonisierenden Texten des Lehramtes sozusagen systematisch grundgelegt sind. Vgl. zu beiden genannten Punkten: H. Kramer, Binnenkonflikte im Lehramt, Kontroverses zu Liebe und Partnerschaft, in: StZ 116 (1991), 75-85; U. Ruh, Übernimmt sich das Lehramt, in: HerKorr 42 (1988), 157-159; Ch. E. Gudorf, Das Lehramt und die Bibel, Erfahrungen in Nordamerika, in: Conc (D) 27 (1991), 57-64.

[107] In den Augen des SPIEGEL ist diese Frage auch nach dem Konzil noch keineswegs zufriedenstellend geregelt – der entscheidende Grund dafür, warum das Magazin zunehmend auf kritische Distanz zu diesem Kirchenereignis und zu den Kirchenreformern geht. Darauf wird noch genauer einzugehen sein.

[108] Seltsamerweise wird z.B. ein wohlwollender Nekrolog des SPIEGEL auf Papst Johannes XXIII. („Johannes XXIII.", 24/1963/66-76) in Leserbriefen als „üble Hetze", „üble Stänkereien" („26/1963/5-6; 27/1963/8-10) bezeichnet, verbunden gar mit dem Vorschlag: „Ich möchte Ihnen empfehlen, anstelle von Redaktionsbesprechungen eine Redaktionsgebetsstunde einzuführen, damit der Geist des ‚neuen Pfingsten', der die Kirche erfüllt, sich auch

in ihrer Arbeit widerspiegeln möge." (26/1963/5).Der SPIEGEL kann offenbar über Kirche und Religion schreiben, wie er will, es wird von einigen Lesern grundsätzlich als Kirchen-Hetze und Kirchen-Haß (miß-) verstanden.

[109] So auch der ansonsten überinterpretierende: R. Ege, Die Katholische Kirche im ‚SPIEGEL', 75.

[110] Vgl. dazu explizit: W. Harenberg, Mischehe und Konzil, v.a. 16-22.

[111] Vgl. „Dekret über die Hirtenaufgabe der Bischöfe in der Kirche ‚Christus Dominus'", in: K. Rahner /H. Vorgrimler, Kleines Konzilskompendium, 257-285, v.a. die Nrn. 37-38. Wie weitreichend diese Aussagen sind, das zeigt die Auseinandersetzung über die theologische Bedeutung der Bischofskonferenzen noch in der Gegenwart. Den Problemstand (nach zurückhaltend- zurücknehmenden Äußerungen aus Rom) referierend: W. Kasper, Der theologische Status der Bischofskonferenzen, in: ThQ 167 (1987), 1-6; ders., Nochmals: Der theologische Status der Bischofskonferenzen, in: ThQ 168 (1988), 237-240; L. Kaufmann, Bischofssynode: Weder Consilium noch Synodus, Fragmente einer Kritik an der Sicht der „synodalen Bewegung", in: Conc (D) 26 (1990), 306-312; vgl. das gesamte Themenheft der Zeitschrift CONCILIUM: Kollegialität auf dem Prüfstand, in: Conc (D) 26 (1990). In der Diskussion, ob denn den Bischofskonferenzen ein theologischer Status (als Ausdruck der bischöflichen Kollegialität) oder (nur) ein pastoraler (als Ausdruck einer eher praktischen Relevanz) zukommen soll, zeigt sich bis auf den heutigen Tag die Berechtigung der ‚SPIEGEL'-Skepsis der 60-er Jahre.

[112] Dies hat sich z.B. bei der Entstehung (!) der Enzyklika ‚Humanae Vitae' sehr deutlich gezeigt.Die damaligen Befürchtungen des SPIEGEL haben sich in der nachkonziliaren Praxis des Bischofsrates (bzw. der römischen Bischofssynode) bestätigt. Vgl. dazu kritisch: L. Kaufmann, „Bischofssynode"?, in: Orien. 54 (1990), Nr. 19, 205-207. Die mangelnden ‚Eigenrechte' der römischen Bischofssynode schlagen auch auf die zu veröffentlichenden Dokumente voll durch. Nach der Bischofssynode 1990 („Priesterbildung in der Welt von heute") spekulierte die Katholische Nachrichtenagentur: „Mit der Veröffentlichung des Synodenabschlußdokumentes dürfte nach den Erfahrungen früherer Synoden so bald nicht zu rechnen sein. Das letzte Schlußdokument der Synode 1985 war vom Papst selbst gründlich überarbeitet worden. Der brasilianische Kardinal Lorscheider sprach in Rom die Hoffnung aus, daß sich die enttäuschende Erfahrung früherer überarbeiteter Synodentexte nicht wiederhole, in denen die Voten der Synodalen nicht mehr wiederzuerkennen gewesen seien." (KNA-ID Nr. 43 v. 25. Oktober 1990, 6).

[113] Überdies hat der SPIEGEL in den Rubriken ‚Personalien' und ‚Rückspiegel' in zahllosen Meldungen die Heirat von Priestern dokumentiert.

[114] Auch dieser Aspekt ist gegenüber den Stories, die sich mit den Vorbereitungen des Konzils befaßten, neu. Auch das Konzil war ja nicht ‚demokratisch legitimiert'; die Konzils-Euphorie des SPIEGEL war damals größer als das Unbehagen an dieser Struktur der Katholischen Kirche.

[115] Diese doch sehr formale Sicht der Dinge versperrt dem SPIEGEL freilich den Blick auf die Reformtexte der Würzburger Synode. Sie bleiben im Magazin ungewürdigt.

[116] Die Entstehungs-Geschichte der Enzyklika ‚Humanae Vitae' ist auch heute noch spannend nachzulesen. Vgl. dazu: Th. u. G. Sartory, Strukturkrise einer Kirche, Vor und nach der Enzyklika ‚Humanae Vitae', München 1968, v.a.113-138; D. Mieth, Geburtenregelung, Ein Konflikt in der katholischen Kirche, Mainz 1990.

[117] Schon 1962 machte das Magazin in einer kurzen Story seine Leser mit den Thesen von F. Böckle vertraut, der „als erster geistlicher Gelehrter" (47) künstliche Geburtenkontrolle bejahe („Geburtenkontrolle, Last und Lust", 14/1962/44-47).

[118] 1990 wird diese Beurteilung im Rahmen einer Titel-Story einerseits wiederholt, andererseits etwas relativiert, wenn die Enzyklika ‚Humanae Vitae' als „eine der fatalsten Fehlentscheidungen, zu der sich ein Papst in diesem Jahrhundert hinreißen ließ" („Der Papst und die Lust", 52/1990/122-134, 126), bezeichnet wird.

[119] Darauf wird noch genauer einzugehen sein. Vgl. den Exkurs: ‚R. Augstein zu Kirche und Theologie' in diesem Kapitel.

[120] Die Enzyklika ‚Humanae Vitae' und die breite, innerkirchliche Ablehnung der päpstlichen Entscheidung haben den SPIEGEL ganz offenkundig veranlaßt, religions- und kirchensoziologische Untersuchungen zu veröffentlichen und auch in Auftrag zu geben.

[121] Nach Teil-Fertigstellung des Manuskriptes wurde diese These, erkennbar aus den Texten selbst, durch die Tatsache der Auflösung der SPIEGEL-Kirchen-Redaktion 1973 sozusagen ‚betrieblich-organisatorisch' bestätigt (so SPIEGEL-Redakteur M. Müller in einem Gespräch mit dem Autor dieser Arbeit, geführt am 24. September 1990 in Düsseldorf). Derzeit (Stand: 1994) ist P. Wensierski im SPIEGEL zuständig für die Kirchen-Berichterstattung.

[122] Die breite Darlegung des innerkirchlichen Aufbruches ändert nichts an der grundsätzlich gegebenen Skepsis des SPIEGEL. Diese taucht denn auch in fast allen Stories und Gesprächen auf.

[123] Diese Analyse des Magazins verfestigt sich in der Veröffentlichung umfangreicher religions- und kirchensoziologischer Studien in den 70-er und 80-er Jahren.

[124] Bischof G. Moser von Rottenburg-Stuttgart fragte denn auch nach dem SPIEGEL-Gespräch in einem offenen Brief an N. Greinacher den Theologen: „Was hält Sie in Ihrem Amt?" (Bischof Moser antwortet Professor Greinacher, Stellungnahme zum Spiegel-Interview, in: Katholisches Sonntagsblatt 130 (1982), Nr. 39, 7-8, 8). N. Greinachers rechtfertigende Replik vgl.: Katholisches Sonntagsblatt 130 (1982), Nr. 41, 7-8. „Ich erwarte von Ih-

nen keine Dankbarkeit, aber gewiß nicht die Frage: Was hält Sie in Ihrem Amt?“ (8).

[125] „Zum erstenmal wird am Küng-Fall jetzt belegt, was kritische katholische Theologen längst befürchtet haben: daß sich an den Methoden der Glaubenskongregation wenig geändert hat, obwohl sie seit Januar vergangenen Jahres nach einem neuen Reglement arbeitet. In keinem Rechtsstaat der Welt gibt es Verfahren, wie sie auch der Papst für die katholische Kirche noch immer für angemessen hält.“ („Kirche, Dossier 399/57i“, 12/1972/73).

[126] Man muß dem SPIEGEL freilich zugute halten, daß er nur kurze Zeit später K. Lehmann die Möglichkeit eröffnete, keineswegs unkritisch (Küng'sche Begrifflichkeit !), aber doch redlich und fair das Buch von H. Küng ‚Existiert Gott?‘ zu besprechen („Deklamation und Appell“, 15/1978/217-226).

[127] Auffällig ist sowohl bei W. Harenberg als auch bei R. Augstein das Verfallen in englische ‚idioms‘ („The Küng-show must go on“; „The Küng can do (no) wrong“). Dazu meinte in einem Leserbrief ein katholischer Pfarrer süffisant: „Die theologische Argumentation Augsteins kann mich nicht überzeugen. Dafür imponieren mir seine Englischkenntnisse immer mehr.“ (50/1974/7).

[128] H. Küng hat nach der Veröffentlichung dieses Essays erbost ein schon terminiertes Gespräch mit dem SPIEGEL (ob seines ‚missio‘-Entzuges) abgesagt (vgl. 4/1980/3-Hausmitteilung). Aus dem vom SPIEGEL protegierten Reformer war nun endgültig der „SPIEGEL-Gegner Küng“ (ebenda) geworden.

[129] Die Attacken werden fürderhin in Artikeln und Stories ‚versteckt‘. H. Küng ist ein *„rebellischer Außenseiter“* („Ich tue mich schwer, meinen Papst zu lieben“, 31/1984/98-107, 103), ein *„Konservativer mit liberalem Anstrich“* („Katholiken, Gefährliche Phrasen“, 21/1985/84-89, 86); seine Äußerungen seien – sinnigerweise in einem Rückblick des SPIEGEL auf das Konzil 20 Jahre nach dessen Abschluß – *„Exzesse eines Außenseiters“* („Vatikan, Rauch des Satans“, 48/1985/161-164, 163).

[130] In den Sparten ‚Hohlspiegel‘ und ‚Register‘ wird deren ‚Kampf gegen die Katholische Kirche‘ immer wieder aufgegriffen. Eine Dokumentation ist umfangmäßig nicht möglich.

[131] Inwieweit die Tatsache, daß der Kirchen-Redakteur des SPIEGEL, M. Müller, ebenfalls suspendierter katholischer Priester ist (vgl. 40/1974/3-Hausmitteilung), solche Gespräche zumindest psychologisch begünstigt oder gar fördert, sei dahingestellt. Beim Interview mit H. Herrmann jedenfalls sieht man sehr schön die Sicht der Dinge durch den SPIEGEL, wenn nach dem angeblichen ‚Unsinn‘ von Kirche und Papst voller Lust auch dann noch weiter nachgefragt wird, als das (der angebliche Unsinn) eigentlich schon aus den vorherigen Antworten von H. hervorgegangen war.

[132] Beide Essays sind teilweise entnommen aus: H. Herrmann, Papst Wojtyla, Der Heilige Narr, Reinbek bei Hamburg, 1983. Die Häme H. Herrmanns steht

im SPIEGEL der 80-er Jahre freilich nicht isoliert. Darauf wird noch einzugehen sein.

[133] Eine Beschränkung auf einige wenige, gut strukturierbare Punkte war aus Platzgründen notwendig. Die Artikel mit religions- und kirchensoziologischen Inhalten, die thematisch eigentlich an diesen Ort gehörten, bleiben ausgespart und werden in Punkt 3.6. dieses Kapitels abgehandelt.

[134] 1991 sieht R. Augstein das anders: „... und nach Canossa gehen wir notfalls auch." („R. Augstein, Kirchenkampf, anders", 20/1991/21).

[135] Ein (katholischer ?) SPIEGEL-Leser sah sich durch diesen Augstein-Kommentar derart provoziert, daß er schrieb: „Sehr geehrter Herr Augstein, fürchten Sie eigentlich nicht das Fegefeuer? Wirklich, ich sehe schwarz für Sie." (40/1980/10).

[136] Es zeigt sich erneut, daß man kirchlicherseits vom SPIEGEL nichts Gutes erwartet und man sich überrascht zeigt, wenn Gegenteiliges eintritt. Nach dem ‚Kirchensteuer-Titel' 1964 schrieb ein evangelischer Pfarrer: „Wer von den Ausführungen dieses Nachrichtenmagazins Sensationen oder aber außergewöhnliche Enthüllungen erwartet hatte, wurde enttäuscht. Es wurde nicht sensationell. Es war nicht einmal ungemütlich. Es gab sogar positive Feststellungen: Krankenhäuser, Kinderheime, Altersheime werden gebaut. Natürlich gab es auch Kritik, Kritik an der Höhe der Steuer, Kritik an der Tatsache, daß Kirchensteuer und Lohnsteuer zusammenhängen, Kritik an manchen Kirchenbauten. Aber aufs Ganze gesehen, möchten wohl manche Kirchenleute sagen: „Wir sind noch einmal davon gekommen." (26/1964/90-Hohlspiegel).

[137] Das Argument, die Kirchen bezögen ein ‚Heidengeld', tritt im SPIEGEL in der Folgezeit zunehmend zurück hinter die Darstellung des Dissenses zwischen Glaubens-Doktrin und den (gelebten) Überzeugungen der Kirchen-Mitglieder.

[138] Das Thema stand schon vier Jahre vorher auf der SPIEGEL-Tagesordnung („Die Milliarden des Vatikan, Das Finanzimperium des Heiligen Stuhl", 21-23/1970) - einem Auszug des Buches von N. Lo Bello. Im Vordergrund ebenfalls: Die fehlende Transparenz papaler Finanzmacht. „Wieviel Geld besitzt die römisch-katholische Kirche? Die Frage war nur schwer zu beantworten, denn die Finanzoperationen des Vatikans sind in tiefes Geheimnis gehüllt. Er ist der einzige Staat der Welt, der nie ein Budget veröffentlicht. Er ist die einzige katholische Institution, die ihre Finanztransaktionen streng geheimhält. Seine Unternehmungen sind so verästelt und kompliziert, daß es zweifelhaft erscheint, ob ein einziger Mensch jemals einen vollständigen Überblick über den Besitz des Vatikans gewinnen kann." („Die Milliarden des Vatikan", 21/1970/159-172, 159).

[139] In einer ‚Hausmitteilung' bekennt sich der SPIEGEL selbst dazu, in dieser Sache „wahrhaft eine ‚crusade', ein(en) Kreuzug" (20/1965/3) geführt zu haben.

[140] 1. Das Hauptmotiv des SPIEGEL für die Beschäftigung mit diesem Thema ist sicher dessen Interesse an der Aufarbeitung geschichtlicher Probleme. 2. Es soll an dieser Stelle nicht die sachliche Richtigkeit oder Fehlerhaftigkeit der Berichterstattung des SPIEGEL über das Verhalten der Kirchen – zumal der Katholischen Kirche – diskutiert werden; es geht einzig um die Aufarbeitung des Vorwurfes, die Kirchen hätten in dieser Zeit vor allem ihre institutionellen Interessen verfolgt.

[141] Es ist nicht möglich, die große Zahl ähnlicher Kommentare des SPIEGEL zu dokumentieren. Auch in jüngster Zeit wird – wann immer möglich – dieses Thema aufgegriffen, so anläßlich der Seligsprechung von E. Stein. Das Magazin meint dazu: „Dem Papstpublikum wird weitgehend verborgen bleiben, was Theologen und Historiker seit geraumer Zeit beschäftigt: der Verdacht, daß Edith Stein als Märtyrerin reklamiert wird, um von einer historischen Schuld der katholischen Kirche abzulenken – Seligsprechung als Alibi.“ („Durch Verfälschung zur Heiligen“, 18/1987/84-85, 84).

[142] In den 70-er und 80-er Jahren wird der Vorwurf des Machtmißbrauches der Kirchen meist im Zusammenhang mit der Abtreibungs-Problematik geäußert. Daher bleiben die Augstein-Kommentare zu diesem Punkt für den Themen-Komplex ‚Sexualmoral‘ aufgespart.Im übrigen werden an dieser Stelle nur die massivsten Attacken R. Augsteins aufgegriffen.

[143] So im Grunde die Kernthese von R. Augstein‘s Buch ‚Jesus Menschensohn‘. Viele Einzelgedanken des Buches waren vorher und nachher im SPIEGEL zu lesen.

[144] Diese Aussagen hat R. Augstein allerdings relativiert bzw. zurückgenommen, indem er an anderer Stelle von einer *„etwas verunglückten Bibel-Glosse“* („R. Augstein, So stell ich mir die Christen vor“, 10/1965/8) sprach.

[145] Diese Augstein‘schen Überlegungen zum ‚Theodizee-Problem‘ stießen vor allem bei Pfarrern und Theologen auf begeisterte Zustimmung (vgl. 49/1963/5-13; 50/1963/9-14-Leserbriefe).

[146] Dieser (!) R. Augstein wird dokumentiert bei der Besprechung der zunehmenden Kirchen-Häme im SPIEGEL, v.a. im Rahmen der Diskussion der ‚Abtreibungsfrage‘.

[147] Vgl. zur Geschichte des Endes von ‚Publik‘ die vorzügliche Veröffentlichung von: M. Schmolke (Hsg.), Publik – Episode oder Lehrstück?, Auskünfte über eine katholische Wochenzeitung, Paderborn 1974.

[148] Bekanntlich wurde ‚Publik‘ in die Zeitschrift ‚Publik-Forum‘ – herausgegeben von einer Leser-Initiative – übergeführt und hat, trotz anfänglicher Skepsis, ‚überlebt‘.

[149] Zum versuchten Rauswurf vgl.: H.J. Schultz, Glühende Kohlen, Rundfunk, Öffentlichkeit und Kirche: ein Verhältnis, in: epd, Kirche und Rundfunk Nr. 71 vom 7. September 1988, 46-51.

[150] Die Buchveröffentlichung dieser Hörfunk-Sendereihe wurde denn auch ein Bestseller (vgl. H.J. Schultz (Hsg.), Kritik an der Kirche).

[151] Diese kritischen Aspekte sieht – trotz der positiven Gesamtwertung von ‚mehr Kirche im Fernsehen' – gut: E. Bieger, Religion im Fernsehen, in: LebZeug 45 (1990), 119-128.

[152] Vgl. dazu Punkt III. in I. Kapitel, v.a. Punkt 1.1.

[153] Eine Darstellung aller Äußerungen des Magazins ist weder möglich noch sinnvoll. Prägnantes wird angeführt. Wie sehr freilich der SPIEGEL gegen die ‚Methoden' der Glaubenskongregation Einwände erhebt, zeigt sich darin, daß immer – mit seltener Penetranz – hinzugefügt wird, es handle sich bei ihr um die ehemalige ‚Hl. Inquisition' – und da weiß man ja, was von ihr zu halten ist.

[154] Romanhaft beschreibt der SPIEGEL das Verfahren gegen I. Illich: „Mittelalterlich war die Atmosphäre, als Illich zum Verhör geführt wurde: In einem düsteren Raum, dessen Fenster vergittert waren, saß an einem wuchtigen, hölzernen Tisch ein Vatikan-Prälat in violetter Soutane, ein anderer hielt sich im Hintergrund. Der Dialog war knapp: „Ich bin Illich." „Ich weiß." „Monsignore, wer sind Sie?" „Ich bin ihr Richter." („Priester, Gehe, gehe", 196). Vgl. auch die bitteren ‚Erfahrungen' von B. Häring mit der Glaubenskongregation: B. Häring, Meine Erfahrung mit der Kirche, v.a. 105-188.

[155] Umfassend ins Gericht mit den Nuntiaturen geht der SPIEGEL schon 1974 („Vatikan intim, Die Manager des Papstes Paul", 46/1974/137-150).Der Begriff von den Nuntiaturen als ‚De-Nunziaturen' ist denn auch schon fast ein geflügeltes Wort in der innerkirchlichen Auseinandersetzung geworden.

[156] Ein Beispiel dazu: Wenn ein Domkapitel einen neuen Bischof gewählt hat, wird auf einer nachfolgenden Presse-Konferenz stolz vermerkt, die Geheimhaltung im Verfahren habe bestens geklappt, d.h. die Namen der beiden anderen (nichtgewählten) Kandidaten sowie das genaue Wahlergebnis des schließlich Gewählten bleiben geheim. Wie gesagt: Auf einer Pressekonferenz!

[157] Der SPIEGEL hat in einer einzigen Story seine Leser – und dies auch nur sehr rudimentär – auf die theologischen Konsequenzen dieses Vorganges aufmerksam gemacht („Atheismus, Gewisse Riskien", 14/1963/207-208).

[158] Vgl. dazu Kapitel I dieser Arbeit, besonders Punkt IV., 4.2. Die genauen Zahlen finden sich in: W. Harenberg (Hsg.), Was glauben die Deutschen? (1967); ders., Was glauben die Deutschen? II, IFAK-Spektrum 3 (1979).

[159] Einem kritiklos anerkannten Fetisch ‚moderne Lebenskultur' soll hier keinesfalls das Wort geredet werden. Diese kaum zu überbrückende Differenz wird vom SPIEGEL auch explizit ausgeführt (vgl. „Gefahr einer Notlage", 24/1988/34-42) – einem bemerkenswert differenziert argumentierenden Aufsatz der SPIEGEL-Redakteurin A. Barth zum Problem der Abtreibung. Ver-

glichen mit der sonstigen Berichterstattung des Magazins zu diesem Problem stellt sich die überraschte Frage, wie dieser Artikel ‚ins Blatt rutschen' konnte. Auf diesen 8 Seiten belegt A. Barth, daß das Spannungsfeld ‚Katholische Sexualmoral – modernes Lebensgefühl – Abtreibung' nicht unbedingt und von vorneherein auf der Augstein'schen Aggressions-Ebene abgehandelt werden muß.

160 Die polemischen Ausführungen des SPIEGEL zu dieser Diskrepanz haben ihre sachliche Berechtigung. Vgl. zum Dissens zwischen doktrinaler Forderung und faktischem Verhalten von Gläubigen und Kirchgängern: J. Hoffmann, Praktizierende Katholiken zwischen Kirche und Gesellschaft, Düsseldorf 1973.

161 Vgl. Punkt II. in diesem Kapitel.Die Reaktionen auf den ‚Weihnachts-Artikel' des SPIEGEL 1990 („Der Papst und die Lust", 52/1990/122-134) zeigen dies erneut. Vgl. dazu massiv: L. Groppe, Trommelfeuer gegen den Papst, in: Criticón 21 (1991), Nr. 124, 56.

162 Bemerkenswert ist, daß die Attacken gegen die katholische Sexualmoral im SPIEGEL weitgehend in Namens-Artikeln geäußert wird.

163 Sensibel reagiert das Magazin auch, wenn Gesprächspartner /-innen mit dem ‚Mord'-Vorwurf argumentieren. Ein Auszug:„LAURIEN: Wenn die Frau dieses Kind – aus welchen Gründen auch immer – töten will ... „ „SPIEGEL: Frau Laurien, dürfen wir daran erinnern, daß Töten von Kindern etwas anderes ist als Abtreibung?" „LAURIEN: Gut, wenn Sie das so juristisch definieren wollen."„SPIEGEL: Nein, in solchem Sprachgebrauch steckt ein Stück Diffamierung." („Das ist sozusagen der Kriegsfall", 42/1986/76-87, 80).

164 Am Schluß seines Kommentares meint er noch griffiger: „Nicht hartnäckig genug kann man ihr [der Katholischen Kirche] und den C-Parteien, denen sie ihre Hilfe angedeihen läßt, vor Augen halten, was selbstverständlich sein sollte: Den schon Geborenen muß alle Sorge gelten, nicht dem bewußtlosen Fötus im ersten, zweiten oder dritten Monat." (ebenda). Der Leiter der Sekretariates der Deutschen Bischofskonferenz, Prälat W. Schätzler, sah sich daraufhin an das „warnende Beispiel der Nazizeitschrift „Der Stürmer" (erinnert)" (3/1988/194-Rückspiegel), und E. Stoiber, der damalige Leiter der Bayerischen Staatskanzlei, bezeichnete den Augstein-Kommentar als „abgrundtief bösartige Diffamierung ..., die ich nur noch als Exzesse bezeichnen kann" (28/1988/182-Rückspiegel).

165 R. Augstein wiederholt sich hier nicht zum erstenmal.

166 Zum Begriff vgl.: B. Carstensen, SPIEGEL-Wörter, SPIEGEL-Worte, 23-28. Vgl. ebenfalls Kapitel II, Punkt III.

167 Die im folgenden stattfindende zeitliche Zweiteilung des SPIEGEL-Materials (vor 1977 und seit 1978) erfolgt ob dieser starken Zunahme satirischer und hämischer Kirchenartikel seit 1978, dem Jahr der Wahl von Karol Wojtyla zum Papst.

[168] F.-H. Robling, Personendarstellung im „Spiegel", 50. Die von R. festgestellte „Personalisierung" aus „Unterhaltungsabsicht" (ebenda) trifft für die Kirchen-Berichterstattung des SPIEGEL erst für die 80-er Jahre zu. In der Zeit zuvor ist diese – wie noch zu zeigen sein wird – stärker ereignis- als personenbezogen.

[169] Auch in den 80-er Jahren bleibt Oberammergau dem SPIEGEL eine bissige Breit-Seite wert: „9.05 Vertreibung, 17.08 Himmelfahrt" (14/1984/82-96).

[170] Mit Lust veröffentlicht der SPIEGEL solche Reaktionen. Als das rheinland-pfälzische Kabinett beschlossen hatte, Strafantrag gegen den SPIEGEL wegen des ‚Heiligen Rock'-Artikels zu stellen, schrieb der damalige Ministerpräsident P. Altmeier an das Kölner Generalvikariat einen Brief mit folgendem Brief-Abschluß: „In der Hoffnung, daß ich als katholischer Christ meine Pflicht erfüllt habe, verbleibe ich mit dem Ausdruck ergebener Hochachtung Ihr Peter Altmeier" („Heiliger Rock", 25/1959/13).

[171] Trotz der Unangemessenheit an der v.a. sprachlichen Abhandlung kirchlicher Ereignisse kritisiert der SPIEGEL m.E. durchaus berechtigt kirchliche Großmannsucht, Geschäftemacherei und übertriebene (!) Frömmelei.

[172] Diese Diskrepanz (berechtigte Kritik in ironisch-lächerlicher Sprache) zeigt sich auch in Leserbrief-Spalten. Ein mitgereister Pilger aus Altötting bekannte: „Der Aufsatz ist eine Herausforderung für jeden Dabeigewesenen." Ein anderer dagegen schrieb: „Solche Schnüffler sind keine Reporter und sollten aus einer Pilgergruppe hinausgeworfen werden." (16/1975/18-Leserbrief).

[173] Vgl. dazu: F.-H. Robling, Personendarstellung im „Spiegel", 43-57, sowie Kapitel II dieser Arbeit.

[174] Ebenda, 52.Diese Kritik am SPIEGEL trifft in besonderer Weise auf die Kirchen-Berichterstattung der 80-er Jahre zu.

[175] R. Zoll / E. Henning, Massenmedien und Meinungsbildung, 258-259. Vgl. dazu auch: H. Arntzen, „Spiegel"-Medisance, in: ders. / W. Nolting (Hsg.), „DER SPIEGEL" 28 (1972), Analyse, Interpretation, Kritik, 51-56.

[176] F.-H. Robling, ebenda, 52.

[177] H. Arntzen, „Spiegel"-Medisance, 56.

[178] E. Krückeberg, Der sich knebelnde Autor, in: H. Arntzen / W. Nolting (Hsg.), „DER SPIEGEL" 28 (1972), 127-135, 128. H. Arntzen spricht zu Recht von einem „Journalismus, der die Wirklichkeit nach dem Maße der Nachricht umschafft" (H. Arntzen, Nachricht von der Satire, in: ders. (Hsg.), Schein-Zeitung, Deutsche Satire des 20. Jahrhunderts, Heidelberg 1964, 6-17, 14) – eine Kritik, die wie geschrieben ist für den SPIEGEL.

[179] Ein Beispiel für diese ‚Pseudo-Konkretheit' (H.M. Enzensberger) einer beobachteten Nebensächlichkeit im SPIEGEL: „Seine [des Papstes Johannes Paul II.] Schuhgröße ist 44, seine Kragenweite 41. Für dreißig heimlich auf-

genommene Badephotos - Karol am päpstlichen Pool in seiner Sommerresidenz Castelgandolfo - zahlte der italienische Verlag Rizzoli angeblich zwei Millionen Mark. Kein Zweifel: Die Farbe seiner Badehose ist schwarz." („Papst, Du bist stärker als Supermann", 46/1980/58-69, 60).

[180] Solche ‚Mätzchen' werden natürlich gern konsumiert. „Stellt man sich unter dem anonymen SPIEGEL-Jargon eine gewisse mit Süffigkeit aufbereitete Häme vor, so liest man diesen Jargon - wenn man nicht gerade selbst der Betroffene ist - gelegentlich ganz gern, weil er „flott" ist, ohne den geringsten „Ewigkeitswert" und Anspruch auf denselben." (H. Böll, Blick zurück mit Bitterkeit, in: Heinrich Böll, Werke (Essayistische Schriften und Reden Bd. 3), Köln o.J., 27-33, 27).

[181] U. Förster, Maskeraden im Gegenwartsdeutsch, 333. Dieses Kürzel wurde vom deutschen Presserat gerügt.

[182] Auch in der Aussage, der SPIEGEL-Redakteur sei *mit* dem Papst in Großbritannien (Überschrift - Unterzeile), kommt der ironische Grundansatz der Story schon zum Vorschein. Vielleicht geht ja der Papst schon bald mit einem SPIEGEL-Redakteur auf Reisen.

[183] Der SPIEGEL zitiert an dieser Stelle aus einem Buch von S.d. Andreis und M. Leone.

[184] „... so ist die Parodie die Sprechweise des Ironikers par excellence" (B. Allemann, Aufriß des ironischen Spielraums, in: H.-E. Haas / G.A. Mohrlüder (Hsg.), Ironie als literarisches Problem, Köln 1973, 39-46, 44). Vgl. zur rhetorischen Technik: H. Lausberg, Elemente der literarischen Rhetorik, München 1984, v.a. 39-41.

[185] Dieser Eindruck wird noch verstärkt durch das fast vollständige Fehlen der ‚Wissenschafts-Berichte'.

KAPITEL IV

PROLEGOMENA ZUM VERHÄLTNIS VON KIRCHE UND ÖFFENTLICHKEIT – EINE SCHLUSSBETRACHTUNG DER THEOLOGISCHEN UND KIRCHLICHEN BERICHTERSTATTUNG DES NACHRICHTEN-MAGAZINS ‚DER SPIEGEL'

I. Vorbemerkung

Innerkirchliche Entwicklungen, Entscheidungen und Verhaltensweisen werden durch Massenmedien ‚öffentlich' gemacht und sind schon deshalb auf ihre binnen-organisatorischen Dimensionen nicht begrenzbar. Wie in Kapitel III als *ein* Ergebnis gezeigt werden konnte, verändern nicht nur personal-politische Entscheidungen oder publikumswirksame Skandale das Bild der Kirchen (hier: der Katholischen Kirche) in der Öffentlichkeit oder in einer konkreten Zeitschrift. Der SPIEGEL hat aufgrund *theologischer* Entwicklungen seine Stellung zu Theologie und Kirche grundlegend verändert und formal sowie inhaltlich reduziert.

Ziel dieses Kapitels ist es nun, die Ergebnisse – falls notwendig – zu strukturieren und die Linien der einzelnen Kapitel-Abschnitte zusammenzuführen. Es soll sich zeigen, daß unerfüllte Postulate nicht nur an sich zu bedauern sind, sondern direkt und schnell konkrete Konsequenzen zeihen.

Die theoretischen Anmerkungen zu ‚Öffentlichkeit' und ‚massenmedialem Kommunikationsprozeß' sind in der Fachwissenschaft weitgehend rezipiert und werden von kirchlichen Leitungsgremien ‚im Grunde' auch nicht abgelehnt. In Wahrheit wird dagegen jedoch weiter verstoßen, wie die Reaktionen auf die ‚Kölner Erklärung' exemplarisch belegen.

Mit der ‚Instruktion über die kirchliche Berufung des Theologen' der Glaubenskongregation wird neuerdings der einseitige Gebrauch von Öffentlichkeit sogar ausdrücklich reklamiert und sanktioniert. Einer faktisch gegebenen ‚unbewältigten Öffentlichkeit der Kirche' korrespondiert hier eine theoretisch geforderte. Darauf wird deshalb näher einzugehen sein.

II. Kirche und Öffentlichkeit

Das Verhältnis von Kirche[1] und Öffentlichkeit ist belastet. Noch immer tut sich eine Kirche im Forum einer öffentlichen Wahrheits-Suche schwer, einen Weg zwischen kritiklosem Mitspielen

aus Gründen der Selbstdarstellung und dem Rückzug in eine geheimnisumwogene Sonderwelt (mit entsprechender Sonder-Behandlung bzw. der Forderung nach einer solchen) zu gehen. Daß mitunter nicht nur einer dieser beiden, sondern wahlweise – je nach Bedarf – beide Wege beschritten werden, verstärkt diesen Eindruck. Noch immer wird in Institutionen seitens der Kirche auf Sonderrechte gepocht, wird im Binnen-Verhältnis auf Kontroll-Instanzen für ‚Betroffene' bei Lehrbeanstandungsverfahren verzichtet, gilt bei Verfahrensordnungen das Prinzip der Geheimnistuerei, werden Rechts-Standards nicht akzeptiert – allesamt Punkte, die einzuhalten sind, wenn einer ‚Refeudalisierung der Öffentlichkeit' (J. Habermas) vorgebeugt werden soll. Die Verbände selbst müssen zu Foren öffentlicher Kritik werden und sich den „Bedingungen der Publizität rücksichtslos (unterwerfen)"[2].
Ist die Katholische Kirche ein Forum der öffentlicher Kritik? Gelten in ihr die Kriterien der verbandsinternen Demokratie und Kontrolle, die – wenn gegeben – zur gleichberechtigten und partnerschaftlichen Teilnahme am Forum der Öffentlichkeit erst berechtigen? Ist die Katholische Kirche wirklich ein Ort und ein Anwalt *‚kommunikativer Diakonie'* (P. Düsterfeld), die als Organisation Sprachrohr der Sprachlosen ist und in der als Organisation einer Instrumentalisierung der Massenmedien widerstanden wird?
Die Beteiligung am massenmedialen Kommunikationsprozeß ist für die Katholische Kirche folgenreich, folgenreicher jedenfalls, als bislang die Äußerungen einzelner Bischöfe und kirchlicher Leitungsgremien zu vermuten den Anlaß geben. Die Folgen sind dabei keinesweg taktischer Natur, sondern sie fragen die Kirche in ihrer Struktur und in ihrem Verständnis kritisch an. Die Alternativen sind klar: Wer glaubt, daß (massenmediale) Kommunikation und Katholische Kirche unvereinbare Größen darstellten, sollte aus dieser (falschen) Erkenntnis die Konsequenzen ziehen, und zwar radikal. Verzicht ist immer möglich.
Wer nicht zu dieser Ansicht gelangt, sollte erkennen, daß Kirche im Konzert der anderen nur eine Stimme hat, die anzuhören ‚die Welt' nicht deshalb geneigt ist, weil sie von einer anderen Welt kommt, sondern weil sie sachgerecht zur Lösung von Problemen in dieser Welt beizutragen vermag. Wer in den Massenmedien ei-

nen einseitigen, ‚willkommenen Verkündigungsverstärker' (U. Saxer) sehen will, in dem ‚kirchenfremde' Äußerungen oder ‚Kirchenkritisches' möglichst keine Erwähnung zu finden hätten, erhebt einen sachfremden, ideologischen Anspruch.
In einer Zeit, in der die kirchen-statistischen Zahlen (Gottesdienstbesucher, etc.) zurückgehen, ist es in der Tat verlockend, die Massenmedien zu instrumentalisieren und öffentliche Kritik als ‚kirchenfeindlich' und als dem Wesen der Kirche nicht angemessen zu bezeichnen. In den Reaktionen auf die sogenannte ‚Kölner Erklärung' seitens der Bischöfe und der Kurie hat sich diese Sicht der Sache *faktisch* gezeigt. In der ‚Instruktion über die kirchliche Berufung des Theologen' wird diese Sicht nun auch *theoretisch* gefordert und untermauert. Die Forderung nach einem Medienmonopol einer bestimmten Gruppe innerhalb einer bestimmten Organisation ist dem massenmedialen Prozeß aber in hohem Maße fremd.

Exkurs

Die ‚Instruktion über die kirchliche Berufung des Theologen' – Absicht und Konsequenz[3]

1. Der Text

Die Kongregation für die Glaubenslehre veröffentlichte am 24. Mai 1990 eine ‚Instruktion über die kirchliche Berufung des Theologen'.[4] In ihr wird versucht, „die Sendung der Theologie in der Kirche (zu erhellen)" (1). Im Zentrum der Instruktion steht die Diskussion der Frage, wie Theologinnen und Theologen bei Vorliegen einiger „abweichenden Meinungen und Hypothesen" (27) und bei Dissens sich zu verhalten haben. Bei ersterer Problematik werden sie eine „vorzeitige Veröffentlichung vermeiden" (27) und „nicht auf die Massenmedien zurückgreifen, sondern vielmehr die verantwortliche Autorität ansprechen, denn durch das Ausüben von Druck auf die öffentliche Meinung kann man nicht zur Klärung von lehrhaften Problemen beitragen und der Wahrheit dienen" (30).

Einen Dissens zur kirchlichen Lehre sieht die Glaubenskongregation im Tatbestand „jener öffentlichen Oppositionshaltung gegen das Lehramt der Kirche“ vorliegen, die „gut von der Situation persönlicher Schwierigkeiten unterschieden werden (muß)“ (32). Die Instruktion spricht dabei von „jenen Haltungen systematischer Opposition“, der „Bildung von organisierten Gruppen“ (32) in der Kirche.

Dem Dissens der theologischen Gruppen und der Abweichung der theologischen Einzelmeinung wird die Sendung des Lehramtes entgegengestellt. Diese Sendung besteht „in der Unterweisung des Evangeliums, im Wachen über seine Integrität und dadurch im Schutz des Glaubens des Volkes Gottes“ (37). Gegen das Denken, die Kirche sei eine „politische Gesellschaft“ (33), pocht die Instruktion darauf: „Die Kirche (ist) ein Geheimnis der Gemeinschaft.“ (39).

Und als Conclusio faßt die Glaubenskongregation zusammen: „Deswegen darf man auf sie [die Kirche] auch nicht schlicht und einfach Verhaltensmaßstäbe anwenden, die ihren Seinsgrund in der Natur der bürgerlichen Gesellschaft oder in den Regeln haben, nach denen eine Demokratie funktioniert. Noch weniger darf man die Beziehungen im Innern der Kirche nach der Mentalität der Welt, die sie umgibt, beurteilen (vgl. Röm 12,2). Von der mehrheitlichen Meinung das, was man zu denken und zu tun hat, ableiten zu wollen, gegen das Lehramt den Druck der öffentlichen Meinung einsetzen, den „Konsens“ der Theologen zum Hauptmaßstab machen oder den Anspruch erheben, der Theologe sei der prophetische Wortführer einer „Basis“ oder autonomen Gemeinschaft, die damit die einzige Quelle der Wahrheit wäre, all das zeigt einen schwerwiegenden Verlust des Sinns für die Wahrheit und des Sinns für die Kirche.“ (39)[5]

2. Die Reaktionen

Die Instruktion hat einige zustimmende[6], aber auch heftig kritisierende Stimmen[7] ausgelöst. D. Mieth kritisiert zum einen den in der Erklärung aufgebauten Gegensatz zwischen verlangter Loyalität und öffentlicher Diskussion von Problemen[8], zum an-

deren wird er bei der Begrifflichkeit der Instruktion (‚systematische Opposition', ‚Bildung von organisierten Gruppen') an das „Wörterbuch des Totalitarismus"[9] erinnert.
Bedeutender als die Begrifflichkeit der Instruktion ist freilich der Umgang mit dem Begriffspaar ‚Kirche und Öffentlichkeit'. Es ist bezeichnend, daß das Lehramt in dieser Frage an Altbewährtes erinnert werden muß: „Nun vollzieht sich Theologie als Wissenschaft wesentlich im Raum der Öffentlichkeit. Ohne Publikationen und öffentlichen Diskurs ist Theologie als solche unmöglich. Zu ihr gehört die Möglichkeit, wissenschaftliche, d.h. theologisch begründete Bedenken gegenüber Auslegungen und Verstehensweisen des Glaubens vorzutragen."[10]
Die Möglichkeit zur öffentlichen Kritik schließt die Inanspruchnahme der Massenmedien (auch durch aktual entstandene Gruppen, die *dadurch nicht* zu ‚organisierten Gruppen' werden !) nicht aus, sondern ein. Die Bestreitung dieser Möglichkeit für die Theologen durch die Instruktion stellt eine fundamentale Verletzung des massenmedialen Kommunikationsprozesses dar, in dem die Kirche als gesellschaftliche Gruppe stehen will und die Theologie als Wissenschaft stehen muß. D. Mieth greift diesen einseitigen Umgang des Lehramtes mit dem Phänomen ‚Öffentlichkeit' auf:
„Das gleiche Dokument, das den öffentlichen Dialog der Theologen über abweichende Meinungen verbietet, spricht mit diesen Theologen über die Zeitungen. ... Die Beanspruchung des Medienmonopols und die Bevorzugung der Kommunikation seitens der Glaubenskongregation sind ihrerseits schwere Verletzungen des „vertrauensvollen Dialoges"".[11]
Hier liegt eine „Instrumentalisierung der Öffentlichkeit"[12] vor, zudem eine einseitige, die zurückgewiesen werden muß. Die ‚Tübinger Erklärung' sieht in der Instruktion denn auch den Versuch, „die öffentliche Meinung in der Katholischen Kirche zu kanalisieren und die Massenmedien nur für die Zwecke der Selbstdarstellung des kirchlichen Lehramtes einzusetzen."[13]

3. Das Fazit

1. Die Anmerkungen der ‚Instruktion über die kirchliche Berufung des Theologen' sind unter öffentlichkeits-theoretischen Ge-

sichtspunkten zurückzuweisen. Die Beanspruchung des Medienmonopols durch eine bestimmte Gruppe in einer Organisation ist dem massenmedialen Prozeß in hohem Maße fremd.
2. Wäre dem Lehramt an einer ‚*kommunikativen Diakonie*' gelegen, dann wäre es mitnichten seine Aufgabe, Kritik zu unterdrükken, sondern im Gegenteil für ein Forum öffentlicher Kritik einzutreten und Ausdrucksmöglichkeiten für ‚abweichende Theologen' zu garantieren.
3. Im öffentlichen Kommunikationsprozeß einen besonderen Status, einen ‚Geheimnischarakter der Kirche' zu bemühen, verbunden mit der Forderung nach ‚Sonderbehandlung', ist illegitim.[14] Wer sich an diesem Prozeß als gesellschaftlich relevante Gruppe beteiligt, tut dies nach den Sachkriterien dieses Prozesses.[15]
4. Der Mißbrauch durch einseitige Inanspruchnahme durch die Katholische Kirche (Lehramt) fällt auf sie durch eine mitunter übertrieben harte, polemische Kritik in den Massenmedien zurück. Illegitimer (Macht-) Anspruch von heute ist die potentielle hämische Kritik von morgen.
5. Die Instruktion stellt den theoretischen Unterbau für schon häufiger vorliegende sachwidrige Eingriffe durch kirchliche Verantwortliche in den massenmedialen Kommunikationsprozeß in der Praxis dar. Sie ist auch insofern als ‚Rückschritt' zurückzuweisen.

III. Kirche und SPIEGEL

Innerkirchliche Entwicklungen wurden vom SPIEGEL in den 50-er und 60-er Jahren seismographisch aufgegriffen. Das Magazin hat dabei nicht nur versucht, mit personen-bezogenen Titel-Geschichten (Päpste, Bischöfe, Kardinäle, seltener Theologen) theologisches zu transportieren, sondern mit großen theologischen Titeln und Titel-Serien seine Leser mit aktuellen Entwicklungen im Bereich der Wissenschaft zu konfrontieren. Dies geschah auf hohem Niveau – mitunter besaß ein theologischer Titel gar Lehrbuch-Standard – und stellte ein gutes Stück kirchlichen ‚Wissenschafts-Journalismus" dar.

Dieses theologische Interesse des SPIEGEL befremdet aus heutiger Sicht. Noch befremdlicher freilich erscheint die damalige harsche und aggressive Verurteilung solcher theologischer Titel durch Kirchenvertreter und Kirchen-Zeitschriften.[16] Sie ist nicht mehr nachvollziehbar.
Die Aufklärungs-Leistung des SPIEGEL wurde dabei von den Kirchen, zumal der Katholischen Kirche, als zu vermeidende Verwirrung mißverstanden. Es wurde so – im Gegenteil – die Grundlage für neuerlichen Aufklärungsbedarf gelegt, Anlaß für neuerliche ‚Verwirrung' gegeben. Den Kirchen war es unmöglich, die journalistische Aufarbeitung theologischer Fragestellungen als eine notwendige, viele SPIEGEL-lesende Christen und ‚Nicht-Christen' aufklärende Aufgabe zu würdigen. Was eigentlich Auftrag und Aufgabe der Kirchen wäre – nämlich den Graben zwischen Wissenschaft (Theologie) und Praxis (Gemeinde) zu überwinden – diese Aufgabe hat in den 50er und 60er Jahren der SPIEGEL in beachtlicher Manier erfüllt.
In den letzten Jahren – als konsequentes Ergebnis religions- und kirchensoziologischer Studien – ist Theologie im SPIEGEL fast kein Thema mehr. Die Berichte sind personenbezogen, auf den Bereich der Sexualmoral ‚privatisiert' und reduziert sowie in ironisch-kabarettistischem Ton gehalten.[17]
Die Fixierung auf Themen der Sexualmoral durch den SPIEGEL hat die Katholische Kirche durch die ihrerseits starke Hervorhebung dieser Fragen zumindest teilweise selbst zu verantworten. Die Attacken des Magazins in diesem Bereich – oft nicht zimperlich vorgetragen – werden von der Katholischen Kirche ebenfalls nicht unbedingt sanft beantwortet. Das Magazin wird in zahllosen Vergleichen in die Nähe nazistischer Zeitschriften oder nazistischer Kirchenverfolger gerückt, und dies geschieht bis auf den heutigen Tag.[18]
Einen der interessantesten Befunde stellt der deutliche Zusammenhang zwischen theologischen (innerkirchlichen) Entwicklungen und der Berichterstattung darüber dar. Daß personenzentrierte Befunde wie etwa anstoßgebende Skandale Wirkung zeigen und auch ihren publizistischen Niederschlag finden, ist nicht neu. Überraschend hingegen ist der Kurswechsel des SPIEGEL von einer offenen, Sympathie zeigenden Berichterstattung

über die Katholische Kirche vor und während des II. Vatikanischen Konzils hin zu massiver Kirchenkritik und zur Verdammung der Kirchen-Reformer in der Folgezeit. Es waren *theologische* Themen und Entwicklungen, es waren unterbliebene Kirchen-Reformen, es war das Zurückbleiben hinter ‚modernen Standards' (Recht, Öffentlichkeit), die den Standpunkt des Magazins verändert haben. Das Ende der ‚SPIEGEL-Theologie' der 50-er und 60-er Jahre hat hier seine zumindest teilweise nachvollziehbare Berechtigung.

IV. SPIEGEL und Kirche/Theologie

Über theologische Entwicklungen wird die SPIEGEL-Leserschaft heute nur noch unzureichend informiert. Das Magazin hat seine Kirchen-Berichterstattung *sachlich* auf sexualmoralische Fragestellungen (Religionssoziologie / Kirchensoziologie) reduziert und *formal* mit einem satirisch-hämischen Duktus versehen.

Die SPIEGEL-Berichterstattung stellt dabei einen Reflex auf religions- und kirchensoziologische Entwicklungen dar. Die Ignorierung und – falls überhaupt bekannt – die Ablehnung zentraler Glaubens-Doktrinen durch die Mehrheit der Kirchenglieder hat die Theologie-Berichterstattung der 50er und 60er Jahre konterkariert. Der SPIEGEL hat dieser gesellschaftlichen Neu-Definition von Kirche und Religion Rechnung getragen und Tribut gezollt – erst in der Darlegung dieser Studien, dann in der Reduzierung der Berichterstattung selbst. Diese publizistisch feststellbare thematische Selbstbeschränkung des Magazins korrespondiert somit auffällig mit den verstärkt zu beobachtenden kirchensoziologischen Reduzierungen und Privatisierungs-Tendenzen bei einer Mehrheit von Christen. Der SPIEGEL ist, so ‚einleuchtend' und ‚verständlich' dies auch sein mag, bedauerlicherweise dieser Tendenz in einseitiger Weise gefolgt.

Die Folge war der Verlust der aufklärerischen Kraft des Magazins. Reformen und Neu-Entwicklungen in Theologie und Wissenschaft, die sich nicht über den Leisten von Kirchen-Soziologie/ Sexualmoral oder einer satirischen Abhandlung schlagen lassen,

sind dem SPIEGEL als solche nicht mehr erkennbar und benennbar.[19] Beim Zeichnen des Bildes einer ‚Kirche am Ende' ging dem SPIEGEL die Farbe aus. Für Neu-Ansätze und Aufbrüche in der Theologie ist die Farb-Palette des Magazins zu klein und auch nicht ausreichend gut bestückt; auf ihr sind in den letzten Jahren nur noch ‚schwarz' und ‚weiß' – die Lieblingsfarben des SPIEGEL – vertreten. Die Nicht-Beachtung z.B. der Theologie der Befreiung (Theologie der Revolution; politische Theologie) stellt dabei nur einen Farb-Tupfer unter vielen möglichen dar.
Es ist einfacher, Kirchen-Reformern zu mißtrauen und ihnen zu raten, die (Katholische) Kirche zu verlassen. Sie widersprechen durch ihre bloße Mitgliedschaft dem so genügsamen, selbstentworfenen SPIEGEL-Spiegel-Bild einer ‚maroden Kirche'.
Der starre, einseitige Blick auf dieses Bild verhindert die Einsicht in die neuen, notwendig neuen Formen von Religion und Religiosität in der modernen Gesellschaft. Der ‚Rückzug' der Kirchen in der Gesellschaft stellt nur eine Seite der Medaille dar. Dem SPIEGEL gelingt es nicht, Religion und Religiosität als auch von institutionellen Grenzen loslösbare und zu unterscheidende Phänomene aufzugreifen und zu werten. So stellt das SPIEGEL-Kirchen-Bild den Reflex einer eigenen, einseitigen Perspektive dar.
Am Ende der Kirchen-Berichterstattung des SPIEGEL steht die Ironie, das kabarettistische Wort. In dieser Konsequenz werden Kirche und Kirchen-Vertreter dem Duktus der Lächerlichkeit ausgesetzt. Der Gleichgültigkeit in der Sache folgt im Magazin die Unterhaltung, der Unterhaltung die Skepsis.[20]
Der Verlust von Kritik und Kritikfähigkeit des SPIEGEL ist die Folge. Ironie und Satire bleiben im Vorraum einer möglichen Problemdeutung stehen[21]; sie nutzen nicht die Bandbreite sich bietender Zugehensweisen, Interpretationen und kritischer Auseinandersetzung. Ein wirklich kritisches Nachrichtenmagazin würde dieser Reduzierung widerstehen. Skepsis und wehmütiger Pessimismus sind noch keine Kritik. Die Kirchen-Berichterstattung des deutschen Nachrichtenmagazins ‚DER SPIEGEL' im letzten Jahrzehnt leidet unter der Verkennung dieser Differenz beziehungsweise an der implizit erfolgten Gleichsetzung.

Anmerkungen zu Kapitel IV

[1] Im folgenden ist mit ‚Kirche' immer die Katholische Kirche gemeint.

[2] J. Habermas, Strukturwandel, 248.

[3] Die Instruktion wird ausschließlich bezüglich ihrer Aussagen zur Öffentlichkeit beleuchtet. Die interessanten wissenschaftstheoretischen Ausssagen (‚fundamentaltheologischer Art'), die zudem in (erfreulich) großer Kontinuität zu den entsprechenden Aussagen von Papst Johannes Paul II. bei seinem Besuch in Deutschland 1980 stehen, müssen unberücksichtigt bleiben.

[4] Veröffentlicht ist der Text in zahlreichen Publikations-Organen – gut zugänglich in: OR (D) 20 (1990), Nr. 26, 7-10; HerKorr 44 (1990), 365-373; „Instruktion über die kirchliche Berufung des Theologen" (Verlautbarungen des Apostolischen Stuhls 98, Bonn 1990).Die Erklärung wird im Textteil dieser Arbeit nach ihrer eigenen Numerierung zitiert. Problematisch ist schon die Titulierung der Instruktion ‚des Theologen', d.h. in der Ansprache eines einzelnen (!) Mannes (!). Zu Recht weist E. Klinger darauf hin, daß es „diesen Idealtypen nirgends gibt. Es gibt den einzelnen Theologen in seiner Konkretheit und individuellen Person. Es gibt die Theologen in der Pluralität ihrer Standpunkte und Richtungen. Es gibt aber auch die Theologinnen." (E. Klinger, Schwere Mängel, in: PuFo 19 (1990), Nr. 14, 18-19, 19).

[5] Es ist an dieser Stelle an die Ausführungen zu ‚Killerphrasen' (vgl. den Exkurs ‚Kölner Erklärung' in Kapitel I.) zu erinnern. Welcher (!) Theologe fühlt sich denn als ‚prophetischer Wortführer' einer ‚Basis' oder einer ‚autonomen Gemeinschaft'? Die Erklärung argumentiert an dieser Stelle gegen einen Popanz!

[6] Vgl. M. Seckler, Der Dialog zwischem Lehramt und den Theologen, in: OR (D) 20 (1990), Nr. 42, 6; W. Kasper, Theologie und Lehramt, in: OR (D) 20 (1990), Nr. 43, 6; G. Cottier, Ein ganzheitliches Studium, in: OR (D) 20 (1990), Nr. 47, 7-8. M. Seckler erkennt im Text der Glaubenskongregation ein „Dialogmotiv", das „zentrale Bedeutung" habe. „Das ganze Dokument ist von ihm her konzipiert". Und in der Tat: Der Text spricht vom Dialog. Abgesehen davon, daß die Instruktion ein negatives Bild vom öffentlichen (!) Dialog entwirft, gilt: „Der oft beschworenen Dialogbereitschaft der Kirche und ihrer Vertreter entspricht keine öffentliche, kritische Dialogpraxis in der Kirche." (H. Bokelmann, Kirche ohne Streitkultur, in: Orient. 53 (1989), Nr. 13/14, 151-154, 151). Als Beispiel dafür kann exemplarisch gelten der Briefwechsel zwischen Kardinal J. Ratzinger und 34 CSU-Abgeordneten des Bayerischen Landtages anläßlich der umstrittenen Äußerungen des Moraltheologen C. Caffarra über den Zusammenhang von Verhütungspraxis und Abtreibung (vgl.: (Publik-Forum), Ist Verhütung Mord? (Zeitdokument), in: PuFo 18 (1989), Nr. 22, 15-18) Die darin aufblitzende intellektuelle Überheblichkeit des Kardinals, unterlegt mit haltlosen Verdächtigungen (etwa: Die CSU-Abgeordneten hätten sich mit den Unterzeichnern der ‚Kölner Erklärung' abge-

sprochen – „Ich bin traurig, Sie im Windschatten der 163 Theologen zu sehen; ich würde unsere Abgeordnete gern in besserer Gesellschaft antreffen.“ (16), können nur noch als ‚Kommunikationsunglücke‘ bezeichnet werden (zum Begriff K. vgl.: G. Bleickert, Religiöse Kommunikation: Sprache der Liebe, in: WuA 31 (1990), 109-112, 109).

[7] Vgl. D. Mieth, Ein Dokument voller Widersprüche, in: Orient. 54 (1990), Nr. 13/14, 152-153; ders., Römische Rüstung oder amerikanisches Hemd?, in: Orient. 54 (1990), Nr. 15/16, 171-175; E. Klinger, Schwere Mängel; P. Hünermann, Das Lehramt und die endliche Gestalt der Glaubenswahrheit, in: HerKorr 44 (1990), 373-377; G. Stachel, „Theologie ohne Kompetenz?“ – Instruktion über die kirchliche Berufung des Theologen, 24.Mai 1990, in: RpB 26 (1990), 3-14; „Tübinger Erklärung katholischer Theologieprofessoren vom 12. Juli 1990“, in: Süddeutsche Zeitung v. 13. Juli 1990, 10 und: Orient. 54 (1990), Nr. 13/14, 153 (Titel dort: Für die Freiheit in der Kirche); H. Rolfes, Lehramt, Theologie und Öffentlichkeit, Überlegungen zum Öffentlichkeitsverständnis der „Instruktion über die kirchliche Berufung des Theologen“, in: ComSoc 23 (1990), 207-216. Aus evangelischer Sicht und die Konsequenzen für die Ökumene aufzeigend: R. Frieling, Instrumentalisierte Freiheit der Theologie?, Bemerkungen eines evangelischen Theologen zur römischen „Instruktion über die kirchliche Berufung des Theologen“ (Mai 1990), in: ZThK 88 (1991), 121-138. P. Hünermann und D. Mieth veröffentlichten nach Fertigstellung des Manuskriptes dieser Arbeit einen Sammelband, in den einige der o.g. Arbeiten Eingang gefunden haben (vgl. P. Hünermann / D. Mieth (Hsg.), Streitgespräch um Theologie und Lehramt, Die Instruktion über die kirchliche Berufung des Theologen in der Diskussion, Frankfurt 1991). Dort sind die Artikel von E. Klinger (85-89), D. Mieth (118-137), P. Hünermann (138-152) und M. Seckler (232-240) abgedruckt.

[8] Vgl. D. Mieth, Ein Dokument voller Widersprüche, 152.

[9] Ebenda.Vgl. zu diesen Begriffen die Erläuterungen des Verfassers der Instruktion: J. Kardinal Ratzinger, Zur „Instruktion über die kirchliche Berufung des Theologen“, in: IKaZ 19 (1990), 161-165. Dort werden die Begriffe („Wo die Theologie sich nach dem Mehrheitsprinzip organisiert und ein Gegenlehramt aufbaut, das den Gläubigen alternative Handlungsweisen anbietet, ...“ (564)) sogar erweitert und variiert. An anderer Stelle – nach der Veröffentlichung der ‚Kölner Erklärung‘ – spricht der Präfekt der Glaubenskongregation vom „sogenannte(n) Middle-Management“ im Bereich von „Kommissionen, Administrationen, Strukturen, auch in der akademischen Welt“ (J. Ratzinger, Christus ist die Hoffnung (Sonderdruck ‚Deutsche Tagespost‘) v. 29. Juli 1989, 1-8, 4).

[10] P. Hünermann, Das Lehramt, 376.Zu Recht weist D. Mieth darauf hin, „daß es öffentlichen Protest in der Kirche nur gibt, wenn interne Anfragen und Einwände über einen längeren Zeitraum hinweg so gut wie nicht zur Kenntnis genommen worden sind“ (D. Mieth, Ein Dokument, 152). *Öffentliche* Kritik stellt somit den Reflex auf unerledigte *interne* Kritik dar.

[11] D. Mieth, Ein Dokument, 152.M. greift mit dem Begriff „vertrauensvoller Dialog“ den Haupteinwand des Lehramtes gegen öffentliche Kritik (Kölner

Erklärung !) auf. Vertrauensvoller Dialog aber ist nicht möglich bei Beanspruchung einer (massenmedialen) Monopolstellung.

[12] D. Mieth, Römische Rüstung?, 173. G. Stachel (G. Stachel, „Theologie ohne Kompetenz?“) sieht darin – in der ihm eigenen und des öfteren festzustellenden handfesten Begrifflichkeit – „eine Art innerkirchlichen ‚Leninismus-Stalinismus‘“ (7) und „eine Art kirchliche Breschnew-Doktrin (vorliegen)“ (7).

[13] ‚Tübinger Erklärung‘, in: Süddeutsche Zeitung v. 13. Juli 1990, 10. Der Vorwurf des Machtmißbrauches wird also nicht nur vom SPIEGEL geäußert, sondern kommt auch aus dem Binnen-Raum der Katholischen Kirche selbst. Es bleibt die Hoffnung, daß diese Beanspruchung eines massenmedialen Monopols durch das Lehramt zur Abwehr von Kritik nicht wirksam rezipiert wird. „Das kürzlich geäußerte Verbot Kardinal Ratzingers an öffentlicher Kritik seitens der Theologen wird mißachtet und muß mißachtet werden, sonst würden wir unsere Pflicht versäumen.“ (G. Stachel, Anmerkungen zur Geschichte der AKK, in: RpB 27 (1991), 175-193, 186). So ist es !

[14] Dergestalt ist die Position von Papst Johannes Paul II. zur kirchlichen und profanen Presse in bezug auf deren Kirchen-Berichterstattung. Vgl. dazu: A. Steuer, „Publizistisches Apostolat?“, Das Bild des (katholischen) Journalisten bei Johannes Paul II., in: ComSoc 23 (1990), 261-275. Die euphorischen Ausführungen von G. Deussen zu den Positionen des Papstes haben sich als verfrüht herausgestellt; vgl. G. Deussen, „Anthropologische Wende“ in der kirchlichen Soziallehre zur Massenkommunikation, in: ComSoc 18 (1985), 94-114.

[15] Es wäre dem Lehramt unbenommen, auf den öffentlichen Diskurs im massenmedialen Kommunikationsprozeß zu verzichten – da mit dem Geheimnis-Charakter der Kirche unvereinbar. Dies wäre dann theologisch zu hinterfragen und auf seine wissenschafts-theoretischen Konsequenzen hin zu überprüfen. Wer aber mitspielt, kann nicht einseitig die erste Geige für sich beanspruchen. Ein ‚bißchen‘ Öffentlichkeit ist keine.

[16] Ausnahmen bildeten einige Pfarrerinnen und Pfarrer, die sich mit begeisterten Leserbriefen an den SPIEGEL wandten. Vgl. zum Gesamt-Komplex Kapitel I, Punkt II.

[17] Ausnahmen hier die wilden Attacken von SPIEGEL-Herausgeber R. Augstein auf die Katholische Kirche ob deren Stellung zur Empfängnisverhütung und zum § 218. Vgl. dazu Kapitel III, Punkt 3.6.

[18] Vgl. dazu Kapitel III, Punkt II. Heute wären die Kirchen sicher dankbar, wenn SPIEGEL-Artikel das damalige Niveau erreichen würden und Theologie überhaupt wieder eine nennenswerte Rolle ‚im Blatt‘ spielen würde.

[19] Grundsätzliches zu dieser Unfähigkeit: O. Marquard, Abschied vom Prinzipiellen, Stuttgart 1981.

[20] Vgl. dazu: F.-H. Robling, Personendarstellung im „Spiegel“, 50-55, der dies auch schon für die Personalisierung von Sachfragen im Magazin in der Zeit

der Grossen Koalition in Bonn festgestellt hat, und zwar im Dienste der Ablenkung der Leser.

[21] Vgl. dazu: B. Allemann, Aufriß des ironischen Spielraums.

LITERATUR- UND QUELLENVERZEICHNIS

Vorbemerkung

Die Abkürzungen der theologischen Periodica erfolgen nach: *Theologische Realenzyklopädie (TRE)* – Abkürzungsverzeichnis, zusammengestellt von Schwertner, S., Berlin – New York 1976. Die darüber hinausgehenden Titel von Handbüchern und Zeitschriften werden wie folgt abgekürzt.

FKaTh Forum Katholische Theologie

HFTh Handbuch der Fundamentaltheologie

HKaK Handbuch des Katholischen Kirchenrechts

OK Ordenskorrespondenz

PthI Pastoraltheologische Informationen

PuFo Publik-Forum

Publ. Publizistik

RpB Religionspädagogische Beiträge

1. Unveröffentlichte Manuskripte

Augstein, R., Ein Bericht über den SPIEGEL (1954).

Becker, H.D., Das Deutsche Nachrichtenmagazin DER SPIEGEL (1964).

ders., Die Arbeitsweise des SPIEGEL (1960).

2. Quellenverzeichnis

DER SPIEGEL (Das deutsche Nachrichtenmagazin), Hamburg, Jg. 1947 bis 1991.

epd – Evangelischer Pressedienst.

KNA - Katholische Nachrichtenagentur (Informationsdienst – ID, Auslandsdienst, Inlandsdienst).

Kath press, Wien.

3. Literaturverzeichnis

Adolph, W., Gefahren für die Kirche, Anmerkungen zu einem SPIEGEL-Gespräch mit Priestergruppen-Delegierten, in: Petrus-Blatt, Katholische Zeitschrift für das Bistum Berlin, Nr. 46, v. 16. November 1969, 3.

Allemann, B., Aufriß des ironischen Spielraums, in: Haas, H.E./ Morlüder, G.-A. (Hsg.), Ironie als literarisches Problem (Neue Wissenschaftliche Bibliothek Bd. 57 – Literaturwissenschaften), Köln 1973, 39-46.

Arntzen, H., Karl Kraus und die Presse (Literatur und Presse / Karl-Kraus-Studien Bd. 1), München 1975.

ders., Nachricht von der Satire, in: ders. (Hsg.), Schein-Zeitung, Deutsche Satire des 20. Jahrhunderts, Heidelberg 1964, 6-17.

ders., "Spiegel"-Medisance, in: ders. / Nolting, W. (Hsg.), "DER SPIEGEL" 28 (1972), Analyse, Interpretation, Kritik (Literatur und Presse / Karl-Kraus-Studien Bd. 3), München 1977, 51-56.

ders., / Nolting, W. (Hsg.), "DER SPIEGEL" 28 (1972), Analyse, Interpretation, Kritik (Literatur und Presse / Karl-Kraus-Studien Bd. 3), München 1977.

Auer, A., Autonome Moral und christlicher Glaube, Zweite, um einen Nachtrag erweiterte Auflage, Düsseldorf 1984 (1971).

ders., Verantwortete Vermittlung, Bausteine einer medialen Ethik, in: Glässgen, H. / Tompert, H. (Hsg.), Zeitgespräch, Kirche und Medien, Freiburg 1988, 63-84.

ders., Bausteine einer medialen Ethik, in: Zentralstelle Medien der Deutschen Bischofskonferenz und Katholische Akademie Stuttgart (Hsg.), Ethik und Kommunikation, Fernsehbild und Wirklichkeit (Hohenheimer Medientage 1981), Stuttgart 1981, 87-103.

Augstein, R., Jesus Menschensohn, München-Gütersloh-Wien 1972.

ders., "Nach Göttingen konnte ich noch immer", Vierzig Jahre Nachrichtenmagazin DER SPIEGEL, in: DER SPIEGEL 41 (1987), Nr. 1, 46-47.

ders., So stell ich mir die Christen vor, in: DER SPIEGEL 19 (1965), Nr. 10, 1-25 (Sonderdruck).

ders. (Im Gespräch mit K. Harpprecht), in: Just, D., DER SPIEGEL, Arbeitsweise - Inhalt - Wirkung (Nachrichtenmagazine Bd. 2), Hannover 1967, 195-210.

ders. (Im Gespräch mit M. Radtke), Augstein - warum?, in: medien (Märkte & Mächte) 1 (1988), Nr. 2, 32-38.

Außerordentliche Bischofskonferenz 1985 (Schlußdokument und Botschaft an die Christen in der Welt), Hsg. v. Sekretariat der Deutschen Bischofskonferenz, Bonn 1985.

Bahr, H.-E., Verkündigung als Information, Zur öffentlichen Kommunikation in der demokratischen Gesellschaft (Konkretionen Bd. 1), Hamburg 1968.

Bartholomäus, W., Evangelium als Information, Elemente einer theologischen Kommunikationstheorie am Beispiel der Osterbotschaft (Studien zur praktischen Theologie Bd. 1), Zürich-Einsiedeln-Wien 1972.

ders., Kommunikation in der Kirche, Aspekte eines theologischen Themas, in: Conc (D) 14 (1978), 62-70.

Bastian, H.-D. (antwortet U. Teiner), Hoffnungslos gestört?, Probleme religiöser Kommunikation (Das theologische Interview Nr. 22), Düsseldorf 1971.

ders., Theologie der Frage, Ideen zur Grundlegung einer theologischen Didaktik und zur Kommunikation der Kirche in der Gegenwart, München 1969.

Beinert, W., Angst und Kirche, in: StZ 114 (1989), 219-235.

Berger, P.L., Auf den Spuren der Engel, Die moderne Gesellschaft und die Wiederentdeckung der Transzendenz, Frankfurt 1970.

ders., Der Zwang zur Häresie, Religion in der pluralistischen Gesellschaft, Frankfurt 1980.

ders., Soziologische Betrachtungen über die Zukunft der Religion, Zum gegenwärtigen Stand der Säkularisierungsdebatte, in: Schatz, O. (Hsg.), Hat die Religion Zukunft?, Graz-Wien-Köln 1971, 49-68.

ders., Zur Dialektik von Religion und Gesellschaft, Elemente einer soziologischen Theorie, Frankfurt 1973.

ders. / Luckmann, Th., Die gesellschaftliche Konstruktion der Wirklichkeit, Eine Theorie der Wissensoziologie, Frankfurt [5]1987 (1980).

Bieger, E., Religion im Fernsehen, Zur religösen Dimension des Mediums und zur Möglichkeit, religiöse Aussagen zu diesem Medium zu machen, in: LebZeug 45 (1990), 119-128.

Biser, E., Glaubenskonflikte, Strukturanalyse der Kirchenkrise, Freiburg-Basel-Wien 1989.

ders., Radio-Theologie, in: medium 5 (1968), 101-122.

ders., Überbrückt die Gräben!, Erwägungen zur religiösen Krisensituation, in: StZ 114 (1989), 363-370.

Bleickert, G., Religiöse Kommunikation: Sprache der Liebe, in: WuA 31 (1990), 109-112.

Bleistein, M., Kirche im Prozeß gesellschaftlicher Kommunikation, Zum Konflikt um die Theologie der Befreiung in der deutschen Presse (Dissertationen – Theologische Reihe Bd. 26), St. Otilien 1987.

Bloch, E., Das Prinzip Hoffnung, (Werkausgabe Bd. 5) Frankfurt 1959.

Blumenberg, H., Die Legitimität der Neuzeit (Erneuerte Ausgabe), Frankfurt ^{2}1988 (1966).

Böll, H., Blick zurück mit Bitterkeit, in: ders., Werke (Essayistische Schriften und Reden Bd. 3), Köln o.J., 27-33.

Borgeois, H. / Denis, H. / Jourjon, M., Les évêques et l'Église: un problème, Paris 1989.

Bokelmann, H., Kirche ohne Streitkultur?, Wider die selbsternannten Bevormunder, in: Orien. 53 (1989), Nr. 13/14, 151-154.

Boos-Nünning, U., Dimensionen der Religiosität, Zur Operationalisierung und Messung religiöser Einstellungen (Gesellschaft und Theologie, Abteilung: Sozialwissenschaftliche Analysen Bd. 7), München-Mainz 1972.

Bormann, G., Kommunikationsprobleme in der Kirche, in: Matthes, J., Kirche und Gesellschaft (Einführung in die Religionssoziologie II), Reinbek 1969, 169-206.

Braun, H., Wandlungen des Begriffs "Öffentliche Meinung" in Deutschland, in: Publ. 1-2 (1956-1957), 3-9.

Brawand, L., Die SPIEGEL-Story, Wie alles anfing, Düsseldorf-Wien-New York 1987.

ders., "Wenn schon Pressefreiheit, dann aber gleich richtig", Vor 40 Jahren: Wie der SPIEGEL entstand, in: DER SPIEGEL 41 (1987), Nr. 1, 49-60.

Brumm, D., Sturmgeschütz der Demokratie? – "DER SPIEGEL", in: Thomas, M.W. (Hsg.), Portraits der deutschen Presse, Politik und Profit, Berlin 1980, 183-200.

Burkhardt, J. / Rittermann, H., Rotkäppchen und der Wolf, Kleine Phänomenologie der Sprache Kanaans, in: Burkhardt, J. (Hsg.), Kirchensprache – Sprache der Kirche, Zürich 1964, 9-32.

Carstensen, B., Englische Einflüsse auf die deutsche Sprache nach 1945 (Beihefte zum Jahrbuch für Amerikastudien Bd. 13), Heidelberg 1965.

ders., SPIEGEL-Wörter, SPIEGEL-Worte, Zur Sprache eines deutschen Nachrichtenmagazins, München 1971.

Chenu, M.D., "Vox populi, vox Dei", Die öffentliche Meinung in dem Volke Gottes, in: medium 4 (1967), 253-266.

(Communicatio Socialis), Missio Canonica für Journalisten? (Dossier), in: ComSoc 22 (1989) 98-102.

(Concilium) – Themen-Heft: Kollegialität auf dem Prüfstand, in: Conc (D) 26 (1990).

Conzemius, V., Die Kritik der Kirche, in: HFTh Bd. 3, Freiburg 1986, 30-48.

Cottier, G., Ein ganzheitliches Studium, in: OR (D) 20 (1990), Nr. 47, 7-8.

Csoklich, F., Was ist in Österreichs Kirche los?, Eine 'Machtergreifung' mit fatalen Folgen, in: HerKorr 43 (1989), 456-462.

Dahm, K.-W., Religiöse Kommunikation und kirchliche Institution, in: ders. / Luhmann, N. / Stoodt. D., Religion – System und Sozialisation (Reihe Theologie und Politik Bd. 2), Darmstadt und Neuwied 1972, 133-188.

Deussen, G., "Anthropologische Wende" in der katholischen Soziallehre zur Massenkommunikation, in: ComSoc 18 (1985), 94-114.

ders., Ethik der Massenkommunikation bei Papst Paul VI. (Abhandlungen zur Sozialethik Bd. 5), München-Paderborn-Wien 1973.

Die deutschen Bischöfe, Erklärung zu dem Buch 'Christ sein' von Professor Dr. Hans Küng, An die in der Glaubensverkündigung Stehenden (Sonderdruck Heft 13), Bonn 1977.

diess., Die Königsteiner Erklärung, in: HerKorr 22 (1968), 484-487.

diess., Zum Entzug der kirchlichen Lehrbefugnis Professor Dr. Hans Küngs, Gemeinsames Kanzelwort der deutschen Bischöfe, Erklärung der deutschen Bischöfe (Die deutschen Bischöfe 25), Bonn 1980.

('Die Kölner Erklärung'), in: Frankfurter Allgemeine Zeitung v. 26. Januar 1989, 7.

"DIE ZEIT", Die Magazin-Maschine (Dossier-Report): "DER SPIEGEL" von innen, in: DIE ZEIT 1987, Nr. 40, 13-16 (Autoren: Grefe, Ch., Kieker, B., Riedl, J., Sontheimer, M.)

Dirks, W., Geschäftsführung ohne Auftrag (theologia publica Bd. 7), Olten 1967.

Dörger, H.J., Theologie und Kirche in 'SPIEGEL', 'ZEIT' und 's t e r n', Zur Darstellung und Beurteilung von Theologie und Kirche in der Gesellschaft (Diss. masch), Mainz 1971.

ders., Kirche in der Öffentlichkeit, Programme und Probleme ihrer publizistischen Repräsentanz, Stuttgart-Berlin-Köln-Mainz 1979.

Dorsch-Jungsberger, P.E. / Roegele, O.B. / Stolte, W., Konfliktpotentiale im Nachrichtenproduktionsprozeß, in: Publ. 30 (1985), 280-289.

Dovifat, E., Handbuch der Publizistik (Bd. 1), Berlin 1968.

Drehsen, V., Kontinuität und Wandel der Religion, in: Daiber, K.-F. / Luckmann, Th. (Hsg.), Religion in den Gegenwartsströmungen der deutschen Soziologie, München 1983, 86-135.

Drewermann, E., Kleriker, Psychogramm eines Ideals, Olten und Freiburg 1989.

Dröge, F.W., Regel und Regelung, Ansätze der Publizistikwissenschaft, in: Publ. 11 (1966), 145-152.

Dubach, A., Studie über die religiöse Lebenswelt junger Eltern, in: Schweizerisches Pastoralsoziologisches Institut (Hsg.), Religiöse Lebenswelt junger Eltern (Ergebnisse einer schriftlichen Befragung in der Deutschschweiz), Zürich 1989, 9-230.

Düsterfeld, P., (Einleitung), in: Zentralstelle Medien der Deutschen Bischofskonferenz (Hsg.), Kirche und Öffentlichkeit, Bonn 1988, 2-7.

ders., Kommunikative Diakonie, Überlegungen zum Verhältnis der Kirche in den Massenmedien, in: Funk-Korrespondenz Nr. 13-14 v. 31. März 1988, 1-6.

ders., Soziale Kommunikation in einer pluralen Gesellschaft, Warum die Kirche kein "Anbieter" ist, in: Zentralstelle Medien der Deutschen Bischofskonferenz und Katholische Akademie Stuttgart (Hsg.), Telekommunikation in einer demokratischen Gesellschaft (Hohenheimer Medientage 1984), Stuttgart 1984, 25-35.

Durkheim, E., Zur Definition religiöser Phänomene, in: Matthes, J., Religion und Gesellschaft (Einführung in die Religionssoziologie I), Reinbek 1967, 120-141.

Dyba, J., (Predigt), in: PuFo 16 (1987), Nr. 24, 4-5.

Ebeling, G., Memorandum zur Verständigung in Kirche und Theologie, in: ZThK 66 (1969), 493-521.

ders., Weltliches Reden von Gott, in: Wort und Glaube (Bd. I), Tübingen ^{2}1960, 372-380.

Ege, R., Die Katholische Kirche im 'SPIEGEL', Eine literarische Untersuchung des Nachrichtenmagazins DER SPIEGEL, Weingarten 1964 (Wiss. Zula., masch.).

Egenter, R. / Matussek P., Ideologie, Glaube und Gewissen, Diskussion an der Grenze zwischen Moraltheologie und Psychotherapie, München-Zürich 1965.

Eicher, P., Herrschaftsfreie Kommunikation?, Kirchensprache und biblische Verkündigung bei Johannes Paul II., in: Stachel, G. (Hsg.), Die Sprache des Papstes, Theologische und literarische Analysen, München 1981, 67-82.

Eilert, H., Monatlich zwei- bis dreitausend, Redaktioneller Umgang mit Leserbriefen, in: medium 19 (1989), 73-75.

Enzensberger, H.M., Baukasten zu einer Theorie der Medien, in: Kursbuch 20 (1970), 159-186.

ders., Die Sprache des SPIEGEL, in: ders., Einzelheiten I: Bewußtseins-Industrie, Frankfurt [4]1967 (1962), 74-105.

Erdmann, K.O., Die Kunst recht zu behalten, Methoden und Kunstgriffe des Streitens und andere Aufsätze, Leipzig [2]1924 (1924).

Erklärung der Arbeitsgemeinschaft katholischer Dogmatiker und Fundamentaltheologen zum Verhältnis von kirchlichem Lehramt und Theologie, in: Kern, W. (Hsg.), Die Theologie und das Lehramt (QD 91), Freiburg 1982, 234-237.

Erklärung der Kardinalkommission über den 'neuen Katechismus' (Ergänzungsabschnitt), in: Glaubensverkündigung für Erwachsene, Deutsche Ausgabe des Holländischen Katechismus, Freiburg 1969, 5-94.

Eschenburg, Th., Das Jahrhundert der Verbände, Lust und Leid organisierter Interessen in der deutschen Politik, Berlin 1989.

Förster, U., Maskeraden im Gegenwartsdeutsch, in: Muttersprache 92 (1982), 316-336.

Frieling, R., Instrumentalisierte Freiheit der Theologie?, Bemerkungen eines evangelischen Theologen zur römischen "Instruktion über die kirchliche Berufung des Theologen" (Mai 1990), in: ZThK 88 (1991), 121-138.

Fries, H., Fundamentaltheologie, Graz-Wien-Köln 1985.

ders., Leiden an der Kirche, Freiburg 1989.

Fuchs, J., "Die Gläubigen nicht verunsichern", Kirche zwischen Angst und Zuversicht, in: StZ 115 (1990), 453-462.

Fuchs, O., Dableiben oder weggehen?, Christen im Konflikt mit der Kirche, München 1989.

ders., Individualisierung und Institution, Theologische Reflexionen zu Umfrageergebnissen in der Bundesrepublik, in: StZ 115 (1990), 545-555.

ders., Kirche, Kabel, Kapital, Standpunkte einer christlichen Medienpolitik (Mit einem Vorwort von P. Düsterfeld), Münster 1989.

Fühlau, I., Untersucht die Inhaltsanalyse eigentlich Inhalte?, Inhaltsanalyse und Bedeutung, in: Publ. 23 (1978), 7-18.

Gabriel, K., Religionssoziologie als "Soziologie des Christentums", in: Daiber, K.F. / Luckmann, Th. (Hsg.), Religion in den Gegenwartsströmungen der deutschen Soziologie, München 1983, 182-198.

Gehlen, A., Religion und Umweltstabilisierung, in: Schatz, O. (Hsg.), Hat die Religion Zukunft?, Graz-Wien-Köln 1987, 83-97.

Glässgen, H., Katholische Kirche und Rundfunk in der Bundesrepublik Deutschland 1945-1962, Berlin 1983.

ders., Kirchliche Medienpräsenz, Eine kritische Bilanz, in: Bürger im Staat 36 (1986), 175-179.

Glock, Ch.Y., Über die Dimension der Religiosität, in: Matthes, J., Kirche und Gesellschaft (Einführung in die Religionssoziologie II), Reinbek 1969, 150-168.

Göttler, N., Bischöfe reden von Hybris, Laien sehen Hoffnungszeichen, in: Süddeutsche Zeitung v. 1. März 1989, 12.

Görres, A., Glaubensgewißheit in einer pluralistischen Welt, in: IKaZ 12 (1983), 117-133.

Görres, I.F., Brief über die Kirche, in: FH 1 (1946), 715-733.

Goffman, E., Interaktion: Spaß am Spiel / Rollendistanz, München 1973.

Gogarten, F., Verhängnis und Hoffnung der Neuzeit, Die Säkularisierung als theologisches Problem, Stuttgart 1953.

Golomb, E., 'Öffentliche Meinung' (Art.), in: Katholisches Soziallexikon, Innsbruck-Graz ²1980, Sp. 1957-1960.

Greinacher, N., (Antwort auf Bischof Georg Moser), in: Katholisches Sonntagsblatt 130 (1982), Nr. 41, 7-8.

ders., Auf dem Wege zur Gemeindekirche, Die religiöse und gesellschaftliche Situation der deutschen Katholiken, in: ders. / Risse, H.Th. (Hsg.), Bilanz des deutschen Katholizismus, Mainz 1966, 15-41.

ders., Praktische Theologie als kritische Theorie kirchlicher Praxis in der Gesellschaft, in: ThQ 168 (1988), 283-299.

Grimm, J. / Grimm, W., 'öffentlich' (Art.), Deutsches Wörterbuch (Bd. VII), Leipzig 1889, Sp. 1180-1183.

Groppe, L., Der Medienkampf gegen die Kirchen, in: Criticón 19 (1989), Nr. 112, 75-77.

ders., Trommelfeuer gegen den Papst, in: Criticón 21 (1991), Nr. 124, 56.

Gründel, J., Kirche und moderne Wertsysteme, Die Bedeutung der Umfragen zur Synode unter Berücksichtigung der normativen Kraft des Faktischen, in: Forster, K. (Hsg.), Befragte Katholiken – Zur Zukunft von Glaube und Kirche, Auswertungen und Kommentare zu den Umfragen für die Gemeinsame Synode der Bistümer in der Bundesrepublik Deutschland, Freiburg 1973, 64-72.

ders., Wird die Moraltheologie bescheiden?, in: MThZ 40 (1989), 145-153.

Grunenberg, N., Einer lernt jetzt Papiamento: Dokumentation beim "SPIEGEL", in: dies., Die Journalisten, Bilder aus der deutschen Presse, Hamburg 1967, 102-109.

Haarsma, F. / Kasper, W. / Kaufmann, F.-X., Kirchliche Lehre – Skepsis der Gläubigen, Freiburg 1970.

Habermann-Peter, I., Die soziale Kontrolle des Kirchgangs durch das Image des Kirchgängers, Köln 1965.

Habermas, J., 'Öffentlichkeit' (Art.), in: Staat und Politik (Fischer-Lexikon), Frankfurt [3]1967 (1964), 220-226.

ders., Strukturwandel der Öffentlichkeit, Untersuchungen zu einer Kategorie der bürgerlichen Gesellschaft, Darmstadt und Neuwied [17]1987 (1962).

Häring, B., Meine Erfahrung mit der Kirche, Freiburg 1989.

Häring, H., Eine katholische Theologie?, J. Ratzinger, das Trauma von Hans im Glück, in: Greinacher, N. / Küng, H. (Hsg.), Katholische Kirche – wohin? – Wider den Verrat am Konzil, München 1986, 241-258.

Harenberg, W., Mischehe und Konzil, Chancen und Grenzen einer katholischen Reform, Ein dokumentarischer Bericht, Stuttgart-Berlin 1964.

ders. (Hsg.), Was glauben die Deutschen?, Die EMNID-Umfrage, Ergebnisse und Kommentare, München-Mainz [2]1969 (1968).

ders., Was glauben die Deutschen? II (IFAK-Spektrum 3), Taunusstein 1980.

Heidtmann, G., Kirchliche Publizistik, Auftrag – Aufgaben – Aufbau, in: EK 2 (1969), 383-387.

Heigert, H., Der Protest gegen Rom, in: Süddeutsche Zeitung v. 28./29. Januar 1989, 4.

Henrici, P., Kirche und Pluralismus, in: IKaZ 12 (1983), 97-100.

Herrmann, H., Papst Wojtyla. Der Heilige Narr, Reinbek bei Hamburg 1983.

Höffner, J., Pastoral der Kirchenfremden, Eröffnungsreferat bei der Herbstvollversammlung der Deutschen Bischofskonferenz in Fulda (Hsg. vom Sekretariat der Deutschen Bischofskonferenz, Nr. 7), Bonn 1979.

Hoeres, W., Katholizismus und Revolution, Anmerkungen zur 'Kölner Erklärung', in: Criticón 19 (1989), Nr. 112, 67-69.

Hoffmann, J., Praktizierende Katholiken zwischen Kirche und Gesellschaft, Ein Beitrag zu Problemen der Moralverkündigung, Düsseldorf 1973.

Huber, W., Kirche und Öffentlichkeit (Forschungen und Berichte der Evangelischen Studiengemeinschaft Bd. 28), Stuttgart 1973.

ders., Protestantismus und Protest, Zum Verhältnis von Ethik und Politik, Reinbek 1987.

Hübner, E. / Rohlfs, H.H. (Hsg.), Jahrbuch der Bundesrepublik Deutschland 1986/1987, München 1986.

Hünermann, P., Das Lehramt und die endliche Gestalt der Glaubenswahrheit, in: HerKorr 44 (1990), 373-377.

ders., Droht eine dritte Modernismuskrise, in: HerKorr 43 (1989), 130-135.

ders. / Mieth, D. (Hsg.), Streitgespräch um Theologie und Lehramt, Die Instruktion über die kirchliche Berufung des Theologen in der Diskussion, Frankfurt 1991.

Hunold, G.W., Ethik im Bannkreis der Sozialontologie, Eine theologisch-moralanthropologische Kritik des Personalismus (Europäische Hochschulschriften, Reihe Theologie Bd. 29), Bern-Frankfurt 1974.

ders., Gelenkte Kommunikation?, Die Integrationsfunktion der Medien als ethisches Problem, in: ders. / Korff, W. (Hsg), Die Welt für morgen (FS F. Böckle), München 1986, 291-305.

Huth, W., Die Bedeutung gläubiger und ideologischer Haltungen für die Wahl des Priesterberufes, in: ThdG 23 (1980), 66-72.

ders., Glaube, Ideologie und Wahn, Das Ich zwischen Realität und Illusion, München 1984.

"Instruktion über die kirchliche Berufung des Theologen" (Verlautbarungen des Apostolischen Stuhls 98, hsg. v. Sekretariat der Deutschen Bischofskonferenz), Bonn 1990.

Jäger, W., Öffentlichkeit und Parlamentarismus, Eine Kritik an Jürgen Habermas, Stuttgart 1973.

Jaene, H.D., DER SPIEGEL, Ein deutsches Nachrichtenmagazin, Frankfurt 1968.

Johannes Paul II., Ansprache an die Künstler und Publizisten im Herkulessaal in München am 19. November 1980, in: Verlautbarungen des Apostolischen Stuhles 25 A, Bonn 1980 (3. veränderte Auflage), 186-193.

ders., Ansprache an Wissenschaftler und Studenten im Kölner Dom, in: Verlautbarungen des Apostolischen Stuhles 25 A, Bonn 1980 (3. veränderte Auflage), 26-34.

ders., Ansprache bei der Begegnung mit Theologieprofessoren im Kapuzinerkloster in St. Konrad in Altötting, in: Verlautbarungen des Apostolischen Stuhles 25 A, Bonn 1980 (3. veränderte Auflage), 169-174.

ders., Ansprache des Papstes an die Teilnehmer am internationalen Kongreß für Moraltheologie, in: OR (D) 18 (1988) Nr. 48, 8-9.

ders., Apostolisches Schreiben an die Jugendlichen in der Welt zum Internationalen Jahr der Jugend (Hsg. vom Sekretariat der Deutschen Bischofskonferenz), Bonn 1985.

Just, D., DER SPIEGEL, Arbeitsweise - Inhalt - Wirkung (Nachrichtenmagazine Bd. 2), Hannover 1967.

ders., DER SPIEGEL, Untersuchungen zur redaktionellen Arbeitsweise, zum Inhalt und zur Wirkung eines deutschen Nachrichtenmagazins unter besonderer Berücksichtigung seiner Deutschland-Berichterstattung, Berlin 1966 (Diss.).

Kant, I., Beantwortung der Frage: Was ist Aufklärung?, in: Weischedel, W. (Hsg.), I. Kant, Werke in sechs Bänden, (Bd. VI), Darmstadt 1964, 51-61.

Kappenberg, B., Kommunikationstheorie und Kirche, Grundlagen einer kommunikationstheoretischen Ekklesiologie (Europäische Hochschulschriften, Reihe XXIII, Theologie Bd. 148), Frankfurt 1981.

Kamphaus, F., Briefe an junge Menschen, Limburg 1988 (ders., Briefe an junge Menschen, Freiburg [6]1989).

Kasper, W., Der Geheimnischarakter hebt den Sozialcharakter nicht auf, Zur Geltung des Subsidiaritätsprinzips in der Kirche, in: HerKorr 41 (1987), 232-236.

ders., Der theologische Status der Bischofskonferenzen, in: ThQ 167 (1987), 1-6.

ders., Die Tür kann nicht ins beliebig Offene führen, in: Frankfurter Allgemeine Zeitung v. 24. Februar 1989, 11.

ders., Nochmals: Der theologische Status der Bischofskonferenzen, in: ThQ 168 (1988), 237-240.

ders., Theologie und Lehramt, in: OR (D) 20 (1990), Nr. 43, 6.

Kaufmann, F.-X., Kirche begreifen, Analysen und Thesen zur gesellschaftlichen Verfassung des Christentums, Freiburg 1979.

ders., / Metz, J.B., Zukunftsfähigkeit, Suchbewegungen im Christentum, Freiburg 1987.

Kaufmann, L., Bischofssynode: Weder Consilium noch Synodus, Fragmente einer Kritik aus der Sicht der "synodalen Bewegung", in: Conc (D) 26 (1990), 306-312.

ders., "Bischofssynode"?, in: Orien. 54 (1990), Nr. 19, 205-207.

ders., Kirchenpresse, in: Orient 31 (1967), Nr. 11, 141-143.

Kehrer, G., Das religiöse Bewußtsein des Industriearbeiters, Eine empirische Studie (Studien zur Soziologie Bd. 6), München 1967.

ders., Die Kirchen im Kontext der Säkularisierung, in: Baadtke, G. / Rauscher, A. (Hsg.), Neue Religiosität und säkulare Kultur (Kirche heute Bd. 2), Graz-Wien-Köln 1988, 9-24.

ders., Thesen zur Religionsgeschichte der Bundesrepublik Deutschland, in: ders., (Hsg.), Zur Religionsgeschichte der Bundesrepublik Deutschland (Forum Religionswissenschaft Bd. 2), München 1980, 192-196.

Keller, M., "Volk Gottes" als Kirchenbegriff, Eine Untersuchung zum neuen Verständnis, Zürich-Einsiedeln-Köln 1970.

Kepplinger, H.M. / Martin, V., Die Funktion der Massenmedien in der Alltagskommunikation, in: Publ. 31 (1986), 118-128.

Klapper, J.T., Die gesellschaftlichen Auswirkungen der Massenkommunikation, in: Schramm, W. (Hsg.), Grundlagen der Kommunikationsforschung, München [3]1970, 85-98.

Klaus, B., Einführung in die theologische Theorie kirchlicher Kommunikation, in: ders. (Hsg.) – in Verbindung mit Lachmann, R. / Öffner, E. / Schricker W. / Seitz, M. / Track, J., Kommunikation in der Kirche, Predigt – Religionsunterricht – Seelsorge – Publizistik, Gütersloh 1979, 17-24.

Kleindienst, E., Nähe und Distanz zur Kirche im Reflex der Statistik, in: FKaTh 4 (1988), 243-248.

Klinger, E., Schwere Mängel, in: PuFo 19 (1990), Nr. 14, 18-19.

Klerusblatt (Dokumentation) 71 (1991), Nr. 1, 14.

Koch, U. / Witte, H. / Witte, E.H., Die Inhaltsanalyse als Meß-instrument, Methodenkritische Aspekte einiger Inhaltsanalysen von Publikumszeitschriften, in: Publ. 19/20 (1974/1975), 177-184.

Köcher, R., Abwendung von der Kirche, Eine demoskopische Untersuchung über Jugend und Religion, in: HerKorr 35 (1981), 443-446.

dies., Religiös in einer säkularisierten Gesellschaft, in: Noelle-Neumann, E. / dies., Die verletzte Nation, Über den Versuch der Deutschen, ihren Charakter zu ändern, Stuttgart 1987, 164-281.

Korff, W., Empirische Sozialforschung und Moral, in: Conc (D) 4 (1968), 323-330.

Kortzfleisch, S.v., Verkündigung und 'öffentliche Meinungsbildung', Ein Beitrag zur Grundlegung kirchlicher Öffentlichkeitsarbeit, Suttgart 1960.

Kos, E., "Sehen und verstehen", Eine Darstellung philosophischer und soziologischer Untersuchungen zur Lebenswelt im Hinblick auf die ethische Fragestellung nach den Medienwirkungen, Tübingen 1989 (Dipl. masch.).

Kracauer, S., Für eine qualitative Inhaltsanalyse, in: Ästhetik und Kommunikation, Beiträge zur politischen Erziehung, Nr. 7 (1972), 53-58.

Kramer, H., Binnenkonflikte im Lehramt, Kontroverses zu Liebe und Partnerschaft, in: StZ 116 (1991), 75-85.

Krappmann, L., Soziologische Dimensionen der Identität, Strukturelle Bedingungen für die Teilnahme an Interaktionsprozessen, Stuttgart [4]1975 (1969).

Krenn, K., Ein offener Brief an die Verfasser und Unterzeichner der 'Kölner Erklärung', in: Wiener Kirchenzeitung v. 5. Februar 1989, 12.

Krückeberg, E., Der sich knebelnde Autor, in: Arntzen, H. / Nolting, W. (Hsg.), "DER SPIEGEL" 28 (1972), Analyse, Interpretation, Kritik (Literatur und Presse, Karl-Kraus-Studien Bd. 3), München 1977, 127-135.

Kuby, E., DER SPIEGEL im Spiegel, Das deutsche Nachrichten-Magazin – kritisch analysiert, München 1987.

ders., Eine geschlossene Anstalt, in: ders. (Hsg.), Facsimile, Querschnitt durch den SPIEGEL, München-Bern-Wien 1967, 4-18.

ders., Wie sich die Welt so spiegelt, in: FH 8 (1953), 519-528.

Küng, H., Christ sein, München [7]1975, (1974).

ders., Wahrhaftigkeit, Zur Zukunft der Kirche, Freiburg 1968.

Kunczik, M., Massenkommunikation, Eine Einführung, Köln 1977.

Läufer, E., Die neue Gehässigkeit, Über die öffentliche Verhöhnung des Christlichen, in: Kirchenzeitung für das Erzbistum Köln Nr. 4 v. 22. Januar 1988, 3.

Lang, M., "Volk Gottes" - Zum Selbstverständnis der nachkonziliaren Kirche, in: Una Voce Korrespondenz 20 (1990), 346-356.

Lausberg, H., Elemente der literarischen Rhetorik, Eine Einführung für Studierende der klassischen, romanischen, englischen und deutschen Philologie, München [8]1984 (1963).

Lazarsfeld, P.F. / Menzel H., Massenmedien und personaler Einfluß, in: Schramm, W. (Hsg.), Grundlagen der Kommunikationsforschung, München [3]1970, 117-139.

Lehmann, K., Die Kirche und die Journalisten, Anmerkungen zur Ethik des Journalismus, in: Bischöfliches Ordinariat Mainz – Abteilung Öffentlichkeitsarbeit (Aktuelle Information 51) (Hsg.), Druckerschwärze und Ätherwelle (FS J. Jungnitz), Mainz 1988, 7-14.

Lippert, P., Zur gegenwärtigen Weise der 'Konfliktbewältigung' in der Kirche, in: OK 31 (1990), 26-34.

Löffler, M., Der Verfassungsauftrag der Presse, Modellfall SPIEGEL, Karlsruhe 1963.

Löwith, K., Weltgeschichte und Heilsgeschehen (Sämtliche Schriften Bd. 2), Stuttgart 1983 (1949/1953).

Lorey, E.M., Mechanismen religiöser Information, Kirche im Prozeß der Massenkommunikation (Gesellschaft und Theologie – Abteilung: Praxis der Kirche Bd. 2), München-Mainz 1970.

Luckmann, Th., Das Problem der Religion in der modernen Gesellschaft, Institution, Person und Weltanschauung, Freiburg 1963.

ders., Neuere Schriften zur Religionssoziologie (Sammelbesprechung), in: Kölner Zeitschrift für Soziologie und Sozialpsychologie 12 (1960), 315-326.

ders., Religion in der modernen Gesellschaft, in: Wössner, J. (Hsg.), Religion im Umbruch, Soziologische Beiträge zur Situation von Religion und Kirche in der gegenwärtigen Gesellschaft, Stuttgart 1972, 3-15.

ders., Verfall, Fortbestand oder Verwandlung des Religiösen in der modernen Gesellschaft?, in: Schatz, O. (Hsg.), Hat die Religion Zukunft?, Graz-Wien-Köln 1971, 69-82.

Lübbe, H., Religion nach der Aufklärung, in: Rendtorff, T. (Hsg.), Religion als Problem der Aufklärung, Eine Bilanz aus religionstheoretischer Forschung, Göttingen 1980, 165-184.

ders., Säkularisierung, Geschichte eines ideenpolitischen Begriffs, Freiburg-München 1965.

Lück, H., Zeitungsdeutsch und Umgangssprache, Untersuchungen zur Sprache des SPIEGELS, in: Muttersprache 73 (1963), 327-337.

Mack, G., Hält die Fassade?, in: Journalist 7 (1987), 8-10.

Magnus, U., Time und Newsweek, Darstellung und Analyse (Nachrichtenmagazine Bd. 1), Hannover 1967.

Mahrenholz, E.G., Die Kirche im publizistischen Geschehen, in: EK 2 (1969), 387-390.

Maletzke, G., Kulturverfall durch Fernsehen?, Berlin 1988.

ders., Psychologie der Massenkommunikation, Theorie und Systematik, Hamburg 1963.

ders., Was bedeutet mehr Fernsehen?, in: Bürger im Staat 36 (1986), 190-195.

Malinowski, B., Magie, Wissenschaft und Religion – und andere Schriften, Frankfurt 1973.

(Manuskript), Hsg. v. Sekretariat der Deutschen Bischofskonferenz, Referat Statistik, Bonn (o.J.)

Marquard, O., Abschied vom Prinzipiellen, Stuttgart 1987.

Matthes, J., Kirche und Gesellschaft (Einführung in die Religionssoziologie II), Reinbek 1969.

ders., Religion und Gesellschaft (Einführung in die Religionssoziologie I), Reinbek 1967.

ders., Entideologisierung als Problem der Persönlichkeit, in: Gesellschaft und Ideologie (Dokumente der Paulus-Gesellschaft, Gespräche um Glauben und Wissen Bd. XVIII), München 1967, 195-204.

May, G., Die Funktion der Theologie in Kirche und Gesellschaft, in: Neuenzeit, P. (Hsg.) - in Verbindung mit Greinacher, N. / Lengsfeld, P., Die Funktion der Theologie in Kirche und Gesellschaft, Beiträge zu einer notwendigen Diskussion, München 1969, 291-309.

ders., Zur Lage des Glaubens, in: Una Voce Korrespondenz 19 (1989), 187-195.

Meisner, J., "Wir lassen die im Himmel verhungern" (Gespräch), in: Rheinischer Merkur / Christ und Welt Nr. 15 (1989), 27-28.

Mette, N., Kirchliches Handeln als 'Kontingenzbewältigungspraxis'?, in: Bertsch, L. / Schlösser, F. (Hsg.), Kirchliche und nichtkirchliche Religiosität (QD 81), Freiburg-Basel-Wien 1978, 70-87.

Metz, J.B., Im Ringen um das Erbe des Zweiten Vatikanischen Konzils, in: Klein, N. / Schlette, H.R. / Weber, K. (Hsg.), Biotope der Hoffnung, Zu Christentum und Kirche heute (FS L. Kaufmann), Olten und Freiburg 1988, 23-35.

ders., Jenseits bürgerlicher Religion, Reden über die Zukunft des Christentums, München und Mainz 1980.

ders., Reform und Gegenreformation, Mainz 1969.

ders., Unterbrechungen, Theologisch-politische Perspektiven und Profile, Gütersloh 1981.

ders., Zur Theologie der Welt, Mainz [5]1985 (1968).

Meves, Ch., Verändert das Fernsehen die Moral?, in: Studienzentrum Weikersheim (Hsg.), Die Medien, das letzte Tabu der offenen Gesellschaft, Die Wirkungen der Medien auf Politik und Kultur, Mainz 1986, 115-129.

Mieth, D., Die Kölner Erklärung und ihre Rezeption, in: Diakonia 20 (1989), 416-419.

ders., Ein Dokument voller Widersprüche, Erster Eindruck von der neuen "Instructio" der Glaubenskongregation, in: Orien. 54 (1990), Nr. 13/14, 152-153.

ders., Geburtenregelung, Ein Konflikt in der katholischen Kirche, Mainz 1990.

ders., Römische Rüstung oder amerikanisches Hemd?, Theologie und Lehramt - Weitere Bemerkungen zur römischen Instruktion, in: Orien. 54 (1990), Nr. 15/16, 171-175.

Moser, G. (antwortet Professor Greinacher), Stellungnahme zum Spiegel-Interview, in: Katholisches Sonntagsblatt 130 (1982), Nr. 39, 7-8.

Müller-Armack, A., Das Jahrhundert ohne Gott, Zur Kultursoziologie unserer Zeit, Regensburg-Münster 1948.

Nabersberg, U. / Schröter, K.H., Abschußbasen des Evangeliums, Kleine Phänomenologie der Sprache Neu-Kanaans, in: Burkhardt, J. (Hsg.), Kirchensprache - Sprache der Kirche, Zürich 1964, 33-55.

Neue Zürcher Zeitung, Zwischenbilanz der "Spiegel"-Affaire, Fernausgabe v. 5. Januar 1963, 1.

Neumann, J., Menschenrechte auch in der Kirche?, Zürich-Einsiedeln-Köln 1976.

Neuner, J. / Roos, H., Der Glaube der Kirche in den Urkunden der Lehrverkündigung (neubearbeitet von Rahner, K. / Weger, H.-H.), Regensburg [10]1971 (1938).

Neuner, P., Die Kirche als Volk Gottes, in: Schermann, R. (Hsg.), Wider den Fundamentalismus, Kein Zurück hinter das II. Vatikanische Konzil, Mattersburg-Bad Sauerbrunn 1990, 40-50.

Nientiedt, K., Nordamerika: Theologen melden sich zu Wort, in: HerKorr 45 (1991), 66-68.

Noelle, E., Die Wirkung der Massenmedien, Bericht über den Stand der empirischen Studien, in: Kieslich, G. / Schütz, W.J. (Hsg.), Publizistik (FS E. Dovifat), Bremen 1960, 212-223.

dies., Öffentliche Meinung und Soziale Kontrolle (Recht und Staat in Geschichte und Gegenwart Heft 329), Tübingen 1966.

Noelle-Neumann, E., Die Schweigespirale, Öffentliche Meinung – unsere soziale Haut, München 1980.

dies., 'Öffentliche Meinung' (Art.), in: dies. / Schulz, W. / Wilke, J. (Hsg.), Publizistik, Massenkommunikation (Fischer-Lexikon), Frankfurt 1989, 255-266.

Öffner, E., Kirche als Vermittlungsinstanz, Intention – Funktion – Kommunikation, in: Klaus, B. (Hsg.) – in Verbindung mit Lachmann, R. / Öffner, E. / Schricker, W. / Seitz, M. / Track, J., Kommunikation in der Kirche, Predigt – Religionsunterricht – Seelsorge – Publizistik, Gütersloh 1979, 25-53.

Otto, R., Das Heilige, Über die Irrationalität in der Idee des Göttlichen und sein Verhältnis zum Rationalen, München 1979 (1936).

Paul VI., Communio et progressio, Über die Instrumente der sozialen Kommunikation, Päpstliche Kommission für die Instrumente der sozialen Kommunikation, Trier 1971.

Peter-Habermann, I., Die soziale Kontrolle des Kirchgangs durch das Image des Kirchgängers, Köln 1965 (Diss).

Pius XII., Grundsätze für die Arbeit der katholischen Presse, in: HerKorr 4 (1949/1950), 313-316.

Postman, N., Wir amüsieren uns zu Tode, Urteilsbildung im Zeitalter der Unterhaltungsindustrie, Frankfurt 1988 (TB) (1985).

Pottmeyer, H.J., Der eine Geist als Prinzip der Einheit der Kirche in Vielfalt, Auswege aus einer christomonistischen Ekklesiologie, in: PthI 5 (1985), Nr. 2, 253-284.

Pree, H., Freie Meinungsäußerung – Recht und Pflicht des Christen, in: Anzeiger für die Seelsorge 98 (1989), 3-5 u. 35-36.

Publik-Forum (Dokumentation), Zur Gleichheit berufen, Entwurf des 'Frauen'-Hirtenbriefes der katholischen Bischofskonferenz der USA, Oberursel 1988.

(Publik-Forum), Ist Verhütung Mord? (Zeitdokument), Briefwechsel zwischen 34 CSU-Abgeordneten im Bayerischen Landtag und Kurienkardinal Joseph Ratzinger, in: PuFo 18 (1989), Nr. 22, 15-18.

Radtke, M., "Kampfblatt" oder Opas "Spiegel"?, in: medien (Märkte & Mächte) 1 (1988), Nr. 2, 14-31.

ders., Quantität statt Qualität, in: medien (Märkte & Mächte) 1 (1988), Nr. 2, 42-46.

ders., (Im Gespräch mit Augstein, R.), in: medien (Märkte & Mächte) 1 (1988), Nr. 2, 33-38.

Rahner, K., Das freie Wort in der Kirche, Zwei Essays, Einsiedeln 1953.

ders., Ein Gestaltwandel der Häresie, in: ders., Gefahren im heutigen Katholizismus, Einsiedeln 1950, 63-80.

ders., Ich protestiere!, Offener Brief an Kultusminister Hans Maier und Kardinal Joseph Ratzinger, Eine Wortmeldung zur Ablehnung von Johann Baptist Metz, in: PuFo 8 (1979), Nr. 23, 15-19.

ders., Strukturwandel der Kirche als Aufgabe und Chance (Neuausgabe mit einer Einführung von Metz, J.B.), Freiburg 1989 (1972).

ders., / Vorgrimler, H., Kleines Konzilskompendium, Alle Konstitutionen, Dekrete und Erklärungen des Zweiten Vaticanums in der bischöflich beauftragten Übersetzung, Freiburg 1966.

Ratzinger, J., Christus ist die Hoffnung, Sonderdruck 'Deutsche Tagespost' v. 29. Juli 1989, 1-8.

ders., Die Ekklesiologie des II. Vatikanischen Konzils, in: OR (D) 15 (1985), Nr. 46, 4-6.

ders., Schwierigkeiten mit dem Glauben in Europa heute, in: OR (D) 19 (1989), Nr. 30/31, 6-7.

ders., Zur "Instruktion über die kirchliche Berufung des Theologen", in: IKaZ 19 (1990), 161-165.

Rauscher, A., Gegen eine Herrschaft der Professoren, in: Rheinischer Merkur / Christ und Welt Nr. 5 v. 3. Februar 1989, 21.

Renckstorf, K., Zur Hypothese des 'two-step-flow' der Massenkommunikation, in: Prokop, D. (Hsg.), Medienforschung (Bd. 2: Wünsche, Zielgruppen, Wirkungen), Frankfurt 1985, 29-52.

Rendtorff, T., Christentum außerhalb der Kirche, Konkretionen der Aufklärung (Sonderband der Reihe Stundenbücher Bd. 89), Hamburg 1969.

ders., Säkularisierung als theologisches Problem, in: NZSTh 4 (1962), 318-339.

ders., Zur Säkularisierungsproblematik, Über die Weiterentwicklung der Kirchensoziologie zur Religionssoziologie, in: Matthes, J., Religion und Gesellschaft (Einführung in die Religionssoziologie I), Reinbek 1967, 208-229.

(Rheinischer Merkur / Christ und Welt) – Dokumentation: Was den Theologen nicht freisteht, Die moralische Norm von "Humanae vitae" und der pastorale Auftrag, in: Rheinischer Merkur / Christ und Welt Nr. 3 v. 3. März 1989, 20.

Riesman, D., Die einsame Masse, Eine Untersuchung der Wandlungen des amerikanischen Charakters, Hamburg 1958.

Robling, F.H., Personendarstellung im "Spiegel", erläutert an Titel-Stories aus der Zeit der Großen Koalition (Medien in Forschung und Unterricht, Serie A Bd. 12), Tübingen 1983.

Roegele, O.B., Bemerkungen zu einem anthropologischen Begriff der Öffentlichkeit, in: Rombach, H. (Hsg.), Die Frage nach dem Menschen, Aufriß einer philosophischen Anthropologie (FS M. Müller), Freiburg-München 1966, 212-221.

ders., Ergänzende Bemerkungen und Vorschläge zur kirchlichen Medienarbeit, in: Sekretariat der Deutschen Bischofskonferenz (Hsg.), Kirchliche Medienarbeit (Arbeitshilfen 20), Bonn 1980, 29-39.

ders., Die Angst und ihre Überwindung – Zur Rolle der Massenmedien und der Kirche, in: Lobkowicz, N. (Hsg.), Irrwege der Angst, Chancen der Vernunft, Mut zur offenen Gesellschaft (Veröffentlichungen der Hanns Martin Schleyer-Stiftung Bd. 10), Köln 1983, 47-64.

Röpke, C.-J., Ein faires Forum für Fragen der Zeit, in: ders., Schloß und Akademie Tutzing, München 1986, 97-104.

Rössler, H., Das Fremde als Subjekt und Objekt, in: Hieroglyphe 3 (1983), Nr. 13/14, 29-59.

Rolfes, H., Lehramt, Theologie und Öffentlichkeit, Überlegungen zum Öffentlichkeitsverständnis der "Instruktion über die kirchliche Berufung des Theologen", in: ComSoc 23 (1990), 207-216.

Rothensee, D., Massenkommunikation und Verkündigung, Bedingungen und Möglichkeiten für die Ausrichtung der christlichen Botschaft in den technischen Medien der gesellschaftlichen Kommunikation, Hamburg 1970 (Diss. masch.).

Rubio, M., Der Mensch im Daseinshorizont der Säkularisierung, Voraussetzungen für eine säkular-christliche Anthropologie, (Bd. 1) Bad Honnef 1978.

Rust, H., Qualitative Inhaltsanalyse – begriffslose Willkür oder wissenschaftliche Methode?, Ein theoretischer Entwurf, in: Publ. 25 (1980), 5-23.

Sackarndt, P., Der Spiegel – entzaubert, Analyse eines deutschen Nachrichtenmagazins, Essen 1961.

Sartory, Th., Kirchenkritik auf eigene Faust, Theologie in deutschen Zeitungen und Magazinen, in: ders., (Hsg.), Präsens II,

Kritisches Jahrbuch, Katholische Kirche 1970 (Experiment Christentum Bd. 202), München 1971, 261-272.

ders. / Sartory, G., Strukturkrise einer Kirche, Vor und nach der Enzyklika 'Humanae vitae', München 1969.

Saxer, U., Die Rolle des Kommunikators, Ein Vergleich zwischen Medien- und Mund-Publizistik, in: verkündigen 3, Jahrbuch der Arbeitsgemeinschaft katholischer Homiletiker, Stuttgart 1972, 63-87.

ders., Massenkommunikation als Mittel christlicher Verkündigung, in: ComSoc 2 (1969), 106-118.

ders., Publizistische Ethik und gesellschaftliche Realität, in: ComSoc 3 (1970), 24-39.

Schätzler, W., Haß und Hetze, Wie der "Spiegel" die Pressefreiheit mißbraucht, in: Rheinischer Merkur / Christ und Welt Nr. 1 v. 1. Januar 1988, 25.

Scheffczyk, L. / Ziegenaus, A., Nach dem "Kölner Ereignis" 1989, in: FKaTh 5 (1989), 128-136.

Schelsky, H., Gedanken zur Rolle der Publizistik in der modernen Gesellschaft, in: ders., Auf der Suche nach Wirklichkeit, Gesammelte Aufsätze, Düsseldorf 1965 (1961), 310-327.

ders., Politik und Publizität, Stuttgart-Degerloch 1983.

Schloz, R., Erneuerung der alten Kirche – Reform oder Restauration?, in: Matthes, J. (Hsg.), Erneuerung der Kirche – Stabilität als Chance, Konsequenzen aus einer Umfrage, Gelnhausen-Berlin 1975, 27-55.

Schmidt, L., Kirchensprache der Gegenwart, Kritische Bemerkungen, in: ZThK 63 (1966), 200-233.

Schmidtchen, G., Die Funktion der Massenmedien in unserer Gesellschaft, in: Sekretariat der Deutschen Bischofskonferenz (Hsg.), Kirchliche Medienarbeit (Arbeitshilfen 20), Bonn 1980, 7-20.

ders., Was den Deutschen heilig ist, Religiöse und politische Strömungen in der Bundesrepublik Deutschland, München 1979.

ders., Zwischen Kirche und Gesellschaft, Forschungsbericht über die Umfrage zur Gemeinsamen Synode der Bistümer in der Bundesrepublik Deutschland (In Verbindung mit dem Institut für Demoskopie, Allensbach), Freiburg 1972.

Schmolke, M. (Hsg.), Publik – Episode oder Lehrstück?, Auskünfte über eine katholische Wochenzeitung (Beiheft Nr. 3 zu 'Communicatio Socialis'), Paderborn 1974.

Schneider, M. / Siepmann, E., DER SPIEGEL oder die Nachricht als Ware (Voltaire Flugschrift Bd. 18), Kassel 1968.

Schöps, J., Die SPIEGEL-Affäire des Franz Josef Strauss, Reinbek bei Hamburg 1983.

Schopenhauer, A., Eristische Dialektik oder Die Kunst, Recht zu behalten, in 38 Kunstgriffen dargestellt, Zürich ^{5}1989 (1983).

Schrenck-Notzing, C.v., DER SPIEGEL, Sturmgeschütz der Demokratie?, in: Criticón 18 (1988), Nr. 107, 121-124.

Schreuder, O., Kirche im Vorort, Soziologische Erkundung einer Pfarrei, Freiburg 1962.

Schultz, H.J., Christentum inkognito?, in: ders. (Hsg.), Kritik an der Kirche, Stuttgart ^{5}1961 (1958), 151-158.

ders., Die unbewältigte Öffentlichkeit der Kirche, Der Rundfunk als Beispiel, in: ders., Jenseits des Weihrauchs, Versuche einer Theologie im Alltag (theologia publica Bd. 1), Olten 1966, 17-34.

ders., Glühende Kohlen, Rundfunk, Öffentlichkeit und Kirche: Ein Verhältnis, in: epd, Kirche und Rundfunk Nr. 71 v. 7. September 1988, 46-51.

ders. (Hsg.), Kritik an der Kirche, Stuttgart ^{5}1961 (1958).

ders., Mitarbeit am Heil, Die Rolle des Laien in der Kirche, in: Jenseits des Weihrauchs, Versuche einer Theologie im Alltag (theologia publica Bd. 1), Olten 1966, 35-43.

Schweizer, H., Un-selige Sprache, in: ThQ 169 (1989), 238-239.

Seckler, M., Der Dialog zwischen dem Lehramt und den Theologen, in: OR (D) 20 (1990), Nr. 42, 6.

ders., Theologie als kirchliche Wissenschaft – ein römisches Modell, in: ders., Im Spannungsfeld von Wissenschaft und Kirche, Theologie als schöpferische Auslegung der Wirklichkeit, Freiburg 1980, 62-84.

ders., Eine Wende im lehramtlichen Theologieverständnis?, in: ThQ 161 (1981), 131-133.

ders., Kritik, Krise, Kritizismus – Besinnung auf die kritischen Aufgaben der Theologie, in: ThQ 162 (1982), 1-23.

ders., Reich Gottes als Thema des Denkens, in: Gauly, H. (Hsg.), Im Gespräch: Der Mensch (FS J. Möller), Düsseldorf 1981, 53-62.

ders., Theologie als Glaubenswissenschaft, in: HFTh Bd. 4, Freiburg 1988, 179-241.

ders., Über den Kompromiß in Sachen der Lehre, in: ders., Im Spannungsfeld von Wissenschaft und Kirche, Theologie als schöpferische Auslegung der Wirklichkeit, Freiburg 1980, 99-109.

Seeber, D., Falsche Fährte, Die öffentlichen Verunglimpfungen der Kirche und die Reaktionen darauf, in: HerKorr 42 (1988), 104-105.

ders., Katholischer Journalismus und kirchliches Amt, in: Diakonia 20 (1989), 407-413.

Seibel, W., Selbstzerstörung der Autorität, in StZ 114 (1989), 145-146.

Seifert, J. (Hsg.), Die Spiegel-Affaire (Bd. 1 u. 2), Olten 1966.

Sennett, R., Verfall und Ende des öffentlichen Lebens, Die Tyrannei der Intimität, Frankfurt 1983.

Spaemann, R., Die christliche Religion und das Ende des modernen Bewußtseins, Über einige Schwierigkeiten des Christentums mit dem sogenannten modernen Menschen, in: IKaZ 8 (1979), 251-270.

ders., Die Frage nach der Bedeutung des Wortes 'Gott',in: ders., Einsprüche, Christliche Reden, Einsiedeln 1977, 13-53.

(DAS) SPIEGEL-STATUT, in: Brawand, L., Die SPIEGEL-Story, Wie alles anfing, Düsseldorf-Wien-New York 1987, 225-229.

Stachel, G., Notizen zur Geschichte der AKK, in: RpB 27 (1991), 175-193.

ders., "Theologie ohne Kompetenz?" – Instruktion über die kirchliche Berufung des Theologen, 24. Mai 1990, in: RpB 26 (1990), 3-14.

Stallkamp, N., Die Sprache der Katholischen Kirche in der Bundesrepublik (Regensburger Beiträge zur deutschen Sprach- und Literaturwissenschaft, Reihe B / Untersuchungen Bd. 33), Frankfurt 1987.

Stave, J., Zweierlei Garn, Über den SPIEGEL und seine Sprache, in: Muttersprache 7-8 (1960), 226-237.

Steinkamp, H., Strukturelle Häresie?, Eine theologische Streit-Formel im Kampf um die vatikanische Personalpolitik, in: Imprimatur 22 (1989), Nr. 2, 58-61.

Stenger, H., Identität und pastorale Kompetenz, Ein Beitrag zur Lehre von den Charismen, in: LebZeug 35 (1984), 293-300.

ders., Pluralitätstoleranz – Ein psychologischer Aspekt pastoraler Kompetenz, in: PthI 5 (1985), Nr. 2, 294-303.

Steuer, A., "Publizistisches Apostolat", Das Bild des (katholischen) Journalisten bei Johannes Paul II., in: ComSoc 23 (1990), 261-275.

Stimpfle, J., 'Wort des Bischofs', in: Kirchenzeitung für die Diözese Augsburg v. 5. Februar 1989, 3.

ders., 'Wort des Bischofs', in: Kirchenzeitung für die Diözese Augsburg v. 12. Februar 1989, 3.

Strigl, R.A., Verwaltungsbeschwerde und Verwaltungsgerichtsbarkeit, in: Listl, J. / Müller, H. / Schmitz, H. (Hsg.), HKaK, Regensburg 1983, 1011-1018.

Tenhumberg, H., Miteinander unterwegs, Bischöfliches Wort an die Mitarbeiter in der Jugendpastoral, Münster 1979.

Thielicke, H., Auf dem Weg zur Kanzel, Sendschreiben an junge Theologen und ihre älteren Freunde, Stuttgart 1983.

Toennies, F., Kritik der öffentlichen Meinung, Berlin 1922.

"*Tübinger Erklärung* katholischer Theologieprofessoren vom 12. Juli 1990", in: Orien. 54 (1990), Nr. 13/14, 153.

Unsere Hoffnung (Beschluß), in: Gemeinsame Synode der Bistümer in der Bundesrepublik Deutschland, Beschlüsse der Vollversammlung (offizielle Gesamtausgabe), hsg. im Auftrag des Präsidiums der Gemeinsamen Synode der Bistümer in der Bundesrepublik Deutschland und der Deutschen Bischofskonferenz, (Zweite, durchgesehene u. verbesserte Ausgabe) Freiburg 1976, 84-111.

Walter, H.-A., DER SPIEGEL oder: Politische Aufklärung im Massenzeitalter, in: FH 17 (1962), 797-805.

Wegenast, K., Volksglaube und theologische Forschung, in: Harenberg, W. (Hsg.), Was glauben die Deutschen?, München-Mainz ^{2}1969 (1968), 218-233.

Wegener, G., Alltägliche Distanz, Zum Verhältnis von Arbeitern und Kirche, Hannover 1988.

Werners, H., Kirchenkritik – Zeugnis christlicher Hoffnung, Einige Erinnerungen an 'Unsere Hoffnung' aus der Würzburger Synode, in: Klein, N. / Schlette, H.R. / Weber, K. (Hsg.), Biotope der Hoffnung, Zu Christentum und Kirche heute (FS L. Kaufmann), Olten 1988, 142-151.

"*Wider die Entmündigung – für eine offene Katholizität" – Kölner Erklärung* von 163 katholischen Professorinnen und Professoren, in: HerKorr 43 (1989), 127-129.

"Wider die Resignation in der Kirche" – Erklärung von 33 Katholischen Theologen – in: HerKorr 26 (1972), 230-232.

Wilke, J., Was heißt Öffentlichkeit und was kann man für den Umgang mir ihr lernen?, in: Zentralstelle Medien der Deutschen Bischofskonferenz (Hsg.), Kirche und Öffentlichkeit, Ein Tagungsbericht, Bonn 1988, 7-24.

Wölber, H.O., Pluralismus und Gewißheit, Volkskirche im kulturellen Umfeld, in EK 20 (1987), 448-449.

ders., Religion ohne Entscheidung, Volkskirche am Beispiel der jungen Generation, Göttingen ^{2}1960 (1959).

Wohlmuth, J., Die Kirche braucht ihre Dissidenten – Wann gehöre ich noch zur Kirche? in: Karl-Rahner-Akademie Köln (Hsg.), o.T., Köln 1989.

Zauner, W., Droht eine künstliche Hollandisierung? (Gespräch), in: HerKorr 43 (1989), 462-467.

Zerfaß, R., Herrschaftsfreie Kommunikation – eine Forderung an die kirchliche Verkündigung?, in: Diakonia 4 (1973), 339-350.

ders., Ist die Kirche des Konzils gefährdet?, in: Würzburger Katholisches Sonntagsblatt v. 18. Dezember 1988, 3.

Zeuner, B., Veto gegen Augstein, Der Kampf in der "Spiegel"-Redaktion um Mitbestimmung, Hamburg 1972.

Ziesel, K., Der deutsche Selbstmord, Diktatur der Meinungsmacher, Kettwig – Velbert 1963.

Zink, J., Wir sind frei – Das Netz ist zerrissen, Freie Publizistik in einer freien Kirche, in: PuFo 18 (1989), Nr. 3, 22-27.

Zoll, R. / Henning, E., Massenmedien und Meinungsbildung, Angebot, Reichweite, Nutzung und Inhalt der Medien in der BRD (Politisches Verhalten Bd. 4), München 1970.

Zulehner, P.M., Auswahlchristen, in: Volkskirche – Gemeindekirche – Parakirche (Theologische Berichte Bd. 10), Zürich-Einsiedeln-Köln 1981, 109-137.

ders., Kirchliche und außerkirchliche Religiosität, in: Strolz, W. (Hsg.), Religiöse Bewußtseinsbildung, Leitfaden und Grundthemen (Veröffentlichungen der Stiftung Oratio Dominica, Weltgespräch der Religionen, Schriftenreihe zur Großen Ökumene Bd. 6), Freiburg 1980, 113-132.

ders., Kleine Lebenswelten, Zur Kultur der Beziehungen zwischen Mann und Frau, Paderborn 1989.

ders., "Leutereligion", Eine neue Gestalt des Christentums auf dem Weg durch die 80-er Jahre?, Wien 1982.

ders., Religion nach Wahl, Grundlegung einer Auswahlchristenpastoral, Wien 1974 (Habil.).

ders., Säkularisierung von Gesellschaft, Person und Religion, Religion und Kirche in Österrreich, Wien-Freiburg-Basel 1973.

ders., (Wider) die Pluralismusangst in der Kirche, Plädoyer für Unipluralität, in: ders. (Hsg.), Pluralismus in Gesellschaft und Kirche – Ängste, Hoffnungen, Chancen, München-Zürich 1988, 86-105 (Erstmals in: StZ 112 (1987), 516-530).

ders., Wider die Resignation in der Kirche, Aufruf zur kritischen Loyalität, Wien 1989.

ders., Ungehaltene Hirtenreden, Menschlichkeit darf maßlos sein, Freiburg 1988.